História do Português Brasileiro

VOLUME IX
**HISTÓRIA SOCIAL
DO PORTUGUÊS BRASILEIRO:
DA HISTÓRIA SOCIAL
À HISTÓRIA LINGUÍSTICA**

COLEÇÃO
HISTÓRIA DO PORTUGUÊS BRASILEIRO

VOLUME I	O PORTUGUÊS BRASILEIRO EM SEU CONTEXTO HISTÓRICO
VOLUME II	*CORPUS* DIACRÔNICO DO PORTUGUÊS BRASILEIRO
VOLUME III	MUDANÇA FÔNICA DO PORTUGUÊS BRASILEIRO
VOLUME IV	MUDANÇA SINTÁTICA DAS CLASSES DE PALAVRA: PERSPECTIVA FUNCIONALISTA
VOLUME V	MUDANÇA SINTÁTICA DAS CONSTRUÇÕES: PERSPECTIVA FUNCIONALISTA
VOLUME VI	MUDANÇA SINTÁTICA DO PORTUGUÊS BRASILEIRO: PERSPECTIVA GERATIVISTA
VOLUME VII	TRADIÇÕES DISCURSIVAS DO PORTUGUÊS BRASILEIRO: CONSTITUIÇÃO E MUDANÇA DOS GÊNEROS DISCURSIVOS
VOLUME VIII	HISTÓRIA SEMÂNTICA DO PORTUGUÊS BRASILEIRO
VOLUME IX	HISTÓRIA SOCIAL DO PORTUGUÊS BRASILEIRO: DA HISTÓRIA SOCIAL À HISTÓRIA LINGUÍSTICA

Conselho Editorial deste volume
Alan Norman Baxter (University of Saint Joseph – Macau)
Josane Moreira de Oliveira (Universidade Estadual de Feira de Santana)
Julio Manuel Pires (Faculdade de Economia, Administração e Contabilidade de Ribeirão Preto – USP)
Márcia Cristina de Brito Rumeu (Universidade Federal de Minas Gerais)
Maria Cristina Vieira de Figueiredo Silva (Universidade Federal da Bahia)
Maria Eugênia Lamoglia Duarte (Universidade Federal do Rio de Janeiro-CNPq)
Valéria Neto de Oliveira Monaretto (Universidade Federal do Rio Grande do Sul)

Proibida a reprodução total ou parcial em qualquer mídia
sem a autorização escrita da editora.
Os infratores estão sujeitos às penas da lei.

A publicação teve apoio financeiro do Programa de Pós-Graduação
em Letras Vernáculas da Universidade Federal do Rio de Janeiro (UFRJ)
e da Universidade Estadual de Feira de Santana (UEFS).

A Editora não é responsável pelo conteúdo dos capítulos deste livro.
As Coordenadoras e os Autores conhecem os fatos narrados,
pelos quais são responsáveis, assim como se responsabilizam pelos juízos emitidos.

Consulte nosso catálogo completo e últimos lançamentos em **www.editoracontexto.com.br**.

História do Português Brasileiro
Ataliba T. de Castilho
(coordenador geral)

VOLUME IX
HISTÓRIA SOCIAL DO PORTUGUÊS BRASILEIRO: DA HISTÓRIA SOCIAL À HISTÓRIA LINGUÍSTICA

Dinah Callou
Tânia Lobo
(coordenadoras)

Copyright © 2020 das Coordenadoras

Todos os direitos desta edição reservados à
Editora Contexto (Editora Pinsky Ltda.)

Montagem de capa e diagramação
Gustavo S. Vilas Boas

Preparação de textos
Lilian Aquino

Revisão
Daniela Marini Iwamoto

Dados Internacionais de Catalogação na Publicação (CIP)

História do português brasileiro : história social do português brasileiro – da história social à história linguística / Iraci del Nero da Costa... [et al.] ; coordenação geral de Ataliba T. de Castilho ; coordenação de Dinah Callou e Tânia Lobo. – São Paulo : Contexto, 2020.
448 p. (História do português brasileiro ; 9)

Bibliografia
ISBN 978-65-5541-012-9

1. Língua portuguesa – Brasil – História
2. Língua portuguesa – História social 3. Linguística
4. Sociolinguística I. Costa, Iraci del Nero da II. Castilho, Ataliba T. de III. Callou, Dinah V. Lobo, Tânia IV. Série

20-2545   CDD 469

Angélica Ilacqua CRB-8/7057

Índice para catálogo sistemático:
1. Língua portuguesa – Brasil – História

2020

Editora Contexto
Diretor editorial: *Jaime Pinsky*

Rua Dr. José Elias, 520 – Alto da Lapa
05083-030 – São Paulo – SP
PABX: (11) 3832 5838
contexto@editoracontexto.com.br
www.editoracontexto.com.br

SUMÁRIO

APRESENTAÇÃO 7

A DEMOGRAFIA HISTÓRICA E A MOBILIDADE
SOCIOECONÔMICA E GEOGRÁFICA DO BRASIL 14
Iraci del Nero da Costa

AS LÍNGUAS GERAIS BRASILEIRAS 34
Wagner Argolo

O PORTUGUÊS BRASILEIRO, UMA LÍNGUA CRIOULA?
CONSIDERAÇÕES EM TORNO DA HIPÓTESE
DE UM SUBSTRATO INDÍGENA 74
Yonne Leite

INDÍCIOS SOBRE A PARTICIPAÇÃO DOS POVOS TAPUIAS
NO CONTATO COM O PORTUGUÊS
NOS SERTÕES BAIANOS SEISCENTISTAS 98
*Zenaide de Oliveira Novais Carneiro, Mariana Fagundes de Oliveira Lacerda
e Norma Lucia Fernandes de Almeida*

PARA UMA HISTÓRIA SOCIAL DAS LÍNGUAS AFRICANAS NO BRASIL 126
Margarida Petter

OS CENÁRIOS SOCIOLINGUÍSTICOS DO BRASIL COLONIAL 156
Dante Lucchesi e Dinah Callou

AOS OLHOS DO SANTO OFÍCIO:
DIFUSAO SOCIAL DA ESCRITA NAS CAPITANIAS DA BAHIA,
PERNAMBUCO, ITAMARACÁ E PARAÍBA EM FINAIS DE QUINHENTOS 182
Tânia Lobo e Ana Sartori

ESCRITA (IN)SURGENTE NA BAHIA DE FINAIS DO SÉCULO XVIII:
UMA ANÁLISE DA DISTRIBUIÇÃO SOCIAL DA ESCRITA
NO MOVIMENTO SEDICIOSO DA CONSPIRAÇÃO DOS ALFAITES 228
André Moreno

PANORAMA SOCIOLINGUÍSTICO DO BRASIL NO SÉCULO XIX 258
Dinah Callou e *Dante Lucchesi*

**O SISTEMA EDUCACIONAL NO SEMIÁRIDO BAIANO OITOCENTISTA
E NOTAS SOBRE A ESCOLARIZAÇÃO NO PERÍODO REPUBLICANO
FEIRENSE E DA REGIÃO SISALEIRA** 278
*Zenaide de Oliveira Novais Carneiro, Mariana Fagundes de Oliveira Lacerda,
Norma Lucia Fernandes de Almeida* e *Huda da Silva Santiago*

**PARA UMA SÓCIO-HISTÓRIA
DA LÍNGUA PORTUGUESA NO RIO DE JANEIRO:
DEMOGRAFIA, ESCOLARIZAÇÃO E CONSTRUÇÃO DA NORMA** 322
Dinah Callou, Juanito Avelar, Afranio Barbosa e *Carolina Serra*

**PORTA, JANELA E ALPENDRE:
O ENSINO ESCOLARIZADO E A CONSTITUIÇÃO DA NORMA NO BRASIL** 396
Emilio Pagotto e *Dinah Callou*

REFERÊNCIAS BIBLIOGRÁFICAS 415

OS AUTORES 439

APRESENTAÇÃO
Dinah Callou
Tânia Lobo

*À memória de
Rosa Virgínia Mattos e Silva,
Suzana Cardoso e
Yonne Leite,
três linguistas que, direta ou indiretamente, contribuíram para este trabalho.*

Ao iniciar a apresentação deste volume, queremos lembrar que a redundância do termo *sociolinguística* – por não se poder pensar numa atividade linguística que não seja social – apontada por Labov (1972) já estava implícita na afirmação de Fernão de Oliveira, em 1536, "*cada hum fala como quem é*" (*Gramática,* cap. 1. l. 8) e nas palavras de Silva Neto:

> a língua [...] é um produto social, é uma atividade do espírito humano. Não é, assim, independente da vontade do homem [...]. Não está obrigada a prosseguir na sua trajetória, de acordo com leis determinadas, porque as línguas seguem o destino dos que as falam, são o que delas fazem as sociedades que as empregam. (1986: 18)

A partir dessa concepção, durante todos esses anos do projeto Para a História do Português Brasileiro (PHPB), foram discutidas questões gerais relativas à história sociolinguística do português brasileiro, além de investigações sobre micro-histórias do português brasileiro em pontos específicos do país. Mattos e Silva (1998) propôs, de início, duas vertentes de investigação: (i) uma referente à reconstrução da articulação entre fatos demográficos e fatos linguísticos; (ii) outra referente à reconstrução da história da escolarização no Brasil, fundamental para compreender-se a polarização entre *norma(s) vernácula(s)* e *norma(s) culta(s)* do português brasileiro.

Para a realização dos objetivos apresentados em (i) e em (ii), previu-se a organização de um conjunto significativo de documentos, seriados tanto do ponto de vista estilístico quanto do ponto de vista cronológico. A seriação estilística proporcionaria a visão da variação sincrônica em momentos determináveis do passado, já que o objetivo seria a reconstrução histórica do *português popular* e do *português culto* do Brasil, e a seriação cronológica proporcionaria a visão do processo da mudança linguística ao longo do tempo. Para a realização dos objetivos, previu-se a exploração de fontes indiretas, particularmente dos instrumentos gramático-filológicos, não descartando, contudo, a recuperação de avaliações dispersas em testemunhos históricos os mais inesperados.

Reúnem-se, neste volume, 12 textos ligados às questões referidas no primeiro parágrafo desta "Apresentação", o primeiro deles da responsabilidade de um historiador e os 11 restantes de linguistas que vêm tentando contribuir para desvendar a sócio-história do português brasileiro. Alguns textos enfocam a questão demográfica, outros a das origens do português brasileiro, o panorama sociolinguístico nos últimos três séculos de nossa história e a questão da escrita e escolarização, no Brasil e em alguns pontos específicos do país.

No capítulo "A Demografia Histórica e a mobilidade socioeconômica e geográfica no Brasil", Iraci del Nero da Costa apresenta um breve apanhado do desenvolvimento da Demografia Histórica no Brasil para o período 1970-1995, visando a evidenciar a ampla abrangência, em termos sociais, econômicos e geográficos, dos estudos efetuados por pesquisadores da aludida área. Pretende o autor demonstrar como se pode, valendo-se de dados empíricos colhidos em estudos da história demográfica, alcançar informações concernentes à vivência socioeconômica de nossas populações pretéritas, bem como identificar a dispersão pelo espaço geográfico de grupos populacionais e conhecer as condições defrontadas pelos recém-nascidos em face do comportamento econômico das localidades que os albergaram em sua infância.

No capítulo "As línguas gerais brasileiras", Wagner Argolo apresenta uma visão panorâmica do percurso histórico de três línguas gerais brasileiras – a de São Paulo, a do sul da Bahia e a da Amazônia – no âmbito da história social-linguística do Brasil. Com relação às duas primeiras, ressaltam-se os seus processos semelhantes de formação em um contexto sócio-histórico sem *language shift*. Com relação à última, o nheengatu, ressalta-se o seu processo de formação em um contexto sócio-histórico com *language shift*, argumentando-se – numa conjugação com dados intralinguísticos, retirados das gramáticas de Anchieta (1595), de Figueira (1687 [1621]) e de Couto de Magalhães (1876) – a favor da hipótese de que seria uma língua crioula de base tupinambá. Por fim, após a referida exposição, propõe-se um conceito de língua geral – amplo no sentido e conciso nas palavras – que englobe tanto os contextos explorados neste capítulo quanto outros explorados alhures.

No capítulo "O português brasileiro, uma língua crioula? Considerações em torno da hipótese de um substrato indígena", Yonne Leite levanta algumas questões relativas às origens do português do Brasil e discute a hipótese de um substrato indígena com o objetivo de traçar os caminhos percorridos, a fim de chegar ao nosso aqui e agora linguístico, com base em aspectos fonéticos e morfossintáticos. A hipótese do contato com línguas africanas é vista como mais viável, já que, no caso das línguas indígenas, não há a comprovação de uso da nossa língua pelos índios, à época da formação do português brasileiro, exceto a comprovação histórica do uso do nheengatu, língua geral de base tupi, falada até hoje na Amazônia, no ambiente doméstico.

No capítulo "Indícios sobre a participação dos povos tapuias no contato com o português nos sertões baianos seiscentistas", Zenaide Carneiro, Mariana Lacerda e Norma Lucia de Almeida apresentam uma pesquisa sobre a interação linguística entre populações em contato, em ambiente multilíngue nos antigos domínios tapuias no sertão da Bahia, no século XVII, com o objetivo de rastrear indícios do português falado como L2, em um momento que pode ser caracterizado como de gestação da vertente popular do português brasileiro. Na produção proveniente da administração portuguesa – a exemplo da ampla documentação encontrada no Arquivo Histórico Ultramarino (AHU), no Arquivo Romano da Companhia de Jesus e em arquivos brasileiros e estrangeiros –, encontram-se testemunhos diversos. Nesse estudo, o documento principal utilizado é a "Relação de uma missão no rio São Francisco", de Martinho de Nantes (1979 [1906]), já disponível, digitalmente, na qual se acham alusões à interação linguística entre indígenas, brancos e mulatos, possivelmente bilíngues. O Baixo-Médio e Médio São Francisco, no chamado Sertão de Rodelas, é uma região que, nesse período, se torna especialmente interessante para esse fim, tendo em vista os inúmeros conflitos entre os colonos e os indígenas, gerando uma documentação diversa, do ponto de vista do avanço luso-brasileiro em seus múltiplos aspectos. A discussão parte de questões gerais sobre a população indígena na Bahia seiscentista, concentrando-se na análise do referido documento, com base no qual apresentamos, para o sertão da Bahia, século XVII, indícios compatíveis com um contexto que, de modo geral, pode ser tomado como aquele proposto para a fase anterior ao português popular, o chamado português geral brasileiro, nos termos de Mattos e Silva (2002).

No capítulo "Para uma história social das línguas africanas no Brasil", Margarida Petter, com base em documentos disponíveis sobre o uso de línguas africanas nas diferentes regiões e momentos de nossa história, apresenta um quadro geral das línguas que os africanos trouxeram para o Brasil. A partir de dados sobre a difusão do português e de seu aprendizado pelos africanos e seus descendentes, retomam-se as hipóteses elaboradas pelos estudiosos sobre a participação das línguas africanas na constituição do português brasileiro e apresentam-se novas propostas explicativas desse contato linguístico.

No capítulo "Os cenários sociolinguísticos do Brasil colonial", Dante Lucchesi e Dinah Callou traçam um panorama sociolinguístico do período colonial, destacando três cenários principais. No primeiro cenário, um pequeno número de colonizadores portugueses (em sua imensa maioria homens) entra em contato com grupos indígenas em alguns pontos da costa do Brasil, estabelecendo um elevado grau de mestiçagem, o que dá ensejo ao surgimento de sociedades mamelucas, nas quais é corrente o uso da língua geral indígena. O segundo cenário remete às sociedades de plantação do Nordeste, onde a população indígena local é dizimada e substituída pela importação em larga escala de escravos africanos. Nessas sociedades, o português convive com línguas francas africanas e eventuais variedades pidginizadas e criolizadas de português, que tiveram uma existência efêmera e localizada. O terceiro cenário emerge com a descoberta das jazidas de ouro e pedras preciosas na região de Minas Gerais. Caracteriza-se por uma migração maciça de colonos portugueses, pelo largo incremento da importação de africanos e pela urbanização. Esse cenário marca o primeiro grande processo de difusão da língua portuguesa no Brasil. Para além dessa homogeneização linguística forçada, o período colonial também se caracteriza por uma profunda polarização sociolinguística de natureza diglóssica, na qual à língua dos colonizadores portugueses se opõem as centenas de línguas africanas e indígenas, as profundamente alteradas variedades de português falado como segunda língua e as variedades nativizadas de português, a partir de modelos variáveis de segunda língua; sendo que todo esse mosaico linguístico é característico de cerca de dois terços da população de todo o período do Brasil colonial.

No capítulo "Aos olhos do Santo Ofício: difusão social da escrita nas capitanias da Bahia, Pernambuco, Itamaracá e Paraíba em finais de quinhentos", Tânia Lobo e Ana Sartori apresentam resultados parciais das pesquisas desenvolvidas no âmbito do projeto Leitura e Escrita aos Olhos da Inquisição, desenvolvido no âmbito do Programa para a História da Língua Portuguesa (PROHPOR), cujo objetivo final é traçar, a partir da análise das fontes documentais produzidas pelo Santo Ofício, um quadro aproximativo da distribuição social da leitura e da escrita no Império colonial português, considerando, portanto, o conjunto das áreas extraeuropeias atingidas pela Inquisição: Goa, onde um tribunal atuou de 1560 a 1774 e de 1778 a 1812, e ainda as Ilhas do Atlântico (Açores e Madeira em 1575-1576, 1591-1593, 1618-1619), Angola (1561-1562, 1589-1591, 1596-1598) e o Brasil (1591-1595; 1618-1620; 1627-1628 e 1763-1769), que não contaram com a instalação de tribunais, mas foram alvo da justiça itinerante, as chamadas *visitações*. Aqui se reúnem os resultados dos estudos feitos por Lobo e Oliveira (2012, 2013) e Sartori (2016) referentes às capitanias da Bahia,

Pernambuco, Itamaracá e Paraíba no final do século XVI, a partir da análise de fontes inquisitoriais legadas pela primeira Visitação do Santo Ofício ao Estado do Brasil. Para a capitania da Bahia, recolheram-se as assinaturas do *Primeiro Livro das Confissões* (1591-1592), do *Primeiro Livro das Denunciações* (1591-1593) e do *Terceiro Livro das Denunciações* (1591-1593). Para as capitanias de Pernambuco, Itamaracá e Paraíba, recolheram-se as assinaturas do *Quarto Livro das Denunciações* (1593-1595), do *Terceiro Livro das Confissões* (1594-1495) e da segunda parte do *Terceiro Livro das Denunciações* (1594-1595). Cruzando a variável binária assinante *versus* não assinante com as variáveis sexo, naturalidade, etnia, condição religiosa e categoria sócio-ocupacional do depoente, esboçou-se um perfil sociológico dos alfabetizados/letrados nos primórdios da colonização, contexto marcadamente multilíngue e de quase ausência de instituições voltadas à alfabetização. Ao abarcar a questão da distribuição social da leitura e da escrita no período colonial, contempla-se uma das questões-chave para a compreensão da história social linguística do Brasil, a saber, a questão da dita "dualidade" ou "polarização" que teria marcado a constituição histórica das normas linguísticas do português brasileiro.

No capítulo "Escrita (in)surgente na Bahia de finais do século XVIII: uma análise da distribuição social da escrita no movimento sedicioso da conspiração dos alfaiates", André Moreno, com base nos pressupostos teórico-metodológicos do campo da História Social da Cultura Escrita, uma forma específica da História Cultural, busca analisar a difusão social da escrita no Brasil em finais do período colonial, a partir do processo devassatório da Conspiração dos Alfaiates, ocorrido na Bahia no final do século XVIII. Sendo uma fonte de extrema relevância histórica, apresenta os variados perfis sociológicos dos envolvidos, direta e indiretamente, no movimento sedicioso, quando tais sujeitos depuseram perante os tabeliães responsáveis por esse processo investigativo. Relacionadas a tais testemunhos, as assinaturas, sejam autógrafas, idiográficas e/ou não alfabéticas, nos oferecem uma relevante informação da aquisição da escrita dos sujeitos processados e, mais amplamente – quando é considerado o conjunto dos dados coletados –, de sua distribuição social. Seu foco é demonstrar, a partir das variáveis *sexo, cor, estatuto social* e *categoria sócio-ocupacional*, como a escrita estava distribuída entre os envolvidos na referida sedição, com o objetivo de avaliar os perfis dos assinantes e dos não assinantes insurgentes nessa Conspiração.

No capítulo "Panorama sociolinguístico do Brasil no século XIX", Dinah Callou e Dante Lucchesi procuram traçar um quadro geral da relação entre História Social e Linguística, tendo como pano de fundo o século XIX, época a partir da qual se poderia definir a variedade brasileira da língua portuguesa, o português *do* Brasil. Partem da forma como cresceu e se diversificou o país, a fim de chegar à tão difundida polarização sociolinguística. Observam a questão com base em dados demográficos, arrolados desde o primeiro Recenseamento oficial do país de 1872 – até o último de 2010 – como um ponto de partida para fornecer uma visão global de aspectos muito debatidos, como a questão do contato entre línguas, a diferenciação regional, rural e urbana, a distribuição e mobilidade da população.

No capítulo "O sistema educacional no semiárido baiano oitocentista e notas sobre a escolarização no período republicano feirense e da região sisaleira", Zenaide Carneiro, Mariana Lacerda, Norma Lucia de Almeida e Huda Santiago recuam ao século XIX – haja vista que a organização da instrução pública, controlada pelo Estado, tem início, formalmente, no primeiro quartel do século XIX – para descrever o sistema educacional no semiárido baiano, a partir de documentos não literários: relatórios e falas de presidentes de província e mapas de alunos, sob a guarda do Arquivo Público da Bahia (APEB); Coleção de Leis e Resoluções da Assembleia Legislativa da Bahia e os Atos do Governo da província, de 1835 a 1889, também do APEB; relatórios de Governo das províncias do Brasil; dados demográficos de fontes diversas, incluindo os dados da região do semiárido baiano do Censo de 1872 e o recenseamento de 1875. Apresentam a implementação das escolas, principalmente as de primeiras letras, no período imperial e suas implicações linguísticas. Para além dos dados sobre a escolarização no interior baiano oitocentista, é abordada a escolarização na região no período republicano: a democratização da escola em Feira de Santana e espaços extraescolares de aprendizagem em Riachão do Jacuípe, Conceição do Coité e Ichu (região sisaleira).

No capítulo "Para uma sócio-história da língua portuguesa no Rio de Janeiro: demografia, escolarização e construção da norma", Dinah Callou, Juanito Avelar, Afranio Barbosa e Carolina Serra retomam considerações já feitas pelos autores e apresentam novas análises, de modo a oferecer um panorama da pesquisa sobre a constituição da história social da língua portuguesa na cidade do Rio de Janeiro, até meados do século XX, com base na interpretação de seus reflexos na configuração de normas no espaço urbano, conforme a dinâmica dos contatos linguísticos no avanço geográfico pelas cercanias, desde o Brasil Colônia até o fim do século XIX. Para além da Demografia Histórica em si, o texto busca interpretar o cruzamento de dados de distribuição humana com dados do diferente avanço da escolarização em áreas distintas da capital. A partir desse caminho metodológico, busca-se investigar o estabelecimento do que viria a ser a norma culta urbana carioca, a abstração social da língua que assumiria papel de referência de padrão falado no teatro, radiodifusão e na mídia televisiva por quase todo o século XX. No que concerne a essa função simbólica de modelo oficial do padrão linguístico no conjunto nacional, em papel complementar necessário, especula-se sobre a construção do caráter modelador objetivo com base em aspectos levantados da gênese do papel normatizador da escola na virada do século XIX para o XX. Para tal, além de ser apontado o filão de pesquisa *provas de concurso*, apresentam-se linhas, ora mais descritivas, da língua literária, ora mais prescritivas, das gramáticas escolares usadas na principal referência programática para o ensino no Brasil, até a primeira metade do século XX: o Colégio Pedro II.

No capítulo "Porta, janela e alpendre: o ensino escolarizado e a constituição da norma no Brasil", Emílio Pagotto e Dinah Callou discutem a relação entre a difusão da escolarização e os processos de normatização linguística, entendidos, de um lado, como a produção de valores que definem o certo e o errado, isto é, a relação dos sujeitos falantes com a língua, e, de outro, como a apropriação de valores e formas linguísticas por parte de tais sujeitos falantes. Lançando mão das estatísticas sobre alfabetização no século XIX e as primeiras décadas do século XX, o texto trabalha a hipótese de que a difusão da alfabetização no século XIX teria tido o efeito de formar uma elite letrada pela qual teriam circulado os valores normativos urdidos juntamente com um projeto político de nação excludente. Isso ajudaria a explicar como teria sido possível sustentar, no plano empírico, uma norma codificada tão apartada do funcionamento do português brasileiro.

A DEMOGRAFIA HISTÓRICA E A MOBILIDADE SOCIOECONÔMICA E GEOGRÁFICA NO BRASIL

Iraci del Nero da Costa

SUMÁRIO

SOBRE A AMPLA ABRANGÊNCIA
DA DEMOGRAFIA HISTÓRICA BRASILEIRA 16

AINDA NOS RESTA UM
LONGO CAMINHO A PERCORRER 20

OS AFRICANOS NO ESPAÇO
GEOGRÁFICO BRASILEIRO 21

MOBILIDADE SOCIOECONÔMICA 26

SOBRE A MOBILIDADE ESPACIAL 30

AS DISTINTAS CONDIÇÕES DAS CRIANÇAS 31

CONSIDERAÇÕES FINAIS 33

SOBRE A AMPLA ABRANGÊNCIA DA DEMOGRAFIA HISTÓRICA BRASILEIRA

Os estudos efetuados na área da história demográfica sempre trazem um ou mais elementos informativos sobre a mobilidade social, econômica ou espacial dos elementos populacionais pesquisados. Com respeito a tal assertiva revela-se altamente elucidativa a consideração, embora em termos meramente informativos e genéricos, do estabelecimento e amadurecimento da Demografia Histórica no Brasil.

Entre os predecessores da Demografia Histórica podemos apontar Gilberto Freyre que, no prefácio de *Casa-grande & senzala* – escrito em Lisboa, em 1931, e revisto em Pernambuco, em 1933 –, já registrava com clareza a relevância da massa documental da qual se serviram, duas décadas depois, os autores aos quais devemos a formulação dos métodos que deram nascimento à Demografia Histórica. A compreensão acurada das potencialidades carregadas, sobretudo pela documentação eclesiástica, justifica a longa citação extraída do aludido prefácio:

> Outros documentos auxiliam o estudioso da história íntima da família brasileira: inventários [...]; cartas de sesmaria, testamentos, correspondências da Corte e ordens reais [...]; pastorais e relatórios de bispos [...]; atas de sessões de Ordens Terceiras, confrarias, santas casas [...], Documentos Interessantes para a História e Costumes de São Paulo, de que tanto se tem servido Afonso de E. Taunay para os seus notáveis estudos sobre a vida colonial em São Paulo; as Atas e o Registro Geral da Câmara de São Paulo; os livros de assentos de batismo, óbitos e casamentos de livres e escravos e os de rol de famílias e autos de processos matrimoniais que se conservam em arquivos eclesiásticos; os estudos de genealogia [...]; relatórios de juntas de higiene, documentos parlamentares, estudos e teses médicas, inclusive as de doutoramento nas Faculdades do Rio de Janeiro e da Bahia; documentos publicados pelo Arquivo Nacional, pela Biblioteca Nacional, pelo Instituto Histórico Brasileiro, na sua Revista, e pelos Institutos de São Paulo, Pernambuco e da Bahia. Tive a fortuna de conseguir não só várias cartas do arquivo da família Paranhos, [...] como o acesso a importante arquivo de família, [...] o do engenho Noruega, que pertenceu por longos anos ao capitão-mor Manuel Tomé de Jesus [...]. Seria para desejar que esses restos de velhos arquivos particulares fossem recolhidos às bibliotecas ou aos museus, e que os eclesiásticos e das Ordens Terceiras fossem convenientemente catalogados. Vários documentos que permanecem em mss. nesses arquivos e bibliotecas devem quanto antes ser publicados. É pena – seja-me lícito observar de passagem – que algumas revistas de História dediquem páginas e páginas à publicação de discursos patrióticos e de crônicas literárias; quando tanta matéria de interesse rigorosamente histórico permanece desconhecida ou de acesso difícil para os estudiosos. (Freyre, 1933: 25)

Também a anteceder a afirmação da Demografia Histórica como disciplina autônoma, coloca-se a monografia de Lucila Herrmann denominada *Evolução e estrutura social de Guaratinguetá num período de trezentos anos*, datada de fins da década de 1940. Este empreendimento pioneiro – calcado, basicamente, em levantamentos populacionais realizados no período colonial – ficou isolado, não conheceu divulgação imediata e não se viu seguido, de pronto, por produções similares.

A década de 1960 vai conhecer os ensaios pioneiros de Luis Lisanti Filho e Maria Luiza Marcílio, cabendo a esta última a autoria da tese intitulada *La ville de São Paulo, peuplement et population (1750-1850) d'après les registres paroissiaux et les recensements anciens* (1968), texto seminal do qual resultou o reconhecimento, em escala internacional e, sobretudo, em âmbito nacional, da Demografia Histórica brasileira; dá-se, a contar de sua edição em português, a difusão entre nós dos métodos propostos pelos cientistas franceses criadores deste novo ramo do saber demográfico situado no amplo campo das Ciências Sociais. Não é exagero dizer que *La ville de São Paulo* assinalou o surgimento efetivo da Demografia Histórica no Brasil.

Ainda nesses momentos iniciais do desenvolvimento da nova disciplina entre nós vêm à luz as obras de Altiva Pilatti Balhana e de Cecília Maria Westphalen, às quais se seguiram as dissertações elaboradas pelo "grupo" do Paraná; em sua Universidade Federal estruturou-se a pós-graduação em Demografia Histórica da qual resultou a detecção e ordenamento sistemático das fontes paranaenses e uma grande quantidade de pesquisas: a maior concentração existente até os anos 1990. Pela primeira vez, demógrafos historiadores colocaram em xeque a "família extensa" e afirmaram a predominância, entre nós, da família nuclear (formada, tão só, por progenitores e seus filhos). Ali também nasce a descrição sistemática das comunidades de imigrantes, dando-se, concomitantemente, o espraiamento da exploração demográfica a qual não se restringiu apenas a comunidades paranaenses, pois abrangeu localidades situadas em Santa Catarina, no Rio Grande do Sul e em Minas Gerais.

O decênio de 1970 ver-se-á irrigado por substancial volume de contestações inovadoras votadas a distintas problemáticas e cobrindo novas áreas do território brasileiro. Luiz R. B. Mott (1975, 1976a, 1976b, 1977a, 1977b, 1978a, 1978b, 1979) volta-se para o Nordeste (Piauí e Sergipe); a ele creditamos o fato de haver questionado abertamente algumas alegações até então tidas como "verdades" inquestionáveis, pensamos aqui no numeroso contingente de pequenos proprietários de cativos, na existência da escravidão na área dominada pela pecuária no Nordeste e na questão do absenteísmo dos proprietários de gado de tal região. Dessa mesma década são as perquirições de Katia M. de Queirós Mattoso (1973, 2003) e de Stuart B. Schwartz (1988, 1989) para a Bahia; a monografia de Johildo Lopes de Athayde, (1975) para Salvador; os frutos dos doutorados de Pedro Carvalho de Mello (1977) e de Robert W. Slenes (1976), os quais devotaram particular cuidado à massa escrava existente no Brasil; tocando a Herbert S. Klein (1978) ocupar-se do tráfico negreiro intercontinental. A preocupação com as populações mineiras e a ênfase emprestada aos distintos segmentos populacionais característicos da sociedade colonial brasileira (livres, forros e escravos) marcam as publicações de Donald Ramos (1972, 1975, 1978, 1979) e Iraci Costa (1976, 1979, 1981); já a estrutura de posse dos cativos e a relevância dos "pequenos escravistas" consubstanciam o interesse maior de um pioneiro desses tópicos: Francisco V. Luna, que escrutinou os dados de Minas Gerais. Stuart B. Schwartz, por seu turno, buscou caracterizar a estrutura de posse de escravos existentes na Bahia. A relevância desse assunto levou Francisco V. Luna, Iraci Costa e Horacio Gutiérrez (1983, 1984) a estendê-lo às áreas de São Paulo e do Paraná.

Igualmente na década de 1970, os agregados e a família mereceram tratamento especial de Eni de Mesquita Samara (1975) – que se ocupou dos agregados e estendeu para a família paulista os resultados concernentes ao Paraná e a Minas Gerais –, de Elizabeth Anne Kuznesof (1976) e de Alida Christine Metcalf (1978).

Ao fim do decênio de 1970 e início do seguinte, deu-se a extensão dos olhares dos demógrafos historiadores para regiões que permaneciam inexploradas assim como se aplicaram novas abordagens para captar o evolver populacional das áreas contempladas anteriormente. O rol de especialistas, embora longo, não pode ser descurado: Norte (Ciro Flamarion Santana Cardoso, 1984); Paraíba (Elza Régis de Oliveira, 1985 e Diana Soares de Galliza, 1979); Goiás (Eurípedes Antônio Funes, 1986 e Maria de Souza França, s.d.); Rio de Janeiro (Eulália Maria Lahmeyer Lobo, 1984); Minas Gerais (Clotilde A. Paiva, 1986 e Beatriz Ricardina de Magalhães, 1985); Paraná (Horacio Gutiérrez dedicou-se de modo inovador ao Paraná, 1989); Piauí recebeu a atenção de Miridan Brito Knox, 1982. As elites paulistas na década de 1980 (Elizabeth Darwiche Rabello, 1980, Carlos de Almeida Prado Bacellar, 1987 e Ana Sílvia Volpi Scott, 1990) empenharam-se em deslindar as distintas facetas de São Paulo.

Nessa última década, retomou-se, com base numa perspectiva renovada, em nível qualitativo superior e em termos quantitativos mais sofisticados, a linha aberta por Lucila Herrmann (1948); qual seja, a de se escrever, emprestando-se preeminência aos elementos demográficos e econômicos, a história regional, quase sempre relegada a uns poucos abnegados sem formação acadêmica sofisticada. Em linha científica refinada enquadram-se o projeto de esquadrinhamento sistemático da evolução demoeconômica de Campinas, de Peter L.

Eisenberg (1983,1986), os escritos sobre a Bahia de Stuart B. Schwartz (1988, 1989) e o paradigmático *Caiçara* (1986), de Maria Luiza Marcílio.

A família escrava passa a ser reconhecida no segundo lustro dos anos 1970 e no correr do decênio de 1980. O trabalho de Richard Graham (1976) distingue-se como pioneiro. Segue-se artigo de Francisco V. Luna e Iraci Costa (1981) sobre a família escrava em Vila Rica. Logo após veio a lume a importantíssima publicação de Robert W. Slenes (1984) sobre a família escrava em Campinas. A partir daí surgem muitos novos ensaios produzidos por Horacio Gutiérrez e Iraci Costa (1984), Alida Christine Metcalf (1983), Iraci Costa e Robert W. Slenes e Stuart B. Schwartz (1987), Gilberto Guerzoni Filho e Luiz Roberto Netto (1988), João Luís R. Fragoso e Manolo G. Florentino (1987), José Flávio Motta (1990), Nelson Nozoe e Iraci Costa (1989), Francisco V. Luna (1989), Carlos de Almeida Prado Bacellar e Ana Sílvia Volpi Scott (1990); neste quadro coloca-se, também, a exposição sobre casamentos mistos devida a Eliana Maria Réa Goldschmidt (2004).

Nessa mesma quadra de 1980 elaboraram-se novas indagações centradas na família. Maria Sílvia C. Beozzo Bassanezi (1984) privilegia a família de colonos do café; Lucila Reis Brioschi (1984) disseca genealogias; José Luiz de Freitas (1986) contesta o "mito" da família extensa; Katia M. de Queirós Mattoso (1988) estuda a família baiana e chega a conclusões análogas às válidas para Minas Gerais, São Paulo e Paraná; Renato Pinto Venancio (1988) discute a fundo a questão dos enjeitados; Maria Beatriz Nizza da Silva (1976, 1983, 1984, 1998) discorre sobre o sistema de casamentos no Brasil colonial enquanto Linda Lewin (1987) dedica tese a este último objeto.

No início dos anos 1990, vários projetos estavam em andamento. Alguns itens originais foram propostos (reconhecimento demoeconômico dos não proprietários de escravos, (Iraci Costa, 1992); movimentos migratórios de nordestinos (Nelson Nozoe, Maria Sílvia C. Beozzo Bassanezi e Eni de Mesquita Samara, 2003); crescimento vegetativo da massa escrava (Horacio Gutiérrez, 1987; Clotilde A. Paiva, 1988); preço de escravos (Nilce Rodrigues Parreira, 1990), e novas áreas são incorporadas; entre outras: Sorocaba, (Carlos de Almeida Prado Bacellar, 1994, 1996, 2003); Bananal, (José Flávio Motta, 1990) e litoral norte de São Paulo (Ramón V. G. Fernández, 1992). Correlatamente, define-se a preocupação com os rumos da Demografia Histórica brasileira: quais os objetos a enfocar? Não se mostram necessárias tentativas de generalização e de teorização mais consequentes? Como incorporar a nossas indagações áreas e/ou fases cruciais de nossa economia (nordeste açucareiro, zona do café para o segundo meado do século XIX etc.)?

Nem sempre foi possível, nesta abertura, seguir estritamente a perspectiva cronológica, pois alguns tópicos viram-se concebidos simultaneamente e/ou interpenetraram-se no tempo. De outra parte, algumas criações das mais expressivas precisam ser "encaixadas" na revisão histórica aqui esboçada: tomo como exemplos a classificação dos setores e ramos de atividades econômicas (de Nelson Nozoe e Iraci Costa, 1987), o trabalho de Tarcísio do Rego Quirino (1966) sobre os habitantes do Brasil no fim do século XVI, a pesquisa de Carlos Roberto Antunes dos Santos (1974) sobre preços de escravos no Paraná e a obra intitulada *Slave Life in Rio de Janeiro, 1808-1850*, de Mary C. Karash (1987, traduzida para o português em 2000).

Enfim, muito poderia ser acrescentado ao elenco aqui arrolado. De outra parte, cumpre lembrar que a encerramos no início dos anos 1990 porque ir avante seria temeroso, já que nos lustros mais recentes procedeu-se à feitura de milhares de dissertações, teses, livros e artigos sobre nossa história demográfica. Anote-se, ademais, que os argumentos embasadores deste capítulo também o foram do trabalho intitulado "Contribuições da Demografia Histórica para o conhecimento da mobilidade socioeconômica e geográfica: uma aproximação ao tema" (Costa, 2011).

AINDA NOS RESTA UM LONGO CAMINHO A PERCORRER

Assim, conquanto a descrição anteriormente posta seja sucinta e parcial, parece-nos bastante para revelar o amplo campo abrangido pela Demografia Histórica e o fato de que se deu no Brasil um verdadeiro transbordamento com relação aos temas estritamente demográficos, vale dizer, por haver grandes lacunas quanto ao conhecimento mais pormenorizado de nosso passado histórico, os demógrafos historiadores brasileiros sentiram-se impelidos a descobrir (redescobrir) e a reescrever (escrever) nossa história econômica, social, das mentalidades, das instituições etc.; destarte, o exame de variáveis demográficas definiu-se como uma larga porta de entrada para a história entendida em todas suas dimensões. Note-se, além disso, que a inexistência, entre nós, de uma história regional solidamente embasada, tem feito com que alguns demógrafos historiadores tomem como sua a tarefa de promovê-la.

Muito embora, como visto, nossos demógrafos historiadores tenham estendido seus estudos no espaço, no tempo e no que tange à vasta temática abarcada por nossa disciplina, ainda nos defrontamos com um longo caminho a percorrer nas três dimensões ora aventadas. Assim, existem áreas geográficas pouco estudadas, sobretudo o Norte e o Nordeste; o século XVI ainda nos escapa bem como o conhecimento mais circunstanciado da segunda metade do século XIX; muitos temas até agora não mereceram nossa atenção e carecemos de perquirições voltadas para a generalização dos achados já revelados. Destarte, não é errôneo afirmar-se que teremos de formular padrões capazes de lançar luz sobre as evidências pontuais já levantadas, seremos compelidos a buscar as regularidades ainda não desveladas, assim como nos caberá tentar discriminar claramente as causas comuns que se encontram nas raízes dos elementos empíricos já fixados; enfim, até os dias correntes não chegamos a uma visão teórica de conjunto da formação de nossas populações. Em face de tais óbices, e norteados pelo título em epígrafe, vemo-nos obrigados, na exposição vertente, a apontar, tão somente, alguns contributos da Demografia Histórica com respeito a proposições tradicionais de nossa historiografia, as quais já estão a conhecer uma profunda revisão.

OS AFRICANOS NO ESPAÇO GEOGRÁFICO BRASILEIRO

Tomemos como exemplo inicial o caso da dispersão do elemento africano no espaço geográfico brasileiro.

A contar do início do século passado, desencadeou-se controvérsia concernente à filiação étnica e/ou linguística dos africanos deslocados de seu continente de origem para o Brasil. Outro ponto de divergência referiu-se à distribuição dos cativos africanos em nosso território.

De acordo com R. Nina Rodrigues (*Os africanos no Brasil*, 1945) e Arthur Ramos (*As culturas negras no Novo Mundo*, 1937), para aqui se dirigiram tanto sudaneses como bantos. Os primeiros compareceriam amplamente na Bahia e, talvez em escala mais modesta, em Pernambuco e no Maranhão; os bantos, por seu turno, ocupariam área mais extensa, do Maranhão ao centro e sul do espaço colonial. Esses especialistas vieram pôr cobro o engano largamente difundido e que perdurou por longo período na historiografia brasileira. Tal erro foi propalado, sobretudo, por viajantes estrangeiros como Spix e Martius (*Viagem pelo Brasil*, 1938, v. 3); segundo eles somente os Bantos teriam composto a população negra do Brasil. Lembre-se que a impressão desses visitantes foi endossada por vários de nossos historiadores entre os quais figuram Sílvio Romero e João Ribeiro.

Já Francisco M. Salzano e Nilton Freire-Maia, ao criticarem a opinião de Nina Rodrigues e Arthur Ramos sobre a dispersão dos africanos no território nacional, afirmaram:

há evidência de que o esquema [...] de Nina Rodrigues e Arthur Ramos não correspondia totalmente à realidade dos fatos. Há, por exemplo, evidência de caráter histórico e linguístico da presença de largos contingentes de sudaneses em Minas Gerais. (Salzano e Freire-Maia, 1967: 29-30).

A corroborar os reparos desses investigadores incluem-se os materiais oferecidos por Lucinda C. M. Coelho (1973) e por Iraci Costa (1976).

De outra parte, vem-se firmando o consenso de que os sudaneses foram levados para as Minas Gerias em razão de possuírem conhecimento técnico mais apurado e estarem familiarizados com os misteres da mineração em suas "nações" de origem. Como anotou Charles R. Boxer:

> Os mineiros preferiam os "minas" exportados principalmente de Ajudá, tanto por serem mais fortes e mais vigorosos do que os bantos como porque acreditavam terem eles poder quase mágico para descobrir ouro [...]. A procura dos "minas" também se vê refletida nos registros dos impostos para escravos, fosse para pagamento dos quintos ou para o da capitação. (1969: 195)

As habilidades, as qualificações diferenciais, bem como a adaptabilidade de Bantos e Sudaneses à lide mineratória foram, desde os primórdios da economia do ouro em Minas Gerais, avaliadas distintamente.

O confronto de textos coevos evidencia as mudanças havidas na apreciação desses dois grupos. Em Carta Régia de 1711 lê-se:

> Me pareceu resolver que os negros que entrarem neste Estado [Brasil], vindos da Angola, e forem enviados por negócio para as Minas paguem de saída a seis mil réis, [...] e os que forem da Costa da Mina, e se remeterem também para as Minas, paguem três mil réis por cabeça, [...] por serem inferiores, e de menos serviços que os de Angola. (*Carta Régia estabelecendo novas providências sobre a venda e remessa de escravos Africanos para as Minas*, 1929)

Em carta do marquês de Angeja, vice-rei do Brasil, escrita em 1714, revela-se opinião divergente:

> Pela cópia do edital que com esta remeto será presente a Vossa Majestade ter-se dado cumprimento ao que foi servido ordenar por esta Provisão e como nela se determina que os negros que viessem de Angola para esta praça e dela fossem por negócio para as Minas pagassem à saída seis mil réis por cabeça, sendo peças da Índia e os da Costa da Mina a três mil réis por serem inferiores e de menos serviços que os de Angola, o que é tanto pelo contrário, que os que vêm da Mina se vendem por preço mais subido por ter mostrado a experiência dos mineiros serem estes mais fortes e capazes para aturar o trabalho a que os aplicam; o que me obrigou a consultar esta matéria com os

Ministros, e pessoas de mais inteligência e resolvi que vista a equivocação que houve no valor de uns e outros negros pagassem todos igualmente quatro mil e quinhentos por cabeça... (apud Amaral, 1915: 676-7)

Em 1725, o governador da capitania do Rio de Janeiro voltava ao problema e reafirmava a "superioridade" do elemento sudanês:

> As Minas é certo, que se não podem cultivar senão com negros [...] os negros minas são os de maior reputação para aquele trabalho, dizendo os Mineiros que são os mais fortes, e vigorosos, mas eu entendo que adquiriram aquela reputação por serem tidos por feiticeiros, e têm introduzido o diabo, que só eles descobrem, e pela mesma causa não há Mineiro que se possa viver sem uma negra mina, dizendo que só com elas tem fortuna. (*Carta do Governador da Capitania do Rio de Janeiro ao Rei, dando as informações determinadas pela provisão de 18 de junho de 1725, relativa aos negros que mais conviriam às Minas*, 1929)

Tais documentos patenteiam que, apesar do engano inicial de avaliação no qual incorreu a Coroa, logo evidenciou-se a preferência dos mineiros pelos negros "Mina". Certamente seu propalado poder diabólico para localizar ouro nada mais era do que o resultado de conhecimentos adquiridos na África.

Visando a contribuir para o estudo do assunto em tela, servimo-nos – a fim de mensurarmos quantos eram entre nós os bantos e sudaneses, e para sabermos como se relacionavam os efetivos de cada um desses grupos – dos registros de óbitos da Freguesia de Nossa Senhora da Conceição de Antônio Dias (doravante FNSCAD) – uma das duas existentes, no período colonial, em Vila Rica, atual Ouro Preto (MG) – e dos dados empíricos extraídos do arrolamento populacional levado a efeito em Minas Gerais em 1804 (Costa, 1979) e divulgado por Herculano Gomes Mathias (1969).

Quanto aos documentos de óbitos de Antônio Dias, examinamos o período 1719-1818. Só a partir da segunda década do século XVIII podemos contar com manuscritos contínuos e em bom estado de conservação. Esse fato demarcou o limite cronológico inferior do período selecionado para análise. O balizamento superior – final do primeiro quinto do século XIX – foi escolhido porque, a essa altura, apresentava-se superada a procura do ouro nas Minas Gerais e escoara-se o período que se nos apresenta como de transição da ação exploratória para a agrícola. Assim, o lapso temporal contemplado abarca o surto de mineração, seu auge e decadência, englobando, ademais, as eventuais repercussões socioeconômicas, na paróquia em foco, do reflorescimento agrícola vivenciado pela Colônia a partir do derradeiro quartel do século XVIII.

Com base na fonte paroquial mencionada, distribuímos os elementos africanos em grandes grupos correspondentes a bantos e sudaneses. Evidentemente, computamos apenas os indivíduos para os quais constou explicitamente a "nação" de origem. Embora possam ter ocorrido omissões imputáveis aos clérigos responsáveis pelos assentos de óbitos, tal corpo documental apresenta-se como ótimo repositório de dados numéricos e qualitativos mediante os quais se pode descrever a composição da massa de negros deslocada para a área mineratória.

Preservada a ideia de que nenhum dos raciocínios comparativos expendidos no corpo desses apontamentos tem caráter qualitativo, impõe-se assinalar que os resultados da indagação descrita anteriormente não deixam dúvidas quanto ao marcante comparecimento dos sudaneses em Minas; no século estudado (1719-1818), registrou-se a predominância, por pequena margem, do elemento sudanês (52,1%) sobre o banto (47,9%).

Tabela 1 – Repartição dos escravos africanos segundo a origem (1719-1818)

Grandes Grupos e "Nações"	1719-1743	1744-1768	1769-1793	1794-1818
SUDANESES				
Mina	42	391	688	394
Cabo Verde	3	13	17	2
Nagô	1	8	15	4
Outras	8	14	8	---
Total de sudaneses	54	426	728	400
BANTOS				
Bengala	10	30	43	23
Angola	19	195	447	521
Congo	7	7	16	23
Cambunda	1	1	2	9
Moçambique	2	7	1	---
Outras	11	40	44	18
Total de bantos	50	280	553	594
Total geral	104	706	1.281	994

Fonte: Costa, 1979: 239.

A fim de captar possíveis mudanças no curso do tempo, subdividimos o espaço temporal analisado em quatro subperíodos de 25 anos. O confronto dos porcentuais indica largas alterações no correr do tempo. Assim, nos três primeiros subperíodos mostrou-se majoritário o elemento Sudanês; já no quartel final (1794-1818) predominaram os Bantos (Cf. Tabela 1).

No que tange às "nações" de origem, predominaram, entre os sudaneses, os "Mina", "Nagô" e "Cabo Verde"; quanto aos bantos, coube preeminência aos "Angola", "Bengala" e "Congo".

Tendo em conta o arrolamento populacional efetuado em 1804 e tomados os resultados atinentes a Vila Rica, aspecto da maior importância refere-se à distribuição, segundo faixas etárias, dos cativos integrantes dos grupos étnicos e/ou linguísticos em foco. Nota-se, para bantos, o predomínio nas faixas inferiores; já a fração de sudaneses era dominante nas idades mais avançadas (Cf. Tabela 2).

Tabela 2 – Repartição dos escravos africanos, segundo a origem e grandes grupos etários (Vila Rica – 1804)

Faixas etárias	Sudaneses		Bantos	
0 – 19	5	2,9%	99	10,3%
20 – 59	115	66,5%	779	81,1%
60 e mais anos	52	30,0%	80	8,3%
Idade ignorada	1	0,6%	3	0,3 %
Total	173	100%	961	100%

Fonte: Costa, 1979: 248.

Os sudaneses, conquanto preferidos pelos mineradores, passaram a entrar na área em apreço segundo taxas decrescentes. Possivelmente, os bantos, vendidos a preços inferiores, apareciam no mercado de escravos como elemento substitutivo dos sudaneses. Esse fenômeno acarretou no "envelhecimento" da massa de cativos sudaneses, o que implicou o desproporcionado peso relativo de ambos os grupos no conjunto dos vivos, por um lado, e entre os mortos, por outro. Assim, em 1804, os escravos distribuíam-se em bantos e sudaneses, de acordo com os pesos 84,7% e 15,3%, respectivamente. Quanto aos óbitos, a repartição manifestava-se significativamente diversa – para o mesmo ano, a proporção dos bantos limitou-se a 71,9% e a dos sudaneses alcançou 28,1%. A causa dessa desproporção imputamos ao fato de que 30,0% destes últimos contavam 60 ou mais anos, enquanto apenas 8,3% dos primeiros achavam-se em igual faixa etária.

A conclusão maior a ser inferida do anteriormente posto é a de que a Demografia Histórica poderá vir a concorrer largamente para o melhor entendimento da distribuição espacial das populações estabelecidas no Brasil. Evidentemente, muito tempo escoar-se-á até que tenhamos estudos aprofundados sobre cada área de nosso vasto território; se este fato pode levar o desalento a alguns, certamente mostra-se alvissareiro para os que se iniciam na área de nossa formação populacional, pois lhes mostra quantos achados poderão ser colhidos em uma órbita de indagação na qual resta muito a produzir e deslindar.

MOBILIDADE SOCIOECONÔMICA

Passemos à consideração de outro caso exemplar, qual seja, o da mobilidade socioeconômica e espacial constatada nos quadros da economia da mineração no século XVIII. Sabemos tratar-se de um caso muito específico, estreitamente balizado tanto no tempo, cerca de oito décadas, como no espaço geográfico, pois nos ocupamos, tão só, de uma paróquia de Vila Rica; não obstante, parece-nos modelar porque evidencia de maneira palmar o valioso papel que pode ser desempenhado pela Demografia Histórica quanto ao conhecimento de nosso passado colonial. Tomaremos, pois, para a Freguesia de Nossa Senhora da Conceição de Antônio Dias, os dados ali preservados com referência à estrutura de posse de escravos e à composição da massa de senhores segundo seu enquadramento em dois dos estratos sociais existentes em nosso período colonial: livres e forros.

O conhecimento da estrutura de posse de cativos, afora lançar luz sobre a estratificação social vigente em qualquer sociedade e encerrar valioso subsídio para o lineamento das práticas produtivas de maior significância em cada momento histórico, apresenta-se como elemento altamente relevante para delinear-se o nível relativo de riqueza dos segmentos socioeconômicos em que se pode decompor uma dada comunidade. À vista disso, evidencia-se claramente o substantivo contributo que trará, ao entendimento da aludida sociedade, a identificação do perfil da posse de escravos.

Cremos, além disso, que a estrutura de posse de escravos apresentava elevada correlação com a própria forma como a riqueza se distribuía entre os mineradores. Como escreve Celso Furtado:

> A natureza mesma da empresa mineira não permitia uma ligação à terra do tipo da que prevalecia nas regiões açucareiras. O capital fixo era reduzido, a vida de uma lavra era sempre algo incerto. A empresa estava organizada

de forma a poder deslocar-se em tempo relativamente curto. Por outro lado, a elevada lucratividade do negócio induzia a concentrar na própria mineração todos os recursos disponíveis. (1968: 82)

Ao que nós acrescentaríamos a afirmativa de que estes recursos, em larga medida, alocavam-se na compra de escravos, principal fator de produção utilizado nas tarefas extrativas.

A labuta mineratória possibilitava aos escravos maior mobilidade social *vis-à-vis* as demais economias do Brasil Colônia. A forma como se realizava a cata do ouro e diamantes possibilitava maior liberdade e iniciativa aos cativos. Por rigoroso que fosse o controle exercido – e o era, especialmente na lavagem do cascalho –, o escravo detinha incomparável responsabilidade na localização das pedras preciosas e das partículas de ouro. Por essa razão, os mineiros tentavam estimular seus escravos concedendo-lhes prêmios pelo produto de suas buscas, donde a grande frequência de alforrias.

Ao cativo, obtida a liberdade, tornava-se fácil dedicar-se à faiscação; os resultados de seu árduo mister, caso se visse favorecido pela sorte, poderiam proporcionar-lhe os meios para fazer-se, ele próprio, um senhor de escravos.

Visando a cumprir os objetivos arrolados anteriormente servimo-nos, mais uma vez, dos lançamentos de óbitos da freguesia de Antônio Dias; foram selecionados para este exercício os seguintes triênios: 1743-45, 1760-62, 1799-1801 e 1809-11. O primeiro situa-se numa quadra na qual florescia a lide exploratória. No segundo, já se revelava declinante a faina aurífera. O penúltimo coloca-se na fase de franca decadência do centro urbano em foco. No triênio 1809-11 achava-se superada a ação mineratória e delineara-se, como frisado anteriormente, a recuperação da economia colonial com base na agricultura.

Quanto à mobilidade socioeconômica, merece realce o comparecimento significativo dos forros no conjunto dos detentores de escravos. Representaram eles nos períodos escolhidos, respectivamente: 8,8%; 14,6%; 6,9% e 3,0% do total de proprietários. Essas cifras evidenciam, ademais, o declínio dos escravistas alforriados sobre o total de senhores; tal decremento, por seu turno, viu-se condicionado, certamente, pela decadência da lida exploratória no núcleo populacional em tela.

Fato igualmente marcante refere-se à distinta constituição da massa escrava pertencente a forros *vis-à-vis* aquela possuída por livres, os quais, por deterem maior riqueza e poder aquisitivo, voltavam-se, ao que parece, a fainas produtivas – seja pela escala, seja pela natureza – mais exigentes de mão de obra masculina adulta. Essa inferência deriva do confronto, para esses dois segmentos populacionais, da parcela dos óbitos de escravos homens e adultos sobre o total de falecimentos de cativos (Cf. Tabela 3).

Tabela 3 – Porcentagens de escravos adultos do gênero masculino no total de óbitos de cativos, segundo a condição social dos proprietários (períodos selecionados)

Proprietários	1743-1745	1760-1762	1799-1801	1809-1811
Livres	77,78	71,92	63,88	52,27
Forros	31,82	47,92	31,25	33,33

Fonte: Costa, 1981: 153.

Ainda no tocante à mobilidade – vista agora sob os prismas social e espacial –, evento dos mais eloquentes consiste na queda, no decurso dos anos, da participação dos proprietários livres do gênero masculino e ao dramático incremento da porcentagem de proprietárias do mesmo estrato social. Destarte, compreendido o corpo inteiro de senhores, evidencia-se o continuado decréscimo referido; os senhores livres do gênero masculino representaram, nos períodos já assinalados, respectivamente: 87,63%; 78,80%; 63,12% e 62,00%. Tal declínio viu-se mais do que compensado – tomados os triênios extremos aqui computados – pelo aumento correspondente à participação das proprietárias livres; para estas, obedecida a mesma ordem cronológica, anotaram-se as seguintes cifras: 3,60%; 6,64%; 30,00% e 35,00%.

O elemento livre do gênero masculino resultou, pois, como que "substituído" pelo gênero oposto; fenômeno facilmente detectável na Tabela 4. Assim, de uma posição praticamente "monopolizadora", a proporção de homens reduziu-se drasticamente, não alcançando sequer os dois terços do total de senhores livres; paralelamente, a porcentagem das mulheres quase decuplicou.

Tabela 4 – Percentuais de proprietários, segundo o gênero, considerado o total de senhores livres (períodos selecionados)

Proprietários	1743-1745	1760-1762	1799-1801	1809-1811
Homens	96,05	92,22	67,79	63,92
Mulheres	3,95	7,78	32,21	36,08

Fonte: Costa, 1981: 154.

Um dos fatores explicativos deste processo repousa no movimento emigratório verificado em Vila Rica a partir, sobretudo, dos anos 60 do século XVIII. Em outra publicação (Costa, 1979), analisamos exaustivamente esse deslocamento populacional no qual predominaram os homens livres; estes, possivelmente acompanhados por seus escravos, demandavam outras áreas do território colonial. Essa migração nos remete à elevada porção de proprietárias viúvas; não dispomos de dados conclusivos, mas, ao que parece, o aumento da quantidade de senhoras livres decorreu, em grande medida, do crescente peso relativo das viúvas no conjunto das donas de cativos. Apenas para o triênio 1809-11 nos foi possível calcular, aproximadamente, a proporção de viúvas sobre o total de proprietárias livres. As viúvas somavam, no mínimo, 45,7% das senhoras livres e possuíam, ao menos, 47,7% da escravaria pertencente a todas as proprietárias livres. Tal fato derivar-se-ia do próprio esmorecimento da vida econômica da urbe. A consequente saída de senhores do gênero masculino fez avolumar-se, no cômputo porcentual, o peso das viúvas – certamente com menor propensão a deslocamentos espaciais –, herdeiras dos escravos dos esposos.

Atenhamo-nos, agora, aos proprietários forros. Para estes, diferentemente do constatado com referência aos senhores livres, revelou-se majoritário o gênero feminino. Os dados parecem indicar, pois, que a mobilidade socioeconômica mostrava-se maior entre as mulheres forras do que entre o elemento masculino de mesma condição social. De outra parte, com relação aos alforriados, não se patentearam transformações quantitativas capazes de igualar, pela magnitude, aquelas detectadas entre os senhores livres.

Relativamente ao total de proprietários couberam às forras, obedecidos os triênios anotados anteriormente, os seguintes valores: 5,2%; 8,2%; 5,6% e 2,0%. Aos libertos do gênero masculino tocaram cifras mais modestas: 3,6%; 6,4%; 1,3% e 1,0%.

Como visto, as mulheres predominavam entre os proprietários forros. A nosso ver, essa característica exprime a grande distinção entre livres e libertos. O peso relativo maior do gênero feminino vai ilustrado na Tabela 5, da qual se infere, concomitantemente, a diminuta mudança na massa de proprietários forros, considerados os gêneros, *vis-à-vis* as grandes variações ocorridas no conjunto de senhores livres, fenômeno ao qual já nos referimos.

Tabela 5 – Porcentuais de proprietários, segundo o gênero,
considerado o total de senhores forros (períodos selecionados)

Proprietários	1743-1745	1760-1762	1799-1801	1809-1811
Homens	41,18	43,48	18,18	33,33
Mulheres	58,82	56,52	81,82	66,67

Fonte: Costa, 1981: 155.

Enumeremos, pois, os principais resultados propiciados pelo estudo dos elementos empíricos aqui apreciados:

1. Marcou-se a presença relevante do elemento forro no conjunto dos proprietários de escravos;

2. Confirmou-se a prevalência, na área em apreço, de uma sociedade permeável à ascensão de elementos alforriados, donde a inexistência de estrita rigidez quanto à estratificação social;
3. Quanto ao gênero dos proprietários forros, contrariamente ao válido para os "não forros" (livres), predominou o feminino; por sua vez, os proprietários "não forros" do gênero masculino mostraram-se majoritários no conjunto dos senhores;
4. Evidenciou-se, ademais, declínio da parcela relativa do elemento forro no conjunto de senhores de cativos; fenômeno condicionado, certamente, pela própria decadência da atividade econômica na área em que predominou a mineração.

SOBRE A MOBILIDADE ESPACIAL

Fechado nosso segundo exemplo, passemos a um terceiro. Como avançado, a história demográfica pode contribuir de variadas maneiras para o entendimento dos deslocamentos espaciais, uma delas repousa na observação da origem dos nubentes. Vejamos, pois, como fazê-lo.

Para esta inquirição, escolhemos os assentos de 960 casamentos que uniram cônjuges livres (exclusive forros) na Freguesia de Nossa Senhora da Conceição de Antônio Dias (Vila Rica) no período 1727-1826.

Visando a estabelecer as regiões que concorreram para o povoamento de Vila Rica e, ainda, a amplitude dos movimentos migratórios, distribuímos os locais de origem dos esposos em 8 categorias. A classificação adotada, segundo círculos centrados em Vila Rica, foi a seguinte:

Categoria 1   cônjuge nascido (e/ou batizado) na Freguesia de Nossa Senhora da Conceição de Antônio Dias.
Categoria 2   cônjuge nascido (e/ou batizado) na Freguesia do Pilar (Vila Rica).
Categoria 3   cônjuge nascido (e/ou batizado) nas vilas, povoações ou freguesias situadas em raio de 50 km em torno de Vila Rica.
Categoria 4   cônjuge nascido (e/ou batizado) em vilas, povoações ou freguesias em área demarcada por raios de 50 e 100 km.
Categoria 5   cônjuge nascido no Bispado de Mariana, porém em local situado além do raio de 100 km.
Categoria 6   cônjuge nascido em outros Bispados do Brasil.
Categoria 7   cônjuge oriundo de Portugal, da Itália, das Ilhas Atlânticas ou da África.
Categoria 8   cônjuge sem origem especificada.

Os resultados (Cf. Tabela 6) sugerem menor mobilidade das mulheres em face dos homens. Assim, 68,85% das mulheres enquadraram-se nas categorias 1 e 2 (nascidas e/ou batizadas em Vila Rica), enquanto apenas 38,23% dos homens encontraram-se em igual situação. De um raio de 100 km procederam 55,72% dos homens e 83,65% das mulheres; 92,19% destas últimas nasceram ou foram batizadas no Brasil, enquanto os homens em igual condição restringiram-se a 66,14%. A maior estabilidade da massa feminina em face dos homens mostrou-se, pois, iniludível.

Por outro lado, no fluxo imigratório – proveniente da metrópole e de outras dependências coloniais portuguesas – predominou o elemento masculino (27,8% do total de cônjuges homens) sobre o feminino (2,7% do total de esposas).

Tabela 6 – Origem dos cônjuges livres (exclusive forros) (1727-1826)

	CATEGORIAS HOMENS E MULHERES					
	NOIVOS %	%	ACUMULADA	NOIVAS %	%	ACUMULADA
1	322	33,54	33,54	601	62,60	62,60
2	45	4,69	38,23	60	6,25	68,85
3	146	15,20	53,43	123	12,82	81,67
4	22	2,29	55,72	19	1,98	83,65
5	45	4,69	60,41	33	3,44	87,09
6	55	5,73	66,14	49	5,10	92,19
7	267	27,81	93,95	26	2,71	94,90
8	58	6,05	100,00	49	5,10	100,00

Fonte: Costa, 1979: 47.

AS DISTINTAS CONDIÇÕES DAS CRIANÇAS

A apreciação dos dados de casamentos consagrados pela Igreja nos lembra uma situação paralela, qual seja, a do batismo de crianças nascidas em distintas situações. Pode-se derivar sugestivas inferências do confronto das curvas de batismos com base na filiação dos inocentes, a qual compreende três condições distintas: filhos legítimos, naturais e expostos ou enjeitados.

Neste quarto exemplo, nosso foco dirige-se aos expostos, vale dizer, recém-nascidos deixados à porta de residências particulares, igrejas ou do Senado da Câmara, o qual, em Vila Rica, dado o aumento do número desses rejeitados, viu-se obrigado a auxiliar monetariamente os pais adotivos visando a evitar a morte das crianças abandonadas. Nas *Cartas chilenas* menciona-se explicitamente o problema gerado pelos gastos com estes párvulos: "Uns dizem, que das rendas do Senado/Tiradas as despesas, nada sobra./ Os outros acrescentam, que se devem/Parcelas numerosas impagáveis/Às consternadas amas dos 'expostos'". Para efeitos analíticos tomaremos os dados referentes à FNSCAD para o lapso temporal 1719-1818.

A determinação do evoluir no tempo do número e da taxa de enjeitados mostra-se importante porque nos permite lançar luz sobre as condições econômicas gerais das comunidades estudadas; espera-se, nos períodos de dificuldade econômica ou empobrecimento persistente, o aumento da porção dos abandonados, vale dizer, os pais ou a mãe solteira, na impossibilidade de sustentar os filhos – dada a deterioração econômica e na possível ausência de métodos ou práticas anticoncepcionais – ver-se-iam na contingência de delegar a terceiros a missão de cuidar desses recém-nascidos.

Verificou-se na aludida paróquia, em termos absolutos, incremento continuado dos expostos do início do período em análise até o lustro 1804-1808; tal aumento numérico assumiu caráter dramático – de 4 rejeitados batizados no decênio 1724-1733 atingiu-se a cifra de 167 na década 1799-1808. Desta última ao espaço de tempo compreendido entre 1809 e 1818 constatou-se queda substancial – de 167 passou-se a 129 –, decorrente, com certeza, do processo emigratório que abatia a população ouro-pretana.

Referentemente ao peso relativo dos rejeitados sobre o total de batismos, observou-se movimento igualmente dramático – de 0,45% na década 1724-33, chegou-se a porcentuais que se colocaram em torno de 11% no intervalo 1779-1818. Esse incremento denuncia um dos aspectos do impacto, sobre as variáveis demográficas, da decadência do exercício da mineração em Minas Gerais (Cf. Gráfico 1).

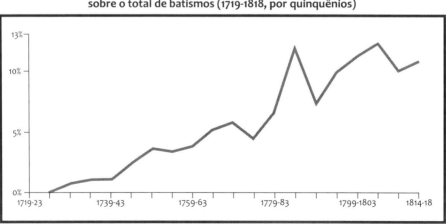

Gráfico 1 – Porcentagem de batismos de expostos sobre o total de batismos (1719-1818, por quinquênios)

Fonte: Costa, 1979: 54.

Outro fato expressivo relaciona-se aos porcentuais de enjeitamentos verificados nos subperíodos 1719-1783 e 1784-1818. Nos primeiros 65 anos – 1719-1783 – deram-se, tão somente, 35,96% do total de rejeições; nos restantes 35 anos (1784-1818), caracterizados pela franca decadência econômica de Vila Rica, derivada que estava do esgotamento da mineração na área, deu-se o valor complementar, vale dizer, 64,04% do total de abandonos.

Do supradito resultam duas inferências básicas. A primeira consiste no avolumar-se da quantidade de expostos concomitantemente ao exaustar-se a lida mineradora; como antes registrado, cerca de um terço dos abandonos deu-se nos primeiros dois terços do período estudado; correlatamente, essas proporções reviraram quando se acentuou a crise econômica. A segunda ilação nos leva a notar que, não obstante a queda no número absoluto de expostos a partir do quinquênio 1804-1808, a fração deles sobre o total de batismos manteve-se em nível muito elevado, pois houve declínio tautócrono no volume global de nascimentos.

CONSIDERAÇÕES FINAIS

Segundo nos parece, ficaram demonstradas, ao longo deste capítulo, duas evidências maiores: por um lado, a larga abrangência alcançada pelos estudos demográficos voltados à formação histórica de nossas populações, pois, como anotado, consideramos que ocorreu entre nós um verdadeiro transbordamento da matéria precípua contemplada pela Demografia Histórica; de outra parte, é possível detectar-se o quão rico é o acervo de conhecimentos amealhados por nossos demógrafos historiadores, estendem-se eles por um vasto perímetro, abarcando, entre outros, campos tão distintos como a mobilidade social, a dispersão geográfica de nossas populações pretéritas e a condição dos recém-nascidos, a qual se via condicionada pelas vicissitudes defrontadas pela vida econômica de cada localidade.

Dando fecho a este texto, cumpre-nos lembrar que não se trata de um escrito exaustivo, mas, tão somente, de um indicador das potencialidades da Demografia Histórica; destarte, suas limitações devem-se, sobretudo, ao autor e não às potencialidades e ao contributo que a história demográfica pode trazer ao entendimento de nossa formação socioeconômica e linguística.

AS LÍNGUAS
GERAIS BRASILEIRAS

Wagner Argolo

SUMÁRIO

INTRODUÇÃO 36
A LÍNGUA GERAL E SEUS DIVERSOS CONCEITOS 37
A LÍNGUA GERAL DE SÃO PAULO 40
A LÍNGUA GERAL DO SUL DA BAHIA 48
    As capitanias de Ilhéus e de Porto Seguro 48
A LÍNGUA GERAL DA AMAZÔNIA 56
    A pidginização e posterior crioulização do tupinambá 58
O QUE É UMA LÍNGUA GERAL 71
CONSIDERAÇÕES FINAIS 71

INTRODUÇÃO

O termo *língua geral*, na sócio-história do português brasileiro, costuma figurar como rótulo para contextos sociolinguísticos muito diversos, o que dificulta a compreensão do que foi esse tipo de língua. Por isso, procura-se, aqui, expor uma visão ampla e precisa dos contextos que o termo recobre, especificamente no que se refere à língua geral de São Paulo, à língua geral do sul da Bahia e à língua geral da Amazônia, por serem as mais conhecidas. Nesse sentido, será feita a exposição das ideias de diversos autores que tratam deste tema, como Buarque de Holanda (2002 [1936]), Silva Neto (1951), Câmara Jr. (1979), Teyssier (2007 [1980]), Mattos e Silva (2004b), Rodrigues (1986, 1996, 2006, 2010), Bessa Freire (2003b, 2004, 2010), Barros (2003, 2010), dentre outros, relacionando tais ideias às hipóteses que serão apresentadas.

No que concerne à *língua geral do sul da Bahia*, apresentar-se-á a hipótese de que o seu processo de formação ocorreu em um contexto sociolinguístico semelhante ao da *língua geral de São Paulo*, pois, no sul da Bahia, como se procurará demonstrar, prevaleceu o bilinguismo sem *language shift*, no seio de uma população mameluca. Além disso, serão expostos registros históricos que comprovam a existência da *língua geral* não apenas na antiga capitania de Ilhéus, mas também na antiga capitania de Porto Seguro (Lobo et al., 2006; Argolo, 2011a).

No que concerne à *língua geral da Amazônia*, será feito – através da junção de dados sócio-históricos com dados intralinguísticos – um aprofundamento da hipótese de que a sua formação se deu em um contexto de pidginização, com posterior crioulização, ocorrendo *language shift* nos aglomerados multiétnicos e multilinguísticos, formados principalmente por índios tapuias, escravizados e aldeados, respectivamente, nas fazendas de colonos e nas missões jesuíticas do antigo Estado do Maranhão e Grão-Pará, sendo este correspondente, em linhas gerais, à atual Amazônia brasileira. Para tanto, será fundamental o respaldo encontrado em obras de autores como Anchieta (1595), Figueira (1687 [1621]), Couto de Magalhães (1876), Rosa (1992), Holm (2000), Schmidt-Riese (2003), Schrader-Kniffki (2010), dentre outros.

Com base nas considerações que serão feitas ao longo do capítulo, será apresentada uma proposta de conceito para o termo *língua geral*, que engloba o já conhecido conceito de Rodrigues (1996), assim como as considerações feitas por grande parte dos autores cujos trabalhos foram utilizados como base científica para a escrita deste texto.

A metodologia utilizada aqui se enquadra em uma das quatro vias – mais especificamente a primeira – que formam a "conjugação de métodos" que

Houaiss (1985) considera necessária para que se possa chegar a uma interpretação profunda e satisfatória de como se formou o português brasileiro, tanto na sua modalidade oral quanto na sua modalidade escrita.

Trata-se da via que buscará o "[...] *levantamento exaustivo de depoimentos diretos e indiretos sobre todos os processos linguageiros havidos a partir (e mesmo antes, para com os indígenas e os negros) dos inícios da colonização* [...]" (Houaiss, 1985: 127). Este levantamento, segundo o autor, já está sendo feito, porém de forma assistemática, "[...] *desde os historiadores dos meados do século XIX para cá*" (Mattos e Silva, 2004b).

Além disso, serão empregados dados histórico-demográficos como fonte para identificar as situações sociais nas quais as línguas aqui estudadas eram utilizadas, assim como para extrair informações relevantes para quem pesquisa uma língua sob a ótica de sua formação histórica: "*Sabe-se que dados demográficos são um fator significativo para a compreensão da formação histórica das línguas; só ganham vida, contudo, se deles pudermos depreender a dinâmica das populações que usam essas línguas*" (Mattos e Silva, 2004b: 102).

A LÍNGUA GERAL E SEUS DIVERSOS CONCEITOS

O termo *língua geral*, mesmo no atual patamar de desenvolvimento científico em que se encontra a Linguística Histórica brasileira, não possui ainda um significado que seja objeto de consenso entre linguistas, não apenas brasileiros, mas também de outros países, que dedicam estudos a esse tema. Desse modo, o termo é tratado com diferentes acepções, como pode ser constatado em alguns exemplos:

1. [...] *prefiro dizer "língua geral" com relação ao falar, mais ou menos uniforme, dos índios da costa. Tal língua foi gramaticizada por Anchieta e por outros missionários [a exemplo de Figueira, em 1621].* (Silva Neto, 1951: 58-59)
2. *Os Tupi do litoral, entre a Bahia e o Rio de Janeiro, formavam uma série de tribos bastante homogêneas cultural e linguisticamente. Os dialetos que falavam foram aprendidos pelos brancos, e daí se desenvolveu uma língua geral de intercurso, que era fundamentalmente o dialeto tupinambá, de um dos grupos mais importantes e mais em contacto com os Portugueses.* (Câmara Jr., 1979: 27)
3. [...] *é o tupi, principal língua indígena das regiões costeiras, mas um tupi simplificado, gramaticalizado pelos jesuítas e, destarte, tornado uma língua comum.* (Teyssier, 2007: 94)

4. *A expressão língua geral tomou um sentido bem definido no Brasil nos séculos XVII e XVIII, quando, tanto em São Paulo como no Maranhão e Pará, passou a designar as línguas de origem indígena faladas, nas respectivas províncias, por toda a população originada no cruzamento de europeus e índios tupi-guaranis (especificamente os tupis em São Paulo e os tupinambás no Maranhão e Pará), à qual foi-se agregando um contingente de origem africana e contingentes de vários outros povos indígenas, incorporados ao regime colonial, em geral na qualidade de escravos ou de índios de missão.* (Rodrigues, 1996: 5)

De acordo com o que se lê nos conceitos citados, percebe-se que Silva Neto considera a *língua geral* como sendo o próprio tupinambá, portador de certa variação dialetal, que era falado na costa do Brasil, pelos seus nativos, mesmo antes do início da colonização portuguesa.

No que concerne a Câmara Jr., afirma que a *língua geral* é um idioma de intercurso, resultado do aprendizado, por parte dos brancos, do conjunto de dialetos das tribos tupis da costa, principalmente dos tupinambás, entre a Bahia e o Rio de Janeiro, muito semelhantes tanto no que se refere à cultura, quanto no que se refere a tais dialetos (do que se apreende que este termo foi utilizado pelo autor com o sentido de "variedade de uma mesma língua").

Para Teyssier, a *língua geral* é um tupi simplificado e gramaticizado pelos jesuítas, que o tornaram a língua comum da costa do Brasil colonial.

E, finalmente, para Rodrigues, a *língua geral* é um idioma de origem tupi-guarani, estruturada no seio de populações mamelucas – resultado da miscigenação entre portugueses e índias tupi-guaranis – surgidas em São Paulo e no Maranhão e Pará, no período colonial, que passou a ser falado também por índios de outras etnias e por africanos.

Nesses conceitos, podemos observar que são todos discordantes quanto à essência da *língua geral*, sendo esta definida das mais variadas formas: (1) é o próprio tupinambá; (2) é uma língua de intercurso, resultado do aprendizado dos dialetos tupis pelos brancos; (3) é o tupi simplificado e gramaticizado pelos jesuítas; e (4) é uma língua de origem tupi-guarani, surgida no uso dos mamelucos.

De tais conceitos, considera-se atualmente que o de Rodrigues é o que mais reflete a realidade linguística e social que estava (e, no caso da *língua geral da Amazônia*, que ainda está) por trás do significante *língua geral*, embora não seja demais ter sempre em mente as palavras de Mattos e Silva (2004b: 78), quando diz: "*O que de diversidade linguística recobre essa designação genérica é outra questão fundamental na reconstrução de uma história linguística do Brasil e, consequentemente, da história do português brasileiro*", pois, ainda segundo a autora, o termo *língua geral* pode ter sido utilizado, também: (i) para se referir a um português modificado estruturalmente pelo contato com línguas indígenas e africanas; (ii) para recobrir outras situações linguísticas referentes, por exemplo, a um conjunto de línguas aparentadas do grupo Cariri, faladas no interior do Nordeste brasileiro e no norte do sertão baiano (Houaiss, 1985; Mattos e Silva, 2004b); (iii) para se referir ao resultado do contato entre diversas línguas africanas da costa de Mina, na África, para o qual foi utilizado a denominação "língua geral de Mina", falada por africanos em Minas Gerais na região compreendida por Vila Rica, Vila do Carmo, Sabará e Rio dos Montes (Petter, 2006); e (iv) para designar, em São Paulo, uma variedade do Guarani, e não do tupinambá, que teria sido utilizada na região (Mattos e Silva, 2004b) – todas estas situações localizadas, temporalmente, no período colonial.

No que concerne à afirmação, também de Rodrigues (1996, 2010), ao dizer *"distinguimos o tupi de São Vicente da língua falada desde o Rio de Janeiro até o Maranhão e leste do Pará, a qual chamamos tupinambá"* (2010: 29), tende-se a considerar que o que o autor chama de tupi e de tupinambá, na verdade, não se tratava de línguas distintas, mas de variedades diatópicas de uma mesma língua.

Cardim, em suas palavras escritas entre 1583 e 1601, esclarece a questão, ao confirmar que na costa, em grande parte do sertão e em São Vicente – à qual se refere textualmente –, havia uma língua principal, falada por algo em torno de dez "nações" de índios, embora houvesse alguma variação de vocabulário:

> Em toda esta província [referindo-se ao Brasil] há muitas nações de diferentes línguas, porém uma é principal que compreende algumas dez nações de índios: estes vivem na costa do mar, e em uma grande corda do sertão, porém são todos estes de uma só língua ainda que em algumas palavras discrepam e esta é a que entendem os portugueses; é fácil, e elegante, e suave, e copiosa, a dificuldade dela está em ter muitas composições; porém dos portugueses, quase todos os que vêm do Reino e estão cá de assento e comunicação com os índios a sabem em breve tempo, e os filhos dos portugueses, assim homens como mulheres, principalmente na Capitania de São Vicente, e com estas dez nações de índios têm os padres comunicações por lhes saberem a língua, e serem mais domésticos e bem inclinados [...]. (Cardim, 2009 [1925]: 200)

É a esta língua principal que se estará a referir, ao ser utilizado o termo "tupinambá", seguindo a generalização que Métraux[1] (1948) fez ao tratar dos etnônimos tupis-guaranis. Ressalte-se que a transferência da generalização do etnônimo para a língua dos tupis-guaranis da costa do Estado do Brasil foi feita, primeiramente, pelo próprio Rodrigues (1986), tendo-a abandonado posteriormente (1996, 2010).

Desse modo, as *línguas gerais* mais estudadas até o momento na história linguística brasileira são três: a *língua geral de São Paulo*, a *língua geral do sul da Bahia* e a *língua geral da Amazônia*. As duas primeiras tiveram o seu processo de formação consolidado ao longo dos séculos XVI e XVII, no Estado do Brasil, e declínio e extinção no início do século XIX, enquanto a última teve o seu processo de formação iniciado na segunda metade do século XVII, e consolidado durante o século XVIII, no antigo Estado do Maranhão e Grão-Pará, sendo falada nos dias atuais.

A LÍNGUA GERAL DE SÃO PAULO

O processo de formação desta *língua geral* está intimamente relacionado com o início da colonização do Brasil, quando, em 1532, Martim Afonso de Souza chega a São Vicente, no intuito de iniciar a colonização portuguesa na região.

A capitania de São Vicente, que originalmente englobava dois lotes, correspondentes às vilas de São Vicente e do Rio de Janeiro, foi doada a Martim Afonso de Souza pelo rei D. João III, que nela havia estado cerca de um ano antes, quando fundou tais vilas (o que significa que o responsável pela fundação das vilas de São Vicente e do Rio de Janeiro não foi Martim Afonso de Souza, mas o rei D. João III).

Inicialmente, a capitania logrou certo progresso econômico, de modo que, em 1549, quando Tomé de Souza chegou à Bahia para a implementação do primeiro Governo Geral do Brasil, São Vicente "*já contava seis engenhos e mais de 600 povoadores brancos*", o mesmo não se podendo dizer com relação ao norte da capitania, encabeçado pela Vila do Rio de Janeiro, onde a ocupação francesa, localizada principalmente na Baía de Guanabara, se tornava cada vez mais consistente (Nunes de Carvalho et al., 1992: 132).

Tendo chegado em uma frota composta apenas por homens, tal situação abriu caminho para o processo intenso de miscigenação entre os portugueses e as índias tupinambás que lá se encontravam. No dizer de Silva Neto, é "*a fase do primeiro contato inter-racial – portugueses famintos de carne, cruzando-se com as índias, famintas de brancos. Surge o mameluco*" (Silva Neto, 1951: 88).

Mas não só ao apetite sexual de ambos os hemisférios do Atlântico, que pareciam querer dissolver-se em uma só água, deve-se a miscigenação entre os primeiros portugueses e as primeiras índias. Entre os tupinambás do século XVI, havia um fator cultural que Ribeiro (1995) considera o principal responsável pela formação do povo brasileiro: o cunhadismo, "*velho uso indígena de incorporar estranhos à sua comunidade*", que se traduzia em "*lhes dar uma moça índia como esposa*", que se tornava a sua temericó. Tal prática proporcionou aos primeiros colonizadores uma inserção enraizada na vida social e íntima dos tupinambás, pois logo que um português se comprometesse com a temericó, "*estabelecia, automaticamente, mil laços que o aparentavam com todos os membros do grupo*" (Ribeiro, 1995: 81) e estes passavam a lhe auxiliar nas mais variadas tarefas, desde as relacionadas ao seu conforto pessoal até as de cortes de madeira para tintura e seu respectivo transporte para os navios mercantes – trabalho dos mais pesados –, além da caça para a subsistência, a produção de mercadorias e a cooptação de contingente para lutar em guerras.

À medida que a necessidade de mão de obra indígena aumentava, o cunhadismo, mesmo praticado em larga escala, deixou de ser suficiente para suprir as necessidades mercantis dos portugueses, tendo como consequência as guerras para preação de escravos. Tal situação, com toda a probabilidade, foi muito mais acentuada em São Paulo, pois, não tendo os seus engenhos de açúcar prosperado como os do Nordeste, não tinha grande acesso a escravos africanos, mão de obra que era comercializada a alto preço. Tiveram, então, de valer-se, cada vez mais, da mão de obra indígena: "*[...] as necessidades do tipo de economia desenvolvida pelos europeus conduziram à escravização de milhares de autóctones*" (Nunes de Carvalho et al., 1992: 132).

O cunhadismo foi uma prática fundamental no processo inicial de colonização do Brasil, pois, por um lado, formou uma população nova e mestiça, imersa em um amálgama cultural também recém-nascido, que viria a ser o seu único e necessário esteio social; por outro lado, com toda a sua força de povo novo, emergia como mão de obra valiosa e já inserida no sistema mercantil internacional, fato também irreversível, constituindo-se no elo constante com a cultura europeia, da qual não poderia mais se dissociar:

> Com base no cunhadismo se estabelecem criatórios de gente mestiça nos focos onde náufragos e degredados se assentaram. Primeiro, junto com os índios nas aldeias, quando adotam seus costumes, vivendo com eles, furando os beiços e as orelhas e até participando dos cerimoniais antropofágicos, comendo gente. Então aprendem a língua e se familiarizam com a cultura indígena. Muitos gostaram tanto, que deixaram-se ficar na boa vida de índios, amistosos e úteis. Outros formaram unidades apartadas das aldeias, compostas por eles, suas múltiplas mulheres índias, seus numerosos filhos, sempre em contato com a incontável parentela delas. A sobrevivência era garantida pelos índios, de forma quase idêntica à deles mesmos. Viabilizara-se, porém, uma atividade altamente nociva, a economia mercantil, capaz de operar como agência civilizatória pela intermediação do escambo, trocando artigos europeus pelas mercadorias da terra. (Ribeiro, 1995: 83)

É neste novo amálgama cultural que os mestiços começam a adquirir o tupinambá como primeira língua (L1), para depois adquirir o português como segunda língua (L2). Sendo as mudanças linguísticas uma consequência das mudanças ocorridas no contexto social em que as línguas estão inseridas (Weinreich et al., 1968), o caráter híbrido da cultura recém-nascida no Brasil, inevitavelmente, se refletiria na estrutura do tupinambá adquirido pelas primeiras gerações de mamelucos brasileiros, formando uma nova variedade do tupinambá com características únicas em relação às demais que existiam na costa, devido ao fato de conter peculiaridades linguísticas impossíveis de serem encontradas nas demais, anteriores ao início efetivo da colonização, por serem resultado do bilinguismo com a língua portuguesa. Foi a essa variedade do tupinambá que, à medida que se percebia o surgimento de suas particularidades em relação às variedades do tupinambá pré-contato, passou a ser reservado o termo de *língua geral*, antes utilizado indistintamente tanto para as variedades pré-contato quanto para a nova variedade pós-contato, sendo o adjetivo "geral" apenas uma referência à grande extensão territorial sobre a qual o tupinambá era falado na costa brasileira (Rodrigues, 1996: 8).

Com o surgimento de uma população mameluca bilíngue em tupinambá L1/português L2 e a escravização desses índios no contexto da dominação portuguesa em São Paulo, os tupinambás da região, aos poucos, perderam sua independência cultural. Sua língua, modificada estruturalmente, passou a ser a representante de uma população mameluca, e não mais dos índios tupinambás pré-contato, havendo situações, inclusive, nas quais não havia mais índios nas famílias – mas apenas mamelucos e mamelucas ou brancos e mamelucas –, e ainda assim a língua que se falava era o tupinambá modificado devido ao bilinguismo que marcou o início do contato em São Paulo: "*a situação linguística das famílias de portugueses casados com mamelucas devia então ser basicamente a mesma das famílias constituídas por mamelucos e mamelucas*" (Rodrigues, 1996: 8).

Uma das grandes fontes, se não a principal, utilizadas por Rodrigues e por Silva Neto – autores que apresentam, na maior parte do tempo (mas não a todo o tempo, pois divergem quanto ao conceito de *língua geral*), conclusões semelhantes sobre a *língua geral de São Paulo*, principalmente no que se refere ao mameluco bilíngue – é o capítulo "A língua-geral em São Paulo", do livro *Raízes do Brasil*, de Buarque Holanda.

Nesse livro, temos informações claras e valiosas que demonstram o embasamento das afirmações, principalmente de Rodrigues, e trechos em que Buarque de Holanda confirma o uso corrente da *língua geral* em São Paulo – que, em alguns momentos, também chama de língua da terra e de tupi –, quando aborda o fato de religiosos, que acabavam de chegar à região, não se entenderem bem com os naturais do lugar (e aqui se incluam mamelucos, portugueses, brancos nascidos no Brasil e um já decrescente contingente tupinambá estreme), pelo fato de ainda não saberem falar a *língua geral*. Em junho de 1698, são contundentes as palavras do então governador-geral do Rio de Janeiro, Artur de Sá e Meneses, a respeito dessa situação, quando solicita ao rei de Portugal que sejam enviados para São Paulo párocos versados na *língua geral*. Optou-se pela exposição da citação presente em Silva Neto, por estar mais completa do que a de Buarque de Holanda, que das palavras de Sá e Meneses cita apenas um pequeno trecho:

> Obrigado do zelo católico faço presente a V. M. o grande dano que se segue para as almas dos fiéis quando os párocos que vêm providos nas igrejas da Repartição do Sul não sabem [a] língua geral dos índios, porque a maior parte daquela gente se não explica em outro idioma e principalmente o sexo feminino, e todos os seus servos, e desta falta se experimenta irreparável perda, como hoje se vê em São Paulo com o novo vigário que veio provido naquela igreja, o qual há mister quem o interprete, sendo V. M. servido mandar que quando se fizerem êstes tais provimentos seja em sujeitos em quem concorrão [sic] a circunstância de saberem a língua da terra, do que resultará um grande serviço a Deus nosso senhor e os clérigos que se houverem de opor aquelas igrejas êsses se deliberarão aprenderem a sobredita língua antes de fazerem oposição [...] (Sá e Meneses, 1698, apud Silva Neto, 1951: 63-64)

Buarque de Holanda também apresenta um raciocínio esclarecedor a respeito da amplitude do uso da *língua geral* quando afirma que depoimentos como o de Sá e Meneses, possivelmente, se referiam à camada mais humilde da população – diga-se: a maioria absoluta –, pois a elite da região – diga-se: a minoria absoluta –, como é de se esperar, buscaria utilizar a língua portuguesa:

> Nada impede, com efeito, que esses testemunhos aludissem sobretudo às camadas mais humildes (e naturalmente as mais numerosas) do povo, onde a excessiva mistura e a convivência de índios quase impunham o manejo constante de seu idioma. (Buarque de Holanda, 2002 [1936]: 1031)

Desse modo, tal inferência conduz à conclusão de que a *língua geral* era, de fato, utilizada pela maior parte da população de São Paulo. Pode-se, inclusive, ir mais longe: se a camada mais humilde da população utilizava a *língua geral* como variedade corrente do tupinambá e se a elite paulista precisava dos serviços dessa camada, o que leva a uma convivência social próxima, possivelmente mesmo os membros da elite utilizavam a *língua geral*, porém como segunda língua:

> Que os paulistas das classes educadas e mais abastadas também fossem, por sua vez, muito versados na língua-geral do gentio, comparados aos filhos de outras capitanias, nada mais compreensível, dado o seu gênero de vida. (Buarque de Holanda, 2002 [1936]: 1031)

Outro ponto importante ressaltado por Buarque de Holanda, e não mencionado alhures como evidência de que a *língua geral* era realmente a predominante na São Paulo do século XVII, refere-se às alcunhas de origem indígena, utilizadas pelos paulistas no século em questão:

> Assim é que Manuel Dias da Silva era conhecido por "Bixira"; Domingos Leme da Silva era o "Botuca"; Gaspar de Godói Moreira, o "Tavaimana"; Francisco Dias da Siqueira, o "Apuçá"; Gaspar Vaz da Cunha, o "Jaguareté"; Francisco Ramalho, o "Tamarutaca"; Antônio Rodrigues de Góis, ou da Silva, o "Tripói". (Buarque de Holanda, 2002 [1936]: 1033)

E logo adiante, no que concerne a nomes, cita exemplos de casos em que, mesmo sendo de origem portuguesa, recebem sufixos aumentativos indígenas, revelando, na língua, a mestiçagem racial e cultural, *"como a espelhar-se, num consórcio às vezes pitoresco, de línguas tão dessemelhantes, a mistura assídua de duas raças e duas culturas"*. É assim que *"Mecia Fernandes, a mulher de Salvador Pires, se transforma em Meciuçu. E Pedro Vaz de Barros passa a ser Pedro Vaz Guaçu"*. E sobre o século XVIII, diz:

> Num manuscrito existente na Biblioteca Nacional do Rio de Janeiro lê-se que ao governador Antônio da Silva Caldeira Pimentel puseram os paulistas o cognome de Casacuçu, porque trazia constantemente uma casaca comprida. Sinal, talvez, de que ainda em pleno Setecentos persistiria, ao menos em determinadas camadas do povo, o uso da chamada língua da terra. E não é um exemplo isolado. Salvador de Oliveira Leme, natural de Itu e alcunhado o "Sarutaiá", só vem morrer em 1802. (Buarque de Holanda, 2002 [1936]: 1034)

Informações relativas à atuação dos jesuítas em São Paulo também são importantes para esclarecer a amplitude do uso da *língua geral* na região. Nesse sentido, além das informações proporcionadas por Rodrigues e por Buarque de Holanda, estudos recentes, como o de Barros (2010), são de grande valia nesse sentido, a exemplo do trabalho em que utiliza dados biográficos do jesuíta Belchior de Pontes, que viveu entre 1644 e 1719, para, a partir deles, chegar a importantes conclusões acerca do uso da *língua geral* em são Paulo.

A Ordem possuía duas vertentes na formação do seu quadro de jesuítas "línguas" (intérpretes): uma, que defendia que os religiosos a serem admitidos para o trabalho no Brasil deveriam ser europeus, devendo aprender o tupinambá depois que chegassem aqui – fazendo uso, inclusive, das gramáticas que descreviam essa língua, a exemplo da de Anchieta, publicada em 1595; outra, que defendia que os religiosos a serem admitidos na Ordem, para compor o seu quadro bilíngue, deveriam ser brasileiros, pois seriam falantes nativos da *língua geral* (Barros, 2010: 144). Certamente, no momento em que Sá e Meneses escreveu ao rei de Portugal, os jesuítas estavam dando preferência à vertente eurocêntrica de recrutamento.

A preferência entre uma e outra vertente, contudo, oscilava, pois houve na Ordem a entrada de religiosos "línguas" brasileiros antes e depois de 1698 – ano do escrito de Sá e Meneses. E, no caso dos recém-admitidos que serão apresentados, eram todos nascidos em São Paulo e cuja aceitação pelos inacianos foi condicionada, justamente, ao fato de já serem, previamente, falantes da língua da terra. Esses jesuítas recém-admitidos foram Manuel Morais – aceito na Ordem em 1613 –, Francisco de Morais – aceito na Ordem em 1621 –, Antônio Ribeiro – aceito na Ordem em 1637 –, Diogo Fonseca – aceito na Ordem em 1667 –, Simão de Oliveira – aceito na Ordem em 1667 –, Belchior de Pontes – aceito na Ordem em 1670 –, e Francisco de Toledo – aceito na Ordem em 1712 (Barros, 2010: 147). O fato de serem todos nascidos em São Paulo e de saberem a *língua geral* antes de entrar na Ordem – porque esta foi a condição prévia para que entrassem – corrobora a inferência de Buarque de Holanda e de Rodrigues de que era a *língua geral* a variedade do tupinambá corrente nessa região.

Ainda nesse sentido, Buarque de Holanda cita um trecho da mesma biografia do jesuíta Belchior de Pontes (foi, aliás, graças à utilização de tal biografia por Buarque de Holanda que Cândida Barros partiu para uma análise pormenorizada da mesma), no qual deixa explícito que a língua de toda a região de São Paulo era a *língua geral*, pois o padre Belchior de Pontes, que nasceu em 1644, era falante do "*idioma que aquela gentilidade professava, porque era, naqueles tempos, comum a toda a comarca*" (Fonseca, 1932 [1752]: 22, apud Buarque de Holanda, 2002 [1936]: 1035).

No interior de São Paulo, era comum que as famílias brancas montassem casa na cidade para que, lá, seus filhos fossem estudar nos colégios dos jesuítas. Em tais situações, era sob os cuidados de uma ama de leite indígena que os seus filhos iam morar na nova residência.

Deste último fato, Barros (2010) retira a hipótese de que a índia, como ama de leite, também foi transmissora do tupinambá nos casos em que as famílias eram compostas apenas por brancos, como era o caso da família de Belchior de Pontes. Este, assim como os seus 15 irmãos, foi para a cidade de São Paulo estudar sob os cuidados de uma índia, hipótese esta que deve ser somada à defendida por Rodrigues de que era a índia, como mãe e esposa de um português, a transmissora do tupinambá aos seus filhos mamelucos. São hipóteses que se complementam.

Cândida Barros chega a essa conclusão porque, à exceção de Manuel de Morais, todos os demais jesuítas paulistas, citados na relação exposta anteriormente, eram de famílias compostas, segundo a autora, apenas por brancos, o que elimina a figura da mãe como transmissora do tupinambá. Mas, ainda assim, o falavam desde a infância. Desse modo, se a aquisição do tupinambá, em algumas situações, não se dava através das mães, por serem brancas e falantes de português, e se as índias tupinambás – que por esse motivo, possivelmente, só falavam a língua homônima – eram comuns nas famílias paulistas brancas no papel de amas de leite e de cuidadoras de seus filhos quando iam estudar na cidade, poderia perfeitamente ser através delas, no convívio diário e desde o nascimento, que se dava, nesses casos, a transmissão do tupinambá aos filhos dos brancos paulistas: "[...] *porque os que pretendem aproveitar os filhos com as letras, cuidando muito em lhes buscar casa em que morem na cidade, os entregao ao cuidado de uma India* [...]" (Fonseca, 1932 [1752]: 40, apud Barros, 2010: 149). Nas palavras da autora:

> O conhecimento do tupi anterior à entrada na Companhia de Jesus por parte dos membros originários da Capitania de São Paulo indicaria que as famílias dos colonos dessa região ainda mantinham o domínio dessa língua indígena no século XVII. Levantamos a hipótese de que o aprendizado da língua tupi por parte deles teria ocorrido pela presença da ama de leite indígena nas casas, e não pelo casamento interétnico. Em uma sociedade baseada na mão de obra indígena como a paulista, o escravo indígena também fazia parte do ambiente doméstico. (2010: 151)

Como consequência da hipótese levantada pela autora, deve ser repensada, pelo menos para o caso de São Paulo, a afirmação de Silva Neto de que o período colonial, em São Paulo, foi, essencialmente, o período do mameluco bilíngue: "*É* [...], *por excelência, a fase do mameluco bilíngue*" (Silva Neto, 1951: 89).

Percebe-se, nesta altura, que as palavras de Sá e Meneses, já citadas, confirmam as afirmações tanto de Rodrigues quanto de Barros, ao dizer que "*o sexo feminino e todos os servos*" são os principais falantes da *língua geral*, pois como já exposto, foi através das mulheres, responsáveis pelo âmbito doméstico da vida social paulista, que se deu a transmissão do tupinambá para as crianças. No caso das mulheres indígenas casadas com portugueses, o transmitiram aos seus filhos, confirmando as palavras de Rodrigues. No caso das amas de leite indígenas – que, além de estarem inclusas na categoria "o sexo feminino", também estão inclusas na categoria "todos os servos", como se lê em Sá e Meneses –, o transmitiram às crianças de quem cuidavam, confirmando as palavras de Barros: "*A presença dessas mulheres na vida dessas crianças não ocorria apenas na fase escolar, mas desde o nascimento, pela menção de Fonseca de que elas 'lhes dão o leite'"* (2010: 149).

Com o início, desenvolvimento e expansão das bandeiras paulistas – compostas principalmente por mamelucos, falantes de *língua geral*, que se dirigiam às regiões interiores do Brasil em busca de ouro, diamantes e índios para escravizar –, a *língua geral de São Paulo*, ao acompanhar tal processo, teve sua área de atuação substancialmente expandida: "*O espaço geográfico dessa língua geral paulista (LGP) se estendeu consideravelmente no século XVII com a expansão paulista decorrente da ação das bandeiras de mineração e preação de índios*" (Rodrigues, 1996: 8). Devido a essa expansão, o raio de utilização da *língua geral de São Paulo* passou a compreender Minas Gerais, Goiás (em sua região sul), Mato Grosso e norte do Paraná (Rodrigues, 1986, 1996).

Porém, com a descoberta de ouro em Minas Gerais e o grande afluxo de portugueses que se seguiu a tal descoberta, ao ponto de ameaçar Portugal com o risco de despovoamento,[2] a dinâmica social – que, até então, vinha favorecendo a expansão da língua geral de São Paulo, devido à vantagem demográfica inicial dos seus falantes – começa a tomar um rumo diferente. Ela se dá a favor da expansão da língua portuguesa, sobretudo depois do declínio das bandeiras, certamente devido à Guerra dos Emboabas, entre 1708 e 1709.

Desse modo, à medida que termina o século XVII e inicia-se o século XVIII, o número de alcunhas portuguesas, que antes era a exceção, começa a se tornar a regra. Sobre esse período, no qual começa o declínio das alcunhas tupinambás e a expansão das alcunhas portuguesas, Buarque de Holanda ressalta não parecer uma simples coincidência cronológica. Pelo contrário, "[...] *sugere infiltração maior e progressiva do sangue reinol na população da capitania, com os grandes descobrimentos do ouro das Gerais e o declínio quase concomitante das bandeiras de caça ao índio*" (2002 [1936]: 1034).

Seguindo a lógica das considerações de Buarque de Holanda, Vitral (2001) levanta a hipótese de que a Guerra dos Emboabas, referida anteriormente, teria sido o principal fator a frear a expansão da *língua geral de São Paulo*, a partir de Minas Gerais, onde já era amplamente utilizada. Isso porque, com a vitória dos portugueses, a Coroa iniciou um amplo processo de intervenção institucional na região, fazendo com que a língua portuguesa, que era a língua da administração colonial, se tornasse o veículo de comunicação da sociedade das minas.

Com o prestígio cada vez maior que Minas Gerais adquiriu ao longo do século XVIII, tornando-se modelo de civilidade para as demais regiões da colônia, em conjunto com a proibição do uso da *língua geral* e a obrigatoriedade do ensino da língua portuguesa, lançadas no diretório do marquês de Pombal, e a subsequente expulsão dos jesuítas em 1760 pelo mesmo marquês, a língua portuguesa inicia um processo de expansão irreversível no Estado do Brasil (ressalte-se que o Estado do Maranhão e Grão-Pará, correspondente à região amazônica, neste período, ainda era uma colônia portuguesa independente e vivenciava um contexto linguístico também distinto, fato que ainda se verifica nos dias atuais, embora em 1823 tenha sido incorporado ao Estado do Brasil):

> [...] a vitória dos emboabas [portugueses], ao permitir o estabelecimento da ordem institucional na região das Minas, que veio a se tornar, no transcorrer do século XVIII, a capitania mais importante da colônia, cerceou a expansão da língua geral do sul [língua geral de São Paulo] no Brasil. Assim, a dominação política daqueles que não falavam a língua da terra foi, provavelmente, decisiva na atribuição de prestígio ao idioma lusitano. (Vitral, 2001: 312)

A hipótese de Vitral é reforçada pelo seguinte trecho, encontrado em Fausto (2012 [2006]):

> A extração de ouro e diamantes deu origem à intervenção regulamentadora mais ampla que a Coroa realizou no Brasil. O governo português fez um grande esforço para arrecadar tributos. Tomou também várias medidas para organizar a vida social nas minas e em outras partes da Colônia, seja em proveito próprio, seja no sentido de evitar que a corrida do ouro resultasse em caos. (2012 [2006]: 87)

A LÍNGUA GERAL DO SUL DA BAHIA

A estruturação desta variedade do tupinambá, também chamada de *língua geral*, no período colonial, se deu em um contexto sociolinguístico semelhante ao da *língua geral de São Paulo*, devido à chegada, em 1534, das frotas do castelhano Francisco Romero (a mando do português Jorge de Figueiredo Correia, a quem tais terras foram doadas), para fundar a capitania de Ilhéus, e do português Pêro de Campos Tourinho, para fundar a capitania de Porto Seguro.

As capitanias de Ilhéus e de Porto Seguro

Jorge de Figueiredo Correia era escrivão da fazenda real e detentor de grandes negócios em Portugal, motivo pelo qual preferiu enviar para o Brasil um representante seu, Francisco Romero, à frente de uma frota portuguesa organizada e financiada pelo próprio Jorge de Figueiredo Correia. Desse modo, coube a Francisco Romero a fundação da Vila de São Jorge dos Ilhéus.

Logo após a implantação dos seus engenhos de açúcar, a capitania de Ilhéus foi soprada pelos bons ares da fortuna, inclusive destacando-se entre todas as demais da Colônia como a mais próspera. Porém, "[...] *não tardou que a guerra movida pelos índios aimorés, causadora da destruição de diversos engenhos, estivesse na origem do declínio local*" (Nunes de Carvalho, 1992: 126-127).

Pêro de Campos Tourinho era proprietário de terras em Viana do Castelo, região portuguesa onde nasceu. Após ser contemplado com a capitania de Porto Seguro, vendeu tudo o que possuía e partiu para o Brasil em companhia da mulher, dos filhos e de uma frota, composta por quatro navios.

Após desembarcar na foz do rio Buranhém, fundou ali a Vila de Porto Seguro, tornando-a sede de sua capitania. Foi, também, considerado um dos donatários que mais empreendeu esforços pela prosperidade das terras com que foi agraciado, tendo, nesse sentido, doado sesmarias e fundado outras seis vilas.

De maneira semelhante à capitania de Ilhéus, os engenhos de açúcar da capitania de Porto Seguro começaram a sofrer constantes ataques dos índios. Assim, "[...] *a colônia declinara, devido à resistência armada empreendida pelos índios aimorés*" (Nunes de Carvalho, 1992: 128).

Tendo ambas as frotas, provavelmente, entrado em contato com a instituição social do cunhadismo – cuja importância foi ressaltada na seção anterior –, pois a cultura tupinambá se estendia por toda a costa do Estado do Brasil, não há razões para duvidar de que, no sul da Bahia, tenha sido diferente.

Pode-se questionar tal assertiva com o argumento, utilizado por Rodrigues (1996), de que a dizimação indígena na faixa costeira entre o Rio de Janeiro e o Piauí – na qual está incluso o sul da Bahia – teria sido tão grande, ao ponto de frear a formação de uma população mameluca significativa, não proporcionando, consequentemente, as condições sociolinguísticas – das quais a formação de uma população mameluca é um fator fundamental – para a formação de uma *língua geral* na costa central brasileira.

Porém, Mott (2010: 195-293), no capítulo "Os índios do sul da Bahia: população, economia e sociedade (1740-1854)", constante no seu livro *Bahia: inquisição & sociedade*, apresenta documentação farta, na qual se verifica a existência de um grande contingente indígena, principalmente tupinambá, na capitania de Ilhéus – que era composta por: Aldeia de São Fidélis, vilas de Cairu, Boipeba, Serinhaém (Santarém), Camamu, Barcelos, Maraú, Barra do Rio de Contas, Aldeia de Almada, vilas de São Jorge de Ilhéus, Olivença e Aldeia de Poxim –, fato que o levou a afirmar que "*a presença deste importante contingente demográfico ameríndio sugeriu-nos um aprofundamento de outros aspectos socioculturais [sistema econômico, posse da terra pelos índios etc.] da população autóctone da região*" (Mott, 2010: 196).

Como explicação para a preservação desse importante contingente indígena do sul da Bahia, o autor afirma que o fato de esta região ser periférica às grandes plantações de cana do Recôncavo baiano resultou em uma colonização menos deletéria para os tupinambás do local:

> No que se refere ao sul da Bahia [o estudo de Mott compreende apenas a capitania de Ilhéus], área geográfica coberta por este artigo, o fato de tratar-se de um espaço periférico ao latifúndio canavieiro redundou numa forma de conquista, ocupação do solo e contato com os indígenas, diferentes e até certo ponto menos deletérios do que o observado entre os Tupinambás do Recôncavo e arredores da Baía de Todos os Santos. (Mott, 2010: 195-196)

Assim, de tal estudo, pode-se retirar os seguintes dados demográficos, relativos a quase todas as aldeias e vilas da capitania de Ilhéus:

Tabela 1 – Dados extraídos de Mott (2010: 195-293)

Capitania de Ilhéus (1740-1854)	
Aldeias e vilas	**Número de indivíduos**
São Fidélis	240 índios (sem informação de etnia, mas provavelmente tupinambás)
Cairu	2.210 tupinambás e brancos
Boipeba	2.417 tupinambás e brancos
Camamu	4.067 tupinambás e brancos
Barcelos	200 tupinambás (não há números para brancos)
Maraú	1.600 tupinambás e brancos
Barra do Rio de Contas (atual Itacaré)	2.000 tupinambás, pocuruxéns, gueréns e brancos
Ilhéus	2.000 tupinambás e brancos
Olivença	1.000 tupinambás e brancos
Serinhaém (Santarém)	300 tupinambás e brancos
Poxim	34 tupinambás e brancos
Total	**16.068 indivíduos, entre índios e brancos**

Para a capitania de Porto Seguro – que era composta por vilas de Belmonte, Porto Seguro, Verde, Trancoso, Prado, Alcobaça, Caravelas, Viçosa, Porto Alegre e São Mateus –, encontra-se, nas cartas de Vilhena (1969: 515-534), escritas entre 1798 e 1799 – e que resultaram na publicação póstuma de *A Bahia no século XVIII* –, a confirmação da existência de um contingente também significativo de índios e brancos nesta capitania, a serem somados ao já significativo contingente de 16.068 indivíduos da capitania de Ilhéus. Vilhena, entretanto, não menciona números, razão pela qual não são apresentados aqui.

Com exceção do próprio Pêro de Campos Tourinho, que chegou ao Brasil acompanhado de esposa e filhos, não se tem notícia de que o restante de sua frota tenha vindo acompanhado de mulheres, o mesmo aplicando-se a Francisco Romero e sua frota, no que se refere a não ter chegado ao Brasil acompanhado de mulheres, situação que, nas circunstâncias da colonização do Brasil, se constituía em um dos fatores aproximativos entre brancos e índios.

À símile de São Vicente, a decadência econômica do sul da Bahia (Schwartz, 1989; Mott, 2010) não permitiu aos seus senhores a aquisição da mão de obra escrava africana, obrigando-os a valer-se da mão de obra escrava indígena, tendo, também por esse motivo, havido uma aproximação maior entre os portugueses e os tupinambás da região, do que entre os portugueses e os tupinambás do Recôncavo baiano, onde estavam situados os principais engenhos de açúcar cuja força motriz era o braço africano.

Além dos dados apresentados anteriormente, relativos à existência tanto de um grande contingente tupinambá quanto de um contingente branco – provavelmente de menor monta –, a miscigenação entre ambos tem embasamento em registros históricos que contemplam a região em questão, e que serão apresentados.

No primeiro, referente à Bahia como um todo – o que faz com que sua validade se estenda, consequentemente, ao sul da Bahia –, observam-se as palavras do ouvidor Tomás Navarro de Campos, em 1804, quando afirma que "*os índios são muito dados ao matrimônio, por isto casam-se de poucos anos e são inclinados a enlaçar-se com os portugueses e há disso exemplos* [...]" (Campos, 1804, apud Mott 2010: 289-290). Porém, há outros registros específicos ao sul da Bahia, que são apresentados na sequência.

Nesse documento, escrito por Moniz Barreto em 1794 e relativo à capitania de Ilhéus, mais especificamente à Vila de Serinhaém (Santarém), da qual critica a "indecência" da igreja matriz, dedicada a Santo André, por servir, em um de seus lados, como curral de ovelhas, lê-se explicitamente a informação de que os cerca de 300 índios do local estavam, de fato, miscigenados com os brancos, formando, por esse motivo, famílias "degeneradas":

> Esta vila fica situada em lugar eminente, ameno e aprazível. A sua população é de até 300 índios, em que entram muitas famílias de espécie degenerada com brancos portugueses. Tem 160 palhoças. A Igreja Matriz de Santo André é a mais indecente que encontrei, que ao mesmo tempo serve de um lado de curral de ovelhas. (Moniz Barreto, 1794, apud Mott, 2010: 215)

Em outro registro histórico, deixado pelo príncipe alemão Maximiliano, entre 1815 e 1817, também relativo à capitania de Ilhéus, especificamente à Vila de Olivença, além de deixar subentendida a miscigenação entre tupinambás e brancos, deixa claro outro dado muito importante, ressaltado por Rodrigues, quando se refere a São Paulo, que é o fato de os índios da região terem perdido sua independência social e cultural,[3] tendo como consequência o fato de que "[...] *a língua que falavam os paulistas já não mais servia a uma sociedade e a uma cultura indígenas, mas à sociedade e à cultura dos mamelucos, cada vez mais distanciadas daquelas e mais chegadas à cultura portuguesa*" (Rodrigues, 1996: 2). O príncipe Maximiliano lamenta, então, que os tupinambás da Vila de Olivença tenham perdido sua originalidade cultural, por não tê-los visto avançar à sua frente, paramentados como os seus antepassados, com o arco e a flecha na mão, prontos para o combate. Para sua decepção de estrangeiro em busca do exótico, sentiu-se triste por ver o índio tupinambá cumprimentá-lo ao modo dos portugueses, como se, depois de mais 250 anos de colonização e de aculturação compulsórias, pudesse ser diferente a cena que viu. Diz então lamentar o fato de terem perdido seu caráter bárbaro e feroz, pois tal fato os fez perder, também, o que tinham de seu, tornando-se "lamentáveis seres ambíguos":

> Índios vestidos de camisas brancas ocupavam-se em pescar na praia. Havia entre eles alguns tipos muito belos. O seu aspecto lembrava-me a descrição que fez Léry dos seus antepassados, os Tupinambás. Os Tupinambás, escreve ele, são esbeltos e bem conformados, têm a estatura média dos europeus, embora mais espadaúdos. Infelizmente porém perderam as suas características originais. Lastimei não ver avançar na minha direção um guerreiro Tupinambá, o capacete de penas à cabeça, o escudo de penas ("enduap") nas costas, os braceletes de penas enrolados nos braços, o arco e a flecha na mão. Ao invés disso, os descendentes desses antropófagos me saudaram com um "adeus", à moda portuguesa. Senti, com tristeza, quão efêmeras são as coisas deste mundo, que, fazendo essas gentes perder os seus costumes bárbaros e ferozes, despojou-as também de sua originalidade, fazendo delas lamentáveis seres ambíguos. (Maximiliano, 1989: 334-335)

Também no sul da Bahia, os mamelucos tornaram-se, ao menos nas primeiras décadas da colonização, os principais depositários do bilinguismo tupinambá L1/ português L2, levando o seu tupinambá a um caminho de mudanças estruturais distinto do tupinambá falado pelos índios homônimos, monolíngues, que não foram integrados ao processo colonial. A essa nova variedade do tupinambá, também diferenciada pelo contato, foi atribuído, à símile do que ocorreu em São Paulo, o nome de *língua geral*, na medida em que esta variedade se diferenciava da variedade pré-contato. Dessa maneira, o emprego do adjetivo "geral", outrossim, teria deixado de referir-se tanto às variedades pré-contato quanto à variedade pós-contato do tupinambá, indistintamente, para começar a referir-se apenas à variedade pós-contato.

Assim como a afirmação de que se falava *língua geral* em São Paulo gerou grandes controvérsias em meados do século XX, levando o ilustre Buarque de Holanda a se manifestar, esclarecendo o assunto com documentação contundente, pressupõe-se que a afirmação semelhante com relação ao sul da Bahia também gere controvérsias, igualmente criando a necessidade de que sejam esclarecidas com documentação contundente.

Para além das condições sociolinguísticas semelhantes às de São Paulo, que foram apresentadas aqui, o sul da Bahia também abrigava uma *língua geral*, como primeiro o pôde demonstrar Lobo, Machado Filho e Mattos e Silva (2006), no artigo "Indícios de língua geral no sul da Bahia na segunda metade do século XVIII".

Nesse texto, apresentam um documento de 1794, referente à vila de Olivença, na então capitania de Ilhéus, no qual Antônio da Costa Camelo, nomeado ouvidor interino da comarca de Ilhéus, é requerido no sentido de prover Manuel do Carmo de Jesus no cargo de diretor de Índios, alegando como principal razão para tal o fato "[...] *de ser criado naquela vila e saber a língua geral de índios para melhor saber ensinar*" (Lobo et al., 2006: 609).

Em 2011, Argolo, na dissertação de mestrado *Introdução à história das línguas gerais no Brasil: processos distintos de formação no período colonial*, apresenta outros documentos que corroboram o que foi exposto por Lobo et al., a exemplo de um, de 1757, escrito pelo Vigário Meneses, referente à freguesia de São Miguel da vila de São José da Barra do Rio de Contas (atual Itacaré), na capitania de Ilhéus, em que afirma claramente que este local possui "*1.060 pessoas de comunhão, dos quais 33 índios de língua geral*" (Vigário Menezes, 1757, apud Mott, 2010: 212).

Há, porém, outro registro, como este de 1804 – referente não apenas à vila de Olivença, mas também às de Barcelos e de Santarém, e às aldeias de Almada e de São Fidélis, todas na apitania de Ilhéus –, em que se lê:

> Pelo que toca ao temporal, usam geralmente os índios de Olivença, Barcelos e Santarém e os das aldeias de Almada e São Fidélis, do idioma português, tendo-se extinguido entre eles o uso da língua antiga, vulgarmente chamada língua geral.[4] (Ouvidor Maciel, 1804, apud Mott, 2010: 224)

E ainda, por fim, outro – o mais contundente de todos –, não só por se referir à capitania de Porto Seguro, especificamente à vila do Prado, para a qual ainda não se tinha encontrado qualquer registro de uso de *língua geral*, mas por deixar claro que, ainda no início do século XIX, a primeira língua dos habitantes do sul da Bahia era a *língua geral*, que não esqueciam por adquirirem ainda no berço, sendo o português adquirido depois, quando começavam a ser "civilizados".

É neste contexto que o ouvidor de Porto Seguro diz que os índios "[...] *são civilizados no nosso idioma, mas a língua geral do seu natural nunca perdem, porque aprendem logo no berço*" (ouvidor de Porto Seguro, 1804, apud Mott, 2010: 224). Tal afirmação do ouvidor de Porto Seguro, inclusive, é muito semelhante à que Vieira fez com relação a São Paulo, quando disse que "[...] *a lingua, que nas ditas famílias se fala [famílias de portugueses com índias], he a dos Indios, e a Portuguesa a vão os meninos aprender a escola*" (Vieira, 1694, apud Freyre, 2002 [1933]: 281). Ressalte-se, entretanto, que as palavras de Vieira são de 1694, enquanto as do ouvidor de Porto Seguro são de 1804, o que vale dizer, 110 anos depois, apontando, com grande probabilidade, para o fato de que o uso da *língua geral* no sul da Bahia pode ter sido ainda mais enraizado do que o de São Paulo, embora o seu conhecimento só tenha vindo à tona recentemente.

Diferentemente da *língua geral de São Paulo,* não se tem notícia de que a *língua geral do sul da Bahia* tenha se expandido para outras capitanias, tendo o seu uso, possivelmente, se limitado à região onde se constituiu, porém ao longo de toda a sua extensão, desde o sul da Baía de Todos os Santos, ao sul da antiga vila de São Mateus, hoje correspondente à cidade de São Mateus-ES (Argolo, 2011a).

No final do século XVIII e início do século XIX, começa o seu processo de declínio e extinção, principalmente devido à implementação e ao desenvolvimento vertiginoso da lavoura cacaueira na região, que atraiu uma grande quantidade de sertanejos, em sua maior parte do estado de Sergipe, que, fugindo da seca, migraram para o sul da Bahia em busca de melhores condições de vida.

Desse modo, após chegarem à região, entraram em conflito com os indígenas do local, sobre cujas terras avançaram, para novamente desbravá-las e prepará-las para o cultivo do cacau. Assim, foram os responsáveis, por um lado, pela grandeza econômica que a região experimentou nos 200 anos seguintes, e, por outro lado, pela morte da população autóctone, falante não apenas de *língua geral*, mas de outras línguas indígenas locais, como o aimoré, o maxari, o guerém e o pocuruxém,[5] ao mesmo tempo em que introduziam o uso do português brasileiro (Argolo, 2011, 2012), ou seja, a variedade do português já reformatada e difundida pelos escravos africanos Brasil afora, à medida em que eram transportados para diversos pontos do território nacional, de acordo com a demanda de mão de obra que cada novo ciclo econômico exigia (Ribeiro, 1995; Mattos e Silva, 2004b):

> A grandeza econômica da zona cacaueira foi, em boa parte, forjada pelo sertanejo e pelo nordestino, vindos do interior da Bahia e de outros estados, especialmente Sergipe, donde a inclemência da seca os tangia em busca de

melhor acolhida em terras mais férteis e dóceis, como as da zona sul da Bahia [...]. Os jagunços, apesar de proscritos pela justiça e assalariados por aventureiros, sequiosos de fortuna fácil, foram, também, responsáveis pelo desbravamento das matas do cacau, exterminando os indígenas que, desde os primeiros séculos, constituíram um entrave à penetração do povoamento e aproveitamento dos inesgotáveis recursos econômicos da ubérrima região. (Macedo, s/d, apud Santos, 1957: 45)

Em outro trecho, agora, porém, constante da *História da Bahia* (2008 [2001]), Tavares, seu autor, corrobora as inferências expostas até este momento, no sentido de que foi a dizimação da população autóctone da região a responsável pelo declínio e morte de sua *língua geral*:

Outro fator que influiu no espantoso crescimento da lavoura cacaueira no sul da Bahia [além do aumento da procura pelo cacau por parte da indústria farmacêutica e alimentícia no mercado internacional] foi a existência de grande quantidade de terras sem dono. Isso permitiu a corrida de centenas de aventureiros para a ocupação do litoral sul, seguindo-se depois o avanço para o interior, áreas ainda ocupadas, naquele então, por tribos dos povos tupi e tamoio, logo expulsos ou dizimados. Essa saga da conquista de terras para o cacau teria sido impossível no Recôncavo baiano, onde as terras tinham donos há dois séculos, pelo menos. (2008 [2001]: 365)

Além disso, depois de as notícias de prosperidade econômica do sul da Bahia terem ganhado fama nacional e internacional, imigrantes de outras regiões do Brasil, a exemplo do Sudeste, e de outros países, a exemplo da Síria e do Líbano, começaram a aportar em Ilhéus. No caso dos primeiros, já eram falantes monolíngues do português brasileiro; no caso dos segundos, adquiriram o português brasileiro como segunda língua, pois foi esta a língua que começou a dar voz à nova sociedade cacaueira que se formara, contribuindo para sacramentar o ocaso da língua geral do sul da Bahia.

Não sendo demais relembrar, por ser esclarecedor, adotou-se aqui, no que se refere à *língua geral de São Paulo* e à *língua geral do sul da Bahia*, o conceito de *língua geral* tal como foi inferido por Rodrigues (1996) e citado no início deste capítulo (trata-se do conceito de número 4). Para a *língua geral da Amazônia*, entretanto, tal conceito não será adotado, devido à existência de dados sócio-históricos e intralinguísticos que, em conjunto, levam a uma inferência distinta, apresentando-se, ao final do capítulo, um conceito que refletirá, além do contexto sociolinguístico da costa brasileira, o contexto sociolinguístico que se acredita ter predominado na Amazônia colonial. Conclui-se, daí, que o termo *língua geral* não englobou apenas um único contexto sociolinguístico, mas dois, ou seja: um sem *language shift* e outro com *language shift*.

A LÍNGUA GERAL DA AMAZÔNIA

Com vistas a derrotar os franceses, que eram predominantes no norte do atual ,Brasil, principalmente no Maranhão, os portugueses, em 1614, começaram a construir o Forte de Santa Maria, a nordeste da ilha de São Luís, localizado no atual estado do Maranhão.[6] Durante a construção, no dia 19 de novembro de 1614, a bordo de sete navios – e reforçados por uma frota de barcos indígenas tripulados por mais de mais de 1.500 índios –, duzentos franceses desembarcaram no local, formando trincheiras na praia, em uma operação comandada por La Ravardière, ao que foram retaliados por Jerônimo de Albuquerque, capitão dos portugueses, que, diante de tal situação, ordenou o ataque aos franceses, logrando êxito e derrotando-os, ao menos parcialmente.

No ano seguinte, no mês de outubro, Alexandre de Moura chega ao local para reforçar as tropas de Jerônimo de Albuquerque, o que determinou a rendição de La Ravardière, com a condição de que pudesse partir levando o que houvesse de valor na ilha. Porém, mais uma frota portuguesa, composta por sete navios e alguns barcos, tripulados por cerca de 900 combatentes, chegou à ilha para reforçar a posição de vantagem lusitana, tendo como resultado a rendição dos franceses, com a condição, já rebaixada, de que apenas os deixassem partir em segurança. Assume o comando da região, então, Alexandre de Moura, que leva La Ravardière preso para Pernambuco, de onde o transporta para Lisboa, onde permaneceu por três anos na cadeia. Cumprida a pena, La Ravardière voltou ao seu país de origem.

Desse modo, estavam abertas as portas para que, em 1618, a Coroa portuguesa decidisse fazer do Maranhão um estado administrativamente distinto do Estado do Brasil, englobando as capitanias do Maranhão, do Pará e do Ceará, decisão esta que veio a se concretizar em 13 de junho de 1621, através de uma carta régia. Era fundado, então, o Estado do Maranhão e Grão-Pará, como passou a chamar-se. Em 23 de setembro de 1623, Francisco de Albuquerque Coelho de Carvalho é nomeado governador da nova colônia portuguesa na América (Nunes de Carvalho, 1992: 191-194).

Nessa região, a colonização lusitana encontrou uma situação linguística radicalmente distinta da que se apresentara na costa do Estado do Brasil, quase cem anos antes, quando da chegada dos primeiros colonizadores. Enquanto, no Estado do Brasil, encontraram a homogeneidade linguística tupinambá na costa, no recém-fundado Estado do Maranhão e Grão-Pará, cuja frente de expansão voltou-se para a ocupação das margens do rio Amazonas e seus afluentes, em direção ao Alto Amazonas, depararam-se com uma extraordinária heterogeneidade de línguas tapuias que, em um cálculo aproximado, chegava a 718 línguas ininteligíveis entre si (Bessa Freire, 2004).

Dessa maneira, se, no Estado do Brasil, era factível para os jesuítas portugueses adquirir o tupinambá dos índios e utilizá-lo para a comunicação com quase toda a população autóctone da costa, no Estado do Maranhão e Grão-Pará, contudo, o mesmo não acontecia, pois adquirir a língua autóctone significaria ter de adquirir centenas de línguas, o que seria impraticável. Devido à impossibilidade de adotar, às margens do rio Amazonas, a mesma política linguística adotada na costa do Brasil, a solução considerada mais prática pelos jesuítas foi a de impor uma língua comum sobre a babélica diversidade linguística das margens desse rio. O Baixo Amazonas representava, para os jesuítas, *"uma 'mancha' de línguas tapuias, contrastando com a situação encontrada pela Ordem no Estado do Brasil, mais homogênea linguisticamente"* (Barros, 2003: 86).

Impor a língua portuguesa, contudo, não foi considerada a melhor opção, pois, em se tratando de uma língua europeia, que era capaz de dar inteligibilidade ao contexto sociocultural e geográfico de Portugal, não teria condições, entretanto, de dar inteligibilidade ao contexto sociocultural e geográfico amazônico, por serem contextos amplamente diferentes (Bessa Freire, 2004).

Como os jesuítas já possuíam um histórico de quase cem anos de familiarização com o tupinambá – tendo inclusive produzido gramáticas dessa língua, a exemplo da de Anchieta, publicada em 1595, e da de Figueira, publicada em 1621 – e como o tupinambá, por ser uma língua brasileira, tinha capacidade de dar inteligibilidade ao contexto sociocultural e geográfico amazônico, foi, então, a língua que os jesuítas, liderados por Vieira (presente na região entre 1653 e 1661), escolheram impor como a língua da colonização amazônica, até porque os índios tupinambás também constituíam o contingente autóctone da região, embora fossem minoria em relação à ampla maioria de tapuias (Bessa Freire, 2004; Argolo, 2011a).

Utilizando-se dos descimentos, dos resgates e das guerras justas, os portugueses formaram aglomerados multiétnicos e multilinguísticos nas suas aldeias de repartição e no mercado escravo, próximos aos fortes e às cidades, de onde distribuíam os índios para os órgãos da administração colonial, para as missões e para as terras dos colonos, de acordo com o que previam das diretrizes da *Visita (1658-1661)* – texto escrito por Vieira e que viria a pautar a atuação dos jesuítas durante todo o seu período amazônico, de 1653 a 1760.

Principalmente dentro das missões e das terras dos colonos, havia uma maior concentração e exploração dos tapuias, sendo estes os principais locais onde havia a necessidade e a obrigatoriedade de começar a comunicar-se em tupinambá, tanto com os jesuítas e colonos quanto entre si (Barros, 2003; Bessa Freire, 2004): *"Essas aldeias-missões foram o destino de grande parte da população indígena deslocada compulsoriamente pelos 'descimentos'"* (Barros, 2003: 89).

De acordo com Cândida Barros, o volume numérico de índios "descidos" era muito grande, o que pode ser exemplificado com os descimentos realizados entre 1687 e 1690, em que algo em torno de 184 mil grupos autóctones foram aldeados pelos jesuítas num período de três anos, apenas. Em 1720, em que pesem as baixas causadas pelas epidemias de bexiga e pelas guerras, podia-se contar, nas 63 aldeias inacianas do Pará, com 54.264 índios, além dos cerca de 20 mil índios mantidos como escravos nas terras dos colonos ou no mercado de escravos do Maranhão e Grão-Pará (Bessa Freire, 2004; Argolo, 2011a).

A pidginização e posterior crioulização do tupinambá

Em situações nas quais se formam pidgins e crioulos, a proporção demográfica considerada mínima, entre dominados e dominadores, para que seja desencadeado tal processo, é de dez falantes do grupo dominado para cada falante do grupo dominador (Lucchesi, s/d; Baxter e Lucchesi, 2009), pois, com essa configuração demográfica, o acesso do grupo dominado às estruturas da língua-alvo se torna muito restrito: "[...] *a referência nas situações típicas de crioulização seria a proporção de pelo menos dez indivíduos dos grupos dominados para cada indivíduo do grupo dominante*" (Lucchesi, s/d: 25).

Sobre a estimativa da população indígena do Estado do Maranhão e Grão-Pará, não há dados demográficos seguros, como, aliás, sucede para todo o período colonial. Porém, através das estimativas demográficas feitas por Houaiss (1985) para o Estado do Brasil, no início da colonização, podemos estabelecer um paralelo para o Estado do Maranhão e Grão-Pará, principalmente se considerarmos que, tendo a colonização portuguesa da região amazônica começado apenas em 1615 (quase cem anos depois do início da colonização do Estado do Brasil), muitos autóctones já teriam fugido da costa para as matas amazônicas: "[...] *no caso brasílico da América do Sul de futuro luso, algo entre 8 e 9 milhões é estimado, exclusive a parte andina, sulina e setentrional*" (Houaiss, 1985: 50-51). Esta estimativa ganha força se for considerada a informação, registrada por Vieira, durante o seu período amazônico, em um relatório ao Conselho Ultramarino, no qual afirma que, entre 1615 e 1652, a mortandade de índios já chegava ao impressionante número de dois milhões (Hornaert et al., 2008). Não se pode esquecer que, ainda hoje, o contingente indígena da Amazônia é estimado em 250 mil indivíduos.

Se for levado em conta que o número de jesuítas, entre 1697 e 1760 (o que encobre a maior parte de sua atuação na região, que começou, de forma sistemática, em 1653, com a chegada de Vieira) oscilou entre minguados 61 e 155 indivíduos, respectivamente, percebe-se que a proporção de dez colonizados para um colonizador foi em muito excedida. Além do mais, a percentagem de brasileiros que seriam prováveis falantes nativos do tupinambá, neste período, caiu de 11% para 5%, fato que apenas reforça a inferência de um possível contexto de pidginização/crioulização, pois os dados linguísticos primários que serviram de modelo para a aquisição do tupinambá, pelos tapuias, além de serem restritos, ainda eram, em sua maior parte, de uma L2:

Tabela 2 – Dados extraídos de Hornaert et al. (2008: 83)

Ano	Número de jesuítas	
1697	61	11% de brasileiros maranhenses
1722	76	9% de brasileiros maranhenses
1740	128	5% de brasileiros maranhenses
1760	155	5% de brasileiros maranhenses

De acordo com Hornaert et al. (2008: 88), o número geral de portugueses na Amazônia em 1650, por exemplo, não ultrapassava o patamar de 800 pessoas, incluindo jesuítas, colonos e funcionários da administração colonial. Enfim, em qualquer das situações aqui exibidas, a proporção de dez colonizados para um colonizador era sempre excedida.

Além disso, o grupo de tapuias dominados era composto por falantes de línguas ininteligíveis entre si, situação que os obrigava a comunicar-se com as parcas estruturas do tupinambá que lhes eram disponibilizadas – por ter-se tornado o único código linguístico comum a todos os membros componentes desta nova situação social –, consequentemente barrando o bilinguismo, em escala significativa, entre as línguas tapuias e o tupinambá, abrindo-se o caminho para a aquisição e socialização, como L2, das precárias estruturas deste e, simultaneamente, para o abandono da utilização daquelas.

De acordo com Lucchesi (s/d), caso situações como esta sejam de curta duração, tem-se a formação de um jargão, simples conjunto de palavras da língua-alvo, manipuladas dentro dos esquemas gramaticais das línguas nativas de cada falante. Porém, caso a situação se mantenha, tem-se a formação de um pidgin, que é o vocabulário do jargão já provido de estruturas gramaticais surgidas na situação de contato, devido à sua expansão funcional. Caso se forme uma nova comunidade que passe a utilizar o pidgin como língua corrente em funções sociais cada vez mais numerosas, este pidgin poderá se expandir, em termos gra-

59

maticais, de tal maneira que poderá se assemelhar a outras línguas naturais que não tenham se estruturado em um processo semelhante de contato linguístico.

Em tais situações, quando crianças começam a nascer na nova comunidade de fala, a língua que lhes servirá como modelo de aquisição de L1 não será a língua nativa de seus pais, pois deixou de ser usada, mas o pidgin surgido na situação de contato, configurando-se o *language shift*. Quando começam as nativizações, pode-se dizer que também começou a crioulização do pidgin (ressalte-se, porém, que, se a nova geração emergir precocemente, quando o código ainda estava no estágio incipiente de jargão, há igualmente a crioulização):

> As línguas pidgins e crioulas decorrem de situações em que povos de línguas diferentes e mutuamente ininteligíveis têm de interagir por um determinado período de tempo, criando a necessidade de um código básico de comunicação, que é utilizado com funções muito restritas, tais como passar informações básicas e imediatas, transmitir e receber ordens e viabilizar trocas. A duração e a motivação de tais interações variam largamente, com diferentes resultados linguísticos. Se a relação é pontual e efêmera, o resultado é um pequeno vocabulário que cada falante manipula usando a gramática de sua língua nativa, denominado **jargão** na terminologia da crioulística. Se a situação se prolonga, uma estrutura gramatical começa a se formar em torno desse vocabulário básico. A estruturação gramatical, mesmo que precária, é o que distingue o **pidgin** do jargão. A estruturação gramatical, bem como as funções de uso do pidgin, podem se expandir enormemente fazendo com que esse **pidgin expandido** se assemelhe a qualquer outra língua humana. Porém, se uma nova comunidade se forma na situação de contato, ocorrendo uma ruptura cultural e linguística para uma parte dos grupos envolvidos, as crianças que nascem nessa comunidade emergente passam a ter como modelo para aquisição de sua língua materna o pidgin, ou mesmo o jargão. Essa nativização dá origem à **língua crioula**, que, ao contrário do pidgin, é a língua materna da maioria dos seus falantes. (Lucchesi, s/d: 3)

Apesar de não considerar a possibilidade de ter havido a crioulização do tupinambá durante a ocupação jesuítica da Amazônia, Bessa Freire (2003, 2004) apresenta informações que corroboram, justamente, esta hipótese, como se pode perceber, devido à coincidência das informações que traz, com as informações apresentadas como típicas do contexto social de formação de pidgins e crioulos, expostas anteriormente. Veja-se:

> [1] A separação dos índios por diversas aldeias de repartição, sem qualquer respeito pelas afinidades culturais – ao misturar falantes de línguas tão diferentes em espaços artificialmente criados –, deixou muitos índios sem

interlocutores em suas línguas maternas [fato que, sob a perspectiva aqui exposta, deu margem à socialização do código emergencial recém-surgido], que, desta forma, tornaram-se "línguas anêmicas", carentes de sangue das populações, com um número reduzido de usuários, o que adquiriu um caráter epidêmico [...]. (Bessa Freire, 2004: 88)

[2] Para o colono mandar e o índio obedecer, para o missionário catequizar e disciplinar a força de trabalho, era imprescindível a criação de uma nova comunidade de fala. (Bessa Freire, 2003: 206)

No que concerne a exemplos intralinguísticos de erosão gramatical do tupinambá – erosão esta que sempre ocorre em situações de contato linguístico que iniciam o processo de formação de uma língua pidgin –, alguns exemplos comparativos entre o tupinambá e a *língua geral da Amazônia* podem ser apresentados.

Um deles, inclusive, é dado pelo próprio Rodrigues (1986), que afirma ter sido o bilinguismo tupinambá L1/português L2 o responsável pela perda de mecanismos gramaticais do tupinambá, sendo este, segundo o autor em questão, o processo do qual emergiu a *língua geral da Amazônia*.

No tupinambá, os nomes possuíam diversos casos gramaticais, no quadro mais amplo de um sistema de declinação. Tais casos eram: nominativo (sufixo -*a*), locativo (sufixo -*ype*) e atributivo (sufixo -*amo*).

Tomando-se o nome *ybák* ("céu" em tupinambá), temos a seguinte declinação: a) *ybáka*, que significa "o céu" no nominativo; b) *ybákype*, que significa "no céu" no locativo; e c) *ybákamo*, que significa "na condição de céu", no atributivo.

Após a imposição do tupinambá sobre as muitas línguas tapuias da Amazônia, o resultado foi a perda do seu sistema de declinação dos nomes, restando apenas o sufixo -*a*, do antigo caso nominativo, que se incorporou a eles, sem mais exercer qualquer função sintática na *língua geral da Amazônia*.

Desse modo, a palavra *ybák*, que, no tupinambá, podia ser acoplada a vários sufixos, como exemplificado anteriormente, tornou-se invariável, sofrendo uma pequena alteração fonética no seu interior e aglutinando o sufixo -*a*, que passou a integrar a morfologia da palavra, apresentando-se, na *língua geral da Amazônia*, como *iwáka*.

Com a perda da flexão de caso, para que se expressasse a ideia do antigo caso locativo, a *língua geral da Amazônia* passou a utilizar uma partícula posposta aos seus nomes. Esta partícula é *upé*, que significa "em".

Para dizer "no céu" em *língua geral da Amazônia*, então, deve-se dizer *iwáka upé*, e não mais *ybákype*, como em tupinambá, no qual a ideia de caso locativo era expressa pelo sufixo -*ype* (Rodrigues, 1986: 105-108).

No que concerne à marcação do sistema de Tempo, Modo e Aspecto (TMA) em partículas externas à morfologia verbal, que são consideradas algumas das principais características estruturais de uma língua crioula, a *língua geral da Amazônia* apresenta tais características, porém com partículas em posição pós-verbal, e não pré-verbal. Ressalte-se que o fator determinante para indicar que um mecanismo gramatical de Tempo, Modo e Aspecto é resultado de reestruturação original da gramática, devido a um processo de crioulização, não é o fato de tal mecanismo ter-se reconstituído em posição pré-verbal, mas o de ter-se reconstituído fora da morfologia verbal, seja antes do verbo, seja depois dele. Um exemplo dado recentemente refere-se aos Crioulos da Alta Guiné (CAG) e aos Crioulos do Golfo da Guiné (CGG), no continente africano, ambos de base portuguesa (Hagemeijer e Alexandre, 2012).

Dessa maneira, um dos crioulos do grupo dos CAG, o kriol (CGB), apresenta a partícula de tempo passado (*ba*) externa ao verbo e em posição pós-verbal:

(1)   *N konta   u <u>ba</u>   kuma   nya   pirkitu   karu   de*
        (contar/dizer)   (T)
        "Eu tinha-te dito [contado] que o meu periquito era caro."

Já o crioulo Santomé (ST), do grupo dos CGG, apresenta as partículas de Tempo, Modo e Aspecto em posição pré-verbal, porém não nesta ordem, mas na ordem Modo, Tempo e Aspecto, ou seja, um sistema de MTA, e não de TMA:

(2)   *Xi non d'ola se na <u>ká</u>   <u>tava</u>   <u>ka</u>   da   ku   ngê-tamen   fa,...*
                         (M)   (T)   (A)   (dar)
        "Se nós naquele tempo não nos tivéssemos dado com adultos..."

Veja-se:

> A marcação de TMA tem sido um dos domínios mais investigados na crioulística. Ao analisar seis crioulos, Bickerton (1984) concluiu que todos tinham marcadores pré-verbais gramaticalizados de TMA, por esta ordem [...]. Os sistemas de TMA dos CAG e dos CGG não só se desviam desta proposta, como também diferem entre si. Os marcadores aspectuais nucleares dos CAG constituem núcleos funcionais lexicalizados que ocorrem em posição pré-verbal. Já o marcador de Tempo (**-ba**), é um sufixo verbal no CCV [cabo-verdiano] e ocupa uma posição pós-verbal mais livre no CGB [kriol] [...]. [...] estes crioulos se afastam da ordem TMA, sendo unânime para os diferentes autores que o T (ba) é o elemento mais intimamente ligado ao verbo em CCV [...]. Os marcadores nucleares de TMA dos CGG ocorrem em posição pré-verbal, seguindo, no entanto, a ordem MTA [...]. (Hagemeijer e Alexandre, 2012: 239-240)

Os exemplos dados anteriores[7] demonstram que o sistema de Tempo, Modo e Aspecto, nas línguas crioulas, não obedecem a uma ordem tão rígida (T=>M=>A), nem a uma posição tão fixa (pré-verbal), como tradicionalmente se pensa.

Se for feito o paralelo do kriol (CGB), que tem a partícula de tempo externa ao verbo e em posição pós-verbal, com a *língua geral da Amazônia*, que apresenta a mesma característica, ver-se-á que a hipótese da crioulização do tupinambá ganha força. É o que será feito adiante.

Antes disso, porém, para que se perceba o processo de erosão e posterior recomposição gramatical pelo qual passou o tupinambá, até se transformar na *língua geral da Amazônia* – quando começa a apresentar a partícula marcadora de tempo em uma estrutura linguística analítica semelhante à do kriol (CGB) –, foram retirados exemplos de três gramáticas, a saber: a de Anchieta (1595) e a de Figueira (1687 [1621]), que descrevem o tupinambá antes da erosão gramatical, e a de Couto de Magalhães (1876), que descreve a *língua geral da Amazônia* depois da erosão e da recomposição gramatical, chamada por este último de nheengatu, como ficou mais conhecida a partir de então.

Das duas primeiras gramáticas do tupinambá, serão expostos exemplos da conjugação do verbo "matar" (*jucâ* ou *jucá*), no intuito de demonstrar que essa língua – antes de passar pelo processo de erosão e posterior recomposição gramatical, que resultou na *língua geral da Amazônia* – apresentava morfema zero (e.g., *Ajucâ [ø]*: "Eu mato."), para marcar, dentre outros, o tempo presente[8] e para marcar o aspecto habitual, assim como o morfema *-ne* (e.g., *Ajucâne*: "Eu matarei."), dentro da morfologia verbal, para marcar o tempo futuro. Veja-se de forma detalhada:[9]

Quadro 1 – Dados extraídos de Anchieta (1595: 18) e Figueira (1687 [1621]: 12-13)

Gramática de Anchieta (1595) "Indicatiui modi [...]" (Anchieta, 1595: 18)		Gramática de Figueira (1687 [1621]) "Primeira conjvgaçam geral dos verbos [...]. Modo Indicativo" (Figueira, 1687 [1621]: 12)	
Tempo presente	Tempo futuro	Tempo presente	Tempo futuro
Singular:	Singular:	Singular:	Singular:
1. *Ajucâ* [ø]: "Eu mato."	1. *Ajucâne*: "Eu matarei."	1. *Ajucá* [ø]: "Eu mato."	1. *Ajucáne*: "Eu matarei."
2. *Erejucâ* [ø]: "Tu matas."	2. *Erejucâne*: "Tu matarás."	2. *Erejucá* [ø]: "Tu matas."	2. *Erejucáne*: "Tu matarás."
3. *Ojucâ* [ø]: "Ele mata."	3. *Ojucâne*: "Ele matará."	3. *Ojucá* [ø]: "Ele mata."	3. *Ojucáne*: "Ele matará."
Plural:	Plural:	Plural:	Plural:
1. *Orojucâ* [ø]/ *Yaiucâ* [ø]: "Nós (sem vós) matamos."/ "Nós (e vós) matamos."	1. *Orojucâne*/ *Yaiucâne*: "Nós (sem vós) mataremos."/ "Nós (e vós) mataremos."	1. *Iajucá* [ø]/ *Orojucá* [ø]: "Nós (e vós) matamos."/ "Nós (sem vós) matamos."	1. *Iajucáne*/ *Orojucáne*: "Nós (e vós) mataremos."/ "Nós (sem vós) mataremos."
2. *Pejucâ* [ø]: "Vós matais."	2. *Pejucâne*: "Vós matareis."	2. *Pejucá* [ø]: "Vós matais."	2. *Pejucáne*: "Vós matareis."
3. *Ojucâ* [ø]: "Eles matam."	3. *Ojucâne*: "Eles matarão."	3. *Ojucá* [ø]: "Eles matam."	3. *Ojucáne*: "Eles matarão."
Obs.: Os prefixos *A-*, *Ere-*, *O-*, *Oro-* e *Ya-*, *Pe-* e *O-* são indicadores de pessoa e de modo.		Obs.: Os prefixos *A-*, *Ere-*, *O-*, *Ia-* e *Oro-*, *Pe-* e *O-* são indicadores de pessoa e de modo.	

Compare-se, agora, com a conjugação do mesmo verbo[10] em *língua geral da Amazônia* ou nheengatu, também no tempo presente e no tempo futuro:

Quadro 2 – Dados extraídos de Couto de Magalhães (1876: 8-10)

Gramática de Couto de Magalhães (1876)	
Tempo presente	Tempo futuro
Singular: 1. *Xe aîuká a ikó*: "Eu mato." 2. *Iné reîuká re ikó*: "Tu matas." 3. *Ahé oîuká o ikó*: "Ele mata." Plural: 1. *Iané iáîuká iá ikó*: "Nós matamos." 2. *Peen peîuká pe ikó*: "Vós matais." 3. *Aetá oîuká o ikó*: "Eles matam." Obs.: Os prefixos que, no tupinambá, eram de pessoa e modo se mantiveram, porém possivelmente indicando apenas o modo, com uma pequena modificação fonética na segunda pessoa: *a-, re-, o-, iá-, pe-, o-*. Outro fator que também se perdeu na possível crioulização foi a oposição, que existia na primeira pessoa do plural do tupinambá, entre *Oro* (nós, sem vós) e *Ya* ou *Iá* (nós e vós), restando apenas *Iá*, sem oposição.	Singular: 1. *Xe aîuká curí*: "Eu matarei." 2. *Iné reîuká curí*: "Tu matarás." 3. *Ahé oîuká curí*: "Ele matará." Plural: 1. *Iané iáîuká curí*: "Nós mataremos." 2. *Peen peîuká curí*: "Vós matareis." 3. *Aetá oîuká curí*: "Eles matarão."

No que concerne ao tempo e ao aspecto, percebe-se que, enquanto no tupinambá não havia a necessidade de um sufixo verbal para marcar, em conjunto, o tempo presente e o aspecto habitual, na *língua geral da Amazônia* ou nheengatu, de maneira inversa, ambas as funções, para que se apresentem conjuntamente, precisam ser marcadas pela repetição do prefixo indicador de pessoa e modo do tupinambá, em conjunto com o verbo *ikó* ("ser"), em um contexto externo ao verbo e em posição pós-verbal (e.g., *Xe aîuká a ikó*: "Eu mato."). Em tal contexto, tanto os prefixos de pessoa e modo quanto o verbo *ikó* gramaticalizaram-se, assumindo a função de marcadores de tempo presente e de aspecto habitual, simultaneamente. Relacione-se essa informação sobre a *língua geral da Amazônia* ou nheengatu com a informação que Lucchesi (s/d) apresenta sobre o crioulo cabo-verdiano:

> Para indicar o presente, ou seja, uma ação habitual, usa-se a partícula *tá*: *n'tá fla*, que significa 'eu falo', 'eu costumo falar'. A partícula tá resulta da gramaticalização do verbo auxiliar português (es)tá e se tornou marcador de aspecto habitual no crioulo (Lucchesi, s/d: 12).

No que concerne ao tempo futuro na *língua geral da Amazônia* ou nheengatu, a comparação revela que, enquanto o tupinambá apresentava um sufixo (-*ne*) como integrante da morfologia verbal para marcar este tempo (e. g., *Ajucâne:* "Eu matarei."), a *língua geral da Amazônia* ou nheengatu, por sua vez, perdeu tal sufixo, precisando de uma partícula (*curí*), externa à morfologia do verbo e em posição pós-verbal, para marcar o tempo futuro (e.g., *Xe aîuká curí:* "Eu matarei.").

Além do mais, tanto Anchieta quanto Figueira, ao demonstrarem tais paradigmas específicos de conjugação verbal, o fazem sem identificar os pronomes-sujeito (Figueira, por exemplo, só os apresenta em um momento posterior de sua *arte*), enquanto Couto de Magalhães, ao expor os paradigmas específicos de conjugação verbal expostos, desde o início o faz apresentando os pronomes-sujeito, o que poderia significar o uso do sujeito pronominal obrigatório, também característico das línguas crioulas. Isso explicaria a manutenção, na *língua geral da Amazônia* ou nheengatu, das partículas que no tupinambá marcavam pessoa e modo, pois, na *língua geral da Amazônia* ou nheengatu, elas podem ter permanecido apenas com a função de marcadoras de modo, enquanto a marcação de pessoa passou a ser feita apenas pelos pronomes-sujeito.

Feita a breve comparação entre o tupinambá e a *língua geral da Amazônia* ou nheengatu, no intuito de demonstrar os processos de erosão e posterior recomposição gramatical pelos quais passou o primeiro, é chegado o momento de fazer a comparação entre o kriol (CGC) e a *língua geral da Amazônia* ou nheengatu.

Nessa comparação, serão colocadas, lado a lado, estruturas compostas por um verbo e uma partícula de tempo externa à sua morfologia, em posição pósverbal, no intuito de deixar clara a semelhança entre a marcação de tempo de uma língua reconhecidamente crioula e a *língua geral da Amazônia* ou nheengatu, constituindo-se, por esse motivo, em um paralelo significativo:

Quadro 3 – Dados extraídos de Hagemeijer e Alexandre (2012: 240) e Magalhães (1876: 8-10)

Kriol (CGB), crioulo da Alta Guiné (CAG)	Língua geral da Amazônia ou nheengatu
N konta u ba	Xe aîuká curí
(verbo) (partícula de tempo)	(verbo) (partícula de tempo)
Port.: "Eu tinha-te dito/contado [...]."	Port.: "Eu matarei."

A interpretação da *língua geral da Amazônia* ou nheengatu como um possível crioulo de base tupinambá encontra respaldo em trabalhos de linguistas de grande proeminência, como:

1. Rosa (1992), que, baseada em informações dadas por Vieira quando este ainda se encontrava na Amazônia, considera a possibilidade de ter existido um jargão, que seria utilizado por holandeses que comercia-

vam peixe-boi na região, e que esse jargão pode ter tido o seu uso ampliado no contato com os nheengaíbas e com outros povos de línguas minoritárias não tupinambás:

> Ainda quanto à LG usada por marinheiros, seria interessante tentar obter testemunhos deixados por holandeses que comerciavam peixe-boi com as nações Nheengaíbas do Cabo Norte (Vieira 1660:10), assim chamadas "por serem de lingoas diferentes e dificultosas" (Vieira 1660:6). Teriam esses marinheiros também se utilizado de fórmulas semelhantes às registradas por Léry quando em contato com indígenas de línguas minoritárias? Se assim fosse, esse jargão teria ultrapassado as fronteiras das nações tupis, e o "fácil de tomar" do texto de Gândavo teria seu significado ampliado. (Rosa, 1992: 89)

2. Holm (2000), ao se referir a crioulos da América:

> Variedades americanas incluem o Eskimo Trade Jargon (falado no norte do Alaska e do Canadá), Chinook Jargon (Chinook e Nootka pidginizados, falados no noroeste dos Estados Unidos), Mobilian Jargon (Choctaw e Chickasaw pidginizados, falados na Louisiana), Delaware Jargon (Lenape pidginizado, falado de Delaware à Nova Inglaterra), Ndyuka-Trio Pidgin (um pidgin baseado no crioulo Ndyuka e nas línguas ameríndias do Suriname) e *Língua geral (Tupi reestruturado, falado no Brasil)*. (Holm, 2000: 102; grifo e tradução do autor deste texto).

3. Schmidt-Riese (2003), ao reconhecer que o quadro sociolinguístico da região amazônica era propício à formação de línguas crioulas: "*O cenário dos grupos indígenas aldeados e escravizados na época colonial aponta para processos de reestruturação que se aproximam do quadro da crioulogênese*" (Schmidt-Riese, 2003: 162).

4. E Schrader-Kniffki (2010), ao assumir que as características da *língua geral da Amazônia* ou nheengatu têm origem na situação de contato ocorrida entre os séculos XVII e XVIII na Amazônia, devido ao *language shift*, tanto dos colonizadores quanto dos índios que eram incorporados aos grupos de falantes de *língua geral*:

> As consequências desse contato para o nheengatu podem ser resumidas da seguinte forma: as características do nheengatu de hoje, discutidas no paradigma das línguas crioulas, têm origem na situação sociolinguística do tupi [tupinambá]/língua geral/nheengatu, na etapa que abrange os séculos XVII e XVIII. Nesta fase da história da língua, surgiram mudanças no sistema gramatical, por um lado, relacionadas com o *language shift* dos colonizadores, por outro lado, com o dos grupos indígenas incorporados ao grupo dos falantes de língua geral, incorporação esta voluntária, ou não. (Schrader-Kniffki, 2010: 217)

É em uma fonte direta, entretanto, que o respaldo mais contundente a esta visão pode ser encontrado. Trata-se das palavras, escritas na segunda metade do século XVIII, do jesuíta João Daniel, que atuou nas missões do Estado do Maranhão e Grão-Pará durante 14 anos, sendo expulso da região em 1757, pelo marquês de Pombal. Nas palavras que serão expostas, o jesuíta deixa claro que o antigo tupinambá – o mesmo gramaticizado por Anchieta e por Figueira – havia passado por tantas transformações, que já se tornara uma língua "*viciada, e corrupta que parece outra língua diversa*", ininteligível para os poucos que ainda "*a falam com a sua nativa pureza, e vigor*", tendo deixado de ser possível, inclusive, aprendê-la através dos *"preceitos da arte"*, pois tais preceitos descreviam uma língua que não correspondia mais ao que se passou a utilizar como veículo de comunicação "*em todas as missões portuguesas do Amazonas*":

> Nesta língua [tupinambá] se composeram ao princípio pelos primeiros missionários jesuítas o catecismo, e doutrina; e a reduziram a arte com regras, e termos fáceis de se aprender. Porém, como os primeiros, e verdadeiros topinambares já quase de todo se acabaram, e as missões se foram restabelecendo com outras mui diversas nações, e línguas, se foi corrompendo de tal sorte a língua geral topinambá, que já hoje são raros, os que a falam com a sua nativa pureza, e vigor; de sorte, que já os mesmos índios não percebem o catecismo, nem os que estudam a arte se entendem com os índios especialmente no Amazonas, como muitas vezes tem experimentado, e confessado os mesmos missionários, e índios, de sorte está viciada, e corrupta que parece outra língua diversa; mas a qual é a que se usa em todas as missões portuguesas do Amazonas, e a que aprendem as novas nações, que vão saindo dos matos, e a que estudam os missionários brancos, que tratam com índios não com regras, e preceitos da arte, mas pelo uso, e trato dos mesmos índios. (Daniel, 1976, v. II: 225, apud Barros, 2003: 86)

Porém, há autores, também de grande proeminência e igualmente respeitados, como Silva Neto (1951), Rodrigues (1986, 1996, 2006, 2010), Bessa Freire (2003, 2004, 2010), Barros (2003) e Noll (2008) – com exceção deste último, todos já citados neste capítulo – que interpretam a *língua geral da Amazônia* ou nheengatu como uma variedade do tupinambá, delineada como resultado do bilinguismo tupinambá L1/português L2, indo de encontro à hipótese da criolização dessa língua.

Apesar da diretriz constante no item 6 do diretório do marquês de Pombal – que proibia o uso da *língua geral* e tornava obrigatório o uso do português –, de 1757, e da expulsão dos jesuítas – principais incentivadores do uso da *língua geral* –, em 1760, a *língua geral da Amazônia* ou nheengatu seguiu seu processo de expansão.

Porém, viria a sofrer um golpe profundo com a morte de grande parte de seus falantes na revolta separatista da Cabanagem, ocorrida entre 1835 e 1840, na qual o Império do Brasil – já independente de Portugal e já tendo englobado administrativamente o antigo Estado do Maranhão e Grão-Pará desde 1823 – saiu vencedor.

Em seguida a tal revolta, tem início o ciclo da borracha na Amazônia, gerando uma grande demanda de mão de obra, que a região, devido ao genocídio que sofreu, não tinha condições de suprir, pois cerca de 30% a 40% de seus habitantes foram mortos pelo exército do Império, ao sufocar a revolta.[11]

Por esse motivo, foram levados, do Nordeste para a Amazônia, grandes contingentes populacionais, falantes monolíngues do português brasileiro. Além disso, muitos portugueses, já na condição de imigrantes, contribuíram para repovoar a região (Bessa Freire, 2004, 2010). Essa migração gerou uma nova situação de contato linguístico intenso, porém não mais em um contexto de *language shift*, mas em um contexto de bilinguismo língua geral L1/português L2, tendo o "fiel da balança", com o passar das gerações, pendido para o lado do português brasileiro, pois se tornou a língua mais viável socialmente, por ser a mais utilizada na nova vida econômica e social que se formou na região:

> Embora não seja possível quantificar, sabemos com segurança que, durante esse período [de 1820 a 1840], aumentou extraordinariamente o número de falantes de português e diminuiu os de LGA [língua geral da Amazônia], num processo em que o crescimento populacional não foi apenas vegetativo. Por um lado, muitos falantes de LGA foram exterminados durante a revolta popular da Cabanagem (1835-1840), enquanto os sobreviventes se retiraram para vilas e povoados; por outro, o governo provincial, através de uma caixa especial do Tesouro Público, passou a promover a introdução de colonos facilitando a imigração de estrangeiros – entre os quais portugueses – e de nordestinos, o que foi facilitado nas décadas seguintes pela navegação a vapor e pela crescente demanda internacional da borracha [...]. Em 1868, quase 12% da população de Belém tinha a nacionalidade portuguesa [...]. (Bessa Freire, 2004: 191)

A *língua geral da Amazônia* ou nheengatu, contudo, não foi extinta e continua a ser falada nos dias atuais, principalmente nas regiões do "*Médio e Alto Rio Negro, do Baixo Içana, do rio Xié, por um número estimado de três mil falantes, como língua materna ou como segunda língua, utilizado como língua franca ou com função de comunicação do dia a dia no contexto familiar*" (Schrader-Kniffki, 2010: 213).

Atualmente, a principal etnia de falantes de *língua geral da Amazônia* ou nheengatu é a baré, cuja língua homônima já foi extinta: "*A substituição do baré pelo nheengatu, desde a perspectiva dos falantes, aparece como simples troca de línguas; eles concebem a substituição de uma língua por outra sem nenhum problema*" (Schrader-Kniffki, 2010: 222).

Schrader-Kniffki (2010) apresenta uma visão ainda pouco comum, e por isso interessante, para quem estuda a história das *línguas gerais* no Brasil (nesse caso, especificamente, a *língua geral da Amazônia* ou nheengatu): a visão que os seus falantes apresentam desta língua, e não a visão que pesquisadores apresentam dela, que é o que geralmente se encontra em trabalhos a este respeito.

Desse modo, a sua investigação da perspectiva do falante de *língua geral da Amazônia* ou nheengatu pôde trazer à tona problemas que, considerada apenas a perspectiva do pesquisador, não poderiam ser percebidos. O principal deles refere-se à atribuição do *status* de "língua indígena" à *língua geral da Amazônia* ou nheengatu, no momento em que foi tornada língua cooficial em relação ao português, junto com o tukano e com o baniwa, na cidade de São Gabriel da Cachoeira-AM, no Alto Rio Negro, através da Lei n. 145, de dezembro de 2002.

No que concerne à cooficialização em si, isto é um grande bem proporcionado à *língua geral da Amazônia* ou nheengatu, impedindo a sua extinção, pois o seu uso passa a ser obrigatório nos documentos oficiais e o seu ensino, obrigatório nas escolas da cidade (Schrader-Kniffki, 2010).

Porém, no que concerne ao *status* de "língua indígena" que lhe foi atribuído, a questão torna-se complexa, porque os falantes de *língua geral da Amazônia* ou nheengatu não se consideram índios, mas "misturados", o mesmo aplicando-se à *língua geral da Amazônia* ou nheengatu, cujos falantes, de igual maneira, consideram uma língua "misturada". Isso gera um choque entre a identidade cultural real, que os falantes de *língua geral da Amazônia* ou nheengatu têm de si e de sua língua, e a identidade cultural artificial, carente de base empírica, que os pesquisadores, agentes da cooficialização, presumiram que esses falantes tinham de si e de sua língua:

> [...] essa identificação como misturado, parte essencial do nheengatu, não é considerada como fato negativo. Além de serem misturados, a migração e a mobilidade lhes proporcionam uma "identidade fluida" [...], dinâmica e que coloca seriamente em questão tanto as teorias antropológicas como as sociolinguísticas que tratam dos indígenas e da política linguística com foco restrito ao *status* indígena. A mistura da língua, da sua utilização e dos seus falantes, ainda não recebeu seu devido lugar: prevalece a preferência pelo "puro". (Schrader-Kniffki, 2010: 226)

Schrader-Kniffki afirma, então, que das suas observações *in loco* "*resulta, em primeiro lugar, a percepção da falta de pesquisas empíricas, especialmente relativas à situação sociolinguística do ṇheengatu*", e prossegue dizendo que o "*ponto-chave, contudo, parece ser a escolha dos conceitos teóricos com os quais são abordadas a situação da língua, principalmente, a dos seus falantes*". E conclui, afirmando que tal questão "*diz respeito ao caráter de 'mistura' que deveria ser levado em conta e respeitado, do mesmo modo que as demais línguas ameríndias são respeitadas como sendo línguas originalmente indígenas*" (Schrader-Kniffki, 2010: 227).

O QUE É UMA LÍNGUA GERAL

De acordo com o que foi exposto até aqui, pode-se inferir um conceito de *língua geral* parcialmente distinto dos que foram apresentados no início deste capítulo, pois engloba o contexto sociolinguístico de pidginização e criolização que, possivelmente, esteve na base de formação da *língua geral da Amazônia* ou nheengatu.

Desse modo, o termo *língua geral* significa: (1) Variedades coloniais do tupinambá surgidas em São Paulo e no sul da Bahia durante o século XVI, faladas principalmente por mamelucos e por filhos de famílias brancas nascidos no Brasil, em situação de bilinguismo sem *language shift*, e extintas no início do século XIX; (2) Língua colonial historicamente nova, surgida na região amazônica durante o século XVII, falada inicialmente por índios tapuias, como resultado da criolização do tupinambá em contato com as línguas nativas destes tapuias, havendo *language shift*; é falada ainda nos dias atuais por cerca de três mil pessoas, principalmente da etnia baré, porém mais conhecida pelo nome de nheengatu, tendo como principais áreas de uso o Médio e o Alto Rio Negro, o Baixo Içana e o Xié; desde 2002, é uma das línguas cooficiais, junto com o português, o tukano e o baniwa, na cidade de São Gabriel da Cachoeira-AM; é falada como primeira língua, como segunda língua e como língua franca nestas regiões; (3) Línguas francas, recobridoras de línguas afins – indígenas e africanas –, a exemplo da *língua geral* cariri, afiliada ao tronco Macro-Jê – falada no Nordeste –, e da *língua geral* de Minna, afiliada a línguas africanas da costa de Mina – falada em Minas Gerais; (4) Português colonial brasileiro, em sua variedade popular, estruturalmente modificado pelo contato com línguas indígenas e africanas; (5) Variedade colonial do guarani, que teria sido utilizada também em São Paulo.

CONSIDERAÇÕES FINAIS

Neste capítulo, após um breve debate sobre alguns conceitos de *língua geral*, já existentes, e sobre a discordância existente entre eles, passou-se à apresentação de dados e de inferências, feitas sobre estes dados, no intuito de desenvolver e dar consistência às hipóteses lançadas nos parágrafos introdutórios.

Desse modo, conclui-se que, tanto a *língua geral de São Paulo* quanto a *língua geral do sul da Bahia*, surgidas no Estado do Brasil, são variedades coloniais do tupinambá, estruturadas em um contexto de bilinguismo sem *language shift*, tendo como principais falantes – no caso da *língua geral de São Paulo* – uma população mameluca e, em menor monta, uma população composta por filhos de famílias brancas, porém nascidos na região. Já no caso da *língua geral do sul da Bahia*, os seus principais falantes eram os constituintes da população mameluca ali nascida.

Foram expostos, outrossim, documentos que atestam a existência da *língua geral* não apenas na Vila de Olivença, na capitania de Ilhéus, mas em outras localidades desta capitania. De maneira análoga, foi exposto um documento que atesta a existência da *língua geral* na Vila do Prado, na capitania de Porto Seguro, fato ainda inédito no que se refere a esta capitania, especificamente. Ambas as capitanias, ressalte-se, são áreas para as quais, até pouco tempo atrás, não só se desconhecia a existência de uma *língua geral* como ainda se considerava que não seria possível que, nelas, uma *língua geral* pudesse ter-se formado.

Sobre a *língua geral da Amazônia* ou nheengatu, língua colonial surgida no Estado do Maranhão e Grão-Pará, conclui-se que a sua sócio-história, conjugada com os dados intralinguísticos apresentados, possibilita a afirmação de que se tratou, realmente, de um crioulo – tendo havido, portanto, *language shift* –, embora não de um crioulo basiletal, como se chegou a afirmar em Argolo (2011a), mas, provavelmente, de um crioulo mesoletal, devido à manutenção da partícula de modo do tupinambá na sua morfologia verbal. Os seus principais falantes, no momento de sua estruturação, foram os índios tapuias, aldeados nas missões jesuíticas e escravizados nas fazendas dos colonos, inicialmente, no Baixo Amazonas e, posteriormente, no Alto Amazonas.

Ao final do capítulo, foi feita a tentativa de sintetizar, em poucas linhas, a maior variedade possível de situações que poderiam estar por trás da utilização do termo *língua geral* no período colonial e atualmente, seja no Estado do Brasil, seja no antigo Estado do Maranhão e Grão-Pará, no intuito de cunhar um conceito abrangente e empiricamente fundamentado para o termo em questão.

NOTAS

[1] *Tupinambá* – Esse nome é aplicado aqui a todos os índios, falantes de um dialeto *tupi-guarani*, que, no século XVI, foram os senhores da costa do Brasil, desde a foz do Rio Amazonas, até Cananeia, no sul do estado de São Paulo. Embora linguística e culturalmente relacionados de maneira muito próxima, esse Índios eram divididos em muitas tribos, que empreendiam guerras desumanas umas contra as outras. À maior parte desses grupos foram dados nomes diferentes pelos colonizadores portugueses e franceses, mas o termo *Tupinambá* foi aplicado a tribos de regiões largamente separadas, como Rio de Janeiro, Bahia e Maranhão. Por serem essas as tribos melhor conhecidas, nós vamos, por conveniência, aplicar a todas elas o termo *Tupinambá* (Métraux, 1948: 95, grifo no original, tradução do autor deste texto).

² "Durante os primeiros sessenta anos do século XVIII, chegaram de Portugal e das ilhas do Atlântico cerca de 600 mil pessoas", o que levou a Coroa a tentar "[...] impedir o despovoamento de Portugal, estabelecendo normas para a emigração" (Fausto, 2012: 86-88).

³ "[...] foram-se extinguindo como povo independente e culturalmente diverso" (Rodrigues, 1996: 02).

⁴ "Não nos enganemos, outrossim, com a afirmação do ouvidor Maciel de que em Olivença, Barcelos, Serinhaém (ou Santarém), Almada e São Fidélis, no ano de 1804, a *língua geral* já havia sido extinta e substituída pelo português. Isto porque o documento apresentado por Tânia Lobo, Américo Venâncio Lopes Machado Filho e Rosa Virgínia Mattos e Silva, referente também a Olivença, em 1794 – ou seja, apenas 10 anos antes da afirmação do ouvidor Maciel, que, como se pode ler acima, também se referia a Olivença –, atesta que, em 1794, a *língua geral* predominava entre os habitantes desta vila, tendo sido esse, inclusive, o motivo principal para que Antônio da Costa Camelo, ouvidor interino da comarca de Ilhéus, indicasse Manuel do Carmo de Jesus para diretor de Índios do lugar, pois este 'tinha meio de se sustentar, e a maior razão de ser criado naquela vila e saber a língua geral de índios para melhor saber ensinar [a língua portuguesa, provavelmente]' (Lobo et al. 2006: 610). Na leitura do artigo de Lobo, Machado Filho e Mattos e Silva, vemos que a escolha por um diretor de Índios mais eficiente para que se ensinasse a língua portuguesa aos índios da Vila de Olivença foi necessária, justamente, porque o antigo diretor 'nunca deu escola conforme a direção da Vila' (2006: 610), não ensinando a ler e escrever em língua portuguesa, sequer, a seus filhos. Dessa maneira, Manuel do Carmo de Jesus foi indicado, justamente, para tentar acabar com essa situação enraizada de utilização da *língua geral* na Vila de Olivença, no intuito de cumprir, assim, as instruções do item 6 do Diretório do marquês de Pombal. Tendo sido escolhido para diretor de Índios com essa finalidade precípua, Manuel do Carmo de Jesus, provavelmente, se empenhou na efetivação das medidas pombalinas, fazendo com que os mamelucos da Vila de Olivença, através de meios coercitivos, deixassem de falar a *língua geral* e passassem a utilizar apenas a língua portuguesa. Porém, como é de se esperar em tais situações de opressão linguística, o uso da *língua geral* deve ter-se mantido da porta de casa para dentro, no ambiente doméstico, tendo sido esse o provável motivo para que o ouvidor Maciel, ao visitar a vila em 1804, acreditasse que os mamelucos de Olivença, Barcelos, Serinhaém (ou Santarém), Almada e São Fidélis não falassem mais a sua *língua geral*, mas apenas o português, pois, de fato, como mostra o documento, foi a língua que ouviu da boca dos habitantes da Vila de Olivença quando os encontrou em um ambiente que extrapolava o doméstico" (Argolo, 2011: 150-151).

⁵ A briga pela posse das terras do cacau provavelmente resultou, também, na morte dos antigos proprietários brancos, portugueses ou descendentes de portugueses, donos dos decadentes alambiques e engenhos de açúcar, dos brancos pobres, possíveis falantes de um português europeu popular e de língua geral, e da muito diminuta população escrava africana da região, possíveis falantes de língua geral, por ser a língua supra-étnica da região (quanto às suas línguas africanas, possivelmente não tinham interlocutores com quem utilizá-las, devido à prática dos portugueses de apenas reunir em um mesmo espaço africanos falantes de línguas distintas, para evitar a organização de sublevações).

⁶ Disponível em <http://pt.wikipedia.org/wiki/Forte_de_Santa_Maria_de_Guaxenduba>. Acesso em: 15 set. 2013.

⁷ Exemplos retirados de Hagemeijer e Alexandre (2012: 240).

⁸ Em uma língua crioula, o morfema zero indicaria o tempo passado (Lucchesi, s/d).

⁹ As diferenças observadas entre as conjugações verbais do tupinambá, constantes nas gramáticas de Anchieta e de Figueira, são mínimas. Basicamente, consistem, respectivamente, em variação na ortografia, no que se refere ao acento utilizado no final da última sílaba do verbo "matar" (*jucâ/jucá*), ao prefixo indicador de pessoa e modo (*Ya-/Ia-*) e ao início da sílaba do verbo "matar", na primeira pessoa do plural (*iucâ/jucá*). Sobre o tempo futuro em Anchieta, ressalte-se que ele se limita a apenas expor a primeira pessoa do paradigma de conjugação verbal, talvez pelo fato de não haver variação em tal conjugação, conclusão a que se pode chegar com segurança, pois, em Figueira, o paradigma é exposto na íntegra, sem qualquer variação.

¹⁰ O exemplo do verbo "matar" em *língua geral da Amazônia* ou nheengatu foi retirado do *site* http://tetamaua-ra.blogspot.pt/. Acesso em: 21.09.13. No site, porém, o verbo está conjugado no presente indefinido, tendo-se usado a gramática de Couto de Magalhães para fazer a sua conjugação no presente definido e no futuro.

¹¹ Disponível em <http://pt.wikipedia.org/wiki/Cabanagem>. Acesso em: 23 set. 2013.

O PORTUGUÊS BRASILEIRO, UMA LÍNGUA CRIOULA? CONSIDERAÇÕES EM TORNO DA HIPÓTESE DE UM SUBSTRATO INDÍGENA

Yonne Leite
(*in memorian*)

SUMÁRIO

AS ORIGENS DO PORTUGUÊS BRASILEIRO:
SUBSTRATO AFRICANO OU INDÍGENA?..76

TUPINAMBÁ, LÍNGUA GERAL E TUPI..78

    Características fonológicas, morfológicas
e sintáticas do tupinambá..79

MORFOLOGIA E SINTAXE...82

    Uma língua OV?..84

    A ordem livre dos sintagmas nominais:
uma perspectiva paramétrica..85

    O parâmetro da configuracionalidade...86

DE VOLTA À GRAMÁTICA DE ANCHIETA..87

O NHEENGATU OU LÍNGUA GERAL DA AMAZÔNIA................................88

CARACTERÍSTICAS MORFOSSINTÁTICAS..90

O PORTUGUÊS INDÍGENA:
AS ORIGENS DO PORTUGUÊS XINGUANO...91

    Variáveis linguísticas e sociais..92

DE PAGÃO A CRISTÃO E A LÍNGUA
COMO ELO DA AMIZADE..94

AS ORIGENS DO PORTUGUÊS BRASILEIRO: SUBSTRATO AFRICANO OU INDÍGENA?

A língua falada por um povo é um dos elementos mais emblemáticos da constituição de sua nacionalidade. Conhecer suas origens sempre desperta grande interesse. Durante muito tempo perdurou um sentimento negativista sobre o povo brasileiro. Dizia-se que o povo brasileiro era o produto da cobiça do português, da preguiça do índio e da ignorância do negro. E o português brasileiro seria uma língua crioula, uma simplificação ou redução do português europeu, devido à influência de línguas africanas ou as ameríndias, fonética, morfológica e sintaticamente simples e pobres.

É somente no século XIX, com o movimento romântico, que nossas origens passaram a ser louvadas e engrandecidas e o português do Brasil passou a ser *a última flor do Lácio **inculta** e bela*. É também nessa época que nasce, entre os intelectuais, uma consciência dos erros dos colonizadores, das denúncias dos maus-tratos para com os índios e negros. É também dessa época a política de imigração de colonos – portugueses, italianos, alemães – e, no início do século XX, de japoneses, que substituíram na lavoura o braço dos escravos libertados pela Lei Áurea. É somente ao final do século XX que se consolida uma ideologia de engrandecimento da diversidade linguística e cultural e uma política de salvamento de culturas e línguas em vias de extinção.

A Linguística já demonstrara que não há língua rica ou língua pobre, língua fácil ou língua difícil, pois toda língua é apenas uma manifestação externa da faculdade humana da linguagem, igual e natural em todos os homens, um sexto sentido que se soma à visão, ao olfato, à audição, que só nos detemos para examinar seu funcionamento nos casos de deficiência ou privação.

É significativo que surja no final dos anos 1990, o projeto Para a História do Português Brasileiro, antecedido do projeto Gramática do Português Falado, iniciado na década anterior, ambos de âmbito nacional e coordenados por Ataliba de Castilho. Tinha-se, assim, uma base empírica para se intentar responder a questão central que é saber quais os caminhos percorridos para chegarmos ao nosso aqui e agora linguístico.

O tema da origem do português brasileiro retorna, em outra perspectiva, à cena linguística. Nos últimos anos, foram publicados dois livros que tratam da formação do português no Brasil. Publicado em 2008, *África no Brasil: a formação da língua portuguesa*, organizado por José Luiz Fiorin e Margarida Petter, reúne sete artigos que rediscutem a hipótese da criolização do português brasileiro. Em 2007 foi publicado o livro de Anthony Naro e Marta Scherre em que tratam das *Origens do português brasileiro*, obra na qual focalizam a hipótese crioulista e ampliam os argumentos em favor de uma deriva que se encontram no português de Portugal (Naro e Scherre, 2000).

A hipótese de uma influência das línguas africanas sobre o português brasileiro é esposada por J. Mattoso Câmara Jr. em seu artigo "Línguas europeias de ultramar: o português do Brasil", no qual rechaça a possibilidade de um substrato indígena por serem as línguas indígenas genética e tipologicamente distintas entre si. Descarta também a hipótese de a língua geral desempenhar um papel na formação do português brasileiro, por ser uma língua de base tupi, despojada, porém, de seus traços fonológicos gramaticais mais típicos para se adaptar à consciência linguística dos brancos e ao português. Ao contrário, nela atuou, impressivamente, como "superestrato" (Câmara Jr., 1963: 76, apud Alkmim, 2005: 107). A contribuição indígena se limitou, assim, a empréstimos lexicais.

Mattoso Câmara admite, porém, a possibilidade de uma influência das línguas africanas, dado o contato intenso e íntimo entre escravos e brancos, propondo uma *nova formulação que o português crioulo dos africanos escravos agiu sobre o português dos brancos, invocando as mães pretas escravas e seu intenso convívio com as crianças brancas*. Seria esse falar crioulo doméstico que influenciaria o português do Brasil, possibilidade que não ia de encontro às potencialidades estruturais do português. *"Não seriam assim as línguas africanas em si que influenciariam o português do Brasil, mas o português falado por escravos negros no ambiente doméstico em que prevalecia um contacto intenso e extenso"* (apud Alkmim, 2005: 106-107).

A contribuição das línguas indígenas brasileiras se restringe à formação do léxico de origem tupi, a face mais visível do contato entre duas línguas. Quase nada ou nada se fala da estrutura dessas línguas, consideradas, por longo tempo, primitivas, toscas e pobres, pobreza essa que se refletiria numa cultura primitiva, segundo Gandavo, *"sem fé, nem rei, nem lei"*, por não terem *f, l,* ou *rr*.

No caso das línguas indígenas não há a comprovação do uso do português pelos índios à época da formação do português brasileiro. Tem-se apenas a comprovação histórica do uso do nheengatu, língua geral de base tupi falada até hoje na Amazônia, no ambiente doméstico.

Buarque de Holanda (1988) informa, com base em relatório escrito por volta de 1692, pelo então governador do Rio de Janeiro, que os filhos de paulistas primeiro aprendiam a língua indígena e só depois a materna, isto é, a portuguesa. A língua portuguesa se impõe no Rio de Janeiro, mas, em São Paulo e no Amazonas, a língua geral permanece mais tempo, sendo falada até hoje na Amazônia.

77

Há referências, em José Honório Rodrigues (1986), de ser a língua portuguesa minoritária, em 1755, em vários pontos do país, principalmente na região norte, o que mostra que o substrato tupi permaneceu por pelo menos mais dois séculos.

Se há uma língua que hipoteticamente poderia ter influenciado a formação do Brasil essa seria o nheengatu, língua geral, falada com variações, do norte ao sul do país. Segundo Couto de Magalhães,

> Nenhuma língua primitiva do mundo, nem mesmo o sânscrito, ocupou tão grande extensão geográfica como o tupi e seus dialetos; com efeito, desde o Amapá até o rio da Prata, pela costa oriental da América Meridional, em uma extensão de mais de mil léguas, rumo de norte a sul; desde o Cabo de São Roque até a parte mais ocidental de nossa fronteira com o Peru no Javari em uma extensão de mais de oitocentas léguas, estão nos nomes dos lugares, das plantas, dos rios e das tribos indígenas, que ainda erram por muitas dessas regiões, os imperecedores vestígios dessa língua.

> Confrontando-se as regiões ocupadas pelas grandes línguas antigas, antes que elas fossem línguas sábias e literárias, nenhuma encontramos no Velho Mundo, Ásia, África ou Europa, que tivesse ocupado uma região igual à da área ocupada pela língua tupi. De modo que ela pode ser classificada como uma das maiores línguas do mundo, se não a maior. (Couto de Magalhães, 1975: 28)

TUPINAMBÁ, LÍNGUA GERAL E TUPI

É necessário ressaltar que a língua geral não deve ser considerada um sinônimo de língua tupinambá, língua falada do litoral de São Paulo ao litoral do Nordeste à época da conquista no século XVI, também designada língua do Brasil, língua brasílica, língua da costa. Segundo Rodrigues (1986), a designação tupinambá só passa a ser usada no século XVIII para distingui-la da língua da população mestiça já bastante diferenciada, usada também pelos conquistadores no processo de tomada de posse do interior da Terra da Santa Cruz. O termo *tupi* só vai entrar em uso em final do século XIX, quando só restavam apenas poucos remanescentes de índios Tupinambás (Rodrigues, 1986). Hoje a designação *tupi* se aplica a uma subfamília da família tupi-guarani, sendo também designação de um tronco que congrega várias famílias, como a família tupi-guarani, que abrange línguas faladas em vários países da América do Sul. Entre as faladas no Brasil se incluem o tupinambá, o tapirapé, o asurini, o guajajara, o kamayurá, o urubu e o parintintin, que examinaremos adiante.

Se temos dados sobre o nheengatu, pouco sabíamos e ainda pouco sabemos do português falado pelos índios. Tânia Alkmim (2005) observa que a hipótese crioulista proposta por Mattoso Câmara não se assenta em uma lista exemplos de fatos ou de fenômenos do português do Brasil atribuíveis ao contato com o falar crioulo.

Examinaremos a seguir as características do tupinambá tal como descrito em *A Arte de gramática da língua mais usada na costa do Brasil*, do Padre José de Anchieta (1595).

Para a análise do nheengatu serão usados os seguintes textos:

(1) A língua geral tal como descrita em *Curso de língua geral pelo methodo de Ollendorf: textos e lendas*, textos de línguas indígenas e *Curso de lingua Tupí viva ou Nheengatú: parte synthetica ou resumo da grammatica*, do General José Viera Couto de Magalhães em *O Selvagem*, 2ª edição 1975 (1ª edição 1876).

(2) *Poranduba amazonense ou kochiyma-uara porandub, 1872-1887*, de João Barbosa Rodrigues. Rio de Janeiro, Typographia de G. Leusinger, 1890, Biblioteca Digital Curt Nimuendajuhttp (biblio.etnolinguistica.org).

(3) *A língua geral amazônica: aspectos de sua fonêmica*, de Luiz Carlos Borges. Dissertação de Mestrado, Brasília, Universidade de Brasília, 1991.

(4) "Apontamentos sobre o nheengatu falado no rio Negro", em Ameríndia 10, Brasil, Gerald Taylor, 1985.

Características fonológicas, morfológicas e sintáticas do tupinambá

A Arte..., de Anchieta, é o segundo documento sobre as línguas do Novo Mundo, precedido apenas pela *Gramática do quéchua*, datada de 1560. O tupinambá é a base do qual deriva o nheengatu ou língua geral, como se viu, de ampla distribuição no Brasil, assim como o quéchua se tornou a língua geral do Peru. Pode-se dizer que o tupinambá é uma língua extinta, pois seus últimos remanescentes desapareceram no final do século XIX, mas não morta, pois sobrevive nos trabalhos de Anchieta e ampla literatura, tendo sido objeto de sucessivas análises de Aryon Dall'Igna Rodrigues, que permitem que sejam dados cursos de tupinambá. O tupinambá, tal como descrito por Anchieta, desempenha para as línguas tupis o mesmo papel do latim para as línguas românicas.

A Arte..., de Anchieta, tem sido alvo de avaliações opostas. Para alguns, entre os quais se inclui Carlos Drummond, que julga ser a obra de Anchieta

> a sistematização do legítimo tupi falado pelos grupos indígenas do litoral brasileiro, nos primórdios da colonização, antes de se tornar a língua geral falada pelos colonizadores e seus descendentes. Anchieta, graças ao seu magnífico trabalho de valor linguístico e filológico indiscutível, que é a gramática publicada em tupi, realizou um dos princípios básicos da companhia de Jesus, qual seja, a de que todos os missionários deviam aprender a língua da terra onde exerciam seu ministério, para empregá-la em vez de sua própria língua. (Introdução à 7ª edição da *Arte de gramática*, 1990: 8)

Para outros, Anchieta, ao empregar o modelo latino, deturpou a verdadeira língua indígena, usando categorias para ela inexistentes e, mais ainda, simplificou-a para se ajustar ao modelo do português.

Há também na avaliação da obra de Anchieta o descrédito de seu propósito, qual seja, o de ser apenas um livro didático, destinado a ensinar uma língua aos jesuítas para que pudessem realizar, com mais eficácia, sua obra catequética, não sendo, pois, um trabalho descritivo sem finalidade prática, o que lhe retiraria a qualificação de científico.

O pressuposto que me guia nessa avaliação é essencialmente linguístico: uma gramática é boa na medida em que o material que ela apresenta possa ser reanalisado, em termos de um outro modelo ou paradigma. Como todo trabalho científico é passível de uma avaliação ideológica, trataremos, ao final deste capítulo, das premissas políticas subjacentes até hoje no trato da questão das línguas indígenas no Brasil.

Vejamos agora a comparação entre os traços característicos das línguas tupis e os dados da *Arte de gramática* de Anchieta (cf. Leite, 2005).

a. Comparação dos sistemas fonológicos

Para a verificação da natureza simplificadora da língua geral, serão comparados o sistema fonético fonológico do tupinambá (Tb) que se depreende da *Arte* de Anchieta com os dados constantes do nheengatu (NhG) tal como descrito por Couto de Magalhães, e o de língua geral amazônica (LGA) do Alto Rio Negro descrito por Borges (1991).

b. Sistemas fonológicos de línguas tupis

Segundo uma análise estruturalista, as línguas da família tupi-guarani ainda plenamente faladas hoje em dia podem ter os seguintes tipos de sistemas vocálicos: seis vogais orais e seis nasais (incluindo o tupinambá já extinto) tupinambá (Tb), kamaiurá (Km), urubu (Ub), parintitin (Pt); cinco vogais orais e cinco nasais (tapirapé, tap), (cinco vogais orais (asurini do Trocará, (As); sete vogais orais em guajajara (Gj) como os esquemas a seguir mostram.

Tupinambá, Kamaiurá, Urubu, Parintitntim

Oral			Nasal		
i	y	u	ĩ	ỹ	ũ
e		o	ẽ		õ
	a			ã	

Tapirapé

Orais			Nasais			Asurini Orais		
i	y		ĩ	ỹ		i	y	
e		o	ẽ		õ	e		o
				ã			a	

Guajajara

i	y	u
e	ə	o
	a	

c. A natureza fonética das vogais posteriores arredondadas

Observe-se que o sistema do tupinambá tem um maior número de fonemas orais do que o asurini. Por sua vez, o guajajara tem um número maior de fonemas orais, sem ter, no entanto, vogais nasais. O asurini compartilha com o tapirapé a inexistência do contraste entre **u** e **o**. As diferenças entre os sistemas comparados podem ser resumidas como:

(1) presença ou ausência do contraste entre /u /: /o/;
(2) presença ou ausência de nasalidade como um traço distintivo das vogais.

Tais simplificações ou reduções não devem ser consideradas como decorrentes de um processo de perda causada pelo contato hoje em dia intenso e extenso com o português. Como demonstram Soares e Leite (1991), são decorrentes das características fonéticas dessas línguas, sendo o resultado de mudanças fonéticas em cadeia, potenciais nas línguas tupi-guaranis, podendo, no entanto, serem desencadeadas ou não.

De acordo com Harrison (1961) na descrição das vogais em asurini e Weiss e Dobson (1975) na descrição das vogais do kayabi, as vogais posteriores /u/ e /o/ são pouco arredondada. Como grau de arredondamento dos lábios e altura estão intimamente relacionados, um grau baixo de arredondamento diminui a potencialidade de distinção entre /u/ e /o/ levando à fusão entre as vogais posteriores arredondadas.

Nas línguas em que o contraste /u/:/o/ se mantém, o fonema /o/ tem um alofone [ɔ] como variante.

Essa característica das línguas tupi-guaranis prevê a possibilidade de variação em [u ~ y] e [o ~ ə] se levarmos em consideração de que grau de arredondamento está também associado articulatoriamente à maior ou menor posteriorização. É o que ocorre em araweté, em que a vogal posterior alta arredondada varia com a central alta não arredondada [u ~ y] e a vogal posterior média arredondada varia com a vogal central média não arredondada [o ~ ə].

São, pois, mudanças ditadas pela própria natureza fonética do sistema e não, necessariamente, impulsionadas por uma influência externa.

MORFOLOGIA E SINTAXE

Várias línguas da família tupi-guarani pertencem ao tipo morfológico denominado *língua de estrutura ativa* (Klimov, 1974), *ou de sujeito cindido*, ou ainda, *de ergatividade cindida semantica*mente condicionada (Dixon, 1979). Línguas desse tipo apresentam um sistema de marcas pessoais em que o verbo intransitivo ativo (exemplos: *correr, nadar, andar* etc.) tem marcas de sujeito iguais às dos verbos transitivos; já os verbos intransitivos de estado (exemplos: *estar alegre, alegrar-se, estar com fome, estar com frio, estar quente* etc.) recebem marcas iguais às do objeto do verbo transitivo. Daí o nome de sujeito cindido ou de ergatividade cindida semanticamente condicionada, uma vez que só num determinado conjunto de verbos que se singulariza pelo traço semântico de não agentividade do sujeito – os verbos de estado – o sujeito tem a mesma forma dos objetos do verbo transitivo.

A cisão entre o sujeito de verbo intransitivo ativo e o dos verbos de estado são exemplificadas em (1): em (1a) o verbo intransitivo ativo *ir* e em (1d) o verbo de estado *estar alegre* têm prefixos ou clíticos de sujeito diferentes; ao passo que, em (1b) a marca referencial do objeto do verbo transitivo *sausub* "amar" é a mesma do indicador de sujeito do verbo de estado *estar alegre*.

(1) Tupinambá
    a. **a**-*ço*
       1ª sg.suj.-ir
       "**eu** vou"
    b. *João Pedro* **o**-*sausub*
       João Pedro 3ª- amar
       "João ama a Pedro"
    c. **xe**-*juká*
       1ª sg.obj.-matar
       "a mim matam"
    d. **xe**-*r-oryb*
       1ª sg.suj. estat.- rel.-alegre
       "eu estou alegre, eu me alegro"

Os exemplos apresentados a seguir mostram que a hierarquia referencial que preside a escolha da forma a marcar no verbo transitivo ou o sujeito ou o objeto, característica do tapirapé (Leite, 1990), asurini do Trocará (Vieira, 1993), kamaiurá (Seki, 2000) e de outras línguas tupi-guaranis, é também aplicada em tupinambá. No verbo só ocorre uma marca de pessoa – ou o sujeito ou o objeto – de acordo com a escala em que 1 > 2 > 3. Assim, se o sujeito for a 1ª pessoa e o objeto a 3ª, marca-se a 1ª; e se o sujeito for de 3ª e o objeto de 1ª, marca-se o objeto.

(2)   Tapirapé   Tupinambá
    a. **ã**-*kotok*(a)   a. **a**-*juká*
       1sg.suj.-furar   1sg.suj.-matar
       "eu o furei"   "eu mato alguém, matava, matei"
    b. **xe***kotok*   b. ixê **xe***juká*
       1sg.obj-furar   1sg.suj.1sg.obj-furar
       "ele(s) me furou/furaram"   "Eu ele(s) me mata(m)"

Observe-se que a seleção da forma pronominal nos verbos transitivos de acordo com a hierarquia referencial só se aplica quando a 3ª pessoa está envolvida.

Como ressalta Anchieta, no caso de ser a 1ª pessoa agindo sobre a 2ª, têm-se formas próprias para o singular e plural que expressam essa relação: *oro* e *opo*, consideradas formas acusativas que só se usam quando a primeira pessoa é nominativa e a 2ª é acusativa. O mesmo ocorre em tapirapé e em outras línguas tupis.

(3)   Tapirapé   Tupinambá
   a. **ara**-*kotok*   a. *yxê**oro**-jucâ*
      1sg.Suj./2sg.Obj.-furar   1sg.Suj.1sg.Suj./2sg.Obj.-
      matar "eu te furo"   "eu te mato"
   b. **apa**-kotok   b. yxê**opô**-jucâ
      1sg.Suj./2pl.Obj.furar1sg.Suj.   1sg.Suj/2pl.Obj.-matar
      "eu furo vocês"   "eu furo vocês"

Acrescente-se que as marcas referenciais de objeto e de sujeito dos verbos de estado são também as formas por que se expressam, nas línguas de estrutura ativa, os clíticos de posse no nome. Anchieta dá a informação de maneira inequívoca como se pode ver a seguir.

Nè, Ndè, vel, Né, Pè, fão tambem adiectiuos como meus, tuus, vefter, it offers &c.xèjára, "meus dominus", ndèjára, "tuus", [...] (Anchieta, 1595, p. 11-11v)

Os dados são suficientes para que se possa dizer com segurança que, segundo uma tipologia morfossintática estruturalista, o tupinambá é uma língua de estrutura ativa, tal como outras línguas da família tupi-guarani, como o tapirapé, o kamaiurá, o asurini do Trocará, entre outras.

Uma língua OV?

Outro tema central na tipologia sintática estruturalista é o da ordem sintagmática, isto é, a classificação das línguas de acordo com a ordem neutra, que não é pragmaticamente marcada, do sujeito, objeto direto e verbo. Seis tipos de línguas são possíveis: sov, osv, svo, osv, vso, vos (Greenberg, 1963a).

Desde então se tornou quase que obrigatório, nos estudos estruturalistas, determinar qual a ordem básica dos sintagmas nominais de Sujeito e Objeto, da qual decorre uma série de outras ordens na língua. Assim, se na ordem básica e neutra o objeto preceder o verbo, isto é, se for uma língua ov, na construção genitiva o possuidor precederá o possuído, o adjetivo deverá preceder o substantivo, e a língua deverá ter posposições e não preposições. Se a língua, porém, for do tipo vo, em que verbo precede o objeto, o adjetivo naturalmente se seguirá ao substantivo, o possuidor se seguirá ao objeto possuído, e a língua terá preposições e não posposições.

Algumas das características de uma língua do tipo ov se aplicam ao tupinambá, pelo que diz explicitamente Anchieta:

> Na conftruição (excepto o nominatiuo, & datiuo, que fe poem indifferenter) fempre fe præpoem o pronome, fiue fubftantiuo, fiue adiectiuo, vtxèjucâ, "a mi Matão". orê, yandê, ndê, pè, jucâ, xèjára, "meus dominus", xérecê, "me propter" & fic de cæteris, vt yjucâ, "eum occidere", yjára, "eius dominus". O mefmo tem o genitiuo cuja he a coufa, & cafo cõ præpofição de todos os nomes porque todas as præpofições præponuntur, vt pedro jára, "petri, dñs" Pedro recê, "Petrum propter". (Anchieta, 12v)

A ordem livre dos sintagmas nominais: uma perspectiva paramétrica

A questão não é tão simples e a ordem OV se restringe aos objetos que são, como os chama Anchieta, "artículos", que correspondem ao que hoje denominamos clíticos ou prefixos. Quando se trata de 3ª pessoas, a ordem é livre, podendo ser OVS quanto SVO ou mesmo OSV. Nos casos em que sujeito e objeto têm o mesmo grau de animacidade, a sentença é ambígua.

> Sendo a terceira peffoa accufatiuo falafe direitamẽte pelos articulos fẽ nhũa mudança, vt,aiucâ Pedro, "mato a Pedro", erejucâ, ojucâ, & fic in plurali, orojucâ, yajucâ, ojucâ,fẽpre Pedro he o accufatiuo, porq˜ não fe perde os articulos,& eftá claro. Sendo a terceira nominatiuo, & accufatiuo, ainda q pode auer algũa amphibologia, cõtudo pella materia q˜ fe trata cõmumẽte fica claro, como de coufa animata com in animata, ou de mayor qualidade com menor vt. "Pedro come pão, bebe, pranta, derruba aruores", &c. claro efta que Pedro ha de fer nominatiuo de qualquer maneira que fe ponha, vt, Pedro oûmiapê, Pedro miapêoû, miapê Pedro oû, oû Pedro miapê. E por aqui fe entendera o mais. Pedro pirâoû, "Pedro come peixe", Pedro jagoára ojucâ. "Pedro matou a onça". Quando ha igualdade, então he aduuida, como: "Pedro matou a Ioanne", Pedro Ioanne ojucâ, porque ambos podem fer nominatiuos, & accufatiuos. (Anchieta, 1595: 36)

Existe a possibilidade de uma ordem sintagmática livre em latim, que, sendo uma língua do tipo nominativo/acusativo, tem marcas de caso explícitas para nominativo e acusativo, indicando, assim, sem ambiguidade, o sujeito e o objeto da sentença.

O tupinambá, como se viu, é uma língua de estrutura ativa, e os casos nominativo e acusativo são casos abstratos, isto é, não se expressam por desinências morfológicas. Daí, se a ordem sintagmática pode variar, ela não tem a função sintática de indicar o sujeito e o objeto e a probabilidade de ambiguidades é grande. Não tendo essa função, os sintagmas nominais ou pronominais estão livres para desempenharem funções pragmáticas. Anchieta observa, quanto às formas pronominais, que:

> [...] yxê, endê, pee~ fempre são fubftantiuos, feruem de fuppoftos em todos os têpos que tẽ articulos, vt, yxê açô, eu vou. endê ereçô, "tu" pee~ peçô," vos" .Onde o verbo perde o articulo fe for actiuo tambẽ podem fer fuppoftos, porque neceffariamente fe lhe ha de feguir accufatiuo, vt, yxê Pedro jucáreme, "fe eu á Pedro matar", ndê Pedro jucáreme, "fe tu". pee~ Pedro jucáreme, "fe vos" [...]. (Anchieta, 1595: 11v).

No primeiro caso, quando estão presentes as formas clíticas, tudo indica que os pronomes livres são dispensáveis. Essa suposição é reforçada nos exemplos em que o pronome livre, em geral, está presente: porém no capítulo sobre as conjugações verbais, ele está ausente. Lembremo-nos que, no verbo, cada combinação de pessoas de sujeito e objeto tem uma forma clítica exclusiva, sendo quase sempre possível, mesmo não estando expressa, recuperar qual é esta pessoa. Assim, em tupinambá

xe-juká "a mim matam" remete a um sujeito de 3ª pessoa, e *a- juká* "eu o mato" tem como objeto a 3ª pessoa.

É essa distribuição que permite aos sintagmas de sujeito e objeto serem dispensáveis. Estão, pois, livres para desempenhar funções pragmáticas, entre as quais a de ênfase ou contraste, como no francês *Moi je chante /"eu, eu canto"*.

A ordem sintagmática livre também ocorre em tapirapé e asurini, não sendo uma característica apenas do tupinambá, estando presente no Mowahk e Navaho falados na América do Norte e no warlpiri falado na Austrália.

O parâmetro da configuracionalidade

Quem primeiro chamou a atenção da comunidade linguística sobre o que esse tipo de língua suscitava para a teoria linguística foi Hale (1983), que propõe a parametrização do princípio da projeção tal como postulado no modelo gerativista: as línguas de ordem sintagmática livre teriam uma estrutura subjacente linear, não tendo a configuração não linear das línguas de ordem sintagmática fixa. As línguas de ordem sintagmática livre seriam não configuracionais.

Outras propostas para o tratamento de línguas de ordem sintagmática livre se sucederam como a de Eloise Jelinek (1984) e o de Mark Baker (1995), que não parametrizam o princípio da projeção, propondo que, nessas línguas, o papel argumental é desempenhado pelos morfemas de pessoa, os sintagmas nominais sendo adjunções.

DE VOLTA À GRAMÁTICA DE ANCHIETA

Cada época tem sua teoria, sua linguagem e seu modo próprio de apresentar os fatos de uma gramática. E a cada época e a cada mudança paradigmática mudam as perguntas, os propósitos e a forma de expor esses dados. Não se deve, pois, avaliar uma gramática por sua forma externa, como foi feito com as gramáticas da época colonial, mas, sim, pelos fatos que contém. O exercício de análise aqui apresentado demonstra que o uso de uma terminologia e modelo descritivo de sua época não impediu que fatos totalmente diferentes dos que ocorrem em latim ou nas línguas conhecidas à época fossem registrados, sendo possível classificar o tupinambá segundo parâmetros de outras teorias e de outras épocas.

A análise dos fatos apresentados por Anchieta mostra que o tratamento dado por Greenberg (1963a) à ordem sintagmática é insuficiente para descrever o tupinambá, uma vez que, assim como em tapirapé e no asurini do Trocará, a ordem é livre, não tendo a função de expressar as relações sintáticas de sujeito e objeto, funções essas que, na proposta de Greenberg, são essenciais para o estabelecimento de uma ordem básica neutra, isto é, livre de fatores pragmáticos. Como se viu, as ordens sintagmáticas em tupinambá, tapirapé e asurini têm uma função essencialmente pragmática e não sintática (cf. Vieira, 1993; Leite 2000), não se enquadrando, portanto, nos universais de Greenberg.

Isso demonstra que Anchieta não deturpou os fatos do tupinambá ajustando-os ao latim, nem que o tupinambá estivesse no final do século XVI totalmente modificado pelo português, uma vez que permaneceu como uma língua do tipo ativo e mantém algumas características de línguas do tipo OV, como, por exemplo, posposições, mantendo, porém, uma ordem sintagmática livre.

E mais ainda, a gramática do tupinambá é paralela à de outras línguas da família tupi-guarani atualmente faladas, o que confirma que não houve simplificações dos fatos apresentados por Anchieta, ou que fosse uma língua desfigurada por empréstimos maciços do português.

Mattoso Câmara talvez tivesse razão ao dizer que as línguas indígenas não têm a possibilidade de ser o substrato que atuou na formação do português do Brasil por serem genética e tipologicamente distintas entre si. Efetivamente, os dados da gramática de Anchieta e as pesquisas atuais mostram que o tupinambá pertence a um outro parâmetro, que não é nem o da não configuracionalidade, nem o da polissíntese. Um novo modelo gerativista faz seu caminho, o Programa Minimalista, que já tem línguas não configuracionais como objeto de estudo, cuja inclusão nas descrições das línguas indígenas brasileiras, é recente.

O NHEENGATU OU LÍNGUA GERAL DA AMAZÔNIA

Pela extensão territorial em que a língua geral era usada, a dialetação era grande. Os documentos que se tem de várias épocas se referem em sua grande maioria à chamada língua geral da Amazônia, esta também com diferenças entre as várias comunidades.

Elegeu-se para uma apresentação da língua geral a variedade falada no Alto Rio Negro, da qual se dispõe de informações sobre a situação sociolinguística e pesquisas empíricas desenvolvidas por Borges (1991) e Taylor (1985). Será usada a *Gramatica do nheengatu* de Couto de Magalhães (1876), de natureza introspectiva, isto é, baseada no conhecimento que tem do nheengatu, língua que fala, por sua própria avaliação, com fluência.

a. *Sistemas vocálicos do nheengatu (Couto de Magalhães, 1876)*

Segundo Couto de Magalhães (1876), em seus próprios termos,

> no Nheengatu A E O tem três sons: aberto, fechado e nasal, ao qual se acrescenta U tem o mesmo som do português [...]. Há também um som gutural de difícil representação porque não existe semelhante em nenhuma das línguas européias [...]. Este som é o que os grammaticos jesuitas representavam pelo y ou i grosso. (Couto de Magalhães, 1876: 2, 3º)

Dessa caracterização, pode-se deduzir que o sistema vocálico do nheengatu falado no século XIX era bastante semelhante ao do tupinambá, kamayurá, urubu e parintintim, tendo as seguintes características diferenciadoras do (1) tapirapé e asurini, e do (2) asurini e guajajara,

(1) contraste entre / u / : / o / tendo / o / uma variante aberta [ɔ]; vogais orais
(2) vogais nasais, no caso do asurini e guajajara.

b. *Gerald Taylor (1985) – dados registrados na Ilha Grande de Tapuruquara, nos arredores de São Gabriel da Cachoeira e na boca do Içana*

O sistema vocálico desta região, produto de pesquisa de campo, difere fundamentalmente do apresentado por Couto de Magalhães, como se verá nos quadros a seguir.

Fonemas vocálicos orais

i		u
e		
	a	

Fonemas vocálicos nasais

ĩ		ũ
	ẽ	
	ã	

O contraste entre vogais orais e vogais nasais se mantém. Anula-se o contraste entre /u/: /o/ e não há mais a vogal posterior alta não arredondada [y]. O sistema do nheengatu falado à época de Couto de Magalhães, constante de seis vogais orais e seis vogais nasais, reduziu-se no espaço de cem anos a quatro vogais orais e quatro vogais nasais.

Taylor (1985) apresenta um quadro sombrio da situação sociolinguística do nheengatu do Rio Negro. Alguns jovens ainda entendem, mas já não falam a língua. A ruptura geracional é um forte indicativo de um baixo grau de vitalidade da língua.

Acrescente-se a isso a incorporação ao sistema fonológico de novos fonemas através de empréstimos da língua dominante. É o que se verá a seguir.

c. *Luiz Carlos Borges (1991)*

Em Borges (1991), encontra-se o mesmo cenário de diminuição dos fonemas vocálicos descrito por Taylor (1985). Confirmam-se, assim, os dados de Taylor (1985) registrados seis anos antes da análise de Borges: quatro fonemas orais e quatro nasais.

Fonemas vocálicos orais   **Fonemas vocálicos nasais**

i   u   ĩ   ũ

e   ẽ

a   ã

É importante observar que à redução do sistema vocálico se sobrepõe um crescimento das consoantes. Em tupinambá e nas línguas tupi-guaranis não há contraste entre consoantes surdas e consoantes sonoras. Borges registra, porém, a fonemização de consoantes fricativas sonoras e a introdução de fricativas surdas que entraram na língua por meio de empréstimos do português. Esses empréstimos vêm reforçar consoantes oclusivas sonoras resultantes de sua análise das então consideradas oclusivas pré-nasalizadas. Em geral os empréstimos se adaptam à fonologia da língua. A incorporação de uma série de fonemas não existentes na língua, ao invés de constituir um enriquecimento, antes é indicativa de uma fragilidade da língua em apreço, enquanto emblema de uma identidade diferenciada.

CARACTERÍSTICAS MORFOSSINTÁTICAS

A inspeção dos textos constantes tanto em Couto de Magalhães quanto em João Barbosa Rodrigues evidenciou características de língua do tipo O(bjeto) V(erbo). Há posposições e não preposições; o verbo principal antecede o verbo auxiliar e o possuidor precede o possuído.

a. *oiepé áraopeiúramé   oiko   ce memy, micúra pahá ocenũoço*
Um dia tocando quando estava sua flauta, raposa dizem que ouvir foi.
"Um dia quando (o jabuti) estava tocando sua flauta, a raposa foi ouvir"
b. *xáikó   ce   yau yuá   uyrpe*
Eu estou minha fruta árvore embaixo
"Eu estou embaixo da fruta de minha árvore"
(Couto de Magalhães, O jabuti e a onça)

Não ocorreram, porém, evidências de uma ordem sintagmática livre. Nas lendas e mitos em nheengatu o objeto se posiciona depois do verbo e o sujeito o precede.

Não há, nas lendas transcritas por Couto de Magalhães, exemplos de que seja o nheengatu uma língua de sujeito cindido ou de estrutura ativa, nas quais os verbos transitivos e intransitivos ativos têm o mesmo prefixo indicador do sujeito. Nos verbos de estado, o prefixo de sujeito tem a mesma forma dos possessivos e dos objetos pronominais dos verbos transitivos quando o sujeito é a 3ª pessoa. Essa dicotomia verbal, como se viu, se encontra em tupinambá e outras línguas tupi-guaranis como o tapirapé, o asurini do Trocará, o Kamayurá.[1] A não existência dessa construção em nheengatu é indicativa de uma mudança morfológica e sintática marcante na língua geral amazônica.

Tupinambá
a. **a**-*ço*
1ª sg.suj.-ir
"eu vou"
b. *João Pedro* **o**-*sausúb*
João Pedro 3ª- amar
"João ama a Pedro"
c. *ixe**xe**-juká*
1ª sg, suj.1ª sg.obj-matar
"Eu me matam"
d. **xe**-*r-oryb*
1ª sg.suj.-alegre
"Eu estou alegre"

A comparação dos mitos transcritos por Barbosa Rodrigues corrobora as características morfossintáticas que se encontram em Couto de Magalhães: não há ordem sintagmática livre, mas, sim, uma ordem SVO. Embora seja uma língua como o português, do tipo S(ujeito) V(erbo) O(bjeto), mantém as características de língua OV com as ordens que se encontram em tupinambá, tapirapé e asurini, com nome posposição e verbo seguido do auxiliar, ao invés da ordem do português Preposição Nome e Verbo Auxiliar.

O nheengatu é, sem dúvida, uma versão modificada do tupinambá, guardando, no entanto, algumas de suas características, com muitos empréstimos lexicais do português. Pode ser considerada uma língua crioula de base tupinambá. Os fortes indícios de o nheengatu estar perdendo sua vitalidade impõem, de imediato, medidas para uma documentação em ampla escala usando os recursos instrumentais modernos já em prática no Brasil, tendo falantes do nheengatu como membros da equipe de tal modo a permitir um projeto de revitalização.

O PORTUGUÊS INDÍGENA: AS ORIGENS DO PORTUGUÊS XINGUANO

Alkmim (2005) lamenta a ausência de evidências empíricas para sustentar a hipótese de influência do português africano falado no Brasil como a língua que serviu de base para um português crioulo. Para o português indígena também se pode lamentar a ausência de dados sobre o português falado pela população indígena.

No meio desse deserto surge um oásis: a tese de doutorado de Charlotte Emmerich (1984) que trata da gênese do português xinguano, que classifica como uma língua de contato no Alto Xingu, levando em conta não só os fatos linguísticos, mas também os contextos sociolinguísticos que norteiam o uso da linguagem: quem fala, como fala, quem não fala, onde e quando.

O Alto Xingu pode ser visto como um microcosmo da diversidade linguística do Brasil. Ali são faladas representantes de quatro famílias linguísticas – tupi (kamayurá e aweti), aruak (waurá, mehinaku, yawalapíti), karib (kalapalo, kuikuro, matipu), isolada (trumai). Segundo Emmerich, essa pluralidade linguística não se difundiu inter e intratribalmente, como um traço cultural. Os grupos xinguanos participam, por outro lado, de um elaborado e homogêneo sistema cultural e cerimonial que assegura a estabilidade de sua interação social e assume a forma de código comunicativo intertribal. A singularidade tribal linguística, emblema da identidade étnica e política, não impede o multilinguismo, consequência da trajetória individual de cada grupo.

Alguns grupos se conservam predominantemente monolingues, não excluída a possibilidade de alguns de seus falantes serem bilingues ou mesmo plurilíngues, em decorrência de casamentos intertribais ou de períodos de residência em outras aldeias.

Esse é o cenário em que se descortina o quadro a ser tratado do português aí falado.

> Focalizou-se na pesquisa a gênese do português xinguano, processo linguístico que se reveste da maior importância por permitir acompanhar sua formação e evolução através de dados, observações empíricas e depoimentos dos participantes indígenas e não indígenas diretamente envolvidos. Sendo a origem do português xinguano um fenômeno recente, que data de quatro décadas, seus protagonistas, na maioria vivos, colaboraram com número representativo de depoimentos e informações relevantes, contribuindo desta forma para *a discussão de teorias sobre a origem dos pidgins, que se reveste no caso xinguano de particular interesse pela possibilidade de comprovação empírica.* (Emmerich, 1984: 2. O grifo é meu)

A análise do português xinguano intentou responder as seguintes perguntas: *quem fala o que, com quem, por que e quando*. Para estudar a variabilidade da proficiência em português xinguano, foi usada a metodologia da sociolinguística quantitativa laboviana, a fim de analisar o *continuum* de fluência dos xinguanos no domínio do português, através do emprego da concordância verbal, variante que marca o nível sociocultural e grau de instrução do falante. No caso em questão, a variável foi usada para testar o grau de proficiência do português.

Variáveis linguísticas e sociais

A fim de caracterizar o grau de fluência em português, foram estabelecidas seis faixas que dividem o *continuum* de proficiência que vai de 1. nenhuma fluência a falar bem caraíba, com as seguintes faixas intermediárias; 2. entende mas não fala; 3. fala só palavras (*miçanga, bala, sabão* etc.); 4. fala pouquinho (*como chama nome?, quer trocá?, tem marido?*); 5. fala enrolado (do tipo *vai lá porto*); 6. conversa em caraíba.

Esse contínuo completo que vai desde "não fala nada" até "conversa em caraíba" ocorre em apenas três aldeias: Kamayurá, Yawalapiti e Kuikuro (Emmerich, 1984: 151), a que se somam as variáveis linguísticas – forma morfológica do verbo, posição superficial do sujeito, traço propulsor, fluência – e as variáveis extralinguísticas – local de residência, *status* etário, *status* tribal, contato intraparque e extraparque – e a variável complementar "gênero".

Os resultados da análise dos dados quantitativos mostram que a concordância é maior quando os verbos têm uma forma supletiva, como em *é*/são; *sei*/sabe; *trago*/traz; *vou*/vai; *vai*/vamos, do que em oposições como *come/comem*; *fala/falam*; *gosto/gosta*, fator esse que é denominado "saliência fônica" da oposição. Um fator bastante atuante é o denominado "efeito de gatilho" pelo qual a resposta repete a forma do verbo que se encontra na pergunta. Exemplo: pergunta *Você come macaxeira*? Resposta: *Come*.

Uma informação importante para a compreensão de todos os fatores envolvidos na constituição de um português falado por indígenas é o papel desempenhado, no Parque Indígena Xingu, pelos pesquisadores que lá iam para estudar a fauna, a flora e os costumes, os rios: botânicos, zoólogos, geógrafos antropólogos, médicos da Escola Paulista de Medicina, professores da escola do Posto e, não poderiam faltar, linguistas. Papel importante desempenhou Orlando Villas-Bôas, considerado pelos indígenas o modelo a ser seguido. As entrevistas feitas com esses participantes com quem os xinguanos conversavam em português relataram que simplificavam o português usado na conversação. Assim se expressou um desses participantes caraíbas: "*Na preocupação de sermos compreendidos pelo índio, reduzíamos os termos ao máximo, os tempos, os plurais:* nós vai, nós pega. *Depois o índio aprende e a gente começa a falar certo, o índio corrige*" (Emmerich, 1984: 74).

Outro pesquisador, assíduo frequentador do Parque Indígena Xingu, confirma a simplificação do português pelos caraíbas para se fazer entender pelo seu interlocutor indígena.

O índio *copia, pois, o modelo e o reproduz com maior ou menor precisão, segundo sua motivação*. O português xinguano caracteriza-se, assim, desde suas origens, como um processo continuamente realimentado, uma dinâmica que é igualmente observada pelos pesquisadores do Museu Nacional que realizaram reiteradas viagens ao Alto Xingu entre 1947-1953. Um desses pesquisadores diz:

> O contato com os índios era através de mímica. Então o índio entendia pouco português. A gente falava, por exemplo 'arroz', 'feijão' e ele aprendia logo. Dentro de poucos dias já dizia 'dá feijão', e coisas assim como 'eu vai rio', 'eu vai banha', 'eu vai pesca'. Essa coisa muito simplificada funcionava [...]. A gente procurava falar do jeito mais simples possível, o mínimo para o índio entender. *Aquilo era uma coisa que ele podia retribuir, falar para a gente entender também.*

A entrada de caraíbas no Parque Indígena era controlada por Orlando Villas-Bôas, que decidia as condições e regras de comportamento dentro do Parque, conduzindo, assim, o contato dos índios com caraíbas. Seu cuidado maior foi de manter afastados os índios dos trabalhadores sertanejos. O português que se formou tinha uma dinâmica calcada na presença de um modelo a ser alcançado e copiado, do qual está praticamente alijada a influência do português regional ou sertanejo. Essas circunstâncias anulam a hipótese de ser o português falado pelos índios do Xingu derivado das línguas indígenas que falavam. Teve como seu primeiro modelo um português simplificado falado por brasileiros em suas situações de contato.

Orlando Villas-Bôas também nunca permitiu a entrada no Parque Indígena Xingu de missionários que se apresentavam como linguistas e que visavam aprender a língua para traduzir a Bíblia, e assim catequizar essas populações que abriam mão de suas crenças e costumes para se tornarem servos de um novo Deus.

DE PAGÃO A CRISTÃO E A LÍNGUA COMO ELO DA AMIZADE

Em *Carta a El Rei D. Manuel I sobre o Achamento do Brasil*, Pero Vaz de Caminha lança as primeiras ideias sobre a necessidade de se aprender a língua dos gentios para torná-los cristãos.

> Parece-me gente de tal inocência que, se homem os entendesse e eles a nós, seriam logo cristãos, porque eles, segundo parecem, não têm nem entendem nenhuma crença.

> E, portanto, se os degredados, que aqui hão-de-ficar, aprenderem bem a sua fala e os entenderem, não duvido que eles, segundo a santa intenção de Vossa Alteza, se hão de fazer cristãos e crer em nossa santa fé, à qual praza a Nosso Senhor que os traga, porque certo, esta gente é boa e de boa simplicidade. E imprimir-se-á ligeiramente neles qualquer cunho que lhes quiserem dar.

No século XIX, o conhecimento da língua indígena tinha objetivos militares e de guarda do território. Segundo Couto de Magalhães, os jesuítas haviam aprendido as línguas indígenas para catequizar o índio, amansando-o primeiro, porque para o selvagem "*aquele que fala a sua língua, ele reputa o seu sangue, como tal, seu amigo, também julga que é inimigo aquele que a não fala*" (Couto de Magalhães, 1975).

Tornar o índio seu amigo era um modo de conseguir braços para a agricultura e soldados para a defesa do território.

Couto de Magalhães, um intelectual de sua época que falava várias línguas, entre as quais o nheengatu, e assim considerava que

Cada língua que se estuda é mais importante para o progresso da humanidade do que a descoberta de um gênero novo de minerais ou de plantas.

Cada língua que se extingue, sem deixar vestígios, é uma importante página da humanidade que se apaga, e que depois não poderá mais ser restaurada.

Era militar cônscio de sua responsabilidade de defesa do território do país e de sua economia. O mote era amansar o índio e torná-lo seu amigo por falar sua língua para usar seus braços na lavoura. Foi contra a política de substituir o trabalho dos negros libertos pela Lei Áurea por imigrantes, ao invés de usar o braço dos indígenas amansados e amigos, por julgar uma despesa desnecessária e cara para a economia do país. Era mais vantajoso usar 1 milhão de índios existentes no país, como força de trabalho bem mais barata.

A supremacia do tupinambá, como língua de instrução, num quadro complexo como o relatado, poderia talvez ser explicada pela sua expansão geográfica. No entanto, os motivos para uma única língua prevalecer, em meio a tamanha diversidade genética, são de ordem bem diferente.

Como ressaltam Barros et al. (1996: 195-196),

> A multiplicidade de línguas era um empecilho à conversão, e todas deveriam ser reduzidas a uma só, de preferência a mais comum e a usada por um maior número de falantes, isto é, a mais geral.

> Esta política de institucionalização de uma língua indígena como geral foi parte de uma política indigenista colonial que estabeleceu uma categoria de "índio", que não existia no mundo pré-colonial. Índio era uma categoria superétnica, reduzidas as diferenças dos grupos a um modelo único aplicado a toda a população indígena. A categoria "índio" marcava a oposição entre o colonizador e o colonizado. Mantinha a alteridade cultural em relação ao colonizador, porém sem recuperar o étnico, ou seja, as especificidades próprias de cada grupo como unidade político-econômica.

A corrente missionária volta a agir, dessa vez nas universidades brasileiras, na segunda metade do século XX. Se nos séculos anteriores a política missionária era homogeneizar as diferenças linguísticas e culturais com a expansão territorial do nheengatu, a estratégia seguida pelas missões evangélicas era aprender as línguas indígenas para traduzir a Bíblia nas línguas nativas. A finalidade é converter os índios e substituir seus mitos, festas e música pela Bíblia, culto e cantos evangélicos.

Durante um período, nas universidades, os missionários tinham a exclusividade de pesquisar as línguas indígenas. O advento da pós-graduação, porém, formou quadros de professores doutores e institucionalizou a pesquisa com línguas indígenas. Assumiu com empenho a obrigação de proteger essas línguas, salvá-las da extinção e formar pessoal indígena habilitado a conduzir seu próprio destino. O direito à sua diversidade cultural e ao seu território ancestral lhes é assegurado na Carta Magna de 1988. Várias universidades oferecem cursos para a formação de professores indígenas. Seu único caminho não é mais serem trabalhadores braçais e mão de obra barata. Hoje índio não tem medo de branco, nem vergonha de ser índio. Alguns são professores, outros são monitores de saúde. Pode-se ter o cargo de secretário da escola, enfim outras oportunidades de ganhar dinheiro na sombra. Isso não se exime, no entanto, de fazer sua roça.

Voltando ao começo para finalizar. O percurso até aqui leva a concluir que os fatos do português brasileiro que embasam a hipótese de crioulização – perda da concordância verbal de sujeito e verbo, e o plural substantivo e adjetivo – não podem ser devidos a um substrato indígena.

Como se viu, no caso da aprendizagem do português no Parque Indígena Xingu, foram os caraíbas que simplificaram o português, abolindo as concordâncias e usando linguagem gestual, e forneceram um *input* "facilitado" para se fazerem entender. Cumpre investigar se essa mesma estratégia para permitir a comunicação entre caraíbas e índios foi ou é ainda usada em outros casos de contato entre índios e brancos. A ser esse modelo tem-se, assim, um caminho ao contrário, e nesse contexto não se pode atribuir a um substrato indígena a crioulização do português brasileiro. São os próprios falantes do português quem lhes forneceram um modelo simplificado. Os caraíbas simplificavam o português e esperavam em troca que os indígenas também simplificassem sua língua. Tem-se, assim, uma situação linguística de troca "econômica" de simplificação em duas direções: os caraíbas simplificavam sua língua para se fazer entender pelos indígenas, e esses em troca simplificariam a sua para que fossem entendidos. A mercadoria de troca passa a ser a simplificação das línguas envolvidas. Para comprovar essa hipótese, torna-se necessário observar em outras áreas e em outros contextos de contato interétnico se o modelo xinguano se repete. Em geral há pouca observação da intercomunicação e do uso do português no contexto indígena, uma vez que os linguistas já têm muito a fazer na recolha de dados e de observação de uma língua indígena. Seria preciso observar também como a população não indígena se comunica em português com a população indígena. A se repetir o padrão xinguano, teremos evidências mais sólidas para contestar a hipótese de crioulização do português por influência das línguas indígenas, e a não concordância de nome e verbo e nome e adjetivo, bastante comum no português brasileiro, seria uma deriva própria do português (Naro e Scherre, 2000).

Convém advertir que hoje o quadro das relações índio e branco é diferente. Vários líderes indígenas têm tanta consciência do valor de suas línguas e como elas fazem parte de sua identidade étnica que não querem perder e não admitem empréstimos lexicais do português. Hoje índio não tem mais medo de branco, nem vergonha de ser índio. Tanto assim que, em 2003, Josimar Xawapare'ymi Tapirapé, formado em magistério indígena e professor da Escola Estadual Tapi'itãwa, situada na aldeia de mesmo nome, em Confresa, Mato Grosso, foi premiado pela Fundação Victor Civita (São Paulo), na categoria Educação e Línguas Indígenas, por seu trabalho de recuperação do léxico tapirapé. Compareceu à cerimônia de entrega dos prêmios, em São Paulo, formalmente vestido ao modo dos brancos, mas na face estava desenhada, com tinta de jenipapo, sua marca tribal. Seguia, assim, a etiqueta de seus hospedeiros, mas matinha sua identidade étnica. Em entrevista em vídeo feita na aldeia, disse: *"Faço todo esse trabalho na escola bilíngue porque não quero mais ver um tapirapé assinando com o dedão"*. E acrescentou: *"O português é nossa segunda língua"*. *"Não podemos deixar de falar a nossa língua"*.

E reforça Warinimytão Tapirapé: *"A nossa língua é um valor de nossa cultura. Nós não vamos perder a nossa língua, o nosso uso, a nossa tradição. A língua é nossa identidade."*

NOTA

[1] Os dados e análises do Tapirapé são de Yonne Leite (1990) e os do Tupinambá de Anchieta, em *Arte de gramática da língua mais usada na costa do Brasil*. Fac-símile da edição de 1876, Universidade Federal da Bahia, 1980; os do Asurini são de Márcia Damaso Vieira (1993) e os do Kamayurá, de Lucy Seki (2000). As citações da *Arte de gramática da língua mais usada na costa no Brasil* transcritas no texto são da versão digitalizada para Word feita por Emerson José Silveira da Costa.

INDÍCIOS SOBRE A PARTICIPAÇÃO DOS POVOS TAPUIAS NO CONTATO COM O PORTUGUÊS NOS SERTÕES BAIANOS SEISCENTISTAS

Zenaide de Oliveira Novais Carneiro
Mariana Fagundes de Oliveira Lacerda
Norma Lucia Fernandes de Almeida

SUMÁRIO

INTRODUÇÃO 100

A POPULAÇÃO INDÍGENA
NOS SERTÕES BAIANOS SEISCENTISTAS 103

ALUSÕES AO PORTUGUÊS FALADO
POR POVOS TAPUIAS NO BAIXO-MÉDIO
E MÉDIO SÃO FRANCISCO 111

CONSIDERAÇÕES FINAIS 118

INTRODUÇÃO

Este capítulo[1,2] consiste em uma pesquisa sobre menções à interação linguística havida entre populações em contato em ambiente multilíngue nos antigos domínios de povos indígenas tapuias[3] no sertão da Bahia, no século XVII, com o objetivo de rastrear indícios do português falado L2, em um momento que pode ser caracterizado como de gestação da vertente popular do português brasileiro. Indícios nos termos propostos por Ginzburg (1989),[4] compatíveis com um contexto que, de modo geral, pode ser tomado como aquele proposto para a fase anterior ao português popular, o chamado português geral brasileiro, nos termos de Mattos e Silva (2002).[5] Para a autora (2002: 457), deve-se buscar o português geral brasileiro, formado na oralidade, antecedente histórico do português popular brasileiro, não em *corpora* escritos, organizáveis *ad hoc*, como é óbvio, mas num processo de reconstrução do tipo arqueológico, "*em que, de evidências dispersas, calçadas pelas teorias sobre o contacto linguístico e pela história social do Brasil, se possa chegar a formulações convincentes*".

Na produção proveniente da administração portuguesa – a exemplo da ampla documentação disponível no Arquivo Histórico Ultramarino (AHU), no Arquivo Romano da Companhia de Jesus e em diversos outros arquivos brasileiros e estrangeiros –, encontram-se, entre outros, as gramáticas das línguas kariri[6] e dzubukuá,[7] que foram produzidas na região do rio São Francisco, no século XVII, e relações, como a *Relação de uma missão no rio São Francisco*,[8] de Martinho de Nantes,[9] ao longo do período colonial (Carneiro, 2008; 2013 e Carneiro e Lacerda, 2017), na qual se acham indícios de um português falado como L2 por populações indígenas,[10] em contato com luso-brasileiros (Cf. Quadro 4). É essa *Relação* que utilizamos nessa primeira análise, voltando-nos especialmente ao Baixo-Médio e Médio São Francisco, região na qual, nos Seiscentos, se cruzaram interesses diversos, com inúmeros conflitos[11] – chamados de "Guerra dos Bárbaros" –, gerados entre os colonos[12] e os indígenas. O padre Martinho de Nantes nos fornece informações relativamente confiáveis, por estar *in loco* no período que nos interessa (Edelweiss, 1952, 1979; Regni, 1983).

A convivência entre portugueses, negros e indígenas e mestiços em geral em aldeamentos no sertão baiano seiscentista, pode ser confirmada no seguinte relato de Martinho de Nantes (1979 [1906]: 34), sobre o serviço que o padre Anastácio "*prestava aos portugueses e seus negros, assim como também aos índios*":

[...] observei o grande serviço que ele prestava aos portugueses e seus negros, assim como também aos índios [...]. Teve tanto êxito, com o socorro da graça de Deus, que eles se transformaram de todo, num raio de dez ou doze léguas, entregando-se à piedade e frequentando os sacramentos; de sorte que, nos domingos, somente lá para o meio dia conseguia começar a missa, tantas eram as confissões que se faziam.

O sertão de baixo do rio São Francisco é descrito como "*terras que nunca foram povoadas de gente branca habitadas somente de Índios de diversas Nações, e línguas que nunca tiveram commercio com brancos*", posto que não houvesse quem se "*atrevesse a descobril-as e povoal-as em razão de se haver mister grande Cabedal de Fazenda para reduzir o dito gentio a Amisade* [...]", como escreve o padre Antônio Pereira, em carta de 30 de abril de 1654, conforme consta no prefácio de Barbosa Lima Sobrinho à edição da *Relação* de Martinho de Nantes, publicada em 1979 pela Editora Nacional e disponibilizada pela Brasiliana Digital.

Essa região baiana colonial tem sido, segundo historiadores, negligenciada, assim como a participação dos indígenas como legítimos atores históricos. Para Monteiro (2001: 4), esse negligenciamento gera "*uma imagem cristalizada – fossilizada, diriam outros – dos índios, seja como habitantes de um passado longínquo ou de uma floresta distante*". O autor encabeçou um grupo de pesquisadores que advogam no sentido de rever essa interpretação, propondo que indígenas são sujeitos históricos, com participação ativa na configuração social colonizatória, em "constantes redefinições identitárias", motivadas por fatos de ordem política, econômica, religiosa, entre diversos outros.

Seguindo essa linha de interpretação, Pompa (2003: 418-419) defende que

a análise processual de alguns momentos do encontro colonial não apenas confirma a obviedade de que os indígenas têm história, mas sobretudo permite identificar a maneira pela qual fazem história: seus instrumentos, suas modalidades específicas, suas escolhas pontuais.[13]

No que tange aos sertões baianos, tal situação tem sido revista com as recentes e inúmeras produções acadêmicas, da própria Cristina Pompa, seguindo a linha dos trabalhos de Puntoni (2002), que, de forma pioneira, mostrou a participação ativa dos chamados tapuias no âmbito do avanço luso-brasileiro nos sertões baianos.

Essa participação dos povos tapuias se deu, entre diversas outras formas, através de sua luta como resistência ao avanço da pecuária, a qual gerou uma série de conflitos entre os indígenas e os colonos, que tinham por objetivo principal o extermínio dos indígenas, para ocuparem seu território, em busca de mais terras para o gado. Parte dos conflitos dos tapuias com os colonos ficou conhecida como a "Guerra dos Bárbaros", que teve início em 1687.[14] Foram bastante complexos e se acentuaram enormemente após a expulsão dos holandeses, na primeira metade do século XVII, constituindo-se esse período, sobretudo os anos entre 1640 e 1650, um marco importante na ocupação dos sertões baianos[15] e, também, de negociações e mediações em ambiente de contato multilíngue, o que evidencia uma situação que espelha uma das principais propostas de Mattos e Silva (2004), a de que o português brasileiro surge em contexto de contato multilíngue intenso.

O cenário é revelador de um panorama já delineado pela autora, segundo a qual a história linguística do Brasil deve incluir a história de outras línguas e não apenas a história da língua portuguesa no Brasil e do português brasileiro. A autora defende que o contato linguístico intenso marca a gestação do português brasileiro, hoje língua majoritária no Brasil, gestado de forma polarizada, variável e plural, sendo o português popular uma dessas vertentes, originada a partir de uma L2, em aquisição imperfeita ou transmissão linguística irregular.[16]

Ao nos voltarmos para os sertões da Bahia, algumas questões sobre um cenário multifacetado – sobretudo nos primórdios da ocupação portuguesa – surgem sobre o entrecruzamento de variantes, destacando-se, na cena linguística do Brasil colonial, os chamados três atores principais apresentados por Mattos e Silva (2004): o português europeu, as línguas gerais indígenas e o português geral brasileiro. O avanço da colonização portuguesa, forjada à custa do glotocídio de línguas indígenas, que também ocorreu no sertão baiano, embora de forma mais tardia, traz uma outra tragédia danosa, a escravização africana, acompanhada de dezenas de línguas, tornando o cenário ainda mais complexo, no que tange ao contato linguístico.[17] Os africanos e afrodescendentes foram, para Mattos e Silva, os principais difusores da língua portuguesa no Brasil e os principais atores na gênese da formação do português brasileiro, em sua variante social majoritária, o português popular brasileiro. No caso dos sertões baianos, essa expansão, como foi descrito por Carneiro e Almeida (2008 [2002]), pode ter acontecido mais tardiamente do que em zonas costeiras e pode ter-se dado em frentes diversas.

Este capítulo se estrutura da seguinte forma: na primeira seção, apresenta questões gerais sobre a população indígena na Bahia do século XVII; na segunda seção, traz elementos que mostram uma interação multilinguística e alusões ao português falado como L2 por indígenas no Baixo-Médio e Médio São Francisco; nas considerações finais, propõe que há indícios sobre uma possível existência – no sertão da Bahia, no século XVII, com base na *Relação* de Martinho de Nantes (1979 [1906]) – do que Mattos e Silva (2004) tem chamado de *português geral brasileiro*.

A POPULAÇÃO INDÍGENA NOS SERTÕES BAIANOS SEISCENTISTAS

Inicialmente, a ocupação dos sertões baianos se deu de forma pouco uniforme, haja vista, entre outros, as distintas unidades geoambientais, que guardam grande diversidade e da foclimática (Silva, 1993: 229-39, v. II). Carneiro e Almeida (2002; 2007) vêm balizando alguns trabalhos desenvolvidos pela equipe da UEFS, na última década,[18] com vistas à elaboração de uma sócio-história da língua portuguesa na região semiárida, no sentido trazido por Mattos e Silva (2004: 17), que defende que *"a história das línguas passa necessariamente pela história demográfica de seus falantes"*, resultante de configurações étnico-demográficas e configurações linguísticas, como proposto por Houaiss (1985) e reforçado, de forma bastante clara, por Mussa (1991).

As características de ocupação dos sertões baianos associam-se ao formato tradicional de ocupação, seguindo a tendência historiográfica que apresenta, como principais estruturas de ocupação (Bandeira de Mello e Silva, 1989: 94-97;[19] Santos, 2010, entre outros), as seguintes, todas elas invasivas:[20] o caminho; a sesmaria; a povoação; o posto militar; a missão religiosa.[21] Para Santos (2010: 403-248), esses tipos de ocupação foram marcadas *"por reversões, lacunas e descontinuidades"*. Não se tratou, para ele, de uma ocupação que avançou de uma forma gradual, mas, ao contrário, como *"uma trajetória multidirecional, descontínua e irregular"*. Ao lado de fronteiras territoriais, mantinham-se *"dezenas e mesmo centenas de povos indígenas que os documentos coloniais reuniram sob a denominação de gentio bárbaro, mas que se configuram em uma diversificada população ameríndia milenar"*.

Santos (2010: 28) mostra os limites do sertão entre 1640 e 1750, no interior da capitania da Bahia, Piauí, norte do atual estado de Minas Gerais e das áreas ribeirinhas da banda esquerda do Médio São Francisco, zonas fronteiriças tratadas como áreas de fricção entre o que chama de instável território luso-brasileiro e os espaços nativos, inspirado, segundo o autor, nas conclusões de Caio Prado Júnior (1999).

A pecuária, nesse período, é um fator preponderante, unindo os dois sertões de dentro – os domínios da Casa da Ponte (cuja área cobre os "sertões da Ressaca") e da Casa da Torre (nos "sertões de Rodelas") –; essa união ganhou um enorme impulso com a doação de sesmarias, cujos principais donos eram os senhores da Casa da Torre, de Garcia d'Ávila,[22] que possuíam 260 léguas na margem pernambucana do rio São Francisco e mais 80 léguas entre o rio São Francisco e o Parnaíba, e os senhores da Casa da Ponte,[23] de Antonio Guedes de Brito, que possuíam 160 léguas entre o rio das Velhas, ao norte de Jacobina, de um extremo a outro da Bahia, e as nascentes do rio São Francisco.²⁴ Segundo Hemmign (2007 [1978]: 498), em um mapa do final do século XVI, já estava marcado um curral na foz do Paraguaçu, espalhando-se, durante o século XVII, na direção oeste, pelo Alto do Paraguaçu e Itapicuru e através do sertão de Jacobina, rumo ao Alto São Francisco.

Neves (2003: 149) mostra, de forma bastante clara, a localização das terras recebidas em sesmarias, herdadas, compradas e "conquistadas" de indígenas por Antônio Guedes de Brito, no século XVII, cruzando-se com os domínios da Casa da Torre, dos Dias d'Ávila (Calmon, 1939), aquele e estes vorazes curraleiros e participantes ativos nos embates com os indígenas, em seiscentos; registra-se, neste trabalho, o embate dos curraleiros com Martinho de Nantes, testemunha de atrocidades cometidas contra os indígenas nesse período:²⁵

> Depois de cinco dias de descanso, atravessou-se o rio, os portugueses em pequenas canoas que encontraram e os índios e cavalos a nado. Acompanhamos as pegadas do inimigo, que foi encontrado nesse pequeno lago, ou brejo, no interior da terra. Estava quase sem armas e morto de fome. Renderam-se todos, sob condição de que lhes poupassem a vida. Mas os portugueses, obrigando-os a entregar as armas, os amarraram e dois dias depois mataram, a sangue frio, todos os homens de arma, em número de quase quinhentos, e fizeram escravos seus filhos e mulheres. Por minha felicidade, não assisti a essa carnificina; não a teria suportado, por injusta e cruel, depois de se haver dada a palavra de que lhes seria poupada a vida. (*Relação* do Frei Martinho de Nantes – ilha de Aracapá (1671-1680) – Missão dos Índios Cariri (Kariri))²⁶

Esses padrões podem ter gerado implicações importantes no que concerne ao contato linguístico que ocorreu entre os indígenas da região. Um fato relevante é que o processo de constituição histórico-demográfica da população se deu de forma bastante diferenciada em determinadas áreas, não só em relação à presença de portugueses, mas de escravos e seus descendentes, a exemplo do que ocorreu no Recôncavo, grande área de extensas plantações.

As primeiras entradas no sertão baiano datam de meados do século XVI, a exemplo da célebre entrada rumo ao rio São Francisco – via Porto Seguro –, de Francisco Bruza Espinosa, em 1553; mas, somente no século XVII, a ocupação da região foi feita de forma mais sistemática, pelos Ávilas, através do Nordeste, e pelos sertanistas de contrato (muitos dos quais, bandeirantes paulistas),²⁷ seja com a finalidade de capturar os índios para escravização, seja para procurar metais preciosos; a ocupação sertanista, marcada pela violência contra gentios e negros.

O sertão baiano, habitado pelos povos tapuias, conforme Hemming (2007 [1978]: 497), foi atingido por entradas em diversas direções, de sul a norte, através das fazendas Parateca, Passagens das Rãs, Bom Jesus da Lapa e Carinhanha, com o propósito de combater indígenas nas Serras de Jacobina, dominadas pelos povos kariris e os payayás, que, nos séculos XVII e XVIII, foram aldeados pelos jesuítas e sucessivamente deslocados para o litoral, para defender o Recôncavo dos assaltos dos povos aimorés (Pompa, 2003: 239). Maracás, Orobó e Lençóis foram alcançadas pelo baiano Pedro Barbosa Leal, em 1624; nessas regiões, foram travados diversos conflitos, como as guerras do Orobó (1657-1659), de Aporá (1669-1673) e do São Francisco (1674-1679), envolvendo soldados, missionários (são inúmeras as atividades missionárias na região do São Francisco), moradores e diversos grupos indígenas, conforme Puntoni (2002: 89-122).

A esse respeito, Mott (1985), estudando as formas de contato entre brancos e índios no Piauí, resume a tipologia das formas de contato, que pode ser aplicada, também, aos sertões baianos: *guerra de extermínio, guerra de expulsão, guerra de preação*[28] e *guerra de redução*, como chama a atenção Santos (2010: 61). Sobre isso, há uma frase de Pompa (2003: 281), ao mencionar a complexidade das relações entre o poder eclesiástico e o poder secular dos sertões, *"onde o que estava em jogo era o domínio sobre os índios, fossem estes almas para salvar ou escravos para vender"*.

O cenário catastrófico de invasões dos territórios dos povos tapuias, bastante diversificado linguisticamente, vai ganhando contornos de um multilinguismo cada vez mais localizado, com a chegada continuada de portugueses, em crescente fixação de núcleos administrativos – a exemplo do que ocorria na costa –, por meio da escravização indígena, do avanço da evangelização e da chegada forçada de africanos escravizados, com suas línguas provenientes de diversas regiões da África.[29] Embora Carneiro e Almeida (2008) destaquem que, na Chapada Diamantina, durante o século XVIII, houve o registro de um razoável contingente de escravos africanos – diferindo da zona de pecuária, cujo número era bastante reduzido –, as condições de contato linguístico aí não teriam sido propícias à formação de língua crioula, de origem africana.

A população autóctone, no que hoje denominamos Brasil, era imensa. Segundo Hemming (2007: 20), *"havia milhões de nativos vivendo naquela metade da América do Sul do que hoje é o Brasil"*,[30] números comparáveis à população africana, em 1500, que, embora tenha uma história marcada por uma brutal escravização, tem, a despeito disso, sobrevivido e se multiplicado. Rodrigues (1993a, 1993b) defende que, no século XVI, teriam sido faladas no Brasil mais de mil línguas indígenas;[31] depararam-se os portugueses com um quadro geral composto por extenso mutlitilinguismo e multidialetismo.[32]

É difícil precisar a população indígena total quando da chegada dos portugueses; as estimativas são muito variáveis e pouco precisas (um a cinco milhões).[33] Geralmente, as cifras são obtidas por vias indiretas, através de pistas dos cronistas, tais como Pero Vaz de Caminha, Vespúcio, Paulmier de Gonneville, Vaca de Castro, Shidel e Lopes de Souza, que se referiram a multidões de índios (Hemming, 2007: 721). No entanto, os números mais aceitos têm sido os que giram, em termos aproximados, entre dois milhões e três milhões de indígenas, entre 1500 a 1760.

Hemming (2007: 727) afirma que "*O total, de acordo com meu método, é de 3.255 milhões de indivíduos*". O autor, embora com críticas sobre as estimativas exatas, a exemplo do que fez Monteiro (1995), no entanto, diz que não há dúvida sobre "*a tragédia demográfica estarrecedora e de grande magnitude*", que viria a reduzir esses números, ainda no século XVI, nas áreas litorâneas, e, no século XVII, no Nordeste.

Hemming apresenta, em um apêndice (2007: 730-731), as seguintes etnias e suas respectivas estatísticas para a Bahia e o Vale do São Francisco:

Quadro 1 – População do Brasil, em 1500, no Vale do São Francisco e na Bahia

Etnias	Estimativas para 1500 (Milhares)
VALE DO SÃO FRANCISCO	
Tupinás	10 mil
Xocós	8 mil
Amoipiras	12 mil
Ubirajaras	2 mil
Fulniôs	10 mil
Pancararus	15 mil
Xucurus	5 mil
Massacarás, oris	4 mil
Tuxás	2 mil
Uaconás	3 mil
Aticuns	5 mil
Pacararas	2 mil
Cambiuás	2 mil
Tribos extintas do rio São Francisco	20 mil
TOTAL PARCIAL	**100 mil**

BAHIA	
Tupinambás do Recôncavo, paraguaçus etc.	85 mil
Tupinambás do rio Real, cirijis	30 mil
Paiaiás	12 mil
Caimbés	5 mil
Gueréns	10 mil
Cariris etc. de Arabó	25 mil
TOTAL PARCIAL	167 mil
TOTAL GERAL	267 mil

Fonte: Hemming, 2007 [1978]: 730-731.

Sobre essa diversidade, Dantas (1992: 431-456) mostra que havia, na região Nordeste – em especial na Bahia –, do século XVI ao início do século XVIII, a predominância de famílias *kariris*,[34] a saber: a) *kipea*,[35] *dzubuakuá*,[36] *kamuru* e *sapuyá*.[37]

Há registros sobre outros povos; alguns deles com línguas pouco conhecidas ou desconhecidas, a saber:

- *proká* e *pankararu*, na Cachoeira de Paulo Afonso;
- *okren, sakrakrinha, tamankin, koripó, masaakará*, em Pimenteiras, atuais Juazeiro e Petrolina; e na desembocadura do rio;
- *kariri* e *payaya*, na região Sertão Sul do rio São Francisco;
- *apodi* e *açu, kariri, ikó, payaku, kanindé, otxukayana* (*janduí, tarariu, inhamum, calabaça, xukuru*, entre outros) no Sertão Norte do rio São Francisco e
- os *tupinaés*, além de inúmeros outros.

Para o Médio e Baixo São Francisco, Hohenthal, conforme Pompa (2003: 237), elabora uma lista de 43 tribos, não incluídos na listagem os grupos mais afastados: *tarairiús, janduís*, entre outros. Na Bahia, identifica os *acaroázes* (*acorane*s), *anaupirás* (*amoipirá*s), *aricobés, aroderas* (*rodelas, rodeleiros*), *cajurús, massacarás, ocrens, pankararés, pontas, sacragrinhas* (*sacararinhas, cecachequirinhens, sequakirihens*), *tupinás* (*tupinai*s), *tupinambás* e *tuxás*. Para além desses grupos, há registros sobre os *abacatiaras*, denominados por Martinho de Nantes de *dzubucua-kiriri*.

Nos dados disponibilizados pelo Instituto Brasileiro de Geografia e Estatística (IBGE), na publicação sobre o Brasil 500 anos – a partir do levantamento feito por Darcy Ribeiro (1957) e Kietzman (1967) –, apontam-se 2.431.000 indígenas, como se pode conferir no Quadro 2:

Quadro 2 – População indígena atual e no século XVI
(extraída do IBGE, Brasil 500 anos, elaborada em 2000)

Grupos indígenas selecionados e localização	Século XVI
Acre (Rio Purús) – Não menos de 16 grupos	30.000
Amazonas (Rio Branco) – 9 grupos	33.000
Tocantins – 19 grupos	101.000
Nordeste – litoral – 7 grupos	208.000
Nordeste – interior – Não menos de 13 grupos	85.000
Maranhão –14 grupos	109.000
Bahia – 8 grupos	149.000
Minas Gerais – 11 grupos	91.000
Espírito Santo (Ilhéus) – 9 grupos	160.000
Rio de Janeiro – 7 grupos	97.000
São Paulo – 8 grupos	146.000
Paraná e Santa Catarina – 9 grupos	152.000
Rio Grande do Sul – 5 grupos	95.000
Mato Grosso do Sul – 7 grupos	118.000
Mato Grosso Central – Não menos de 13 grupos	71.000
Outros	786.000
Total	2.431.000

Fonte: Instituto Brasileiro de Geografia e Estatística.

Como mostrado anteriormente, a ocupação europeia a nordeste da capitania da Bahia seguiu o curso de rotas de boiadas, sendo um dos mais antigos – de acordo com Capistrano de Abreu – o que passava por Pombal, no Itapicuru, Jeremoabo, no Vasabarris, até o São Francisco; era o chamado caminho do gado. Marchas e escravismo indígena se teriam dado de forma esparsa, via processo de marginalidade e residualidade – de forma bastante diversa do que se passou na costa –, pela grande diversidade étnica e idiomática dos indígenas que habitavam a região semiárida, fato que não impediu, entretanto, a implantação e incremento de atividades missionárias, com criação de aldeamentos, a partir do rio São Francisco, já em 1551 (com Manuel da Nóbrega, jesuíta que chefiou as missões no Brasil, tendo chegado em 1549, junto com Tomé de Souza), e administração de aldeias, a partir de 1595, o que perduraria até 7 de junho de 1755, interrompendo-se por um curto período, durante as invasões holandesas, em meados do século XVII, e revoltas indígenas.

O estabelecimento de missões nos sertões da Bahia começou ainda na primeira metade do século XVII. Tem-se notícia da missão a cargo dos jesuítas, a de N. S. da Trindade de Massacará, em 1639. Pompa (2003: 304-305),[38] a partir da compilação das missões do São Francisco, com base em documentos encontrados no Arquivo do Instituto Histórico dos Capuchinhos em Roma, em Regni (1988) e em Edelweiss, (1952) e em outros documentos inéditos, mostra um quadro completo das missões capuchinhas no curso inferior do rio São Francisco, entre 1670 e 1700, e inclui missões volantes, não fixas, com práticas temporárias de pregação e batismo, noticiadas por Leite (1938).

Também Santos (2010: 301) tenta fornecer um quadro mais completo das missões religiosas e aldeamentos indígenas pioneiros no interior baiano, de 1660- 1750.[39] O autor, em uma excelente relação das missões, elabora um ilustrativo mapa, com a distribuição das missões.

O segundo eixo missionário, na Bahia, foi representado, segundo Santos (2010), pelas missões capuchinhas francesas, implantadas no Baixo-Médio São Francisco; subiram o rio, tornando-se, apesar de breves, bastante significativas, pela documentação produzida, a exemplo do relato deixado por Martinho de Nantes, principal documento tratado neste trabalho.

A título ilustrativo, para o século XVII, utilizaremos os dados extraídos de Puntoni (2002: 204-206), para mostrar a população circulante, nos sertões, com as marchas de mestres de campo. O autor fornece um quadro com a composição étnica de uma dessas marchas em direção ao interior, o qual nos dá uma ideia dos indivíduos que circulavam no sertão, ao lado dos fazendeiros, que já habitavam a região.[40] Puntoni se baseou na análise de 243 registros do livro do escrivão do terço dos paulistas, do mestre de campo Manuel Álvares de Morais Navarro, onde se destaca a grande presença indígena nas referidas marchas, em algumas regiões do Brasil, sem contar a "bagagem", como se denominavam as mulheres e as crianças dos tapuias, que os acompanhavam. É importante dizer ainda que, nessas marchas, havia a presença de "línguas", isto é, espécie de intérpretes de línguas indígenas e variedades de língua geral,[41] conforme aponta Puntoni (2002):

Quadro 3 – Distribuição das etnias no terço
do mestre de campo Morais Navarro (século XVII)

GRUPOS	%	DESCRIÇÃO	NÚMERO	%
Brancos	23,5	alvos	50	23,5
Índios	54,0	índio (genérico)	37	17,4
		canindé	8	3,8
		cariri	27	12,7
		do silva	4	1,9
		paiacu	15	7,0
		tapuia	24	11,3
Mestiços	13,6	*amulatado*	1	0,5
		moreno	7	3,3
		trigueiro	7	3,3
		Pardo	11	5,2
		cariboca	3	1,4
Negros	8,9	Preto	19	8,9
Total	100,0%		213	100,0%

Fonte: Livro do escrivão do terço, mestre de campo Manuel Álvares de Morais Navarro, IHGRN, caixa 34 (Puntoni, 2002: 206).

No sertão baiano, a historiografia aponta as populações indígenas e seus descendentes, assim como os negros e seus descendentes e mestiços em geral, como os principais difusores do português brasileiro, na sua vertente popular.

Segundo Carneiro e Almeida (2002), os africanos teriam tido maior participação no sertão baiano, no século XIX, quando parte do contingente de escravos e seus descendentes – tanto trabalhadores das minas como do Recôncavo – passa a migrar para a zona de pecuária, período em que o semiárido baiano é mais densamente repovoado.[42]

ALUSÕES AO PORTUGUÊS FALADO POR POVOS TAPUIAS NO BAIXO-MÉDIO E MÉDIO SÃO FRANCISCO

> Entrando nas solidões vastas e assustadoras, fui surpreendido por um certo medo, tanto mais quando não havia uma folha sobre as árvores e pareciam com as nossas, em tempo do inverno, e não se cobriam de folhas senão quando vinham as chuvas, nos meses de fevereiro ou março. O canto lúgubre de certos pássaros aumentava ainda esse terror; tudo isto me parecia como a imagem da morte. Além disso esse país é muito montanhoso e as montanhas muito altas. Enfim, depois de treze ou catorze dias de viagem, chegamos à aldeia. É assim que os portugueses denominam as habitações ou os burgos dos índios. Não sei, em verdade, se se pode estar, sem morrer, mais cansado e extenuado do que eu me sentia, pois que era tanto o cansaço, que nem me podia manter de pé. (Martinho de Nantes, "Solidões assustadoras")

Esse relato ilustra a chegada do missionário capuchinho Frei Martinho de Nantes, vindo de Pernambuco, ao aldeamento da região do Médio São Francisco, tendo lá permanecido na segunda metade do século XVII, em convívio direto com os indígenas (entre 1671 e 1690). É de autoria do frei a *Relação de uma missão no Rio São Francisco: relação sucinta e sincera da missão do padre Martinho de Nantes, pregador capuchinho, missionário apostólico no Brasil entre os índios chamados cariris*, que descreve a sua partida em 1690, ficando, em seu lugar, Bernardo de Nantes.

> [...] e tardei cinco meses a minha partida do rio de São Francisco, a fim de ensinar a língua dos índios ao reverendo padre Bernardo e torná-lo capaz de administrar os sacramentos aos índios das duas aldeias que eu dirigia. Deixei-lhe o dicionário, que havia preparado, da língua dos cariris, a arte, ou rudimento, um exame de consciência e direção da confissão e algumas vidas de santos, tudo traduzido na língua dos cariris, com o português do outro lado. E como ele tinha muita inteligência e excelente memória, eu o deixei em condições de exercer seu ministério, e lhe dei ciência de tudo que era necessário para governar os indígenas, além do que ele vira praticar durante cinco meses. (Martinho de Nantes, 1979: s.l.)

Na região do Baixo-Médio e Médio São Francisco, circularam dezenas de línguas indígenas, bastante citadas na historiografia, como em Pompa (2003), por exemplo, além do português e outras línguas, evidenciando um ambiente multilinguístico e muldialetal. Como se observa no Quadro 4, a seguir, a língua portuguesa é, claramente, apenas uma das línguas faladas no período, nessa região, e de forma muito minoritária, ao contrário das línguas indígenas, que eram dezenas.

As "alusões" a seguir, extraídas das *Relações* do frei Martinho de Nantes, escritas entre 1671 e 1690, são, neste trabalho, um exemplo de fonte importante para a história sociolinguística da região em questão:

a. Alusões a línguas indígenas como L1 (crianças e adultos);
b. Alusões a indígenas que sabiam mais de uma língua indígena;
c. Alusões a brancos falantes de língua indígena;
d. Alusões à interação linguística entre brancos e mestiços de origem africana (mulatos), possivelmente bilíngues;
e. Alusões ao português falado como L2 por indígenas;
f. Possíveis alusões ao português falado como L2 ou L1 por brasileiros mamelucos e mestiços.

Quadro 4 – Excertos extraídos das *Relações* do frei Martinho de Nantes (1979 [1906]), com informações sobre as línguas faladas na região do Baixo-Médio e Médio São Francisco no século XVII

Relação do Frei Martinho de Nantes – ilha de Aracapá (1671-1680) – missão dos índios cariri (kariri). Publicações: 1a *Relação* (1687) e 2a *Relação* (antes de 1706)	Alusões às línguas faladas como L1 e L2, retirados de: MARTINHO DE NANTES, padre O. F. M. *Relação de uma missão no Rio São Francisco*: relação sucinta e sincera da missão do padre Martinho de Nantes, pregador capuchinho, missionário apostólico no Brasil entre os índios chamados cariris. Trad. e comentários de Barbosa Lima Sobrinho. Ed. Nacional: São Paulo, INL, 1979. (destaques nossos)
a. Alusões a línguas indígenas como L1 (adultos e crianças)	- **Há muitas crianças de sete anos** que sabem muito bem confessar-se e que sabem também servir à missa; pronunciam distintamente e pausadamente as palavras, fazem as orações respectivas e aprendem facilmente a doutrina cristã **em seu próprio idioma**. (Cf. página 17). - Esse homem foi tomado de tal terror ao ouvir o tom de minhas palavras, **pois não entendia o português**, que não pôde sair do lugar e foi preciso levá-lo daí, e morreu poucos dias depois, vítima da própria imaginação. (Cf. páginas 5 e 6). - **porque depois que aprendi, com muito esforço, a sua língua, por falta de intérpretes,** eu lhes fiz ver tão claramente o absurdo de seus erros, a extravagância de seu culto e o horror de suas abominações, que eles mesmos ficaram surpreendidos e se envergonharam de suas tolices; assim pouco a pouco as abandonaram; primeiro os que eram bem nascidos, abrindo mais facilmente o coração à graça, que em seguida fez maravilhas nesses bons corações, como uma boa semente numa boa terra; e nos outros com mais relutância; por fim os últimos não se renderam senão aos castigos que lhes abriram os olhos. (Cf. página 8). - Para isso todos **os nossos missionários entre os cariris se empenharam em aprender a sua língua, sem o uso da qual era impossível transformá-los em verdadeiros cristãos** (Cf. página 18).

Indícios sobre a participação dos povos tapuias no contato com o português nos sertões baianos seiscentistas

b. Alusões a indígenas que sabiam mais de uma língua indígena	- Dirigi então a palavra **aos tamaquiús na língua dos cariris, que eles entendiam**, e lhes disse que eles estavam cegos e que, depois de usados para destruir os outros índios, seriam também destruídos. Recordei os exemplos que eles já conheciam. Em seguida, voltando-me para o moço português, disse-lhe com voz alta e ainda mais enérgica: "Podeis vir, meu amigo, com os vossos tamaquiús e os que quiserem vos seguir, certos de que nos encontrarão firmes e decididos. Não será uma luta com índios, fáceis de enganar, mas com gente que, com a minha presença e a de meus companheiros, sabemos tanto quanto vós, como não ignorais. Saberemos prever e prevenir vossos ardis, que serão grosseiros para nós. Podeis estar certos de que não admitiremos que sejam massacrados os nossos filhos espirituais, nem que se transformem em escravos. Vou comunicar vossas intenções e vosso procedimento ao senhor governador." Não omiti coisa alguma para que verificasse que não o temíamos. (Cf. página 58). **Pobre índia, de outra nação**, que estava, havia pouco, **com os cariris e que entendia a sua linguagem** e que [...] (Cf. páginas 12 e 13).
c. Alusões a brancos falantes de língua indígena	- Quando o capitão índio, que veio acompanhado de três de seus governados, me viu na sala, não ocultou a sua surpresa. Todos sentados, Francisco Dias de Ávila pediu **a um capitão de ordenança português, que sabia bem a língua dos cariris,** para lhes dizer, de minha parte, que eles teriam que me obedecer, sem me dar desgosto. Acrescentou algumas outras coisas, a que os índios não deram muita atenção. (Cf. página 47).

d. Alusões à interação linguística entre brancos e mestiços de origem africana (mulatos), possivelmente bilíngues	- pois sempre aparece, nessas ocasiões, **um grande número de portugueses**, que trazem guitarras e violões para a solenidade e que cantam muitos motes, e dão tiros de fuzil para maior demonstração de alegria. (Cf. página 16. Nota do Editor Barbosa Sobrinho sobre a relação de Martinho de Nantes: "*Portugueses*. Encontra-se, frequentemente, na Relação de frei Martinho, a referência a portugueses que já habitavam o vale do rio S. Francisco. Como só havia uma nacionalidade, que era a portuguesa, o termo era empregado sempre que se não tratasse de índios ou de negros, ou de escravos, denominação que tanto poderia servir para os índios como para os africanos. O que se deve salientar é como se havia aprofundado o povoamento no médio S. Francisco, nessas alturas do século XVII, atingindo o rio Salitre, junto da curva que o rio faz, quando se dirige para o sul. O famoso sobrado, que dera nome à cachoeira de Sobradinho, ficava nessa região da curva do rio". http://www.brasiliana.com.br/obras/relacao-de-uma-missao-no-rio-sao-francisco/pagina/1/texto). - Na Semana Santa, desde a quarta-feira até o sábado, nos reunimos todos os missionários numa aldeia escolhida alternadamente, conquanto de preferência em Uracapá [...] **vêm portugueses de vinte e trinta léguas de distância;** todas as cerimônias são executadas com muita devoção. Praticam-se disciplinas durante três noites seguidas, tanto os portugueses como os próprios índios, pois que fazem voluntariamente tudo o que veem fazer. Assim esse tempo santo decorre santamente e com muita devoção. (Cf. página 16. Ver nota do Editor, a respeito do que Martinho de Nantes considera como portugueses.). - Preparávamos aí as nossas refeições, que não consistiam senão de um pouco de carne-seca, que em pouco tempo se cozinhava, e de farinha de mandioca. Chegou então um homem honesto, **português**, chamado Francisco Rodrigues. Pouco depois veio **um mulato** chamado Felipe da Costa, homem inteligente, e em seguida um **índio chamado Tapicuru**; ficaram todos surpreendidos e contentes quando me viram, nunca havendo encontrado um capuchinho. **O português** me perguntou o motivo de minha presença. Declarando-lhe toda a sua alegria e me pediu para que me instalasse na ilha de Pambu, bem defronte, onde havia uma bonita aldeia de cariris. Garantiu-me que todos os habitantes do rio teriam muita alegria com a minha presença e que, de sua parte, tudo faria para me ajudar. O mulato desejava também que eu ficasse mais perto de sua casa e que fosse estabelecer-me na ilha de Uracapá, onde havia uma bonita aldeia, a quatro léguas acima de Pambu. (Cf. página 36. http://www.brasiliana.com.br/obras/relacao-de-uma-missao-no-rio-sao-francisco/pagina/36/texto). - Seu irmão, chamado Uracapá, e do qual a ilha tomara o nome, morrera uns seis meses antes de minha chegada e não havia deixado senão uma filha, casada com um corajoso rapaz, e tinha já dois filhos. Os índios estavam divididos na eleição de um novo capitão. Uns diziam que deveria ser o genro do defunto; outros queriam que fosse o irmão, uma vez que uma filha não podia suceder-lhe no governo. Não havendo acordo, resolveram concordar com a arbitragem da divergência e escolheram **três portugueses, seus vizinhos e amigos**. (Cf. página 37). - A aldeia ou burgo de índios fora descoberta no ano de 1670, por um português chamado Antônio de Oliveira, que, procurando pastagens próprias para o seu gado, encontrou, na ribeira da Paraíba, uma tropa desses índios, que pescavam a cinquenta léguas da aldeia da Paraíba. **Esse capitão, havendo obtido dos índios liberdade e segurança, para a colocação de rebanhos, depois de lhes haver oferecido alguns pequenos presentes, veio incontinente a Pernambuco, à procura de algum missionário, que quisesse estabelecer-se entre esses índios,** para melhor proteção do gado que lhe pertencia. (Cf. página 1).

e. Alusões ao português falado como L2 por indígenas	- **Começo da missão.** Encontrou em nossa confraria o padre Teodoro, capuchinho que havia chegado recentemente, procurando oportunidade para se tornar missionário. Com a permissão do superior de Pernambuco, partiu acompanhado desse capitão, que o fez escoltar por uma dúzia de índios, chamados caboclos, seus vizinhos e amigos, pertencentes a aldeias de que tínhamos a administração, a dez e onze léguas de Pernambuco, com a presença dos citados cariris. [...] Fiquei somente oito meses nessa aldeia com o padre Teodoro; mas, tendo sabido desses **mesmos índios, um dos quais falava alguma coisa de português**, que havia no rio S. Francisco uma grande quantidade de aldeias de sua mesma nação, resolvi transferir-me para lá" – Relato de Martim de Nantes. (Cf. páginas 1 e 2). - Meu índio lhes falou; eles ouviram com muita atenção, pois que não costumam interromper os que lhes falam. Enfim, manifestaram pelos seus modos e pelo que o meu índio me pôde fazer compreender em português, que conhecia um pouco, que me consideravam bem-vindo. Sobretudo o capitão, chamado por eles Urara, isto é, tambor, e que mais adiante foi batizado com o nome de Tomé Alvares, dando demonstrações singulares de sua alegria. Esse capitão viveu santamente, ajudando muito os missionários, depois do batismo. Tinha oito filhos, todos bons cristãos. Levei um deles para Portugal, quando regressei, por força de doenças que me impediam de continuar meu trabalho. Chamava-se Antônio e mais adiante falarei desse jovem índio. (Cf. página 37). - Ensinei-lhes depois o *Pater, a Ave, o Credo*(*) e todas as rezas de um cristão, sucessivamente, **em língua portuguesa, não havendo ainda aprendido a deles**; era, de resto, o que faziam os portugueses, entre os quais me encontrava. (Cf. página 38). - [...] **ouvei, embora fosse mal a pronúncia, para conseguir que os outros se animassem a dizer as rezas, os velhos se lastimando se eu não lhes desse oportunidade. Assim, não somente os moços, mas ainda os idosos de um e outro sexo, aprenderam a rezar em português,** o que foi facilitado pelo costume que adotamos... (Cf. página 38). - [...] ia com o padre Teodoro; mas, tendo sabido desses mesmos índios, um dos quais **falava alguma coisa de português**, que havia no rio S. Francisco uma grande quantidade de aldeias de sua mesma nação, resolvi transferir-me para lá. Minha partida para o rio de S. Francisco (Cf. página 2). - **Minha chegada a Uracapá** - Tapicuru já havia prevenido o capitão e toda a aldeia de minha chegada, transmitindo-lhes o que o meu índio lhes havia narrado. Reuniram-se logo em torno de mim, quando cheguei à aldeia, olhando-me com espanto; os meninos, até à idade de doze anos, quase todos fugiram e só retornaram depois de tranquilizados. Meu índio lhes falou; eles ouviram com muita atenção, pois que não costumam interromper os que lhes falam. Enfim, manifestaram pelos seus modos e pelo **que o meu índio me pôde fazer compreender em português, que conhecia um pouco, que me consideravam bem-vindo.** Sobretudo o capitão, chamado por eles Urara, isto é, tambor, e que mais adiante foi batizado com o nome de Tomé Alvares, dando demonstrações singulares de sua alegria. Esse capitão viveu santamente, ajudando muito os missionários, depois do batismo. Tinha oito filhos, todos bons cristãos. Levei um deles para Portugal, quando regressei, por força de doenças que me impediam de continuar meu trabalho. Chamava-se Antônio e mais adiante falarei desse jovem índio. (Cf. páginas 36 e 37).
f. Possíveis alusões ao português falado como L2 ou L1 por brasileiros mamelucos e mestiços	Observação: embora Martinho de Nantes não se refira a mamelucos, mas a "portugueses" que, como vimos na Nota do Editor Barbosa Lima Sobrinho, podia designar os brancos e outros não índios, brasileiros e não necessariamente portugueses, há na Historiografia referências a **híbridos**, na citação de Capistrano de Abreu e outras. Essa população tanto podia falar o português como L2 ou como L1, fruto da aquisição imperfeita ou irregular, a partir de uma L2.

Os cenários expostos parecem representar um contexto, ainda que de forma ilustrativa e superficial – dada a complexidade das relações e conflitos –, que não poderia ser outro senão aquele no qual foi constituído, em longo processo histórico, o português falado, em sua origem, como segunda língua, resultante de amplo contato linguístico, característico do período colonial brasileiro e que o sertão baiano representa bem, embora essa região tenha conhecido o multilinguismo em um momento mais tardio do que o litoral: quando, no século XVII, o multilinguismo estava em declínio no litoral, no sertão baiano estava no auge.

O mundo colonial português, constituído, de fato, no século XVIII e consolidado no século XIX, viveu, segundo Baxter (1995: 73-75), três situações: 1) bilinguismo em um contexto de multilinguismo; 2) situações de contato entre diversas variedades do português e as línguas ameríndias e africanas; 3) o gradual abandono das outras línguas. Para o autor, o fim do bilinguismo/multilinguismo e o consequente domínio do português levam às seguintes consequências: a) a mudança de língua criou uma considerável população de falantes africanos e indígenas de variedades L2 do português; b) essas variedades L2 do português teriam constituído um modelo-estímulo potencial para a aquisição L1 do português por descendentes de africanos e índios; c) as variedades faladas por africanos e índios ou pelos seus descendentes teriam fornecido um modelo-estímulo potencial para fases posteriores da aquisição do português como L2 e L1 por falantes desses dois grupos.

O que o autor define em (a) pode ser relacionado ao que Mattos e Silva (2001) denomina de *português geral brasileiro* – falado como segunda língua pela população não europeia (africanos e indígenas, sobretudo os últimos, os habitantes nativos da região) –, paulatinamente transmitido para as novas gerações como L1, nativizando-se, o que se convencionou chamar de *português popular*, o qual se tornou majoritário no semiárido baiano, até os dias atuais.

Quadro 5 – O *português geral brasileiro* e a gestação e avanço do português popular no semiárido baiano: região do Baixo-Médio e Médio São Francisco

[...] Até 1640	[...] de 1640 a 1700	[...] a partir de 1700-1758
a) Antes do ano 1000-1553 - universo exclusivamente multilingue de línguas indígenas, com dezenas de línguas faladas por milhares de indígenas; b) 1553-1640 com entradas esporádicas e descimentos.	**Multilinguísmo (línguas indígenas majoritárias, poucas línguas africanas, pouco português de brancos, português como L2 para não brancos –** Português geral brasileiro - Gestação do português popular -multilinguismo generalizado não mais exclusivo de línguas indígenas, em cuja cena linguística pode ter ocorrido a fase denominada por Mattos e Silva (2004) de *português geral brasileiro*, antecedente histórico do português popular.	passagem de um multilinguismo generalizado a um multilinguismo localizado e maior domínio do português brasileiro popular.
Grande diversidade étnica e idiomática (a predominância de famílias *kariri ~ kiriri*, além do *kipeá, dzubukuá, kamuru* e *sapuyá, proká* e *pankararu, okren, sakrakrinha, tamankin, koripó, masaakará, kariri* e *payaya, apodi* e *açu, Kariri, Ikó, payaku, kanindé, otxukayana (janduí, tarariu, inhamum, calabaça, xukuru*, entre outros.	a) Alusões a línguas indígenas como L1 (crianças e adultos). b) Alusões a indígenas que sabiam mais de uma língua indígena. c) Alusões a brancos falantes de língua indígena. d) Alusões à interação linguística entre brancos e mestiços de origem africana (mulatos), possivelmente bilingues. e) Alusões ao português falado como L2 por indígenas. f) Alusões ao português falado como L2 ou L1 por brasileiros mamelucos e mestiços (do português geral brasileiro ao português popular?)	Indígenas remanescentes, mamelucos, brasileiros, brancos, africanos e afrodescendentes, mestiços em geral.

Fonte: Carneiro e Almeida (2002).

CONSIDERAÇÕES FINAIS

Nossa pergunta central, que apresentamos nos primeiros parágrafos deste capítulo, e repetimos aqui, é: quais os indícios sobre a participação dos povos tapuias, no sertão baiano seiscentista, na fase caracterizada por Mattos e Silva (2001) como a fase do português geral brasileiro?

Como vimos, segundo Martinho de Nantes (1979 [1906]), nos sertões baianos do século XVII, o cenário que se apresenta é de amplo contato linguístico, e o multilinguismo na região – ao contrário do que se passava no litoral – estava no auge. Há, nas *Relações* de Martinho de Nantes, alusões ao português falado como L2 pelos indígenas, no Baixo-Médio São Francisco, no século XVII, representados pelos povos tapuias, que tinham o domínio exclusivo do sertão até 1640, convivendo, depois, com os portugueses e seus negros africanos.

Os indícios de um relativo contingente de indígenas tapuias na cena colonial dos sertões baianos a partir do século XVII – sobretudo no âmbito do avanço missionário e das fazendas de gado –, que podem ter adquirido a língua portuguesa como L2, seriam sugestivos de uma provável gestação de uma das variantes do português popular que se entrecruzam na região, que se pode relacionar com o que Mattos e Silva (2001) chama de *português geral brasileiro*?

Teria esse contingente fornecido *input* para as novas gerações de falantes indígenas, sobretudo os aculturados, que passaram a adquirir esse português via transmissão linguística irregular?

Os tapuias seguramente estavam na cena linguística do período colonial brasileiro, século XVII, e participaram, de forma significativa, da fase do multilinguismo nos sertões baianos e da formação do português popular brasileiro, via *português geral brasileiro*, ainda que seja difícil encontrar, de forma mais explícita, dados linguísticos que comprovem tal afirmação, haja vista que as políticas linguísticas contra os povos indígenas foram bastante severas, apagando, no processo contínuo de transmissão, esses traços.

Não podemos também deixar de pontuar uma possível existência de variedades linguísticas dos bandeirantes paulistas, também diluídas no tempo.

Não há dados, apenas indícios, trazidos para este texto, da participação indígena tapuia na formação inicial do português popular brasileiro nos sertões baianos seiscentistas. A nosso ver, são apenas pistas sobre a situação linguística de um passado remoto, suplantado pelo avanço da língua portuguesa popular, em diferentes frentes, a partir de meados do século XVIII.

As contribuições que têm sido lançadas, apesar das dificuldades, para repensar a história indígena no Brasil, podem oferecer um campo fértil sobre uma possível participação indígena na formação do português popular brasileiro. Se este trabalho se soma a essas contribuições, abre também caminhos a novas agendas de pesquisa que aprofundem as seguintes discussões:

1. Como sistematizar fontes documentais escritas no Brasil, nos séculos XVI-XVII, por colonos, viajantes e religiosos, que permitam identificar depoimentos sobre a participação de indígenas nos processos linguageiros havidos (Houaiss, 1985) e identificados como um "português mal falado" ou alusões ao português falado como L2, como os depoimentos encontrados, a título de exemplo, na relação do padre capuchinho Martinho de Nantes, que atuou na região do Baixo-Médio e Médio São Francisco, no século XVII?
2. É possível propor um quadro demográfico, com base em indícios das populações de brancos, indígenas, africanos e mestiços em geral, para a região do Baixo-Médio e Médio São Francisco, no século XVII?
3. Como se deu o contato linguístico, de forma mais específica, que está na base de formação do português brasileiro na região do semiárido baiano, especificamente no Baixo-Médio e Médio São Francisco, no século XVII?
4. Quais populações estavam envolvidas na aquisição do português como L2, a fase denominada de português geral brasileiro? Como se deu o processo de *input* para as novas gerações que passaram a falar o português como L1, a partir de uma L2, nativizando, passando ao chamado português popular, resultado de aquisição imperfeita ou de transmissão linguística irregular?
5. Houve uma língua geral cariri?
6. A língua geral dos paulistas teve relevância nos sertões?

E de forma adicional:

7. Se os africanos e afrodescendentes foram os principais difusores da língua portuguesa no Brasil – atuando profundamente na formação de sua variante majoritária, o português popular brasileiro –, haveria frentes diversas, propiciadas por diferentes situações de contato, que teriam suplantado a já rarefeita presença indígena e de seus descendentes? Ou as variantes diversas se entrecruzaram?
8. Como as políticas linguísticas influenciaram na difusão e no encontro de distintas variedades do português brasileiro, em sua vertente popular, no sertão baiano?

São questões que, a nosso ver, podem contribuir com a discussão a respeito da periodização da sócio-história do português brasileiro,[43] cuja formação, no período colonial, se deu de forma multifacetada, não apenas pelo avanço do português popular da costa para o interior, mas também pelo encontro entre diferentes frentes falantes do português popular, que se entrecruzaram ao longo dos séculos seguintes.

A discussão que fizemos aqui e as perguntas que deixamos servem, entre outros, para ajudar-nos a pensar sobre a periodização regional da língua portuguesa no sertão da Bahia: Lacerda, Araújo e Carneiro (2018). Recentemente, foi publicada por Lucchesi (2017) uma nova proposta de periodização da história sociolinguística do Brasil, que engloba quatro fases: – 1ª fase (1000-1532): tupinização da costa; 2ª fase (1532-1695): multilinguismo generalizado; 3ª fase (1695-1930): homogeneização linguística; 4ª fase (1930 até hoje): nivelamento linguístico. Mas essa proposta não se aplica de todo à realidade histórica sociolinguística do sertão da Bahia, haja vista, por exemplo, que o multilinguismo generalizado referido pelo autor diz respeito ao litoral brasileiro, considerando os povos tupis e línguas tupis, o avanço tupi-guarani; na sua proposta, não estão contemplados os povos macro-jês e línguas macro-jês, que dizem respeito à história do sertão baiano, apenas mencionados como população nativa, mas sem precisar exatamente o espaço geográfico.

NOTAS

[1] Parte deste trabalho foi apresentada no XV Congresso Internacional da ALFAL (agosto de 2008), Montevideo, Uruguai, na Sessão 1: Corpus diacrônico do português e do espanhol Americanos, coordenada por Afrânio Gonçalves Barbosa e Célia Regina dos Santos Lopes.

[2] Este trabalho se insere nas discussões no âmbito do Programa para a História do Português (PROHPOR), www.prohpor.ufba.org.br, fundado por Rosa Virgínia Mattos e Silva, e do projeto para a História do Português Brasileiro (PHPB), coordenado nacionalmente, até o ano de 2019, por Ataliba Castilho (Castilho, 1998), trazendo os resultados de pesquisas desenvolvidas regionalmente no PHPB-BA, especificamente, no projeto Vozes do Sertão em Dados: história, povos e formação do português brasileiro/Processo CNPq 401433/2009-9/Consepe UEFS 102/2009, com dados do banco CE-DOHS – *Corpus Eletrônico de Documentos Históricos do Sertão*/ Processo Fapesp – Edital Referência 5566/2010/Consepe UEFS 202/2010 e do Projeto Português no Tempo e no Espaço: Contato Linguístico, Gramáticas em Competição e Mudança Paramétrica/ Processo Fapesp 2012/06078-9 (Unicamp).

[3] O termo *tapuia* aparece com várias grafias na historiografia, tais como tapuya, tapuhia, tapuza, tapyya, tapuya, tapuy ou tapoyer, entre outras. Não se refere a uma etnia, tendo sido o termo adotado pelos pioneiros colonos portugueses a partir de uma prática tupinambá de designar, dessa maneira, os índios que não falassem o tupi. Foi usado originalmente por Gândavo em 1576 (2008) e depois por Sousa em 1587 (2009). A partir daí, passa a ser usado para designar povos que falavam línguas do tronco linguístico jê. Entretanto, nem todos os tapuias pertenciam à família linguística jê (cf. Schwartz, 1988: 43). Os jesuítas os opunham aos tupis, como gente de 'língua travada'. Mattos e Silva (2001: 284) levanta a questão e diz que ainda resta saber o quanto as línguas do tronco linguístico macro-jê marcaram o português brasileiro. Os domínios desses povos nômades, originalmente, não se limitavam aos "sertões", mas também incluíam as regiões costeiras, antes do avanço de populações tupis. Ainda no século XVI, os seus domínios foram também ocupados por outras populações indígenas que abandonaram a costa e outras regiões do Brasil, no âmbito da ocupação luso-brasileira, cf. informa Gândavo (2008 [1576]: 65): "Havia muitos destes índios pela costa junto das capitanias, tudo enfim estava cheio deles quando começaram os portugueses a povoar

a terra; mas porque os mesmos índios se alevantaram contra eles e faziam-lhes muitas traições, os governadores e capitães da terra destruíram-nos pouco a pouco e mataram muitos deles, outros fugiram para o sertão, e assim ficou a costa despovoada de gentio ao longo das capitanias. Junto delas ficaram alguns índios destes nas aldeias que são de paz, e amigos dos portugueses". Cf., ainda, Galindo (2004).

4 Apresentamos, neste texto, dados extraídos da historiografia, através da análise centrada no detalhe, nos resíduos tomados enquanto pistas, indícios, entendidos como fontes secundárias e voluntárias, que aludem a um fato ou evento. Fazemos aqui uso de um método indiciário, proposto por Ginzburg (1989).

5 Houaiss já se referia, em 1985, à necessidade de levantar, ao lado de fontes diretas, fontes indiretas para o estudo da história do português brasileiro.

6 *Kariri*, como se usa em bibliografia mais recente. Em bibliografia mais recuada, escreve-se *cariri* ou *kiriri*.

7 É interessante ter em conta o fato de que, entre as línguas indígenas que foram gramaticizadas, a exemplo do tupinambá (Anchieta, 1595; Figueira, 1621), estão línguas da região do rio São Francisco, como o Kariri, com referências ao manuscrito do *Dicionário do Kiriri*, feito pelo padre João de Barros, ainda desconhecido, no início do século XVII, publicado no início do século XVIII; a *Arte de Grammatica da Lingua Brazilica da Nação Kiriri,* escrita por Luiz Vicêncio Mamiani, de 1699, entre outros.

8 *Relação de uma Missão no Rio São Francisco: relação sucinta e sincera da missão do padre Martinho de Nantes, pregador capuchinho, missionário apostólico no Brasil entre os índios chamados cariris*. Publicada em 1706, em francês, depois traduzida para o português, a versão disponível na Biblioteca Brasiliana Guita e José Mindlin, em http://www.brasiliana.com.br/obras/relacao-de-uma-missao-no-rio-sao-francisco, especificamente a tradução comentada de Barbosa Lima Sobrinho, publicada pela Companhia Editora Nacional, em 1979.

9 Martinho de Nantes chegou ao Nordeste do Brasil, em Recife, vindo da Europa, à sede da Ordem Capuchinha francesa, juntamente com frei Anastácio de Audierne, em 3 de agosto de 1671, com destino às missões no Rio São Francisco, junto aos indígenas kariri, pertencentes ao grupo linguístico dzubukuá, já alguns em aldeamentos do padre Teodoro Lucé. O frei Martinho de Nantes estava no sertão, no auge dos conflitos com os domínios da Casa da Torre, dos Gárcia d'Ávila, e dos conflitos com os colonos ocorridos no São Francisco, entre 1674-1679, nas chamadas "Guerra de Bárbaros" (Puntoni, 2002). Frei Martinho permaneceu mais de 10 anos na aldeia, passando a função de evangelizador para Bernardo de Nantes, que desenvolveu os catecismos e a gramática da língua kariri, para fins de uso na evangelização dos indígenas. Martinho de Nantes passou às suas mãos manuscritos de um dicionário bilingue (cariri e português) e de uma gramática do dialeto local kariri. Sobre a necessidade de se aprender a língua dos índios, Martinhos de Nantes disse: "Para isso todos *os nossos missionários entre os cariris se empenharam em aprender a sua língua,* sem o uso da qual era impossível transformá-los em verdadeiros cristãos, pois que é natural do bárbaro a barbaria" (http://www.brasiliana.com.br/obras/relacao-de-uma-missao-no-rio-sao-francisco/pagina/18/texto). E ainda: "Tendo chegado antes de todos a essas nações, e cinco anos antes de qualquer outro missionário, fiz um dicionário da língua cariri, uma arte ou rudimento da doutrina cristã e um modelo de exame para a confissão, e traduzi a vida de alguns santos, elaborando cânticos espirituais sobre os mistérios da fé empregando o tom dos hinos, cujo canto é mais agradável, para facilitar aos missionários o uso de sua linguagem".

10 Embora, nos sertões baianos, a presença mameluca não tenha sido tão expressiva quanto na região de São Paulo, por exemplo, é interessante a definição de *híbridos,* habitantes do monte Rari/Araripe, no interior da Bahia, no testemunho a seguir, extraído de Pompa (2003 [2001]: 204-205, do *Annua Littera provinciae brasiliae*), referente ao século XVII: "O altíssimo monte Rari encontra-se distante 500 mil passos da Bahia, no interior do Brasil, e estende-se do sul para o norte 90. Seus habitantes, que são de fato numerosos, nos enviaram pelos caminhos inacessíveis e escarpados, conhecedores da região, desejando eles se mudar para estas bandas e sendo nisso impedidos pelos inimigos, que presidiavam o caminho [...]. O caminho até lá é indescritível, através de grandes solidões [...]. O Padre, tendo pedido aos inimigos dos Rarienses para deixá-los passar por suas fronteiras, o que era necessário para seu fim, conseguiu diligentemente. Estando pois tudo pronto para a viagem, chegaram os Híbridos (trata-se de uma casta de Índios misturados com Lusitanos, que as pessoas de uma nova terra chamam de mamelucos) e tentaram atrapalhar tudo. Estes, com efeito, acostumados a zombar da simplicidade dos índios, mas suportavam que eles migrassem para outro lugar [...]".

11 Pompa (2003 [2001]: 271) afirma que a participação dos chamados índios flecheiros teria sido nitidamente superior à participação dos soldados comuns, trazendo o exemplo, extraído de Puntoni (2002: 94), de que, na "jornada de 1654, o sargento-mor da Bahia, Pedro Gomes, deveria fornecer 600 índios, 50 infantes e 230 soldados da ordenança", tendo sido "contatados os principais das aldeias dos Aimoré, inimigos dos "tapuia". Todas as aldeias do Itapicuru e as do Recôncavo foram alertadas para que estivessem prontas para as Jornadas dos Sertões".

[12] O termo 'colono' é do século XVIII, devendo tratar-se de população de origem portuguesa.

[13] Interpretação seguida por Pompa (2003 [2001]), que mostra, de forma clara, as mediações indígenas na construção de simbologias, frente às atuações missionárias no Médio e Baixo São Francisco, no século XVII.

[14] Essa data é apontada, considerando a chamada "Guerra de Açu", levantes ocorridos de forma generalizada em Pernambuco e capitanias anexas (Ceará e Rio Grande), conforme Pompa (2003 [2001]: 270). A autora chama a atenção para o fato de que os ataques dos tapuias às fazendas, povoados e plantações do Recôncavo baiano já ocorriam desde 1651, sendo registradas até 1679.

[15] Sobre documentação indígena gerada nesse contexto do domínio holandês e em outros períodos do Brasil colonial e imperial, cf. Carneiro (2008b; 2013) e Carneiro e Lacerda (2017).

[16] Para Lucchesi e Baxter (2009: 101), o conceito de transmissão linguística irregular aplica-se aos "processos históricos de contato maciço entre povos falantes de línguas tipologicamente diferenciadas, entre os séculos XVI e XIX, em decorrência da ação do colonialismo europeu na África, Ásia, América e Oceania. Nas diversas situações de dominação que se constituíram nesse contexto histórico, a língua do grupo dominante, denominada língua de superstrato ou língua-alvo, se impõe, de modo que os falantes das outras línguas, em sua maioria adultos, são forçados a adquiri-la em condições bastante adversas de aprendizado, em função de sua sujeição e marginalização. [...] O processo de "nativização da língua dominante ocorre de maneira irregular no sentido de que os dados linguísticos primários de que as crianças que nascem nessas situações dispõem para desenvolver a sua língua materna provêm praticamente de versões de segunda língua desenvolvidas entre os falantes adultos das outras línguas, que apresentam lacunas e reanálises em relação aos seus mecanismos gramaticais. Tal processo diferencia-se da situação de transmissão geracional normal das línguas humanas, em que as crianças dispõem de dados linguísticos mais completos fornecidos pela língua materna dos seus pais. Dessa forma, o processo de transmissão linguística irregular pode conduzir à formação de uma língua historicamente nova, denominada língua crioula, ou à simples formação de uma nova variedade histórica da língua de superstrato, que não deixa de apresentar processos de variação e mudança induzidos pelo contato entre línguas". Para outras interpretações, cf. Holm (2004) e Winford (2003).

[17] Sobre o contato continuado entre as línguas indígenas e africanas nas áreas de *plantation*, é interessante observar uma colocação de Castro (1980: 14-15), a título de ilustração, sobre o contato ocorrido nas senzalas; para a autora, poderiam ter sido usados, nesses ambientes, dialetos veiculares, indígenas e africanos (destaques nossos): a partir do século XVII, com o aumento do volume do tráfico, exigido pela agropecuária implantada sob o regime casa-grande e senzala, a que os indígenas brasileiros não se adaptaram, as línguas ameríndias, até então empregadas como línguas veiculares, perderam a sua razão de ser nos estabelecimentos da costa e começaram, sem dúvida nenhuma, a ser substituídas pelos falares africanos nas senzalas. Nessas, onde se misturavam africanos de diferentes procedências étnicas a um contingente de indígenas, a fim de evitar rebeliões que pusessem seriamente em perigo a vida de seus proprietários numericamente inferiorizados e estabelecidos em áreas interioranas e isoladas, a necessidade de comunicação entre povos linguisticamente diferenciados deve ter provocado a emergência de uma espécie de língua franca que chamaremos de *dialeto das senzalas*. O desenvolvimento desse dialeto pode ter sido facilitado em parte por certas tendências internas de desenvolvimento não só das línguas bantas como de certas línguas dos grupos *banto* e *kwa*, o que levou Greenberg (1989) a classificá-las num grande grupo por ele denominado de congo-cordofaniano. Estima-se que, ao Brasil, tenha chegado, no período colonial, um número superior a 200 línguas africanas e, entre essas, uma de maior circulação, o quimbundo, língua falada em Angola, de onde saiu a maioria dos escravos.

[18] Os trabalhos e apresentações de trabalho, em ordem cronológica, são os seguintes: 2001 - Seminário do PHPB/Ouro Preto, com trabalho publicado em 2007: Carneiro, Zenaide; Almeida, Norma Lucia (2007); em 2008: Carneiro, Zenaide, resumo - XV Congreso Internacional de la Alfal. "Estudo da escolarização de aldeados no Brasil do século XVII: um caminho para a compilação de possíveis fontes escritas em português pelos Tapuia?"; em 2009: Carneiro, Zenaide, resumo - VI Congresso Internacional da ABRALIN e XIX Instituto de Linguística/abralin 40 anos. "Prática de escrita em aldeamentos no sertão baiano, século XVII e XVIII: novas fontes para estudo do português no âmbito do projeto Vozes do sertão em dados: história, povos e formação do português brasileiro?"; em 2011: Carneiro, Zenaide, resumo - VII Congresso Intenacional da Abralin. "Sobre a produção escrita atribuída aos indígenas na Vila de Abrantes em 1758". Parte dessas apresentações foi resumida em 2013 - Carneiro, Zenaide. "Escolarização de aldeados no Brasil dos séculos XVII e XVIII: um espaço de gestação de uma produção escrita indígena?",

em Rosa Virgínia Mattos e Silva, Klebson Oliveira e José Amarante (orgs.), *Várias navegações: português arcaico, português brasileiro, cultura escrita no Brasil, outros estudos*, Salvador, Edufba, 2013, v. 1, pp. 55-76. No âmbito do projeto A Língua Falada no Semiárido Baiano, criado em 1994, sob a coordenação de Norma Lucia Fernandes de Almeida e Zenaide de Oliveira Novais Carneiro, disponível em: <www.uefs.br/nelp>, estava prevista a fase 4, que consistia em fazer entrevista da língua portuguesa falada em áreas indígenas especiais, o que não foi ainda desenvolvido. Cf. uma pesquisa sobre isso produzida por Hirão Fernandes Cunha e Souza (2011).
Estima-se que 800 mil portugueses se dirigiram às regiões de mineração.

[19] Os autores destacam três características clássicas: 1) um povoamento no nordeste da capitania, com tendência à linearidade (devido às rotas de boiadas e das tropas); 2) uma grande dispersão, com vilas localizadas em pontos de interseção das estradas, que serviam de rotas para o gado, ouro etc. e 3) um grande número de estradas nas áreas de pecuária e mineração, ambas no sertão.

[20] Remetemos o(a) leitor (a) para a tese de Santos (2010), para um detalhamento sobre esses processos, ilustrados por mapas detalhados.

[21] Cf. a tese de Marcos Galindo (2004), intitulada *O governo das almas: a expansão colonial no país dos tapuia:1651- 1798*.

[22] Cf. Pessoa (2003a).

[23] Longas gerações de senhores, durante três séculos, desde a chegada de Garcia D'Ávila de Portugal, em 1549, até a extinção da linha de descendência masculina, depois da morte, em 1803, de Garcia D'Ávila Pereira Aragão, tendo o patrimônio da família passado à família Pires de Carvalho e Albuquerque, por descendência feminina (cf. Pessoa, 2003a)

[24] Sobre os conflitos envolvendo indígenas, curraleiros e colonos, há vasta documentação; como aponta Pompa (2003: 270-271), são exemplo, entre outros, as cartas patentes e documentos provenientes das "jornadas nos sertões", com listas de soldados e outra "gente", fornecendo também um quadro das "relações entre colonos, índios, governo e grandes sesmeiros no sertão dos meados do século XVII", bastante interessante sob o ponto de vista do contato linguístico na região.

[25] O episódio foi datado por Martinho de Nantes sete ou oito anos depois de sua chegada, fazendo com que, segundo Pompa (2003), tanto Edelweiss como Barbosa Lima Sobrinho tenham concordado em identificar essa batalha com a expedição ocorrida em 1676, comandada por Francisco Dias d'Ávila. Segundo Pompa, o padre não teria assistido à matança, mas soube dos relatos por outros indígenas. O próprio Martinho de Nantes disse que não teria resistido à terrível cena.

[26] Publicações: 1ª Relação (1687) e 2ª Relação (antes de 1706).

[27] Já nessa expedição, a composição era de maioria índia, com apenas 12 homens brancos, tendo percorrido 350 léguas, através do vale do Jequitinhonha, atravessando o rio São Francisco, "o grande rio" (Pompa, 2003: 203). Diversas expedições foram malsucedidas, devido à fome, a doenças e ataques dos indígenas. A autora destaca a entrada de João Coelho de Souza, que explorou boa parte do sertão baiano, entre 1580-1583, tendo chegado várias léguas acima do sumidouro do rio São Francisco.

[28] Cf. Monteiro (1994). Para o autor, a guerra de preação tornou-se uma especialidade paulista no século XVII. Bernardo de Nantes, em confronto com o paulista Domingos Jorge Velho, escreve confirmando isso: [...], "pois os paulistas não tem outro trabalho a não ser este, embora seja perigoso para eles, porque frequentemente são massacrados pelos Bárbaros" (Nantes, 1702).

[29] Os africanos se tornaram, ao longo dos primeiros séculos, os principais difusores do português popular brasileiro, tendo em vista o aumento exponencial do tráfico negreiro, que se inicia oficialmente em meados do século XVI, como resultado de um intenso comércio entre o Brasil e Angola, Guiné, Senegal e Zaire, entre outros, até meados do século XVIII. Estima-se que, no Brasil, tenha chegado, no período colonial, um número superior a 200 línguas africanas e, entre essas, uma de maior circulação, o quimbundo, língua falada em Angola, de onde saíram a maioria dos escravos e mais de 4 milhões de africanos. Calcula-se que 12 milhões e meio de cativos (12.520.000) partiram da África para as Américas. A primeira entrada no Brasil teria sido em 1551, com 388 escravos. Destaca-se o assombroso número de 1.044.939, entre 1801 e 1825. Considerando o contexto comum de escravização, em áreas litorâneas, diversos estudos têm defendido o contato inicial entre as línguas indígenas e africanas, sobretudo nas áreas de plantação de cana-de-açúcar, na intensa exploração escravista de ambas as macroetnias, como defende Castro (1980: 14-15), sobre o contato ocorrido nas senzalas no século XVI. Para a autora, poderiam ter sido usados, nesses ambientes, dialetos veiculares, indígenas e africanos, e estabelecida, sem áreas interioranas e isoladas, a necessidade de comunicação entre

povos linguisticamente diferenciados, surgindo uma espécie de língua franca, que a autora denomina de "dialeto das senzalas". Para acessar números precisos sobre as entradas de africanos, ver Projeto *The Voyages Database, the Estimates Database, and the Images Database*, disponível em: http://www.slavevoyages.org. Acesso em: 18 jul. 2020.

[30] Monteiro (1995), entretanto, alerta sobre as variáveis que envolvem as estimativas sobre a população global dos indígenas em 1500, pois há várias informações incorretas sobre dados demográficos.

[31] Segundo dados do Censo do IBGE, realizado em 2010, hoje são, aproximadamente, 274 línguas indígenas, representando algo entre 10% e 15% das línguas existentes quando da chegada dos europeus. A população indígena pode ter chegado, segundo Cunha (1992: 10-11), ao continente americano há cerca de 15 ou 30 mil anos e à atual região do Nordeste do Brasil há não menos do que 8 mil anos.

[32] A diversidade étnica e linguística foi retratada, em 1584, pelo padre missionário jesuíta Fernão Cardim (1978 [1925]:106), que – com base em suas estadias no Brasil, entre 1583 a 1625 – apresenta uma relação com 76 "nações tapuias", falantes de 65 línguas distintas, que se distribuiriam numa estreita faixa de terra paralela à costa, compreendida entre o rio São Francisco ao norte e o Rio de Janeiro ao sul, que circulavam entre a costa norte do rio São Francisco e o sul do Rio de Janeiro. Segundo Cardim, "Todas estas setentas e seis nações de tapuyas que têm as mais dellas diferentes línguas, são gente brava, Silvestre e indomita, são contrarias quase todas do gentio que vive na costa do mar, vizinhos dos Portugueses".

[33] Gomes (1988), por outro lado, estimou que, em 1500, a população indígena, diversa tanto cultural quanto linguisticamente, girava em torno de cinco milhões, estimativa considerada por diversos pesquisadores como muito alta, diversa tanto cultural quanto linguisticamente; aponta 1.500 povos, que, infelizmente, começavam a apresentar, já nos princípios da colonização, uma redução significativa, provocada por conflitos com os portugueses, pela fome e pelas novas doenças (bexiga, sarampo, peste, entre outras), que assolaram a população entre 1562 e 1564. O autor mostra que, no século XIX, a população estava em torno de 800 mil. Os dados do Censo do IBGE, realizado em 2010, mostram um total de 817.963 indígenas no Brasil, representando 305 etnias distintas, tendo sido registradas, ainda, 274 línguas indígenas.

[34] As línguas da família linguística kariri não são mais faladas; teriam sido faladas na região norte do São Francisco, descritas pelo frei Venâncio Mariani como "embaraçada [...] assim na pronunciação, como nas suas frases". O kariri teria sido falado ao norte do São Francisco, além do kamuru, o sabujá, o kippeá e o dzubukuá (kariri), sendo que os dois últimos foram descritos: o kippeá por Mamiani, e o dzubukuá por frei Bernardo de Nantes. Há, contudo, a gramática e o catecismo escritos por frei Venâncio Mariani, nas missões às margens do Médio São Francisco, entre os anos de 1665 e 1667, após "experiencia de doze anos entre os Indios, nos quaes desde o primeiro anno ateo prenente fui de proposito notando reparando, & perguntando não somente para entender, & fallar doutiva, mas para saber a lingua de raiz". Para a situação dos kiriris de Mirandela, cf. Souza (2011).

[35] O kipeá ficou conhecido por Luís Vicêncio Mamiani, que atuou nas aldeias de Jeru, Natuba, Canabrava e Saco dos Morcegos. Há remanescentes dos índios que falavam essa língua, já extinta, os kiriris de Mirandela (Souza, 2011). Na Bahia, muitos aldeamentos criados no século XVII e no século XVIII foram transformados em vilas e lugares e, provavelmente, muitos índios foram integrados. Outros remanescentes vivem, ainda, na região, a despeito dos problemas de demarcação territorial, a saber: os tumbalalá, truká, tuxá, kantaruré, xukuru-kariri, pankaré, tocas, kaimbé, kiriri, aricobé, atikúm e pankaru. A população, no entanto, é pequena, variando de 50 indivíduos, a exemplo dos kiriris das terras do Rodeador, em Cícero Dantas, e os Atikúm do Angical. Todos são falantes do português. Aliás, em todo o Nordeste brasileiro, somente os fulniôs se expressam em sua própria língua (Puntoni, 2002).

[36] Descrita por frei Bernardo de Nantes. Há relatos sobre o dzubukuá-kariri na região do Médio São Francisco, feitos pelos freis capuchinhos franceses Martinho (1707) e Bernardo de Nantes (1709), nas aldeias de Aracapá, Cavalo e Pambu.

[37] Tanto a gramática quanto o catecismo foram escritos por frei Venâncio Mariani, nas missões às margens do Médio São Francisco, entre os anos de 1665 e 1667, após "experiencia de doze anos entre os Indios, nos quaes desde o primeiro anno ateo prenente fui de proposito notando reparando, & perguntando não somente para entender, & fallar doutiva, mas para saber a lingua de raiz" (Mamiani, 1877 [1699]).

[38] Cf. o quadro de Willeke (1974), apud Pompa (2003: 332) sobre a situação das missões na Província de Santo Antonio do Brasil, entre 1679-1863, com destaque para as da região sertaneja, com indicação (A).

[39] Cf. também uma compilação disponível em Carneiro (2008a; 2013) e Carneiro e Lacerda (2017).

[40] Hemming (2007 [1978]:27) faz um anexo a sua obra e apresenta um mapa etnográfico detalhado dos nomes das tribos que ainda habitavam o Nordeste do Brasil no século XVIII.

[41] Por língua geral indígena entende-se a variante paulista de base tupiniquim/guarani, falada por colonos e índios nas bandeiras, e a variante amazônica, de base tupinambá, presente no Maranhão, entre outras que perduraram no Brasil, nos primeiros séculos, até o início do século XVIII. Essas línguas eram faladas por indígenas integrados e também por portugueses e mamelucos. Cf., sobre definição de língua geral, localização geográfica e tipo de aquisição: Silva Neto (1951); Mattoso Câmara (1972); Teyssier (1980); Houaiss (1980); Castro (1981); Noll (1999); Cardeira (2005, 2009) e Argolo (2013).
Sobre o conceito, o estatuto e as áreas de uso das línguas gerais, cf. o excelente panorama feito por Argolo (2011a, 2012b), de autores tais como: Câmara Jr. (1979); Teyssier (2007 [1980]); Mattos e Silva (2004b); Rodrigues (1986, 1996, 2006, 2010); Bessa Freire (2003a, 2004, 2010); Barros (2003a, 2010). E, ainda, Dietrich (2014) e Argolo (2016). Para mais detalhes, cf. Quadro 4, anexo. Sobre a existência, provada ainda apenas por via sociolinguística, da antiga capitania de Ilhéus e da antiga capitania de Porto Seguro, cf. Lobo; Machado Filho; Mattos e Silva (2006), Argolo (2012b). Para Mattos e Silva (2004a: 78), o termo língua geral pode encobrir distintas realidades, para além das já clássicas definições. Para a língua geral do sul da Bahia, cf. Argolo (2011a, 2012b, 2015). Em 2016, o autor argumentou em favor da hipótese de que o nheengatu seria uma língua crioula de base tupinambá. A esse respeito, conferir, também, o excelente trabalho de Dietrich (2014), no qual faz uma revisão do conceito de "língua geral", entre outros, à luz dos dicionários de língua geral existentes, sobretudo a língua geral amazônica (LGA), fortemente documentada e ainda falada no Brasil, sob a denominação de nheengatu.

[42] Cf. interessante tese de Isnara Pereia Ivo, defendida em Belo Horizonte, no Departamento de História/FAFICH, em 2009, intitulada *Homens de caminho: trânsitos, comércio e cores nos sertões da América portuguesa. Século XVIII*, em que a autora mostra as relações estabelecidas entre os sertões do norte da capitania de Minas Gerais, na comarca do Serro Frio, e os sertões da capitania da Bahia, o chamado sertão da Ressaca, que faz fronteira com o norte da capitania de Minas Gerais e o Alto Sertão da Bahia, na Vila de Rio de Contas.

[43] Cf. outras periodizações sobre a história sócio-história do português brasileiro, Serafim da Silva Neto (1963[1951]); Teyssier (1980); Pessoa (2003a); Lobo (2003); Noll (2008); Lucchesi (2017), entre outros.

PARA UMA HISTÓRIA SOCIAL DAS LÍNGUAS AFRICANAS NO BRASIL

Margarida Petter

SUMÁRIO

INTRODUÇÃO 128
AFRICANOS NO BRASIL 129
AS LÍNGUAS AFRICANAS TRAZIDAS PELO TRÁFICO 134
    Línguas africanas documentadas: século XVII ao XIX 137
    Línguas africanas documentadas a partir do século XX....................... 141
O CONTATO ENTRE LÍNGUAS AFRICANAS
E PORTUGUÊS BRASILEIRO 146
    Hipóteses explicativas do contato 148
    Outras interpretações para o contato
    entre o português e as línguas africanas no Brasil................................ 150
CONSIDERAÇÕES FINAIS 154

INTRODUÇÃO

A história social é a história externa das línguas, de seus usos e funções, como também de sua expansão, permanência ou mudança. É a história de seus falantes, das suas migrações e dos contatos estabelecidos nas regiões onde passaram a habitar. No caso brasileiro, em que muitas línguas – indígenas, africanas e de imigrantes – conviveram e convivem em ambientes diversos, é necessário tentar realizar um estudo que leve em conta a cronologia e a intensidade dos contatos, correlacionando essas informações aos espaços em que as diferentes línguas interagiram. A abordagem e a metodologia para realizar tal tarefa devem ser guiadas pela interdisciplinaridade, pois os dados de análise têm de ser buscados em materiais de fontes diferentes, principalmente históricas, que, mesmo não preocupadas especialmente em retratar questões linguísticas, apontem fatos que interessem à pesquisa linguística, como, por exemplo, a origem dos indivíduos, no caso dos povos trazidos da África.

Com relação às línguas africanas, ou aos africanos no Brasil, é preciso de início ponderar o uso da designação genérica de "africano". Os indivíduos que foram deportados para o Brasil provinham de áreas muito diversas, falavam línguas também diversas. Essas diferenças de origem eram apontadas nos documentos por meio da identificação ou designação dos portos de embarque, por nomes genéricos criados no Brasil ou, mais raramente, pelos seus próprios grupos étnicos. (Faria, 2004: 13). As informações sobre a origem nem sempre eram corretamente declaradas ou reconhecidas pelos que faziam os registros. É por isso que se questiona o que significariam realmente algumas designações, como "mina", "angola", "congo" ou até mesmo "negro da costa". Este último poderia ser um "benguela", habitante ou proveniente do sul de Angola, de Benguela, ou da região da costa do ouro, do golfo da Guiné (Brügger e Oliveira, 2009; Álvarez-López, 2015).

Embora as designações do tráfico nem sempre correspondessem à verdadeira origem dos africanos, estes se apropriaram das denominações do tráfico de modo a constituir unidades étnicas que se organizaram política e culturalmente na sociedade escravista brasileira (Reis, 1987). Essas identidades, reais ou recriadas, vão ser um importante fator de resistência dos africanos, e vão ser relevantes para os estudos linguísticos ao desvelar a interação existente entre indivíduos de origens e línguas diversas. O estudo de Brügger e Oliveira (2009: 204) sobre a demografia e a identidade dos africanos levados à região mineira de São João del-Rei confirma esse fato, ao constatar que a análise empreendida os levou a considerar a importância de "[...] *se problematizar não apenas a procedência dos escravos, mas de se caminhar no sentido da busca da com-*

preensão das formas pelas quais identidades se constituíram no cativeiro". A questão da proveniência dos africanos aqui escravizados tem sido uma preocupação constante de historiadores modernos. Os estudos têm focalizado grupos étnicos em relação à sua distribuição pelo país, procurando estabelecer, quando possível, o peso demográfico de cada segmento da sociedade da época. A partir das informações disponíveis apresentaremos um quadro geral das línguas que os africanos trouxeram para o Brasil, com base em documentos sobre seu uso no país e sua distribuição nas diferentes regiões e momentos de nossa história; discutiremos a difusão do português e seu aprendizado pelos africanos e crioulos (descendentes de africanos nascidos no Brasil), e ofereceremos uma interpretação para os resultados do contato linguístico e cultural.

AFRICANOS NO BRASIL

O tráfico negreiro foi o responsável pelo transplante de povos e línguas da África para o Brasil. Esse comércio de seres humanos teve início em meados do século XVI e foi extinto em 1850. Ao longo desse tempo teriam sido importados por volta de quatro milhões de africanos, distribuídos em quatro grandes ciclos de importação (Mattoso, 2001; Eltis, 2000; Miller, 1986), que podem, segundo os estudiosos, ser divididos do seguinte modo:

- no século XVI, o ciclo da Guiné, trazendo escravos sudaneses,[1] originários da África situada ao norte do Equador, nas regiões dos atuais Senegal, Gâmbia e Guiné-Bissau;
- no século XVII, o ciclo do Congo e de Angola, que trouxe para o Brasil os negros bantos;
- no século XVIII, o ciclo da costa da Mina, que trouxe novamente os sudaneses. A partir de meados do século XVIII, esse ciclo se desdobra para dar origem a um ciclo propriamente "baiano": o ciclo da baía do Benim;
- no século XIX, são trazidos africanos de todas as regiões, com uma predominância de negros provenientes de Angola ou de Moçambique.

Razões econômicas, sobretudo, justificaram a alternância dos ciclos, sem, no entanto, indicar uma mudança total das atividades na mudança de fases: cultivo de cana-de-açúcar e de tabaco, nos séculos XVI e XVII; exploração das minas de ouro e de diamantes, como também o cultivo do algodão, do arroz e da colheita de especiarias, no século XVIII; cultivo do café, no século XIX (Petter, 2006: 124; Bonvini, 2008: 27).

A montagem dos engenhos de açúcar contou com a mão de obra indígena, predominantemente, em regime assalariado e escravo. No entanto, após 1560, várias epidemias (sarampo e varíola) no litoral brasileiro causaram a morte de uma grande quantidade de indígenas, que precisavam ser repostos para executar o trabalho nos engenhos. Esse fato, aliado à pressão dos jesuítas contra a escravização de índios para o trabalho na lavoura, levou à promulgação de leis que coibiam parcialmente a escravidão desses povos. Mesmo custando mais caro do que um escravo indígena, os africanos, que realizavam, sobretudo, tarefas mais especializadas nos engenhos, passaram a substituir os índios. Os números do tráfico confirmam o incremento da importação de africanos: entre 1576 e 1600 desembarcaram nos portos brasileiros cerca de 40 mil africanos escravizados; entre 1601-1625 esse número triplicou, chegando a cerca de 150 mil, tendo como destino o trabalho em canaviais e engenhos de açúcar, na maior parte (Marquese, 2006: 111).

A descoberta das minas, no século XVIII, com a possibilidade de enriquecimento rápido, levou à "*primeira grande migração maciça da história brasileira*", na avaliação de Maria Luiza Marcílio (1999: 321). A corrida pelo ouro atraiu, também, um grande número de imigrantes portugueses, cerca de 400 mil. Esses fatos são importantes para se entender a composição e a diversificação da população no país, mas o aspecto relevante para nossa investigação foi a ampliação do tráfico, que duplicou na primeira metade dos setecentos. Entre 1701 e 1720, desembarcaram nos portos brasileiros cerca de 292 mil africanos, destinados em sua maioria para a região das minas. De 1720 a 1741 houve novo incremento: aportaram 312.400 africanos. O ponto máximo foi atingido nas décadas seguintes, entre 1741 e 1760, com 354 mil indivíduos (Marquese, 2006: 114).

A sociedade brasileira, no final do século XVIII, era composta de um grande número de escravizados, africanos, na maioria, e um número menor de crioulos, que conviviam com uma população livre negra ou mestiça, descendente de africanos, ao lado de uma população numericamente importante de brancos.

Marcílio (1999) afirma que no início do século XIX a composição demográfica do Brasil assumia as seguintes proporções: 28% de brancos, 27,8% de negros e mulatos livres, 38,5% de negros e mulatos escravizados e 5,7% de índios. Chama a atenção nesses dados a existência de uma importante população negra ou mestiça livre, em razão do sistema de manumissão que facilitava a alforria de mulheres e crioulos (Marquese, 2006: 114). Esses dados demográficos indicam uma estratificação social hierarquizada entre os negros e seus descendentes, pois alguns eram escravos e outros tornaram-se livres, deixaram de ser estrangeiros, na análise de Marquese (2006: 118). Essa divisão entre os negros africanos, escravizados ou livres, vai propiciar relações sociais diferenciadas, que poderão promover usos linguísticos também diferenciados.

Um outro aspecto social que resultou da mineração foi seu impacto no surgimento de vários núcleos urbanos em Minas Gerais e mesmo no crescimento de cidades antigas, como Rio de Janeiro e de Salvador. Algumas atividades, como a produção de tabaco no Recôncavo baiano, também foram impulsionadas pela mineração, porque este produto era uma mercadoria necessária para a aquisição de cativos da Costa da Mina (Marquese, 2006: 119).

No século XIX, de 1808 a 1850, foram introduzidos cerca de 40% de todos os africanos aqui escravizados, por volta de 1,4 milhão de indivíduos (Marquese, 2006: 122), originários da região de Angola e Congo e, só no final do século, foram trazidos africanos de Moçambique. Foram esses indivíduos os responsáveis pelo crescimento econômico resultante da cafeicultura no vale do Paraíba.

O breve esboço apresentado sobre a introdução dos africanos no Brasil nos revela a dificuldade de delimitar com precisão o peso demográfico dos diferentes estratos da população brasileira no período colonial e nos convida a refletir sobre as diferenças sociais e culturais manifestadas nas designações de *negro, escravo, crioulo, mestiço* e *africano*. Dessas diferenças sociais vão decorrer, em grande parte, o aprendizado e o uso do português. O africano recém-chegado poderia já falar ou não o português. Se não dominasse a língua portuguesa era identificado como boçal e se já a conhecesse era classificado como ladino. Essas duas categorias não eram fixas, pois o africano boçal seria submetido ao aprendizado da língua da colônia. São raras as informações a esse respeito. Temos dois relatos significativos de viajantes que estiveram no Brasil nas primeiras décadas do século XIX, trazidos por Serafim da Silva Neto (1950):

i. *Ao chegar à fazenda, confia-se o escravo aos cuidados de outro mais velho e já batizado. Este o recebe na sua cabana e procura fazê-lo, pouco a pouco, participar de suas próprias ocupações domésticas; ensina-lhe também algumas palavras em português. É somente quando o novo escravo se acha completamente refeito das consequências da travessia que se começa a fazê-lo tomar parte nos trabalhos agrícolas dos outros. É então o seu primeiro protetor que o instruiu.* (do viajante João Maurício Rugendas, que esteve no Brasil em 1835 – Silva Neto, 1950: 108)

ii. *Em três meses, [os africanos] podem, em geral, se fazerem mais ou menos entender. Só o grupo st e o r oferecem muita dificuldade. Pronunciam o primeiro como t e o segundo como l. Por exemplo: tá bom em lugar de está bom; dalé ao invés de darei* (do viajante alemão Schlichthorst, que esteve no Rio de Janeiro em 1824 – Silva Neto, 1950: 109).

São dois registros de situações e momentos específicos que, embora não possam ser tomados como únicas formas de aprendizado da língua portuguesa no país, retratam estratégias utilizadas para o aprendizado dessa língua pelos africanos escravizados e apontam para o caráter passageiro da condição de boçal.

Sobre a "boçalidade" do negro africano, há um outro aspecto importante a ser destacado: o conhecimento ou não da "língua brasileira" foi um fator relevante na identificação de ilegalidade na introdução de negros como escravos após a proibição do tráfico, decretada pela lei de 7 de novembro de 1831, que penalizava os infratores com a libertação de todos os negros desembarcados no país após essa data.

Nos primeiros anos de aplicação da lei, houve um decréscimo na entrada de africanos, mas após a primeira metade da década de 1830 o comércio negreiro intensificou-se de modo assustador, "*impulsionado pela demanda por trabalhadores para as fazendas de café*" (Challoub, 2015: 13). Para coibir a fraude, a lei foi regulamentada por meio do decreto de 12 de abril de 1832, que ordenava às autoridades a realização do exame linguístico imediato, para verificar "*se [o africano recém-chegado] entende a língua brasileira*". Muito embora outros fatores também devessem ser analisados – o tempo em que o africano estava no país, "*em que barco chegara, onde desembarcara, por quais lugares passara*" (Challoub, 2015: 15-16) –, o uso da língua portuguesa era o elemento fundamental para investigar a clandestinidade do tráfico.

A condição de *boçal* passa a ser manipulada positiva ou negativamente pelos atores envolvidos no tráfico ilegal. Os africanos, para obterem a liberdade, podiam fingir não conhecer o português; os proprietários, por outro lado, promoviam um aprendizado rápido da "língua brasileira" aos recém-chegados e defendiam o caráter matizado da qualidade de *ladino* dos cativos traficados que nem sempre aprendiam rapidamente a expressar-se em português.[2]

O domínio da língua portuguesa por parte dos africanos vai tornar-se um elemento identificador importante, como observou Alkmim (2009: 255) na análise "*da representação linguística de negros e escravos na literatura brasileira do século XIX*". Haveria, em princípio, um "português de brancos" e um "português de negros"; este apresentaria uma oposição secundária, entre um "português de africanos" e um "português de crioulos". Haveria marcas linguísticas comuns a africanos e crioulos, mas aqueles apresentariam características próprias que os identificariam como estrangeiros, não encontradas na fala de crioulos. Ao observar, no entanto, obras que retratam a fala de personagens brancos pouco escolarizados da área rural, sobretudo, a autora encontra uma outra clivagem que ultrapassa a separação entre "português de branco" e "português de negro":

> Tal proximidade sugere um novo olhar sobre a realidade linguística do Brasil do século XIX: crioulos não se destacaram linguisticamente do conjunto da população brasileira. Mais precisamente, os crioulos, diferentemente

dos africanos, estariam perfeitamente integrados à comunidade linguística brasileira, como falantes de variedades linguísticas não padrão ou populares, distintas das variedades faladas pelos grupos letrados, social e culturalmente dominantes – o "português de brancos". (Alkmim, 2009: 260)

A visão hierarquizada e estereotipada do uso da língua portuguesa por parte de africanos, verificada na ficção do século XIX, vai manifestar-se em outros gêneros discursivos, como nos anúncios de jornal da mesma época analisados por Lima (2015). A autora observa que *"90% dos anúncios de fuga de escravos trazem informações claras sobre a origem africana ou crioula do escravo, reafirmando um modo de funcionamento importante da sociedade escravista"* (Lima, 2015: 36).

A autora aponta nos jornais *Diário do Rio de Janeiro* e *Jornal do Comércio,* publicados no Rio de Janeiro entre 1821 e 1870, elementos descritivos relevantes para o estudo da linguagem dos africanos: o desaparecimento do uso da designação *boçal*, entre 1850-1870, que foi substituída por expressões como "não fala muito bem" ou tem a "fala um tanto atrapalhada" e, na mesma época, a quase ausência de menção ao fato de que o escravo estaria aprendendo português, para evitar a suspeita de um desembarque clandestino (Lima, 2015: 37). Segundo esse estudo, as descrições do conhecimento e uso da língua portuguesa por parte de 361 africanos revelam o seguinte resultado: 40,7% dos indivíduos apresentam "boa habilidade na língua portuguesa"; 17,7% possuem "fraca habilidade na língua portuguesa" (*ladino, fala como um crioulo, bem falante*); 23% caracterizam-se por "média habilidade na língua portuguesa" (*fala atrapalhada, fala embaraçada, fala o português muito mal* etc.); os restantes distribuem-se por outras características como "em processo de aprendizagem"; "características de fonação"; "características de cunho psicológico ou de gestual"; "só com indicações de falar outro idioma (4 indivíduos, que falam francês, espanhol ou inglês); "inclassificáveis" e "sem informações sobre a fala" (Lima, 2015: 34-35).

Como os anúncios de jornal apresentam uma linguagem mais próxima da fala cotidiana, menos formal, as constatações que se podem extrair desses documentos revelam uma fronteira fluida entre o falar bem e falar mal, e evidenciam que:

> Não só os africanos utilizavam a linguagem e outros elementos para atravessar as fronteiras: Eva era uma crioula, que "costuma dizer que é de nação" (JC, 18/07/1849). Ou Antonio, crioulo, que "fala também as línguas de Moçambique" (JC, 04/11/1846). (Lima, 2015: 39-40)

Mas o que dizer sobre as outras línguas que falavam os africanos? A literatura e a imprensa escrita não oferecem dados sobre essa questão, mas encontramos outras fontes documentais que nos oferecem pistas sobre as línguas transplantadas da África, como veremos a seguir.

AS LÍNGUAS AFRICANAS TRAZIDAS PELO TRÁFICO

Correlacionando as informações históricas às línguas faladas nas regiões de proveniência dos africanos, Bonvini (2008: 30) afirma que as línguas provavelmente transplantadas correspondem a duas grandes áreas linguísticas: a área oeste-africana e a área austral.

A área oeste-africana, caracterizada pelo maior número de línguas, tipologicamente muito diversificadas, está representada, sobretudo, pelas línguas do tronco nigero-congolês,[3] uma língua afro-asiática e outra nilo-saariana. Apresentamos a seguir a indicação das línguas que provavelmente teriam chegado ao Brasil, segundo Bonvini (2008: 30), separadas pelas suas classificações em troncos (designações mais gerais), famílias (subdivisões dos troncos) e grupos, de acordo com a classificação mais atual para as línguas africanas (Heine e Nurse, 2000):

Do tronco **nigero-congolês**:
Famílias:
atlântica: *fula, uólofe, manjaco, balanta;*
mandê (sobretudo, o *mandinga*); *bambara, maninca, diúla*;
gur: subfamília *gurúnsi*;
***cuá* [*kwa*]** (subgrupo *gbe*): *eve, fon, gen, aja* (designadas pelo termo *jeje* no Brasil);
ijoide: *ijó*;
benue-congolesa:
    defoide: falares *iorubás,* designados no Brasil pelo termo *nagô-queto*;
    edoide: *edo*;
    nupoide: *nupe* (*tapa*);
    iboide: *ibo*;
    cross-river: *efique, ibíbio*;
Do tronco ***afro-asiático: chádica:*** *hauçá*;
Do tronco ***nilo-saariano: saariana:*** *canúri*.

A área austral, representada essencialmente pelo subgrupo ***banto*** (do tronco nigero-congolês, família benue-congolesa), está limitada à costa oeste (atuais Repúblicas do Congo, República Democrática do Congo e Angola) e somente mais tarde estendeu-se à costa leste (Moçambique). Foi menor o número de línguas transplantadas dessa região, mas foram faladas pelo maior número de cativos. Segundo Bonvini (2008: 30-31), teriam sido essas as línguas bantas transplantadas, aqui identificadas pela classificação de Guthrie (1948), que indica por uma letra e um número a localização geográfica e a classificação da língua dentro do grupo:

H10 *congo* (*quicongo*): *quissolongo, quissicongo* (*quissangala*), *quizombo, quissundi* (falada pelos bacongos, numa zona correspondente ao antigo reino do Congo) e *quivíli, iuoio* (fiote), *quiombe* (faladas em Cabinda e em Loango);
H20 *quimbundo* (falada pelos ambundos, na região central de Angola, correspondendo ao antigo reino de Ndongo), *quissama, quindongo*;
H30 *iaca-holo*: *iaca, imbangala, chinji*;
K10 *chôcue*: *uchôcue, ochinganguela, chilucazi, luena* (*luvale*);
L30 *luba*: *chiluba-cassai* (*lulua*);
L50 *lunda*: *chilunda, urunda*;
P30 *macua*: *omacua*;
R10 *umbundo* (falado pelos ovimbundos na região de Benguela, em Angola): *umbundo, olunianeca*;
R20 *cuaniama, indonga*: *ochicuaniama, cuambi*;
R30 *herero*: *ochiherero*.

O mapa que segue indica as regiões de onde partiram e as cidades a que foram levados os africanos durante o tráfico negreiro: Munanga (2009, apud Petter; Cunha, 2015: 224).

Mapa 1 – Principais rotas do tráfico transatlântico

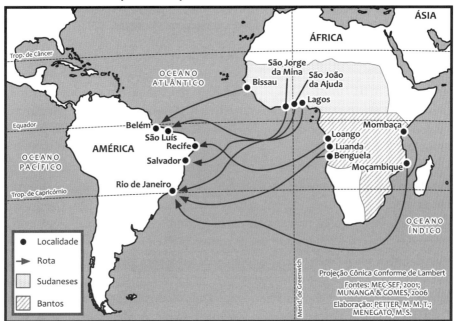

Fonte: Munanga, 2009, apud Petter e Cunha, 2015: 224

Era grande, portanto, a diversidade linguística trazida da África, e ela veio somar-se ao multilinguismo da colônia, constituído de mais de mil línguas indígenas e do português. A interação linguística do lado africano teve seu início antes da chegada ao Brasil, como se observa ao examinar as condições em que o tráfico se realizou. Bonvini sintetiza, no trecho a seguir, a história do tráfico:

> Durante todo o século XVI, os portugueses detinham o monopólio do tráfico, desde o porto de Arguim [ilha da costa ocidental africana], as ilhas de Cabo Verde, até o forte de São Jorge de Mina (até 1637), passando pela ilha de São Tomé, acima do Equador. Esta será para os portugueses o primeiro grande centro de distribuição de escravos levados do continente. Depois, nos séculos XVII e XVIII, será Angola que exercerá esse papel centralizador, por intermédio de dois reinos negros, que prosperarão entre 1670 e 1750: um ao sul, denominado Benguela; outro ao norte, chamado Ndongo – donde o título ngólà, exclusivo dos chefes desse reino, que servirá para forjar o termo Angola para designar em seguida o conjunto do país – que será o grande reservatório de homens negros para o tráfico brasileiro (Mattoso, 1979: 26). Durante esse período, a iniciativa privada encarregar-se-á progressivamente do tráfico, havendo, no século XVIII, companhias domiciliadas no Brasil, cuja importância, dinamismo e flexibilidade levarão a estabelecer um comércio direto entre o Brasil e a África, evitando, assim, a etapa europeia e subtraindo-o, por causa disso, do esquema clássico do comércio triangular que os outros países colonizadores conhecem. (Bonvini, 2008: 27)

Como o comércio era feito a longa distância, primeiramente com regiões afastadas, muitos escravos vendidos nos portos dos estados comerciantes provinham de outras etnias, não apenas aquelas que habitavam regiões próximas do litoral. O pombeiro (recrutador de cativos) viajava pelo interior para trocar mercadorias (tecidos ou outros objetos) por escravos, mas também por marfim (Bonvini, 2008: 31).

O modo de reunir e transportar os africanos escravizados após longos meses de viagem nos traz elementos para entender como os falantes de línguas diversas interagiam. Nos lugares de embarque havia entrepostos de cativos. No Congo, em Angola, em Benguela, os portugueses privilegiaram o "depósito fixo" (*barracão*), abrigo que reunia um grande número de cativos para entregar todos juntos aos negreiros. Em Angola, também navios foram utilizados para guardar os escravizados. As embarcações ficavam permanentemente ancoradas num porto, tornando o grande número de cativos menos vulnerável aos ataques exteriores (Bonvini, 2008: 31).

A aproximação forçada e prolongada de falantes de línguas africanas diferentes, mas tipologicamente próximas, no caso das línguas bantas de Angola, pôde levar, de acordo com Bonvini (2008: 32) à adoção do quimbundo como língua veicular nesses "depósitos". Essa língua era falada em Luanda e ao longo do rio Cuanza até sua foz. Outro fato deve ser acrescentado ao contexto linguístico: no mesmo período, também ocorreu com a mesma intensidade o contato com a língua portuguesa, falada no interior, primeiramente pelos pombeiros e, em seguida, na costa africana pelos negreiros (transportadores de escravos) brasileiros. O tempo da longa travessia, que se passava nos porões dos navios e que durava aproximadamente 35 dias de Luanda a Recife, 40, até Salvador e 2 meses, até o Rio de Janeiro também deve ser considerado como um período em que falantes de línguas diversas negociavam formas de comunicação.

Não se pode esquecer que outros africanos escravizados continuavam a transitar pela ilha de São Tomé, onde ocorria um contato prolongado com o falar da ilha, um crioulo de base portuguesa, o são-tomense.

Os africanos cativos, que já viviam o multilinguismo na África, tiveram nos portos de embarque e na viagem uma nova experiência linguística com o plurilinguismo brasileiro, que acrescentava ao repertório de línguas africanas a língua portuguesa dos senhores. Essa situação poderia explicar a adoção de uma língua veicular africana (o quimbundo, no caso de africanos oriundos da área banta) ou do emprego da língua portuguesa (Bonvini, 2008: 32).

A documentação sobre o uso de línguas africanas no Brasil é muito restrita, mas os registros disponíveis confirmam o uso de algumas delas, como se verá na sequência.

Línguas africanas documentadas: séculos XVII ao XIX

Dois trabalhos – um do século XVII e outro do século XVIII – são marcos históricos da presença de línguas africanas no Brasil.

O primeiro texto é a obra escrita pelo padre Pedro Dias, a *Arte da lingua de Angola, oferecida a Virgem Senhora N. do Rosario, Mãy & Senhora dos mesmos Pretos,* pelo padre Pedro Dias da Companhia de Jesu (como aparece no frontispício), publicada em Lisboa em 1697, na oficina de Miguel Deslandes, impressor de sua Majestade, mas redigida no Brasil, em Salvador. Seu autor era português de origem, mas vivia no Brasil desde sua infância; era jesuíta, jurista e médico. Seu trabalho, de 48 páginas, é a gramática da língua quimbundo, falada em Salvador pelos africanos escravizados oriundos de Angola. Acredita-se que esses seriam numerosos, pois o padre Vieira afirmava que, nos anos 1660, havia 23 mil africanos catequizados na língua de Angola. Destinava-se a facilitar o trabalho dos jesuítas que lidavam com os negros, com o objetivo de facilitar-lhes o aprendizado dessa língua, visto que não havia ainda nenhuma gramática sobre o quimbundo. Pedro Dias terminou sua gramática em 1694 e encarregou o jesuíta Miguel Cardoso, natural de Angola e que falava correntemente essa língua, de revisá-la antes da publicação, que aconteceu em 1697 (Petter, 2006: 127).

A importância científica dessa obra é imensa. Primeiramente, para a África, porque é a primeira gramática sistemática do quimbundo, depois, para o Brasil, por várias razões.[4] Esse trabalho testemunha o emprego corrente naquela época de uma língua africana, o quimbundo, pelos escravos oriundos de Angola, que poderiam não ser falantes nativos da língua, mas que dela se serviam para suas interações com os demais africanos. Trata-se de uma língua plenamente africana, próxima da que se fala hoje em Angola, que não se confunde com um pidgin nem com um crioulo (Bonvini, 2008: 38). Esse fato é importante, pois permite que se correlacione a data da redação da gramática (1694) à da destruição do Quilombo de Palmares (1695). Poderia, então, ter sido o quimbundo, como pensam muitos estudiosos, a língua africana utilizada naquela comunidade constituída em sua maioria por negros fugitivos (Bonvini e Petter, 1998: 75). O outro grande interesse dessa obra reside no fato de retomar parcialmente o plano e o título da obra de José de Anchieta, a *Arte de gramatica da lingua mais usada na costa do Brasil*. No entanto, o trabalho de Dias distingue-se claramente do de Anchieta; ao romper com o paradigma das declinações do modelo latino dos "casos", encerra o debate sobre a interpretação das classes nominais: ao tratar dos nomes, observa que a mudança da sílaba inicial indica o singular e o plural. Sua contribuição maior para a compreensão do quimbundo e das línguas do grupo banto foi depreender, embora de forma embrionária, o sistema de concordância para o adjetivo, os pronomes e a terceira pessoa do verbo, ou seja, o sistema de concordância das classes nominais (Bonvini, 1996: 145).

Esse documento assume outra importância porque revela que, no século XVII, na Bahia, onde se concentrava a maior população negra da época, uma língua africana pelo menos era utilizada pelos negros escravizados, a ponto de chamar a atenção dos jesuítas que desejavam conhecê-la para catequizar seus falantes.

O segundo documento sobre línguas africanas faladas no Brasil é *Lingoa g^{al} de Minna, traduzida ao nosso Igdioma, por Antonio da Costa Peixoto, Curiozo nesta Siencia, e graduado na mesma faculdade: E.º* – título que aparece no frontispício do manuscrito *Obra Nova da Língua Geral de Minna*, redigido em Ouro Preto por Antonio da Costa Peixoto, publicado em 1731, com uma segunda edição em 1741. Esse documento retrata uma situação linguística particular, resultante da concentração, no quadrilátero mineiro de "Vila Rica–Vila do Carmo–Sabará–Rio dos Montes", de 100 mil escravos – regularmente renovados durante um período de 40-50 anos – originários da costa do Benim (designada "Mina" e situada, *grosso modo*, entre Gana e Nigéria). Essa situação deu origem a uma variedade veicular tipologicamente próxima das línguas africanas dessa mesma costa. Atualmente, as línguas faladas na região de origem dos escravos estão classificadas no subgrupo gbe, do grupo kwa, da família nigero-congolesa. Nesse subgrupo, há uns 50 falares, dos quais os mais conhecidos são o eve, o fon, o gen, o aja, o gun e o mahi, que poderiam estar presentes na região mineira da época em que a *língua geral* foi registrada.

A emergência de uma língua veicular africana se explica pela economia da comunicação, pela necessidade de ultrapassar o esfacelamento desses diversos falares muito próximos tipologicamente da língua africana utilizada nas minas, no século XVIII. Esse texto, só publicado em 1945, em Lisboa, é o documento mais "precioso" sobre as línguas africanas no Brasil, porque testemunha a existência de uma língua veicular africana designada como *língua geral,* provavelmente em referência à língua geral indígena (Bonvini e Petter, 1998: 75-76).

O manuscrito de Antonio da Costa Peixoto, redigido com a intenção de facilitar aos senhores de escravos o aprendizado da língua utilizada nas minas, desvenda, ainda, uma mudança no panorama linguístico africano no Brasil: no século XVIII são as línguas da costa do Benim que estão em evidência, pelo menos nas regiões economicamente mais ativas e tendo em vista a ausência de documentos sobre o restante do país.

Do ponto de vista linguístico, esse manuscrito se apresenta como uma lista de vocábulos em língua africana, traduzidos para o português, organizados por campos semânticos; traz também alguns diálogos e frases necessárias à comunicação mais urgente.

Castro publicou um ensaio crítico de cunho etnolinguístico sobre o manuscrito de Peixoto, considerando-o de caráter polivalente, que *"reúne elementos verdadeiros para a história e a sociologia do negro brasileiro nos tempos coloniais"* (Castro, 2002: 25). A autora identifica a língua como "mina-jeje", de base lexical fon, fundamentalmente. Para Bonvini (2008: 45), a língua *mina* seria, na verdade, um falar veicular de base gbe (designação de um conjunto de línguas faladas no Togo e no Benim) em fase de pidginização. O que se pode assegurar é que se trata de um documento revelador de um fato linguístico inédito: a presença de uma língua veicular africana, sem qualquer mescla aparente com o português, seja no léxico, na sintaxe, ou mesmo na fonologia (Petter, 2006: 128). No entanto, essa "língua", ou melhor, seu vocabulário, não permaneceu no português falado no Brasil, nem mesmo na região mineira. No entanto, segundo Castro (2002: 27),

"[...] esses falares [...] terminaram por implantar as bases da estrutura conventual dos terreiros de tradição mina-jeje no Brasil [...]."

Embora o século XIX não nos ofereça uma documentação especificamente linguística como a dos séculos precedentes, confirmam-se dois fatos: a existência de um plurilinguismo africano, sobretudo em Salvador, e a identificação de uma maneira particular de expressão em português dos negros escravizados.

Nina Rodrigues inicia em 1890 estudos de Antropologia Afro-brasileira em Salvador e, embora reconhecendo sua falta de preparo para abordar o problema linguístico, formula as questões fundamentais para o conhecimento das línguas africanas faladas no Brasil: quais foram as línguas africanas faladas no Brasil? Que influência elas exerceram sobre o português do Brasil? (Rodrigues, 1977: 121-152). Contribui para dar resposta à primeira indagação registrando dados linguísticos relevantes: coletou uma lista de 122 palavras de cinco línguas africanas diferentes, faladas na época em Salvador: "grunce" (gurúnsi), "jeje" (mahi) (eve-fon), "haussá", "canúri" e "tapa" (nupe). A respeito do "nagô ou iorubá" afirma ser a língua mais falada na Bahia *"tanto pelos velhos africanos, de todas as origens, quanto por um grande número de crioulos e de mestiços"* (1977: 132). Destaca o fato de que o nagô é a língua religiosa do culto "jeje-iorubá" (candomblé) e reproduz três cânticos com tradução (Bonvini e Petter, 1998: 76).

O trabalho de Nina Rodrigues (1977 [1890-1905]) tem uma grande importância histórica – mesmo não tendo estendido sua pesquisa para as línguas do grupo banto, faladas pelos "congos" e "angolas", cuja existência, no entanto, reconhece em Salvador –, porque atesta o plurilinguismo africano que não sobreviveu por um longo período, por ter-se reduzido a um monolinguismo, com a predominância do iorubá, logo depois da abolição.

A formação da identidade "iorubá", que vai ser evidenciada em muitos trabalhos, só vai acontecer em finais do século XIX, ou seja, todos os grupos linguísticos desta zona geográfica que compreende a Nigéria atual tinham, até aquele momento, outra denominação, e só foram percebidos como "iorubás" neste período, em que uma "identidade coletiva" acabou por ser forjada.

Nina Rodrigues observa a realidade linguística do país como um todo e relata como se realizava a inserção dos africanos na sociedade brasileira:

> Destarte, ao desembarcar no Brasil, o negro novo (= recém-chegado) era obrigado a aprender o português, para falar com os senhores brancos, com os mestiços e os negros crioulos, e a língua geral para se entender com os parceiros ou companheiros de escravidão (p. 123). [ela precisa que] duas, as que foram adotadas como línguas gerais, predominavam no país; a nagô ou iorubá na Bahia, a quimbunda ou congolesa no norte e no sul. (Rodrigues, 1977: 129)

A menção da autora a uma "língua geral" africana (quimbundo/quicongo ou iorubá/nagô) utilizada pelos "parceiros da escravidão" nos remete à questão das línguas gerais indígenas e de seu uso pelos habitantes da colônia da América.

As línguas gerais serviriam à comunicação interétnica entre falantes de línguas diferentes convivendo em um mesmo espaço geográfico. A política linguística dos portugueses procurou fortalecer a chamada *língua geral paulista,* falada no litoral brasileiro, a partir do tupi de São Paulo. Eles investiram também na *língua geral amazônica,* formada a partir do tupinambá, que era uma língua de filiação tupi, falada na costa do Salgado entre São Luís do Maranhão e Belém (Bessa-Freire, 2008: 127). Nas províncias que impulsionavam o projeto colonial brasileiro, Pernambuco e Bahia, a mão de obra escrava servia-se de uma língua geral africana, como já vimos no estudo de Nina Rodrigues.

Sobre o uso de língua geral indígena por africanos, Bessa-Freire (2008: 138) apresenta dois testemunhos. No primeiro, uma carta de Xavier de Mendonça, governador do Grão-Pará, em 1755, comunica ao irmão, marquês de Pombal, o uso da língua geral indígena por todos: portugueses, mestiços e negros. O segundo registro é de 1820, sobre uma observação que Spix e Martiurs fazem sobre um informante deles, um negro de duas ou três gerações na Amazônia, competente em língua geral, que conhecia o sistema de taxonomia das plantas nessa língua. Segundo Bessa-Freire,

> [...] essa foi a língua da Amazônia que se expandiu com o apoio da Coroa portuguesa, porque naquele quadro de diversidade linguística era ela que viabilizava o projeto colonial por poder se constituir em língua de comunicação interétnica, o que não podia ocorrer com a língua portuguesa naquele momento. (2008: 138)

Línguas africanas documentadas a partir do século XX

A importante mudança socioeconômica promovida pela abolição da escravidão e pelo desenvolvimento da cultura do café, no final do século XIX, provocou a redistribuição dos africanos por todas as regiões do país e promoveu a difusão da língua portuguesa para todos os habitantes da nação. Nessa nova ordem social, as línguas africanas foram perdendo seu espaço de utilização, deixando de ser usadas em alternância com o português. As línguas gerais veiculares (quimbundo, "mina", iorubá) passaram a ter seu emprego restrito a certos ambientes, seja sob a forma de línguas rituais reservadas aos cultos afro-brasileiros, seja sob a forma de línguas "secretas": Bonvini (2008: 50). Essas línguas, rituais e secretas, ficaram confinadas nos seus ambientes de uso, com um contato muito restrito com as variedades de português faladas externamente ao seu espaço de prática. Essas manifestações linguísticas, muito mais do que meios de comunicação, vão constituir-se como elementos distintivos de identidade para seus falantes (Petter e Cunha, 2015: 232).

As línguas africanas presentes nos cultos afro-brasileiros desempenham um papel importante na identificação da casa de culto. Nessas casas, há "um repertório linguístico diferenciando as modalidades de candomblé às quais se dá o nome de *nações* e, embora as cerimônias públicas sejam muito similares em sua estrutura, cada *nação* cultua as suas divindades em sua língua ritual, chamada de *língua-de-santo*, cujos falantes se denominam *povo-de-santo*" (Monadeosi, 2015: 251). Muito embora haja mistura de línguas africanas em todas as casas, distinguem-se pela língua predominante as diferentes nações de candomblé: *nagô* [iorubá]; *jeje* [eve, fon]; *angola* [quimbundo/quicongo/umbundo]. As línguas africanas têm nesse contexto uma função litúrgica e seu uso fica restrito aos iniciados e praticantes. Muitas vezes encontram-se enunciados inteiros em língua africana, como nos cânticos e em algumas fórmulas rituais, mas, o que se destaca como *africano* é o léxico, que aparece em sentenças construídas dentro da sintaxe do português.

As chamadas "línguas secretas" estão abrigadas em comunidades constituídas por afrodescendentes localizadas nos estados de São Paulo (Cafundó) e Minas Gerais (Tabatinga). Até o presente só se tem registro dessas duas localidades que estão documentadas em duas publicações principais: Vogt e Fry (1996) sobre o Cafundó, e Sônia Queiroz (1998) sobre a Tabatinga.

O Cafundó, bairro rural da cidade de Salto de Pirapora, está situado a 150 km de São Paulo. Desde quando foi descoberto, em 1978, vem sendo objeto de publicações de Vogt e Fry, sobretudo. A comunidade é constituída majoritariamente por descendentes de africanos, que conservaram o uso de um reduzido léxico de base banta, que é utilizado dentro estrutura morfossintática do dialeto rural da região. O léxico de origem africana contém cerca de 160 itens, com 15 verbos e 2 advérbios. A maioria de seus falantes possui um conhecimento passivo desse repertório, visto que seu uso efetivo vem diminuindo, mantendo-se apenas na comunicação de alguns adultos. As crianças, hoje, aprendem esporadicamente alguns vocábulos, como o nome de alimentos e de alguns animais. Para os cafundoenses, a mais importante função da "língua", ou da *cupópia*, como a identificam, é a de código secreto, restrito a membros da comunidade. O uso secreto dessa língua cumpre, na verdade, uma função lúdica, para enganar os desavisados. Dessa forma, os falantes se distinguem como descendentes de africanos, superiores a toda degradação social e econômica de que são vítimas (Vogt e Fry, 1996).

A Tabatinga, uma área da periferia de Bom Despacho, em Minas Gerais, foi tema da dissertação de mestrado de Sônia Queiroz, defendida na Universidade Federal de Minas Gerais sob o título *Pé preto no barro branco: a língua dos negros da Tabatinga*, em 1983. Esse permaneceu o título da sua publicação em livro, que só foi feita em 1998. Analisando a "língua da costa" e comparando-a à do Cafundó, com quem compartilha – além do uso como forma de "ocultação" – muitos elementos lexicais e gramaticais, a autora conclui que a língua do Negro da Costa funciona como *"um sinal diacrítico que marca o grupo de negros da Tabatinga por oposição aos brancos do centro da cidade"* (Queiroz, 1998: 106).

A "língua do Negro da Costa" ou a 'língua da Tabatinga" é falada por um grupo de negros da cidade de Bom Despacho (MG), situada a 140 km de Belo Horizonte. Tabatinga, antigamente *"um aglomerado de casinhas de capim espalhadas pelo morro de argila branca que veio dar o nome ao lugar"*, hoje é uma rua da periferia de Bom Despacho (Queiroz, 1998: 50). "Língua" muito próxima gramaticalmente do "português popular brasileiro", mais especificamente do dialeto da região, possui um pequeno vocabulário de origem banta, com muitos termos semelhantes aos do Cafundó. Utiliza morfemas derivacionais e flexionais do português, embora uma análise diacrônica pudesse identificar em diversos termos prefixos de origem africana, os morfemas identificadores de classes nominais, como, por exemplo *ca-* de *camona* "criança", reconhecido nas línguas do grupo banto como marca do diminutivo (Queiroz, 1998: 79).

A língua da Tabatinga é adquirida na juventude, numa faixa etária entre 11 e 20 anos, entre amigos e não se transmite como língua materna. Tem, também, a exemplo do Cafundó, um uso lúdico, com a finalidade de "ocultação". Tem o caráter de língua de resistência cultural, que atualiza para seus falantes *"a sua identidade africana, através da tradição linguística"* (Queiroz, 1998: 106).

As duas comunidades negras, além de terem em comum um léxico de origem banta, manifestam o sentimento de falar uma língua africana, pois o fato de nomear de forma diferente dá-lhes a ilusão de que se trata de outro idioma, mesmo que a fonologia, a morfologia e a sintaxe sejam do português (Petter, 2006, 122). Convém notar que essas "línguas" não se difundiram para as comunidades vizinhas, ficaram confinadas em seus ambientes de uso, visto que se alimentavam da vontade de ocultamento.

No caso da comunidade da Tabatinga, Petter (2013) formulou uma hipótese para explicar a formação dessa "língua" correlacionada à incidência maior de termos provenientes do umbundo. A explicação se prende ao fato de que, após o declínio da mineração, muitas cidades ficaram desertas e outras mudaram de atividade, como foi o caso da região de Bom Despacho – onde se localiza a Tabatinga –, que passou a dedicar-se à atividade agropecuária. Se por um lado o deslocamento dos centros econômicos no país provocou migrações internas e o surgimento de pequenos centros urbanos, por outro deixou muitas pequenas localidades isoladas. Essa circunstância pode explicar o porquê da não difusão pelo país dos termos de origem africana utilizados na Tabatinga e, podemos acrescentar, das palavras de mesma origem usadas no Cafundó. A história social das comunidades, relacionadas ao passado escravocrata, pode explicar a necessidade de manter um código linguístico de uso exclusivo do grupo, que afastasse da comunicação os que dele não fizessem parte, garantindo assim a preservação da *língua*.

A explicação da preponderância de itens lexicais de origem banta está relacionada com os períodos de introdução de africanos na região. Segundo Luna e Costa (2009: 29), nas regiões mineiras de Pitangui (cidade a que pertencia Bom Despacho até 1880), Itatiaia e São João del-Rei, no ano de 1718, é pequena a discrepância entre os pesos relativos de escravos bantos e sudaneses (da África ocidental, ao norte do Equador); os bantos atingem a proporção de 55,4% e os sudaneses correspondem a 44,6%. Os dados exclusivos de Pitangui, dos anos 1718 a 1723 confirmam a pequena diferença entre os dois grupos etnolinguísticos. No ano de 1723, os sudaneses correspondiam a 49,8% dos escravos locais, enquanto os bantos compreendiam 50,2% da população escrava africana. Os autores concluem que o número de escravos provenientes da área banta passam a predominar no período de decadência da exploração aurífera, no século XIX. Esse dado nos permite levantar a hipótese de que a *língua da Tabatinga* tenha-se formado nesse período, quando o número de escravos falantes de línguas bantas suplantou os da África ocidental, os sudaneses, falantes de línguas do grupo gbe, que tinham sido trazidos para o trabalho nas minas.

> A predominância de termos do umbundo pode ser correlacionada aos dados que temos sobre o tráfico: a partir da segunda metade do século XVIII, o apresamento de escravos deslocou-se de Luanda para Benguela, para o planalto do Bié, terra dos ovimbundos, falantes de umbundo, identificados no Brasil como benguelas. É interessante notar que os benguelas formaram em São João del-Rei, cidade mineira localizada no sudeste de MG, um grupo coeso que se organizou como uma congregação de caráter étnico, em 1803, incluindo escravos e forros procedentes da região de Benguela (Brugger e Oliveira, 2009). Não se tem notícia da existência em Bom Despacho de uma associação do mesmo tipo, mas talvez o mesmo espírito de solidariedade tenha existido entre os benguelas que foram deslocados para a Tabatinga e seja ele o responsável pela manutenção de muitos termos originários de sua língua, ao lado de outros provenientes de outras línguas bantas de Angola. (Petter, 2013: 98)

Vários estudos sobre a linguagem de comunidades quilombolas foram publicados, mas em nenhum deles se apontam palavras de origem africana interagindo com o português da mesma forma que se verificou no Cafundó e na Tabatinga.[5]

Uma tese de doutorado sobre a linguagem de quilombos foi defendida em 1991 na Universidade Estadual de São Paulo-Assis por Mary F. do Careno: *Vale do Ribeira: a voz e a vez das comunidades negras* (1997). Com o objetivo de descrever o dialeto da região sul do estado de São Paulo, o Vale do Ribeira, a mais pobre do estado, a autora coletou amostras de fala espontânea de falantes de três comunidades: Abobral, Nhunguara e São Pedro. Careno não encontrou remanescente de línguas africanas no léxico; deparou com um dialeto rural em que, entre outros aspectos, se observam alguns fatos particulares: na morfossintaxe há variação da concordância de número e gênero e, na fonologia, encontram-se algumas ocorrências das africadas [tʃ], [dʒ] em contextos fonéticos não encontrados no PB, como em *cachorro* e *gente*.

O mais extenso trabalho, com análises morfossintáticas da fala de quatro comunidades quilombolas de diferentes regiões do estado da Bahia foi publicado em 2009, organizado por Dante Lucchesi, Alan Baxter e Ilza Ribeiro. Nesse estudo, os pesquisadores definem o conceito de *português afro-brasileiro*:

> *O português afro-brasileiro* designa aqui uma variedade constituída pelos padrões de comportamento linguístico de comunidades rurais compostas em sua maioria por descendentes diretos de escravos africanos que se fixaram em localidades remotas do interior do país, praticando até os dias de hoje a agricultura de subsistência. Muitas dessas comunidades têm a sua origem em antigos quilombos de escravos foragidos e ainda se conservam em um grau relativamente alto de isolamento. Dessa forma, o português afro-brasileiro guardaria uma especificidade no universo mais amplo do *português popular rural brasileiro* (ou, mais precisamente, *norma popular rural do português brasileiro*), não apenas pelas características sócio-históricas próprias às comunidades em que ele é falado, mas, sobretudo, pelas características linguísticas que o distinguiriam das demais variedades do *português popular do Brasil* (ou melhor, da *norma popular brasileira*). (Lucchesi, Baxter e Ribeiro, 2009: 32; grifos dos autores)

Além das referências às línguas rituais e "secretas" já apontadas, não há outros registros linguísticos sobre línguas africanas faladas hoje no Brasil. As comunidades reconhecidamente constituídas por afrodescendentes são marcadas por "características sócio-históricas próprias", que, apesar de apresentarem "características linguísticas" específicas, segundo os autores da citação, não se apresentam como ilhas de fala divergente no país, pois compartilham muitos traços linguísticos com a norma popular brasileira.

O CONTATO ENTRE LÍNGUAS AFRICANAS E PORTUGUÊS BRASILEIRO

O debate sobre os efeitos do contato entre as línguas africanas e o português brasileiro, tratado inicialmente como *influência* das línguas dos falantes africanos sobre a língua portuguesa que se implantou no Brasil, só mereceu a atenção de estudiosos a partir de 1930, como coadjuvante de uma polêmica em que se discutia a identidade da língua nacional. Nesse quadro, as línguas africanas foram avaliadas diferentemente, segundo os autores. Para alguns, seriam um elemento positivo, denotando a peculiaridade de nosso idioma diante do português europeu, mas, para outros, seriam um fator negativo, responsável pelos desvios impostos à língua portuguesa da antiga metrópole.

Publicadas em 1933, duas obras – *A influência africana no português do Brasil*, de Renato Mendonça e *O elemento afro-negro na língua portuguesa* de Jacques Raimundo – dão início à discussão sobre a presença de línguas africanas no português brasileiro (PB). Organizam-se aparentemente da mesma forma: reconstroem a história dos africanos que para cá foram transplantados, de origem banta e sudanesa, e apresentam uma relação de aspectos que consideraram de origem africana no PB, na fonologia, na morfologia e na sintaxe.

O livro de Mendonça (1933) teve mais duas edições; a segunda, aumentada e ilustrada, em 1935, e a terceira, em 1974, a que se acrescentou uma classificação de línguas africanas, mesmo que já superada desde os trabalhos de Greenberg (1963b). A obra contém um glossário com 375 termos considerados de origem africana, cujos étimos são encontrados no iorubá ou no quimbundo, unicamente. Deve-se destacar um aspecto relevante dessa lista de vocábulos: cada item lexical é acompanhado da indicação de seu contexto sociocultural de uso.

A obra de Raimundo (1933) também apresenta a mesma organização: identifica 309 palavras de origem africana presentes no PB, mas acrescenta ao seu levantamento 132 topônimos. Da mesma forma que Mendonça, a origem de todos esses itens lexicais é encontrada nas línguas iorubá e quimbundo, predominantemente.

Embora aparentemente semelhantes, os dois livros apresentam algumas diferenças fundamentais. Segundo Borges (2015: 122-3), os autores divergem na abordagem do contato e da mudança linguística dele decorrente. Mendonça tem preocupações de caráter sociocultural e considera que a mudança no panorama étnico e social é que gera a mudança linguística, observável não somente no léxico, mas em todos os níveis linguísticos, mesmo que em menor grau. Raimundo coloca ênfase no que teria ocorrido em Portugal, onde as mudanças fonéticas, por exemplo, são descritas como fenômenos linguísticos sistemáticos.

A situação brasileira é considerada decorrência do que ocorreu no país europeu, sem maior participação das línguas africanas.

Cabe notar que, embora as obras tratem de fonologia, morfologia e sintaxe, seus autores são lembrados e citados como fonte abonadora de muitas etimologias de palavras consideradas de origem africana.

Na década seguinte, autores com uma formação linguística sólida vão abordar a influência africana de modo mais tangencial, porque o foco de suas preocupações está concentrado na caracterização do português brasileiro, na análise interna da língua. As referências importantes são as obras *A língua do Brasil*, de Gladstone Chaves de Melo (1946), e *Introdução ao estudo da língua portuguesa no Brasil*, de Serafim da Silva Neto (1950). Os dois autores vão destacar a unidade cultural e linguística luso-brasileira, em decorrência da concepção de língua como reflexo e expressão da cultura. Melo resume a nova ordem:

> Verdade é que os elementos portugueses da nossa cultura foram elaborados, caldeados com os elementos indígenas e negro-africanos, tendo havido, mais modernamente, influências de fatores outros. Mas é muito certo também que o elemento português prevaleceu, dando a nota mais sensível de europeísmo à nossa cultura. (Silva Neto, 1950: 29)

Melo critica a visão pouco objetiva, "apaixonada", de Raimundo e Mendonça, salientando que alguns fatos linguísticos do PB, apresentados como fruto da influência africana, poderiam ser explicados pela própria deriva (direção de mudança) da língua portuguesa. Admite, no entanto, que a influência mais profunda das línguas africanas se faz sentir "*na morfologia, na simplificação e redução das flexões de plural e das formas verbais na fala popular*". Por isso, considera a influência africana mais profunda que a do tupi, embora reconheça que a contribuição africana ao léxico foi menos extensa do que a indígena. Reconhece, ainda, sem oferecer referência para sua afirmação, ter havido "*duas línguas gerais de negros no Brasil, de acordo com a procedência desses: o nagô ou iorubá na Bahia, e o quimbundo em outras regiões*" (Melo, 1981: 61-62).

Silva Neto, na segunda edição revista e aumentada de sua obra, de 1963, propõe-se a desenvolver um estudo apoiado na etnografia e história social do povo brasileiro. Já na introdução apresenta os pressupostos sob os quais se sustenta sua obra (1963: 14-15):

- o PB não é um todo, um bloco uniforme. É preciso distinguir seu uso nos diferentes contextos sociais e regionais;
- o colonizador trouxe falares de todas as partes de Portugal, os quais se fundiram num denominador comum, de notável unidade;

- o português introduzido a partir do litoral constituiu uma koiné que atingiu o interior com as bandeiras e entradas. Daí as características do português brasileiro: unidade e conservadorismo;
- a distinção dos diferentes estratos sociais da língua portuguesa no Brasil desde sua introdução: portugueses e seus filhos – português de notável unidade; aborígenes, negros e mestiços – crioulo ou semicrioulo. O português foi-se irradiando graças a seu prestígio de língua dos colonizadores e língua literária.

Para Silva Neto, as línguas africanas ou ameríndias no PB deixaram "cicatrizes de tosca aprendizagem", que tenderiam a diluir-se em favor da língua portuguesa, ideal de todos os que desejassem "ascender às classes sociais mais elevadas" (1963: 107-108). Admite, no entanto, que a influência africana se exerceu por "ação urbana" e por "ação rural" nas áreas onde houve grande concentração de mão de obra escrava. Reconhece que o "tipo de linguagem" depende da composição demográfica da região e do acesso à escola. Se a localidade estudada se origina de um antigo quilombo e se a escola não conseguiu expurgar o "*aprendizado imperfeito inicial, estamos diante de um dialeto crioulo, quer dizer, uma simplificação extrema do português mal aprendido e imperfeitamente transmitido*" (1963: 133).

Melo e Silva Neto não contestaram a influência africana, reduziram-na à contribuição passiva, que não chegou a alterar o caráter da língua portuguesa falada no Brasil. Silva Neto reconheceu a possibilidade de um dialeto crioulo em regiões que foram antigos quilombos, fato que não deixou de ser mencionado pelos autores que defenderam uma origem crioula para o português falado no Brasil.

Hipóteses explicativas do contato

O debate sobre a influência das línguas africanas no português brasileiro pode ser resumido em duas hipóteses explicativas principais, que ficaram conhecidas sob as denominações de *crioulização* ou *deriva*. A primeira defende a ação do contato linguístico, com uma participação mais ativa das línguas africanas; a segunda argumenta que as mudanças linguísticas ocorridas no PB já estariam previstas na língua portuguesa transplantada.

A tese de que o PB tenha resultado de um processo de crioulização foi retomada pelos linguistas Guy (1981, 1989), Holm (1987, 1992) e Baxter (1992). Sua argumentação fundamentava-se em fatos linguísticos e sociais. Os fatores linguísticos dizem respeito a aspectos morfossintáticos, como a variação da concordância de número no sintagma nominal e no sintagma verbal, entre outros fatos, que indicariam uma semelhança entre línguas crioulas e o PB. Os aspectos sociais referem-se à demografia: segundo os historiadores, o Brasil teria absorvido aproximadamente 40% dos africanos escravizados transportados para as Américas, ou seja, cerca de 3,6 milhões de indivíduos, sendo que, em certos períodos, a população afro-brasileira era nitidamente superior à europeia. A associação dos fatores linguísticos (semelhanças com línguas crioulas) aos sociais (grande número de falantes de línguas africanas) permitiria a defesa de que o PB teria passado por um período prévio de crioulização, de que se estaria afastando, atualmente, pela reaquisição das regras de concordância nominal e verbal, pela atuação mais eficiente do português culto (descrioulização). Mesmo sem documentação histórica sobre esse período de crioulização, os autores defendiam que as evidências coletadas na época de suas pesquisas sobre a linguagem de comunidades negras isoladas e alguns traços do português popular seriam vestígios de um momento anterior de crioulização. Mais recentemente, aqueles autores e outros a eles associados modificaram suas propostas e passaram a tratar a questão no quadro de crioulização leve, transmissão linguística irregular e reestruturação (Baxter e Lucchesi, 1997; Baxter, 1998; Lucchesi, 1999, 2000, 2003; Holm, 2004, apud Petter e Cunha, 2015: 241).

Tarallo (1993) e Naro e Scherre (1993) reagiram à hipótese da crioulização prévia. Para Tarallo, o PB não estaria tomando o caminho do português culto, mas estaria afastando-se da variedade europeia. Naro e Scherre (1993, 2007) confirmam a posição de Tarallo, afirmando que as mudanças do PB já estariam prefiguradas ao longo dos séculos no sistema linguístico do português, na deriva (direção definida de mudança). Argumentam que a variação na concordância nominal e verbal do português brasileiro não seria o resultado do contato de línguas, mas teria sua origem em mudanças que, por força de uma deriva românica, teve seu início em Portugal. Sem negar totalmente a influência do contato, os autores afirmam:

> O impulso motor do desenvolvimento do português do Brasil veio já embutido na deriva secular da língua de Portugal. Se as sementes trazidas de lá germinaram mais rápido e cresceram mais fortes é porque as condições, aqui, mostraram-se mais propícias devido a uma confluência de motivos (Naro e Scherre, 1993: 450).

Outras interpretações para o contato entre o português e as línguas africanas no Brasil

O léxico tem sido apontado como a prova mais evidente do contato de línguas, pois ele revela a história da língua e registra, portanto, aos possíveis contatos linguísticos e culturais de seus falantes. Se por um lado o vocabulário manifesta o contato, por outro, a incorporação de termos novos não implica, necessariamente, mudança na língua. É conhecido o caso de línguas que têm um léxico importante emprestado, mas nem por isso perderam sua identidade linguística, como o suaíli, língua banta, que emprestou muitos termos do árabe (Petter, 2011: 267).

O português emprestou termos de várias línguas, dentre elas as indígenas (LI), em maior número, e africanas. Segundo o inventário de Castro (2001), são 3.517 os termos de origem africana no PB. A maior parte desses termos refere-se ao universo religioso, seguido dos termos relativos a culinária, música, dança etc. Trata-se de um léxico especializado, muitas vezes de uso regional. O vocabulário efetivamente empregado, de uso geral, é bem menos extenso. Para verificar o emprego desse léxico, independente de um contexto específico, Alkmim e Petter (2008) fizeram um levantamento das palavras de origem africana de uso geral no Brasil, hoje, pertencentes ao vocabulário comum – aquele que está livre de qualquer emprego especializado –, buscando evidenciar sua integração, mobilidade e vitalidade. A pesquisa consistiu na elaboração de um *corpus* a partir dos registros lexicais apresentados por Castro (2001). Inicialmente, estabeleceu-se uma lista com cerca de 400 vocábulos pertencentes aos níveis 3, 4 e 5 conforme classificação da autora (linguagem popular, cuidada e corrente na Bahia e no português do Brasil em geral), isto é, termos do vocabulário comum, que exclui os termos integrantes dos níveis 1 (linguagem de santo) e 2 (linguagem do povo de santo), conforme Castro (2001: 80).

A investigação visou a verificar o conhecimento dos termos selecionados por falantes de várias regiões brasileiras. Alguns itens foram excluídos da pesquisa, como aqueles referentes a regionalismos evidentes, religião, música, comidas reconhecidamente de origem africana e palavras chulas (por serem termos de coleta difícil). A análise levou à identificação de 56 vocábulos que são comuns ao universo dos informantes pesquisados.

A análise inicial dos resultados obtidos levou à separação dos termos em três categorias: **categoria 1**, que inclui termos que podem ser usados em qualquer interação social (30 vocábulos): *abada, banzo, caçamba, cachaça, cachimbo, caçula, candango, canga, capanga, carimbo, caxumba, cochilar, corcunda,* *dengo, fubá, gibi, macaco, maconha, macumba, marimbondo, miçanga, molambo, moleque, moringa, quilombo, quitanda, quitute, senzala, tanga, xingar*; **categoria 2**, que é constituída de termos informais, de uso coloquial que, eventualmente, dependendo da situação, são substituídos por outros (9 vocábulos): *bamba/bambambã, banguela, cafuné, catimba, catimbeiro, catinga, mandinga, muamba, muxoxo*; **categoria 3**, em que constam termos marcadamente informais, de uso restrito (17 vocábulos): *angu ('confusão'), babaca, babau, biboca, bunda, cafofo, cafundó, cambada, cucuia, muquifo, muquirana, muvuca, muxiba, quizumba, sacana, ziquizira, zumbi.*

Conforme etimologia indicada por Castro (2001), todos os termos selecionados pela pesquisa, exceto *abadá* e *gibi*, são originários de línguas bantas. Essa evidência se explica pelo fato de ter sido mais antigo o contato do português com línguas bantas, de Angola, principalmente, desde o século XVI, de que resultou a incorporação de um vocabulário de uso geral e mais resistente às mudanças. Não foi identificado nenhum empréstimo que tenha tido uso exclusivo em Moçambique. As línguas da área oeste africana – faladas ao norte do Equador – chegaram mais tarde (séculos XVIII e XIX) e atuaram em domínios específicos, como religião, música, dança, culinária, áreas não investigadas pela referida pesquisa.

Houve uma adaptação dos vocábulos de origem africana à fonologia, morfologia e sintaxe do português. No nível fonológico, em que línguas africanas apresentam sistemas consonantais mais diversificados, com consoantes labiovelares (kp, gb) e pré-nasalizadas (mp, nd etc.), por exemplo, houve redução dos segmentos. No caso das pré-nasalizadas, a nasalidade desapareceu ou foi transferida para a vogal adjacente. Ex: nzu.mbi > zum.bi; nga.nza > gan.zá. Nenhum morfema gramatical foi emprestado. No caso das línguas bantas, alguns morfemas – prefixos de classe de plural – foram incorporados à palavra, mas perdendo seu significado de plural. É o caso de marimbondo/marimbondos. Em quimbundo, *ma-* é o prefixo plural que substitui o prefixo do singular, zero nesse caso, de Ø-rimbondo (sg) / ma-rimbondo (pl). A informação de plural do prefixo *ma-* não poderia ter sido emprestada pelo português, língua que marca essa noção por meio de sufixos (Petter e Cunha, 2015: 243).

A fonologia é um aspecto que distingue o PB do português europeu, principalmente no que se refere à estrutura silábica, preferencialmente com sílabas abertas, CV (consoante-vogal) no PB. Souza (2011) examina as sílabas de um conjunto de línguas africanas que provavelmente tenham sido transferidas pelo tráfico para o Brasil, compara os padrões silábicos identificados à estrutura silábica do PB e afirma ser possível que o contato prolongado com muitas línguas africanas que apresentam a mesma característica tenha contribuído para que o PB revele a mesma tendência. O autor pondera ainda que, apesar de as sílabas CV serem o tipo mais comum nas línguas em geral, as línguas românicas não evoluíram no sentido de um aumento do número de sílabas CV, como se verifica no PB (adevogado, pissiquiatra, por exemplo). O português do Brasil estaria então se distanciando das línguas românicas e do português europeu, que tende a eliminar as vogais e a diminuir o número de sílabas de certas palavras, como em telefone [tlfɔn] (Souza, 2011: 134). O mesmo fato (inserção de vogal para desfazer encontros consonantais) é observado no português angolano e moçambicano, onde são faladas línguas do grupo banto, caracterizadas pelo padrão silábico CV (Petter, 2008).

De acordo com Bonvini (2008a), a integração semântica de palavras de origem africana foi mais complexa. Três situações podem ser consideradas:

- as palavras de origem africana podem ter mantido o sentido de partida, integral ou parcialmente: *caçula, miçanga, xingar*;
- as palavras podem ter chegado, mas aqui adquiriram novos sentidos, como *zumbi*, que significaria em Angola 'alma do defunto, com a possibilidade de se manifestar no mundo dos vivos', que é empregado hoje, no Brasil, com diversos significados, dentre os quais o de 'fantasma', 'indivíduo que só sai à noite', 'chefe do quilombo de Palmares' (Bonvini, 2008a: 135);
- pode ter chegado o sentido sem o suporte verbal, que pode corresponder aos decalques, ou seja, significados africanos expressos em termos do português, como também pode resultar em empréstimo semântico-sintático, em que se transferem estruturas sintáticas.

É nessa terceira possibilidade que se situa uma área de pesquisa ainda inexplorada no Brasil, aquela em que a estrutura sintática é determinada pela semântica e sintaxe africanas manifestadas no léxico.[6] É, portanto, o léxico do português, utilizado pelo falante africano, que pode oferecer informações importantes sobre o contato que levou a mudanças no PB. Negrão e Viotti (2008) fizeram a primeira tentativa de análise de sentenças impessoais do PB aproximando-as de sentenças passivas do quimbundo. A partir de sentenças como: "A ponte construiu rápido", que tem sido interpretada como uma sentença passiva com omissão do 'se' apassivador, e "Esse trem já perdeu", em que essa mesma análise (passiva com 'se' omitido) não pode ser feita, visto que o verbo 'perder' não admite construção passiva porque o sujeito não tem controle sobre a ação expressa pelo verbo, as autoras sugerem que se examinem essas construções do PB em comparação com construções de passiva impessoal do quimbundo. O quimbundo apresenta passivas com sujeito indeterminado e deslocamento à esquerda, como o exemplo que aqui transcrevemos, com alguns acréscimos na glosa, extraído de Givón (2002: 208-209), citado pelas autoras Negrão e Viotti (2008: 199).

    a. Deslocamento à esquerda
Nzua   aana   a-mu-mono
João   crianças   ms(elas)-mo(ele)-ver
"João, as crianças o viram."

    b. Deslocamento à esquerda com pronome indeterminado
Nzua   a-mu-mono
João   MS(elas/eles)-MO(ele)-ver
"João, elas/eles (impessoal) o viram."
João, ele foi visto (passiva impessoal)

    c. Passiva
Nzua   a-mu-mono   kwa   meme
João   MS (elas/eles)- MO (ele)-ver prep(por)   pron.1sg(mim)
"João foi visto por mim." (Lit.: João, eles o viram por mim)
[MS = marca do sujeito; MO = marca do objeto]

As sentenças do português seriam semelhantes à sentença (b) do quimbundo, com deslocamento à esquerda [do objeto direto ('a ponte' e 'este trem', nos exemplos citados)] e com pronome indeterminado. Em outro estudo (Negrão e Viotti, 2011: 13-44), as autoras elaboram uma explicação para fatos como o que foi selecionado anteriormente, com base na proposta de Mufwene (2008). Segundo esse autor, numa situação de contato de línguas há uma competição entre o conjunto de traços provenientes das línguas em contato, que constituiriam um acervo de traços (*feature pool*); a seleção dos traços que seriam retidos dependeria de haver uma convergência entre os traços das diferentes línguas em interação. De acordo com as autoras, a proposta de Mufwene permitiria explicar certos aspectos gramaticais do PB que o distinguem do português europeu, como o resultado de seleções feitas do acervo de traços linguísticos (*linguistic feature pool*), formado pelas contribuições do português do século XVI, línguas indígenas e de uma língua africana (quimbundo) (Negrão e Viotti, 2011: 42).

O fato de o português brasileiro apresentar marcas gramaticais não encontradas no português europeu foi crucial para que os linguistas passassem a considerar a importância do contato com as línguas africanas no Brasil. Nessa perspectiva situam-se os trabalhos de Avelar e Galves (2013, 2014), que abordam construções sintáticas do PB que podem ser aproximadas de estruturas encontradas em línguas bantas e no português falado na África, como a de tópico-sujeito com inversão locativa, observada em (a) no exemplo a seguir:

    a. *algumas concessionárias tão caindo o preço [do carro]*
    a'. *Em algumas concessionárias tá caindo o preço [do carro].*
    Avelar e Galves (2014: 255).

Em (a), o verbo não concorda com o sujeito lógico (o preço [do carro]), mas com o elemento em primeira posição (tópico) que é uma expressão locativa (Petter e Cunha, 2015: 245-6).

Essas novas interpretações, que foram elaboradas como alternativa para as hipóteses de influência, crioulização e deriva, constituem perspectivas promissoras de análise do contato entre as línguas africanas e o português no Brasil.

CONSIDERAÇÕES FINAIS

Assim como o português, as línguas africanas foram transplantadas para o Brasil, ocuparam o espaço de línguas estrangeiras, e interagiram com as línguas dos habitantes nativos. Mas as diferenças sociais dos falantes distinguiam as línguas em contato: a língua do colonizador português se impôs sobre as demais como a língua que deveria ser aprendida por todos. Foi como segunda língua, portanto, falada pela majoritária população não branca, que o português se difundiu pelo país. Os africanos e seus descendentes, tendo em vista sua maior dispersão por todo o território e sua atuação em diferentes atividades econômicas, foram os maiores disseminadores da língua portuguesa.

Os estudos realizados sobre a presença de línguas africanas no Brasil, tanto no léxico de uso geral no PB (Castro 2001; Alkmim e Petter, 2008) quanto nas chamadas "línguas secretas" do Cafundó (Vogt e Fry, 1996) e da Tabatinga (Queiroz, 1998), confirmam a predominância de elementos de origem banta. Esse fato é respaldado pela história: foram os povos oriundos da área onde são faladas as línguas bantas os que foram trazidos em grande número logo no início do tráfico, e que participaram de todas as atividades econômicas desenvolvidas nas diferentes regiões do país nos diferentes momentos históricos. É inegável, no entanto, a presença de línguas do oeste africano, faladas ao norte do Equador, no vocabulário especializado da música, da dança, da culinária, dos cultos religiosos.

A visibilidade do léxico tomou o espaço das análises da participação das línguas africanas na emergência do PB e retardou a pesquisa do contato linguístico na fonologia e na sintaxe, sobretudo. Estudos recentes, sob novas bases teórico-metodológicas, vêm elaborando explicações mais abrangentes sobre a interação entre línguas africanas e o português no Brasil (Negrão e Viotti, 2008, 2011; Avelar e Galves, 2013, 2014).

Se no passado a clivagem social distinguia a fala de *negros e escravos* estudada por Alkmim (2009), hoje não se pode apontar na língua de afrodescendentes a mesma diferença. Mesmo os estudos publicados sobre comunidades designadas atualmente como quilombos, buscando exclusivamente marcas linguísticas, não permitem identificar traços exclusivos dessa população. Uma investigação mais abrangente, no entanto, de cunho etnolinguístico, focalizando o discurso, as narrativas preservadas pela tradição oral, poderá encontrar outros aspectos significativos de um uso do português brasileiro marcado por heranças africanas.

NOTAS

[1] O adjetivo *sudanês* refere-se a *Sudão*, que não é aqui o país mas a forma sintética da expressão árabe *Bilad-as-Sudan* – 'País dos Negros'. Tal espaço refere-se a um *continuum* que se prolonga do mar Vermelho ao Atlântico, através das estepes e savanas ao sul do Saara.

[2] Challoub (2015) apresenta testemunhos sobre diferentes situações em que africanos e senhores de escravos apropriaram-se do conhecimento ou não da língua portuguesa para defenderem seus próprios interesses.

[3] O nigero-congolês é um dos quatro troncos linguísticos reconhecidos pelos linguistas na África, ao lado do nilo-saariano, afro-asiático e coissã. O nigero-congolês é o maior deles, com 1.538 línguas (disponível em ethnologue.org, acesso em 15 set. 2015).

[4] Maria Carlota Rosa (2013) apresenta o fac-símile da *Arte* de Pedro Dias e analisa cuidadosamente a obra dentro do contexto em que foi escrita.

[5] Em comunicação pessoal, Fernanda Ziober afirmou haver identificado com colaboradoras (Paula Costa e Stella Telles) dois falantes descendentes de africanos, com mais de 60 anos, moradores de Pesqueira (PE), que tinham lembrança de uso de palavras de origem banta. Segundo foi informado, eles sempre moraram na região, onde também viveram seus pais e avós. Os dados coletados estão sendo analisados e deverão ser publicados.

[6] Retoma-se aqui a análise apresentada em Petter e Cunha (2015: 244-246).

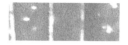

OS CENÁRIOS SOCIOLINGUÍSTICOS DO BRASIL COLONIAL

Dante Lucchesi
Dinah Callou

SUMÁRIO

INTRODUÇÃO..158
O MUNDO DAS LÍNGUAS GERAIS INDÍGENAS..160
O UNIVERSO DA CASA-GRANDE & SENZALA 167
A SOCIEDADE MINEIRA..172
CONSIDERAÇÕES FINAIS..178

INTRODUÇÃO

A transplantação da língua portuguesa para o Brasil começa com o início efetivo da colonização portuguesa, em 1532, quando Martin Afonso de Souza funda a Vila de São Vicente, no litoral de São Paulo.[1] A implantação do português no território brasileiro, primeiramente em núcleos costeiros, mas avançando progressivamente para o interior, estende-se por todo o período colonial, até a independência política do país, proclamada, sintomaticamente, por um príncipe da família real, da Casa de Bragança, em 1822. Do ponto de vista sócio-histórico, político-econômico e, por conseguinte, sociolinguístico, o fim do período colonial seria mais bem delimitado no ano 1808, quando a Corte portuguesa se transferiu para o Brasil, fugindo da invasão de Portugal pelas tropas napoleônicas.

A transplantação da língua portuguesa para o Brasil resulta de um processo de repovoamento do território brasileiro, no qual a rarefeita população autóctone foi em grande parte exterminada e substituída massivamente por colonos portugueses e africanos escravizados, na proporção aproximada de dois africanos para cada português. Assim, boa parte das mais de mil línguas indígenas que eram faladas no Brasil no início do século XVI (Rodrigues, 1986) desapareceu, e nenhuma das mais de 200 línguas africanas faladas por milhões de africanos que o tráfico negreiro trouxe para o Brasil subsistiu (Petter, 2006). Portanto, no plano sociolinguístico, o período colonial se insere em um processo mais amplo de violenta homogeneização linguística do território brasileiro, que se estende até, pelo menos, o fim da Segunda Grande Guerra, em 1945, não sendo exagerado dizer que se prolongaria até os dias atuais (Lucchesi, 2008, 2012, 2015).

No período que se estende de 1532 a 1808, podem ser deslindados três cenários sociolinguísticos distintos, que se alternaram cronológica e espacialmente, em um universo mais complexo e matizado, no qual conviveram com outros cenários sociolinguísticos secundários. O primeiro cenário é determinado pelo processo inicial de ocupação em que uma minoria de colonos portugueses, formada em quase sua totalidade por homens, se misturou e se miscigenou com a população indígena local, dando origem a uma sociedade *mameluca*, em que predominava o uso de variedades mais ou menos alteradas das línguas tupi da costa do Brasil, que receberam a denominação de *língua geral* (Rodrigues, 2006). O segundo cenário se caracteriza pela *sociedade de plantação* que se estabeleceu primordialmente no Nordeste do Brasil e se articulou em torno de grandes empreendimentos agroexportadores que empregavam largamente a

Os cenários sociolinguísticos do Brasil colonial

mão de obra escrava, constituindo o cerne do projeto colonial português e profundamente integrada no desenvolvimento do mercantilismo europeu que viria mudar a face de todo o planeta. O último cenário sociolinguístico emerge com as descobertas de jazidas de ouro e pedras preciosas na região de Minas Gerais, desencadeando um processo de migração massiva de portugueses para o Brasil, em busca do enriquecimento rápido, o que deu ensejo ao primeiro grande surto de urbanização e de difusão da língua portuguesa no Brasil (Lucchesi, 2006).

Este capítulo busca descrever e analisar cada um desses três cenários, para, ao seu final, fazer uma análise de conjunto de todo o período colonial no interior do universo mais amplo da história sociolinguística do Brasil, sem esquecer que o cenário do país foi sempre diversificado e que a distribuição da população pelas capitanias diferia bastante.

Para começar, pode-se observar a distribuição da população das maiores cidades de cinco capitanias (Tabela 1) – entre elas, a do Rio de Janeiro – que representam 75,7% do Brasil colônia na segunda metade do século XVIII. Apesar de a capitania de Minas Gerais ser quase três vezes mais populosa que a capitania de São Paulo, o número de habitantes da cidade de Ouro Preto era três vezes menor que o da cidade de São Paulo. Aceita a hipótese de à proporção que aumenta o número de pessoas haver um aumento do espaço urbano ocupado por elas, a cidade de São Paulo, nas últimas décadas do século XVIII, seria três vezes maior que a de Ouro Preto. A comparação entre as capitanias do Rio de Janeiro e de Pernambuco mostra, de um lado, que a diferença em relação ao número total de habitantes não é grande, mas, sim, em relação à concentração no *sítio urbano*: o *carioca*, por exemplo, seria de bem mais que o dobro do pernambucano. No Nordeste, segundo os números disponíveis, apenas Salvador teria uma ocupação urbana nas proporções da do Rio de Janeiro e de São Paulo.

Tabela 1 – Contraste populacional capitania *versus* sua maior cidade entre 1772 e 1872

NÚMERO TOTAL DE HABITANTES POR CAPITANIA	PERCENTUAL VIVENDO NA MAIOR CIDADE DA CAPITANIA
MINAS GERAIS: 319.769	OURO PRETO: 20.000 (6,25%)
BAHIA: 288.848	SALVADOR: 39.209 (13,57%)
PERNAMBUCO: 239.713	RECIFE: 17.931 (7,48%)
RIO DE JANEIRO: 215.678	RIO DE JANEIRO: 38.707 (17,94%)
SÃO PAULO: 116.975	SÃO PAULO: 20.873 (17,84%)

Fonte: Callou, Barbosa e Lopes, 2006: 272.

Para o nosso estudo, algumas hipóteses são formuladas: (i) as cidades não constituem um bloco uniforme e a diversidade linguística hoje existente cresceu na mesma medida do crescimento demográfico; (ii) é necessário distinguir, ainda hoje, *lato sensu*, uma área urbana e uma área rural, cada uma delas com suas características; (iii) o processo de mobilidade social, que tem início no século XIX, estabeleceu uma diferenciação sociocultural e confluiu numa dinâmica de contatos, fazendo interagir os que viviam nas regiões mais rurais com os membros das classes mais populares da região urbana.

O MUNDO DAS LÍNGUAS GERAIS INDÍGENAS

No início do século XVI, grande parte da costa do Brasil era povoada por povos indígenas que pertenciam a uma mesma família linguística, a família tupi-guarani. Aryon Rodrigues (2006: 145) propôs uma divisão entre duas línguas distintas, mas muito aparentadas entre si. A primeira, o *tupiniquim*, seria falada por povos indígenas que habitavam o território de São Paulo. Já a segunda, o *tupinambá*, seria falada desde o Rio de Janeiro até a foz do rio Amazonas, por povos que assumiam inúmeras denominações (tamoios, aimorés, tupinaés, potiguares etc.). Assim os colonizadores e os missionários jesuítas se referiam a essas variedades do que os historiadores viriam a designar pelo radical genérico de *tupi* como *língua geral da costa do Brasil*, ficando por fim a denominação de *língua geral*, embora tal designação recubra uma variedade de situações etnolinguísticas distintas (Lucchesi, 2009: 41-42). A conservação da língua indígena local, com alterações produzidas no novo contexto de colonização, como língua de intercurso colonial e língua da catequese jesuítica, ocorreu em vários pontos da costa brasileira, como no sul do estado da Bahia (Argolo, 2013).

Foi o que ocorreu em São Paulo, primeiro foco de efetiva colonização. Depois de se estabelecer no litoral, os colonizadores portugueses avançaram para o interior, subindo o planalto paulista e fundando uma nova vila, que viria a dar origem à atual cidade de São Paulo. À sujeição da população indígena local seguiu-se o aprisionamento dos povos indígenas das regiões vizinhas, mobilizando grandes expedições denominadas *bandeiras*. Do ponto de vista sociolinguístico, o reduzido contingente de colonizadores, em sua imensa maioria homens, deu azo a um amplo processo de mestiçagem, do que resultou a formação de uma sociedade *mameluca* (ou *mamaluca*), na qual as crianças adquiriam a língua tupi da mãe como língua materna para depois adquirir a língua portuguesa dos pais, como se pode ver nesse testemunho histórico do padre Antônio Vieira, em 1694:

É certo que as famílias dos portugueses e índios em São Paulo estão tão ligadas hoje umas às outras, que as mulheres e os filhos se criam mística e domesticamente, e a língua, que nas ditas famílias se fala, é a dos índios, e a portuguesa a vão os meninos aprender à escola. (Vieira, 1856, apud Holanda, 2002 [1936]: 1029)

Essa *diglossia* entre a língua geral e a língua dos colonizadores portugueses, que caracteriza a sociedade paulista dos quinhentos e seiscentos, pode ser vista como a primeira manifestação histórica da *polarização sociolinguística do Brasil*.

A rigor, a divisão linguística de São Paulo refletia a estrutura bipolar da sociedade colonial; na sua base, os escravos provavelmente de diversos grupos étnicos e linguísticos comunicavam-se na versão paulista da língua geral [...]; no topo, a comunidade luso-brasileira diferenciava-se da massa cativa por meio do uso da língua colonial. (Monteiro, 1995: 165)

No norte do país, a outra variedade da língua indígena da costa, o tupinambá, também viria a predominar na sociedade colonial que os portugueses estabeleceram no Maranhão, com a expulsão dos franceses de São Luís, em 1615. Esse núcleo colonizador expandiu-se para a região amazônica, em busca das especiarias da selva e do apresamento de novos povos indígenas, em sua maioria falantes de línguas diversas, inclusive de outras famílias linguísticas, distintas da tupi-guarani, nomeadamente as famílias aruak e karib. Entretanto, a língua de intercurso que viria a predominar na colonização da Amazônia seria essa variedade crescentemente alterada de tupinambá, que Rodrigues (2006) denominou *língua geral amazônica* (em oposição à *língua geral paulista*, de base tupi). Com a denominação de *nheengatu* (lit. 'língua boa'), essa língua de intercurso acabou por se nativizar entre povos indígenas amazônicos e até hoje é a língua materna de algumas comunidades do Alto Amazonas, tendo sido alçada recentemente à condição de uma das três línguas oficiais, além da língua portuguesa, do município de São Gabriel da Cachoeira, situado na fronteira do Brasil com a Venezuela.

No que concerne à situação sociolinguística de São Paulo, não há um consenso quanto à extensão do uso da língua geral. Segundo Sérgio Buarque de Holanda (2002 [1936]: 1.031), *"entre os paulistas do século XVII [seria] corrente o uso da língua geral, mais corrente, em verdade, do que o do próprio português"*, de modo que *"os paulistas das classes educadas e mais abastadas também fossem, por sua vez, muito versados na língua geral do gentio"*. Em sentido contrário, o historiador John Manuel Monteiro (1995:

64-165) argumenta que, "*mesmo em São Paulo, o domínio da língua geral, ou de qualquer outra língua indígena era considerado uma respeitável especialidade, e a fluência numa dessas línguas limitava-se aos maiores sertanistas*". Para ele, confundia-se a língua geral "*com o português colonial corrompido pela presença de barbarismos africanos e indígenas* [sic]". "*A população escrava, de fato predominantemente guarani* [sic], *porém crescentemente heterogênea, a partir da segunda metade do século, era basicamente bilíngue, apesar de muitos sentirem dificuldades de expressar-se em português*" (1995: 64-165).

Ao que tudo indica, o problema situa-se na extensão semântica recoberta pelo termo *língua geral*, conforme destacado por Lucchesi (2009: 41-42). Inicialmente, o termo designa o conjunto de variedades de línguas tupis usadas na costa do Brasil. Em seguida, a língua usada por colonizadores e jesuítas para se comunicarem com esses povos (portanto, uma segunda língua). Também designa as variedades alteradas/simplificadas usadas, quer pelos índios tupis aldeados (ou seja, retirados de seu contexto cultural original e inseridos no universo da sociedade colonial católica), quer pelos mamelucos, ainda mais integrados na sociedade colonial, embora no geral excluídos do poder e do consumo privilegiado. É natural que, com o passar do tempo, com a sedimentação do projeto colonial, essas variedades de língua geral fossem progressivamente perdendo a gramática original tupi e incorporando crescentemente elementos lexicais e mecanismos gramaticais do português, podendo-se pensar em *continuum* tupi-português, que se prolonga espacial, social e cronologicamente, na sociedade bandeirante, até pelo menos o início do século XIX, embora o declínio da língua geral – em todos os seus matizes – tenha sido bastante pronunciado já na primeira metade do século XVIII.

Nesse sentido mais preciso, conquanto mais amplo, pode-se encontrar um consenso em torno do predomínio da língua geral entre as classes dominadas da sociedade paulista dos quinhentos e seiscentos, compostas por indígenas aculturados e mamelucos, bem como entre as mulheres, quer por sua origem indígena, quer por sua exclusão e isolamento no universo doméstico. Entre os testemunhos históricos que comprovam tal realidade sociolinguística destacam-se as demandas por párocos "*conhecedores da língua geral dos índios*", pois, como se pode ver neste depoimento, de 1698, do governador Artur de Sá Meneses, "*a maior parte daquela gente se não explica em outro idioma, e principalmente o sexo feminino e todos os servos*" (apud Holanda, 2002 [1936]: 1029-1030). O domínio e uso da língua geral iriam se reduzindo à medida que se subisse na escala social, conservando-se entre uns indivíduos e não entre outros, consoante sua origem e relação com as classes subalternas, configurando a polarização já referida anteriormente.

Contudo, Oliveira (2009) propõe uma clivagem entre a Vila de São Paulo e os aldeamentos indígenas que se foram criando ao seu redor para abrigar, controlar e explorar a força de trabalho dos indígenas apresados. Na Vila de São Paulo, "*contrariamente ao que propõe Villalta, a língua portuguesa sempre foi falada, seja em ambiente privado seja em ambiente público, pela elite constituída da etnia branca*". O uso mais amplo da língua geral teria ocorrido apenas no período inicial. "*A partir do momento em que famílias inteiras de portugueses passaram a viver no Brasil, observa-se a separação entre as duas etnias. Os brancos viviam na Vila de São Paulo e os índios nos aldeamentos*" (Oliveira, 2009: 205). Assim, a autora acrescenta uma dimensão tópica à polarização português/língua geral.

Oliveira (2009: 194-195) apresenta testemunhos históricos de que "*São Paulo é esvaziada dos indígenas para se tornar lugar de ocupação portuguesa*" e conclui que "*as duas populações não ocupavam o mesmo espaço*". Indo além, aponta para uma rígida separação entre os dois grupos (2009: 196):

> Os jesuítas sempre procuraram evitar que os índios tivessem quaisquer contatos com o exterior. Um regimento organizado pelos franciscanos (1745) impunha rigorosas penas à comunicação entre índios e brancos. O isolamento dos aldeados não foi uma diretriz apenas dos jesuítas. Em 1623, os moradores impediram a entrada dos indígenas em São Paulo (Sessão de 12/08/1623, Atas da Câmara de São Paulo, v. III, p. 47). Nas Ordenações Filipinas [...], proibia-se a ida de pessoas de São Paulo para os bairros e aldeias.

Os aldeamentos resultaram do aprisionamento de grandes contingentes de indígenas pelas entradas e bandeiras, nos séculos XVI e XVII. Em grande parte controlados pelos jesuítas, que lá exercem a catequese, eram formas de aculturar o índio, rompendo seus laços originais e transformando-o em mão de obra para o projeto colonial:

> Instituídos com a finalidade aparente de proteger as populações indígenas, os aldeamentos aceleraram o processo de desintegração de suas comunidades, pois os aldeamentos forçaram a fixação do índio em um território demarcado em franca contradição com a índole indígena. Além disso, a alta taxa de mortalidade forçava a busca periódica de novos ingentes para a recomposição do quadro de trabalhadores, transformando os aldeamentos em um conglomerado de povos de índios de diferentes culturas. Desarticulava-se, assim, a sociedade indígena e implementa-

va-se o plano jesuítico de homogeneização dos povos indígenas. Caso emblemático dessa homogeneização é o estabelecimento do uso de uma língua geral que fosse compreendida por todos os ameríndios e pelos jesuítas. Usada inicialmente como instrumento para facilitar a catequese, é bastante provável que a língua geral tenha se tornado um instrumento de controle dos índios por boa parte dos jesuítas, apartando-os definitivamente da etnia branca (Oliveira, 2009: 193).

O progressivo confinamento dos índios nos aldeamentos, apartados das vilas coloniais, vai definindo os limites de uso da língua geral. E mesmo nesse universo mais restrito a diversidade etnolinguística era crescente. De início, a língua geral corresponde a uma variedade de tupi retirada de seu contexto cultural de origem, com o apresamento dos índios tupis nos aldeamentos. Com o apresamento de índios de outras etnias e línguas, passa a ser a língua franca dos aldeamentos, gerando formas ainda mais simplificadas de segunda língua. Por fim, essas variedades simplificadas da língua indígena primeva se nativiza entre os mamelucos e filhos de índios já nascidos nos aldeamentos.

Por outro lado, os colonos buscavam retirar dos jesuítas e demais ordens religiosas o controle dos aldeamentos para ter acesso mais fácil à mão de obra indígena. A partir do final dos quinhentos, aumenta o poder dos colonos sobre os aldeamentos, mas a disputa sobre seu controle se estenderá por todo o século seguinte:

> A despeito das restrições impostas pela legislação portuguesa, a partir de 1580, os colonos, argumentando a necessidade absoluta de mão de obra cativa, reafirmaram seus direitos sobre os índios deslocados por eles do sertão e passaram a fazer apropriação direta do trabalhador indígena. Sob a alegação de que os índios eram incapazes de administrar a si mesmos, assumiram o papel de administradores particulares, passando a exercer o controle sob a pessoa do índio.
>
> A controvérsia entre colonos e jesuítas no controle dos índios durou todo o século XVII e, em carta régia de 1696, reconheceu-se formalmente os direitos dos colonos à administração particular dos índios, sob a condição de que os índios vivessem nos aldeamentos. Entretanto, os administrados, encarregados de tarefas caseiras e de trabalhos agrícolas, ficaram nas casas dos colonos e os aldeados, administrados pela Câmara, eram recrutados para as viagens ao sertão. Pelo Alvará de 06/05/1755, extinguia-se a administração particular, mas os aldeamentos continuaram a existir. (Oliveira, 2009: 194)

O crescente poder dos colonos fatalmente aumentava a influência e o uso do português nos aldeamentos. Pode-se imaginar a formação de variedades linguísticas híbridas de língua geral que iam incorporando crescentemente elementos do vocabulário e estruturas gramaticais do português, conquanto deva-se ter em mente um quadro de grande variação e diversidade, com uma gradação maior ou menor de português sobre as variedades de origem tupi, em cada caso específico. Portanto, uma adequada compreensão dos cenários sociolinguísticos da sociedade paulista dos primeiros séculos da colonização, bem como de outras regiões do Brasil em que predominou inicialmente o uso das línguas autóctones, deve evitar afirmações gerais e categóricas. É melhor uma compreensão processual e gradiente, na qual uma situação inicial de predomínio de variedades de línguas tupi vai sendo gradualmente substituída pelo uso crescente de variedades do português. Essas, por sua vez, são igualmente afetadas por uma aquisição imperfeita e por influências do substrato indígena, gerando, em São Paulo, por exemplo, o antecedente histórico do que viria a ser denominado modernamente *dialeto caipira*.

Leite (2009) afirma que a contribuição das línguas indígenas brasileiras se restringe à formação do léxico de origem tupi, a face mais visível do contato entre duas línguas. Quase nada ou nada se fala da estrutura dessas línguas, consideradas, por longo tempo, primitivas, toscas e pobres, pobreza essa que se refletiria numa cultura primitiva, segundo Gandavo, *"sem fé, nem rei, nem lei"*, por não terem *f, l,* ou *rr.*

No caso das línguas indígenas não há a comprovação do uso do português pelos índios à época da formação do português brasileiro. Tem-se apenas a comprovação histórica do uso do nheengatu, língua geral de base tupi falada até hoje na Amazônia, no ambiente doméstico. Buarque de Holanda (1988) informa, com base em relatório escrito por volta de 1692, pelo então governador do Rio de Janeiro, que os filhos de paulistas primeiro aprendiam a língua indígena e só depois a materna, isto é, a portuguesa. A língua portuguesa se impõe no Rio de Janeiro, mas, em São Paulo e no Amazonas, a língua geral permanece mais tempo, sendo falada até hoje na Amazônia.

Há referências, em José Honório Rodrigues (1986), de ser a língua portuguesa minoritária, em 1755, em vários pontos do país, principalmente na região Norte, o que mostra que o substrato tupi permaneceu por pelo menos mais dois séculos. Se há uma língua que hipoteticamente poderia ter influenciado a formação do Brasil essa seria o nheengatu, língua geral, falada com variações, do norte ao sul do país. Segundo Couto de Magalhães,

> Nenhuma língua primitiva do mundo, nem mesmo o sânscrito, ocupou tão grande extensão geográfica como o tupi e seus dialetos; com efeito, desde o Amapá até o Rio da Prata, pela costa oriental da América Meridional, em

> uma extensão de mais de mil léguas, rumo de norte a sul; desde o Cabo de São Roque até a parte mais ocidental de nossa fronteira com o Peru no Javari em uma extensão de mais de oitocentas léguas, estão nos nomes dos lugares, das plantas, dos rios e das tribos indígenas, que ainda erram por muitas dessas regiões, os imperecedores vestígios dessa língua. Confrontando-se as regiões ocupadas pelas grandes línguas antigas, antes que elas fossem línguas sábias e literárias, nenhuma encontramos no Velho Mundo, Ásia, África ou Europa, que tivesse ocupado uma região igual à da área ocupada pela língua tupi. De modo que ela pode ser classificada como uma das maiores línguas do mundo, se não a maior. (Couto de Magalhães, 1975: 28)

De qualquer forma, é certo que, com o descobrimento de grandes jazidas de ouro e pedras preciosas, na região vizinha de Minas Gerais, no final do século XVII, o uso da língua geral se reduziria drasticamente, já na primeira metade dos setecentos:

> A textos semelhantes junte-se ainda o significativo testemunho do biógrafo, [...], do Padre Belchior de Pontes. Este, [...], dominava perfeitamente o "idioma que aquela gentilidade professava, porque era, naqueles tempos, comum a toda a Comarca". Tendo-se em consideração que Belchior de Pontes nasceu no ano de 1644, isto quer dizer que a língua do gentio seria usual em toda a capitania pela segunda metade do século XVII. Já não o era em meados do seguinte, pois o padre Manuel da Fonseca se refere ao fato como coisa passada. De modo que o processo de integração efetiva da gente paulista no mundo da língua portuguesa pode dizer-se que ocorreu, com todas as probabilidades, durante a primeira metade do século XVIII. (Holanda, 2002 [1936]: 1035)

O avanço do português nesse período deve-se, sobretudo, ao maciço contingente de portugueses que afluíram para a região em busca do enriquecimento rápido proporcionado pela mineração, importando quantidades absurdas de escravos africanos. Esse novo contingente colonizador expulsará os velhos colonos paulistas e seus servos indígenas e mamelucos, no episódio que entrou para história com nome de Guerra dos Emboabas.[2] Assim, o uso da língua geral foi-se reduzindo às franjas da sociedade colonial e aos seus grupos mais marginalizados.[3]

É preciso deixar bem claro, ainda, que a prevalência das línguas gerais indígenas ocorreu apenas em regiões laterais do projeto colonial português; regiões de acesso mais remoto, com colonização mais rarefeita, em que a escassez de recursos não permitia a importação massiva de escravaria africana, o que viria a ocorrer nas zonas mais dinâmicas do empreendimento colonial português no Brasil:[4]

Sabemos que a expansão bandeirante deveu seu impulso inicial sobretudo à carência, em São Paulo, de braços para a lavoura ou antes à falta de recursos econômicos que permitissem à maioria dos lavradores socorrer-se da mão de obra africana. Falta de recurso que provinha, por sua vez, da falta de comunicações fáceis ou rápidas dos centros produtores mais férteis, se não mais extensos, situados no planalto, com os grandes mercados consumidores de além-mar.

Ao oposto do que sucedeu, por exemplo, no Nordeste, as terras apropriadas para a lavoura do açúcar ficavam, em São Paulo, a apreciável distância do litoral, [...]. O transporte de produtos da lavoura através das escarpas ásperas da Paranapiacaba representaria sacrifício quase sempre penoso e raramente compensador.

Para vencer tamanhas contrariedades, impunha-se a caça ao índio. (Holanda, 2002 [1936]: 1037)

Portanto, o cenário sociolinguístico de contato do português com as línguas indígenas, menos em sua dimensão sócio-histórica do que em sua dimensão demográfica, desempenha um papel menor na história linguística do país. Basta dizer que, ao final do século XVI, quando esse cenário era o mais representativo no universo colonial, a população do Brasil é estimada em apenas 100 mil habitantes (sendo 30 mil portugueses e 70 mil mestiços, negros e índios).[5] Mas, já no último quartel desse século, incrementa-se a importação de escravos africanos (passando de uma média anual de 222 africanos importados, no período de 1531 a 1575, para uma média anual de 1.600, no período de 1576 a 1600),[6] configurando um segundo cenário sociolinguístico, relacionado à sociedade de *plantação* que o projeto colonial português implantou no Nordeste do Brasil e que desempenhará um papel mais representativo na história linguística do país.

O UNIVERSO DA CASA-GRANDE & SENZALA

A implantação do Governo Geral, em face do retumbante fracasso do projeto das capitanias hereditárias, em 1549, na Bahia, com a fundação da Vila que viria a dar origem à cidade de Salvador, capital do Brasil colonial até o ano de 1763, resulta do efetivo engajamento do Estado português ao projeto de colonização do Brasil, inserido no sistema mercantilista que já estendia suas ramificações por amplas regiões do planeta. Um dos principais objetivos desse empreendimento era criar as condições propícias à implantação de grandes empresas agroexportadoras de açúcar para abastecer o mercado europeu, que são correntemente referidas como *plantações* (do inglês *plantations*).

Essas plantações se instalaram principalmente no Nordeste do Brasil,[7] por diversas razões, dentre as quais se destacam a maior fertilidade dos solos dessa região para esse tipo de cultivo e a maior proximidade do mercado consumidor europeu. Assim, o Nordeste torna-se a região mais dinâmica da América portuguesa, tendo como seus dois grandes centros a Vila de Olinda, em Pernambuco, e a Vila de Salvador, na Bahia.

Em torno desses dois centros, se desenvolverá o chamado ciclo da cana-de-açúcar, que dará o tom do empreendimento colonial, no século XVII. Articulando-se em torno dos grandes engenhos,[8] se constituirá uma sociedade patriarcal centrada na figura do senhor de engenho, e flagrantemente dividida em dois universos: a *casa-grande* e a *senzala*, assim definidos na consagrada equação de Gilberto Freyre (1936: XV):

> A casa grande, completada pela senzala, representa todo um sistema econômico, social e político; de produção (a monocultura latifundiária); de trabalho (a escravidão); de transporte (o carro de boi, o banguê, a rede, o cavalo); de religião (o catolicismo de família, com capelão subordinado ao *pater familias*, culto dos mortos etc.); de vida sexual e de família (o patriarcalismo polígamo); de higiene do corpo e da casa (o "tigre", a touceira de bananeira, o banho de rio, o banho de gamela, o banho de assento, o lava-pés); de política (o compadrismo).

Na base de todo esse universo, estava a mão de obra africana escravizada, que se torna cada vez mais representativa em termos demográficos. No plano linguístico, é possível que os primeiros escravos africanos tenham tido contato com a língua geral indígena de base tupinambá, na Bahia e em Pernambuco, mas, com a redução da presença indígena na zona açucareira da costa, os escravos, desde cedo, passaram a ter contato com o português. Os escravos se dividiam, assim, entre os *ladinos*, que tinham alguma proficiência em português, e os *boçais*, que eram incapazes de se comunicar nessa língua. Não obstante a inserção do português como segunda língua, é razoável pensar no uso de línguas francas africanas como forma corrente de comunicação no universo da senzala, tornando o uso da língua geral tupinambá residual (Castro, 1990: 100-101).

Por outro lado, a riqueza produzida pelo comércio do açúcar fomentava manifestações de requinte.[9] Nessa busca por sofisticação, no universo rústico da sociedade colonial, inseria-se o cultivo de uma língua decalcada dos padrões da metrópole por parte de administradores, altos funcionários e autoridades eclesiásticas (todos *reinóis*, ou seja, nascidos em Portugal), os quais forneciam à elite colonial os modelos do *bom usage*, nas vilas costeiras.[10] Porém, o espaço da casa-grande, nas grandes propriedades rurais, era compartilhado entre senhores e escravos domésticos. Conquanto estes possuíssem uma maior proficiência em português, não deixavam de influenciar a língua daqueles (principalmente pelas amas de leite, que participavam diretamente da criação dos filhos dos colonizadores),[11] transmitindo traços provenientes de sua aquisição e/ou nativização do português.[12]

Apesar desses matizes que a língua portuguesa ia assumindo no Brasil, mesmo entre seus falantes nativos e seus descendentes diretos, pode-se pensar que o cenário sociolinguístico da sociedade açucareira do Nordeste colonial era definido pela clivagem entre a língua portuguesa dos senhores e as linguagens da população escrava. A questão que se coloca, então, é saber que linguagens seriam essas, qual seu peso demográfico e como se dava a interação com as classes dominantes.

Até o século XVII, predominaram no Nordeste açucareiro os escravos procedentes de Angola, falantes das línguas banto, nomeadamente o quimbundo, o quicongo e o umbundo, com grande proeminência para o primeiro. A partir do século seguinte, cresceu o comércio da Bahia com a Costa da Mina, no qual escravos procedentes da região dos atuais Estados do Benin e da Nigéria eram trocados pelo fumo e a aguardente produzidos no Recôncavo baiano; produtos muito apreciados pelos traficantes africanos. A partir daí até o fim do tráfico negreiro, predominaram na Bahia africanos falantes de uma língua kwa, nomeadamente o iorubá, que seria uma língua franca nos bairros populares de Salvador até o início do século XX (Rodrigues, 2004 [1933]), sendo chamada *língua nagô*. Mas também foram muito representativos os falantes de alguma variedade dos grupos ewe-fon, particularmente o ewe, denominado *jeje* no Brasil. Portanto, na primeira fase da sociedade açucareira, que se estende da segunda metade do século XVI até o final do século XVII, a língua mais presente na escravaria africana foi o quimbundo, sendo bem plausível que funcionasse como língua franca nas senzalas. Uma prova disso é a primeira gramática conhecida da língua quimbundo, a *Arte da língua de Angola*, escrita pelo padre jesuíta português Pedro Dias, em Salvador, em 1694 e publicada em Lisboa em 1697 (Rosa, 2013). Pedro Dias nunca vivera em Angola e aprendera o quimbundo entre os escravos no Brasil e com outros jesuítas. Feita com o objetivo de possibilitar a catequese dos escravos em Salvador e na região do Recôncavo, onde o jesuíta, que também era médico, circulava, a fartura desta gramática revela que o quimbundo era a língua geral dos escravos nessa região, há muitas décadas, pois o padre Antonio Vieira já afirmara que, "*nos anos 60, havia 23.000 escravos africanos catequisados na língua de Angola*" (Petter, 2006: 127). Além de ser usado nos engenhos, é bem provável que o quimbundo fosse a língua corrente nos quilombos, como o de Palmares, que resistiu durante décadas, na segunda metade do século XVII, na região de Alagoas, e chegou a reunir uma população estimada em 25 mil habitantes.[13]

Contudo, havia uma política deliberada, desde o aprisionamento na África até a distribuição no Brasil, de misturar etnicamente os africanos, para desarticulá-los e impedirem revoltas e motins, inibindo e reprimindo o uso de suas línguas nativas.[14] O que se acabou de afirmar aqui em relação ao uso do quimbundo demonstra que tal política não era rigorosamente aplicada, ou não fosse mesmo viável nos casos de aprisionamentos e carregamentos de grandes contingentes com uma elevada homogeneidade etnolinguística. Contudo, ela deve ter surtido algum efeito, fazendo com que o português fosse sendo progressivamente introduzido na população escrava, sobretudo entre os nascidos no Brasil, os chamados *crioulos*. Nesses casos, os africanos apresentariam níveis muito variados de proficiência em português, desde variedades muito restritas de segunda língua até um domínio mais corrente da língua, principalmente no caso dos que chegavam ao Brasil muito jovens. A nativização do português entre os crioulos era certamente afetada, por tomar como modelos essas variedades defectivas de segunda língua (Lucchesi, 2009 e 2015).

Engenhos e quilombos são cenários etnolinguísticos associados historicamente aos processos de crioulização – a imensa maioria das línguas crioulas atualmente conhecidas formou-se em sociedades de plantação (ou em seus quilombos), entre os séculos XVI e XIX, no bojo do colonialismo europeu. Boa parte dessas línguas formou-se em sociedades de plantação do Caribe, em um contexto sócio-histórico, em princípio, muito semelhante ao do Brasil. Com base nisso, Gregory Guy (1981) argumentou que as condições sócio-históricas do Brasil entre os séculos XVI e XVIII eram extremamente favoráveis à crioulização do português.

Não há, entretanto, qualquer registro histórico de um crioulo português que tenha sido usado largamente no Brasil, durante o período colonial, nem se documentou até os dias atuais alguma variedade de português falada no Brasil que tenha um caráter crioulo inconteste. Portanto, a visão predominante atualmente é a de que não correu um processo amplo e duradouro de crioulização do português no Brasil, mas processos localizados que não se perpetuaram (Lucchesi, 2009). Esses eventuais processos de pidginização e crioulização do português teriam ocorrido ao redor de alguns engenhos com uma alta concentração de população africana linguisticamente heterogênea e sobretudo em quilombos mais isolados.

Dessa forma, o segundo cenário sociolinguístico do Brasil colonial, constituído no seio da sociedade de plantação que se estabelece no Nordeste, a partir da segunda metade do século XVI, pode ser definido com mais precisão como camadas superpostas de variedades da língua portuguesa, com variedades de língua africana e variedades pidginizadas e crioulizadas de português em suas zonas mais extremas. No topo dessa sociedade, estavam os altos funcionários da administração colonial, os grandes mercadores que exerciam o exclusivo metropolitano e os principais da igreja, todos reinóis e falantes do português castiço da metrópole. Já os senhores de engenho e seus familiares mais próximos exibiriam um quadro mais diversificado, particularmente no caso dos já nascidos no Brasil, embora ainda falassem uma variedade próxima da linguagem do Reino. Nos segmentos intermediários de lavradores e trabalhadores livres especializados, o nível de heterogeneidade linguística seria ainda mais acentuado, em face, inclusive, da presença de crioulos e mulatos nesses segmentos. Na grande base social, hegemonizada pela escravaria, a diversidade linguística seria extrema, compreendendo variedades de português falado como segunda língua (em graus muito variados de proficiência), variedades nativizadas de português mais ou menos alteradas pelo contexto de multilinguismo, eventuais variedades pidginizadas e/ou crioulizadas de português e até o uso de variedades de língua franca africana, na periferia da sociedade colonial.

Contudo, o uso do português vai se impondo progressivamente e inexoravelmente, conquanto tenha havido sempre avanços e recuos nesse violento processo de homogeneização linguística. O avanço do português se dá sempre no sentido do litoral, onde se encontram as vilas costeiras e as propriedades mais integradas no circuito mercantil, para o interior, onde se encontram os engenhos mais afastados, os quilombos e os povos indígenas aldeados ou não aldeados. Um dos principais vetores dessa interiorização da colonização e da língua portuguesa foi a pecuária.

A penetração para o interior deu-se em detrimento dos povos indígenas que viviam nessas regiões. Estes eram expulsos para áreas mais recônditas, eram exterminados ou eram subjugados e reduzidos em aldeamentos, cuja administração cabia aos jesuítas. Conquanto empregasse menos mão de obra que a lavoura, a pecuária incorporou tanto o trabalho indígena quanto africano. E as terras conquistadas aos indígenas *"eram doadas em sesmarias a pessoas influentes junto ao governador geral da Bahia ou ao capitão-mor de Pernam-*

buco" (Andrade, 2002: 102). Esses indivíduos se apossavam de grandes extensões de terra, estabelecendo o seu poder inclusive sobre a população de colonos pobres que haviam efetivamente lutado contra os indígenas, criando-se também no interior uma sociedade dominada pelo latifúndio.

A interiorização da pecuária implicava tanto a desarticulação de tribos indígenas quanto de quilombos que haviam se estabelecido em regiões mais distantes, como o quilombo de Palmares, que se formou na região de Alagoas. O crescente mercado consumidor, que garantia a lucratividade do negócio, era o motor que impulsionava a expansão dos grandes latifúndios pelo interior do país. Com a descoberta das minas de ouro e pedras preciosas a expansão da pecuária ganhou um grande impulso, ocupando vastas regiões do interior do país e levando o português como língua de intercurso nessas áreas. Portanto, direta ou indiretamente, o chamado ciclo do ouro vai inaugurar uma nova fase na história linguística do Brasil, marcada pela primeira grande onda de difusão e imposição do português como língua da América portuguesa (Lucchesi, 2006).

A SOCIEDADE MINEIRA

A descoberta de grandes jazidas de ouro e pedras preciosas na região de Minas Gerais vai alterar profundamente todo o cenário sociolinguístico brasileiro. A grande riqueza dessas jazidas provocará um deslocamento maciço de portugueses para o Brasil, no século XVIII, com a importação monumental de escravos africanos, que atingiu a impressionante média anual de mais de 20 mil africanos desembarcados, na última década desse século. Essa maciça expansão da sociedade colonial no território brasileiro, decorrente da atividade mineradora e das suas atividades de suporte, como a produção e distribuição de alimentos, importação de produtos manufaturados e comercialização de escravos, determinará a primeira grande onda de difusão do português e de homogeneização linguística do Brasil (Lucchesi, 2006).

Na segunda metade do século XVII, Portugal viveu um período de grave recessão econômica. As despesas com as lutas da Restauração política, que encerrou o domínio espanhol, combinaram-se tanto com a crise no comércio do açúcar, que enfrentava agora a concorrência da produção holandesa nas Antilhas, quanto com a perda do Império do Oriente, baseado no comércio das especiarias, já que nesta altura "*holandeses e ingleses dominavam a maior parte das praças das Índias e do sudeste asiático*" (Teixeira da

Silva, 1990: 79). No Brasil, os reflexos dessa crise também se faziam sentir. Mas a situação viria a se alterar sobremaneira a partir dos últimos anos do século XVII, quando as primeiras minas de ouro foram descobertas, quase simultaneamente, em vários pontos do território que pertence hoje ao estado de Minas Gerais.

A partir daí, a produção aurífera no Brasil cresceu rapidamente, passando de 725 quilogramas, no ano de 1699, a 25 toneladas no ano de 1725 (Silva, 1990: 87). Quase na mesma época, nos entornos do primitivo arraial de Tijuco, foram descobertas ricas jazidas de diamantes, que viriam a promover o desenvolvimento da cidade de Diamantina, também no interior de Minas Gerais. A riqueza auferida no chamado ciclo do ouro no Brasil foi de tal monta que não apenas transformou Portugal em um dos grandes centros comerciais da Europa, como também se constituiu em um dos elementos impulsionadores da industrialização europeia, sobretudo da Inglaterra que controlava o comércio de produtos em Portugal.

Todo o processo de desenvolvimento socioeconômico que constitui o chamado *ciclo econômico do ouro*, que se estende pelo século XVIII, fornece as bases materiais para a constituição do terceiro grande cenário sociolinguístico do Brasil colonial. Nesse sentido, os parâmetros desse processo socioeconômico que devem ser destacados, por suas implicações para a história sociolinguística do Brasil, são: em primeiro lugar, o grande crescimento da população colonial no período e a participação nesse processo de enormes contingentes de mão de obra escrava trazidos da África. Associado a esse primeiro aspecto estão o primeiro grande surto de urbanização e o crescimento da cultura letrada na colônia. Por fim, deve-se destacar o considerável crescimento da área ocupada, bem como uma maior integração dessa ocupação do território brasileiro, em função da expansão da pecuária e do transporte de alimentos, constituindo-se uma rede de abastecimento da região das *Minas Geraes* que se estendia do Nordeste brasileiro até o sul do país, incluindo o planalto paulista. Nesse sentido, deve-se ter em conta também os movimentos internos de migração, principalmente, de senhores e escravos do Nordeste para a região das minas, o que também contribuiu para o processo de homogeneização diatópica dos diversos falares brasileiros.

O impacto do ciclo do ouro para a economia colonial pode ser medido pelo fantástico crescimento da população brasileira no período. Em 1700, a população do Brasil rondava a cifra de 300 mil indivíduos. Um século depois, em 1800, a população do Brasil é estimada entre 3 milhões e 250 mil e 3 milhões e 660 mil habitantes.[15] Ou seja, a população do Brasil pode ter crescido até 12 vezes, no período. É o maior crescimento de toda a história, em termos relativos. Só no século XX será encontrado um crescimento proporcionalmente semelhante, quando a população brasileira passa de cerca de 17 milhões em 1900 para aproximadamente 170 milhões de indivíduos contabilizados no censo de 2000 do IBGE.

A imigração portuguesa irá contribuir significativamente para esse expressivo crescimento demográfico. As fontes são raras e imprecisas, mas estima-se que cerca de 600 mil portugueses migraram para o Brasil, somente entre 1701 e 1760: Venâncio (2000: 65-66). O caráter maciço e diversidade de origem da imigração portuguesa ocorrida no período serão determinantes na composição do terceiro cenário sociolinguístico do Brasil colonial. Em primeiro lugar, tal diversidade sociocultural deve ter desencadeado o processo definido por Serafim da Silva Neto (1988 [1957]: 588-589) como *nivelamento linguístico*, através do qual são eliminadas as particularidades regionais. Esse português assim nivelado teria se constituído no modelo para os escravos africanos e seus descendentes, e o acesso destes ao português – tanto como modelo de aquisição de segunda língua, para os africanos, quanto como modelo de aquisição da língua materna, no caso dos crioulos – seria bem maior com o aumento da presença de portugueses e seus descendentes, inibindo, assim, eventuais processos de pidginização e/ou crioulização e fortalecendo o uso de variedades do português, mesmo que alteradas em função da aquisição imperfeita.

Por outro lado, esses contingentes de portugueses e seus escravos iriam progressivamente desalojando os contingentes de paulistas e mamelucos, falantes da língua geral. Dessa disputa entre portugueses e paulistas pelo controle da região das minas, que haviam sido descobertas pelos últimos, iria resultar um violento conflito que entrou para a história com o nome de Revolta dos Emboabas, termo tupi que significava 'forasteiro' e através do qual os paulistas se referiam aos portugueses. Após violentos conflitos, os portugueses sobrepujaram os paulistas, que se deslocaram para o centro-oeste do Brasil, liderando o processo de descoberta de novas jazidas em Mato Grosso e em Goiás. Portanto, a essa exclusão dos paulistas e dos índios que os serviam deve ser tributado o avanço da língua portuguesa sobre a língua geral de base tupi, no Sudeste do país.

Além disso, a expansão da língua portuguesa no território brasileiro no bojo da atividade mineradora deve ser conjugada com a integração das diversas variedades regionais do português faladas no Brasil, na medida em que "*a economia do ouro conseguiu atrair para si a pecuária sulina através de São Paulo, e a nordestina, através do rio São Francisco, integrando as 'ilhas' de povoamento em que se convertera a colonização portuguesa*" (Silva, 1990: 87). A pecuária constituiu, assim, um dos mais importantes fatores da integração do território nacional e da expansão do uso da língua portuguesa pelo interior do Brasil.

Como o grande mercado desses rebanhos era Minas Gerais, podem-se imaginar as consequências linguísticas da integração de amplas áreas do território brasileiro, em função da interação diatópica dos diversos falares brasileiros, resultante não apenas do comércio do gado, mas de toda uma rede de transporte de alimentos e mercadorias em geral, através das tropas de muares, que se constituíram no século XVIII e vão garantir o comércio de bens nas diversas regiões do país até o início do século XX. Formava-se, assim, toda uma rede de produção e comercialização de alimentos e produtos que viria a dar sustentação a todo o empreendimento minerador, em suas enormes proporções. Era preciso produzir e transportar alimentos e produtos, não apenas para as massas que se esfalfavam na extração do ouro e das pedras preciosas, mas também para a população das grandes cidades mineiras, que se formavam num ritmo até então desconhecido no antigo universo colonial brasileiro.

No povoamento do território de Minas Gerais, ao lado da imigração proveniente do Reino, concorreu a migração interna de senhores e colonos brancos do Nordeste, que também eram atraídos pela possibilidade de enriquecimento rápido. Porém o mais significativo contingente do povoamento da região das minas foi o dos escravos africanos, que eram trazidos de outras regiões, sobretudo dos engenhos decadentes do Nordeste, apesar das tentativas de controle da administração colonial, ou eram importados diretamente da África, sobretudo através do porto do Rio de Janeiro.

A média anual de desembarque de africanos no Brasil passou de sete mil no período de 1676 a 1700 para 15.370 na primeira década do século XVIII, e atingiu a impressionante média anual de 18.510 africanos desembarcados no Brasil, na década de 1741 a 1750. Ainda segundo as fontes disponíveis, teriam desembarcado, no período que vai de 1700 a 1780, cerca de 1.285.500 escravos africanos[16] – números razoavelmente consistentes com os do censo apresentado anteriormente para o ano de 1798, se se levar em consideração a alta mortandade e a baixa natalidade da população escrava. Esse massivo contato entre portugueses e africanos certamente desencadeou profundas alterações nas variedades de português que foram se formando no seio da sociedade mineira. Essas alterações, entretanto, não atingiriam a profundidade da criulização, não havendo testemunhos históricos de algum crioulo que se tenha difundido pela região de Minas, durante o ciclo da mineração.

Porém, um registro histórico da pluralidade etnolinguística da sociedade mineira é a *Obra nova de língua geral de Mina* (Silveira, 1945), um manuscrito datado de 1741, de autoria de Antônio da Costa Peixoto, um português que elabora uma espécie de manual de conversação para uma língua franca africana, de base lexical fongbe, que seria largamente empregada pelos escravos na região de Vila Rica, a mais importante cidade das Minas Gerais, na época. Assim, neste terceiro cenário sociolinguístico do Brasil colonial estão presentes também as línguas francas africanas, como se pode ver na advertência contida neste testemunho histórico:

> Se todos os senhores de escravos, e hinda os que os não tem, souvecem esta lingoage não sucederião tantos insultos, ruhinas, estragos, roubos, mortes, e finalm.^te cazos atrozes, como m.^tos mizeraveis tem exprementado: que me parece de alg~ua sorte se poderião evitar a alguns destes descomsertos, se ouvece maior curuzid.^e e menos preguisa, nos moradores, e abitantes [desta América e Minas]. (Silveira, 1945: 15)

Se, no cenário usual de conflitos naquela sociedade escravista, era importante para os indivíduos do grupo dominante ter alguma proficiência nessa língua africana, pode-se inferir que ela era bastante empregada entre os africanos, e até entre os crioulos. Mas, se na sociedade açucareira do Nordeste, no século XVII, predominariam as línguas banto, o registro histórico supérstite da sociedade mineira do século XVIII refere-se a uma língua da família kwa.

Porém, no seio dessa pluralidade linguística, pode-se divisar também um movimento de normatização do português no Brasil, decorrente do processo de urbanização ocorrido com a formação da sociedade mineira; processo este que se estendeu para o Rio de Janeiro, que se torna nesse período a mais importante cidade da colônia. Os números do espantoso crescimento demográfico no período acabam por se refletir no processo de urbanização do território de Minas Gerais:

> Do ponto de vista do povoamento e do surgimento de arraiais, vilas e cidades, houve o que se chamou de grande invasão, desde que se divulgaram as notícias sobre as descobertas auríferas, no final do século XVII, na região de Ouro Preto. Com uma população com cerca de 30 mil habitantes, quando do relato de Antonil, 1711, a capitania passaria a contar 226.606 em 1751; com 319.769 em 1776; com 396.285 em 1786; com 406.915 em 1806; com 800 mil em 1821, às vésperas da independência.
>
> O surgimento de arraiais e a ereção de vilas foram também vertiginosos e deram conta da ocupação do território em todos os seus quadrantes. Em

1711, foram erigidas as vilas de Mariana, Ouro Preto e Sabará; em 1714, a vila de Caeté, no centro. A leste houve a ereção da vila de São João del Rei em 1713, Tiradentes em 1718, Barbacena em 1791, Conselheiro Lafaiete em 1792. Ao sul, as vilas de Campanha em 1789, Baependi em 1814 e Jacuí em 1814. Ao norte, as vilas do Serro em 1714, Minas Novas em 1729. A noroeste, a vila de Paracatu em 1789. (De Paula, 2002: 90-91)

Porém, as grandes cidades mineiras teriam vida curta, e logo se esvaziariam no ritmo acelerado em que se exauriam as minas de ouro e as jazidas de diamantes, pois a riqueza extraída da terra foi dissipada temerariamente, sendo carreada para a metrópole e desta para o financiamento da industrialização da Inglaterra. Do ciclo do ouro, entretanto, conservou-se em Minas Gerais o sistema de produção de alimentos que seriam já no final do século XVIII comercializados com o Rio de Janeiro, que havia se transformado no principal centro econômico do país.

Com efeito, o centro urbano mais beneficiado com a atividade mineira foi o Rio de Janeiro, que passou a ser o maior porto importador de escravos do país. A preponderância do comércio negreiro dava cores à cidade: "*No século XVIII, o Rio semelha um porto africano. O Valongo, mercado de escravos, tem um jeito de Luanda. É a maior feira de escravos de todo o Brasil, que exporta para São Paulo, Minas, Estado do Rio e Goiás*" (Mendonça, 1933: 33).

Os lucros auferidos com o tráfico negreiro promoveram não apenas a implantação de toda uma rede de comércio ligando o Rio de Janeiro às diversas províncias do Brasil na época, como também o vertiginoso crescimento da cidade:

> O movimento do porto acentua-se e, em breve, torna-se o Rio o centro comercial de todo o país. Dispunha, ademais, de um sistema de viação terrestre, fluvial e marítima que podia servir a todas as capitanias. Em 50 anos, de 1750 a 1800, aumentou a população do Rio de Janeiro de 25.000 a cerca de 100.000 habitantes. (Serrano, 1968: 267)

Em 1763, o Rio de Janeiro se tornou a capital da colônia e a sua cidade mais importante. A urbanização, bem como a expansão da esfera jurídico-administrativa e da atividade cultural letrada, que se ia esmorecendo com a decadência das cidades mineiras no final do século XVIII, tiveram a sua continuidade no Rio de Janeiro; tendo como exemplo a criação, em 1771, da primeira Academia Científica do Brasil. O Rio passou a ser o centro de referência e de difusão da norma culta da língua portuguesa no Brasil; condição que conservaria até o século XX. Do ponto de vista histórico, o Rio de Janeiro deu continuidade ao processo de difusão da língua portuguesa e homogeneização linguística do Brasil iniciado com o ciclo do ouro. O fato histórico seguinte que daria um grande impulso a esse processo foi a transferência da Corte portuguesa para Rio, com a vinda da família real. Como capital de todo o Império português, a cidade tornar-se-ia o grande centro irradiador de padrões culturais e linguísticos.

Portanto, terceiro cenário sociolinguístico do Brasil colonial, associado ao ciclo do ouro, coincide com a inauguração de um novo período na história linguística do Brasil, com o início de um processo mais maciço de difusão do português e de homogeneização linguística do Brasil. O *boom* da mineração provocou um aumento espetacular da população da colônia, que cresceria 11 vezes de 1700 a 1800, sendo que o número de colonos brancos, falantes nativos do português, passou de cerca de cem mil para mais de um milhão de indivíduos. Esse aumento da presença do colonizador promoveu necessariamente a difusão do português e facilitou o acesso dos falantes das outras línguas, sobretudo os africanos, aos modelos da língua que estes eram forçados a assimilar. A difusão da língua portuguesa no século XVIII foi favorecida também pelo surto de urbanização decorrente da fundação e grande crescimento das cidades mineiras. Por outro lado, a maciça importação de escravos, tanto bantos, quanto do oeste africano, continuou alimentando as fontes do multilinguismo no Brasil. Ao lado da difusão do português, continuaram a ser usadas no Brasil as línguas francas africanas; além das línguas bantas registradas no século XVII, encontra-se também, no século XVIII, o registro de língua kwa, particularmente do grupo fongbê, na região de Minas Gerais, inclusive em sua cidade mais importante, Vila Rica. Porém, o cenário sociolinguístico da mineração se mostrou menos favorável a eventuais processos de crioulização do português do que o cenário sociolinguístico das sociedades de plantação do Nordeste.

CONSIDERAÇÕES FINAIS

Durante o período de colonização do Brasil, que se estende até os princípios do século XIX, podem ser identificados três cenários sociolinguísticos que se destacam.

O primeiro cenário é o da sociedade mameluca que se formou em São Paulo, no século XVI, na qual predomina inicialmente o amplo uso da língua geral tupi. Aos poucos o português vai sendo usado na Vila de São Paulo, enquanto o uso da língua geral vai sendo confinado nos aldeamentos indígenas, como língua franca, pois para lá são levados contingentes de índios falantes de outras línguas que não o tupi. O uso da língua geral nos aldeamentos era estimulado pelos jesuítas que os controlavam, de modo que o avanço dos colonos portugueses e brasileiros sobre esses aldeamentos vai determinar um avanço do português nessas comunidades. O recuo da língua geral no Sudeste será ainda mais intenso no século XVIII, com o *boom* da mineração. Entretanto, línguas gerais indígenas se conservaram em outros pontos da costa brasileira, como no Maranhão, onde uma língua geral de base tupinambá se fixou e se expandiu para a Amazônia como língua franca, nativizando-se, com o passar do tempo, e se mantendo em uso até os dias atuais, no Alto Amazonas.

O segundo cenário sociolinguístico do Brasil colonial situa-se no Nordeste, onde se implantou uma sociedade de plantação, organizada em torno de grandes propriedades fundiárias agroexportadoras de açúcar, fumo e algodão. Nessa região, a população indígena local foi rapidamente exterminada, sendo substituída pela larga importação de escravos africanos. No plano da língua, o português passa a enfrentar a concorrência de línguas gerais africanas da família banto, particularmente o quimbundo. É possível que tenham ocorrido também processos de pidginização e crioulização do português, em torno de grandes engenhos, ou no interior de quilombos mais afastados, mas que não subsistiram com o avanço da sociedade colonial. Entre as atividades de produção de alimentos, destacou-se a pecuária extensiva, que determinou um avanço da colonização portuguesa sobre amplas áreas do interior do Brasil, do que resultou uma imposição do português sobre as línguas indígenas do interior e sobre línguas francas africanas ou eventuais pidgins ou crioulos portugueses falados em quilombos que lá se haviam formado.

O ciclo da mineração, ocorrido no século XVIII, compõe o pano de fundo do terceiro grande cenário sociolinguístico do Brasil colonial. A maciça migração de portugueses para a colônia, com ocupação de amplas áreas do interior, interligando os centros da sociedade colonial na rede de abastecimento que se formou em torno da sociedade mineira, determinou um grande avanço da língua portuguesa no Brasil, o que foi reforçado pela formação de importantes núcleos urbanos, como a cidade de Vila Rica, centros de uma cultura letrada e institucional, até então desconhecida na colônia. Porém, a enorme importação de africanos para trabalhar nas minas ou nas lavouras de alimentos manteve ativas as fontes do multilinguismo, registrando-se o uso de línguas francas, não apenas banto, mas também da família kwa, ao longo do século XVIII, até mesmo nas cidades, como em Vila Rica.

Portanto, todos os cenários sociolinguísticos do Brasil colonial caracterizam-se por uma polarização em que se opõem a língua portuguesa do colonizador, por um lado, e as línguas indígenas e africanas dos povos subjugados, por outro. O movimento que predomina em todo o processo de formação da sociedade brasileira é o da violenta imposição da língua portuguesa aos povos dominados. No bojo desse processo, vão-se formando variedades defectivas de português falado como segunda língua e variedades de português nativizadas de português nesse contexto de multilinguismo, cuja principal característica é a sua simplificação morfológica – característica que se vai perpetuar nas atuais variedades populares do português brasileiro, que daquelas derivam historicamente.

Câmara Jr. (1963: 76) rechaça a possibilidade de um substrato indígena por serem as línguas indígenas genética e tipologicamente distintas entre si. Admite a hipótese de uma influência das línguas africanas sobre o português brasileiro, embora não fossem as línguas africanas em si que influenciariam o português do Brasil, mas o português falado por escravos negros no ambiente doméstico em que prevalecia um contacto intenso e extenso (apud Alkmim, 2005: 106-107).

A oposição entre o português e as línguas africanas dos primórdios da colonização vai se convertendo, ao longo dos séculos, em uma oposição entre o português com fortes influências lusitanas das elites e o português morfologicamente simplificado falado majoritariamente por negros e pardos. Essa oposição que remonta ao caráter pluriétnico da sociedade brasileira ainda define, em sua essência, a realidade sociolinguística do país.

NOTAS

[1] Cf. Teixeira da Silva (1990: 54): "O período compreendido entre 1500 e 1530 [...], é denominado pela historiografia tradicional como *pré-colonial* ou de colonização de feitorias."

[2] Ver seção "A sociedade mineira" deste capítulo.

[3] Cf. Buarque de Holanda (2002 [1936]: 1.035): "E é possível que, mesmo nessa primeira metade e até mais tarde, não se tivesse completado inteiramente em alguns lugares, ou entre algumas famílias mais estremes de contato com novas levas de europeus. Assim se explica como Hercules Florence, escrevendo em 1828, disse [...], que as senhoras paulistas, sessenta anos antes – isto é, pelo ano de 1780 –, conversavam naturalmente na língua geral brasílica, que era a da amizade e da intimidade doméstica".

[4] Veja-se também Villalta (1997: 339): "São Paulo colonial esteve, até certo ponto, à margem da economia de exportação. Não que a economia paulista se pautasse apenas pela subsistência: voltada para o mercado interno, ela se organizava em grande parte para o abastecimento dos setores exportadores. Tal situação envolveu menor presença dos africanos e, inversamente, a contínua busca e uso disseminado do escravo indígena".

[5] Fonte: IBGE, 2000: 221.

[6] Fonte: IBGE, 2000: 223.

[7] Gabriel Soares de Souza, em 1587, registra que havia 50 engenhos de cana-de-açúcar em Pernambuco e 44 na Bahia, contra apenas 3 em São Vicente e 2 no Rio de Janeiro (apud Elia, 1979: 50).

[8] Cf. Ferlini (2002: 23): "O engenho foi o polo aglutinador da sociedade açucareira, nos primeiros séculos da colonização, ordenando a propriedade e o uso da terra em função da dinâmica do grande comércio".

[9] Cf. Elia (1979: 50): "Em 1574 dizia o jesuíta Fernão Cardim: 'em Pernambuco se acha mais vaidade que em Lisboa'".

[10] O que é atestado nos *Diálogos das grandezas do Brasil*, escrito em 1618: "Haveis de saber que o Brasil é praça do mundo [...] e juntamente academia pública, onde se aprende com muita facilidade toda a polícia, bom modo de falar, honrados termos de cortesia" (apud Silva Neto, 1951 [1963]: 76).

[11] Cf. Kátia Mattoso (2003: 128): "As crianças brancas, com as quais [a criança escrava] passa frequentemente os seus primeiros anos, não são também criadas pelas escravas, as mucamas africanas? Crianças brancas e pretas são embaladas pelas mesmas canções de ninar, aprendem os mesmos contos vindos da África, hoje inteiramente incorporados ao folclore brasileiro".

[12] Reflexos dessa influência dos africanos e afrodescendentes na fala da elite colonial podem ser atestados nas recomendações que, em 1798, o bispo Azeredo Coutinho fazia às mestras de um recolhimento recifense no sentido de que corrigissem os vícios de linguagem das mocinhas provincianas, "principalmente o de pronunciarem as palavras invertendo a ordem das letras, como *breço*, em lugar de *berço* [...]; ou suprimindo no meio das palavras algumas letras, como *teado* em vez de *telhado* [...]; ou, ainda, engolindo a letra última, principalmente no número plural, e nos nomes acabados em agudo, como *muitas flore* em lugar de *muitas flores*, *Portugá* em vez de *Portugal*" (apud Silva Neto, 1951 [1963]: 72).

[13] Cf. Serafim da Silva Neto (1951 [1963]: 85): "Acreditamos [...] que os palmarenses falavam um dialeto africano de tipo banto. A razão é a grande maioria dos quilombolas eram angolenses [sic]. A tal ponto que à comunidade dos Palmares chamavam *Angola janga*, isto é Angola pequena."

[14] Cf. Kátia Mattoso (2003: 101): "a maioria dos senhores tomavam a precaução de misturar as etnias por motivo de segurança".

[15] Fonte: IBGE, 2000: 221.

[16] Fonte: IBGE, 2000: 223.

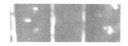

AOS OLHOS DO SANTO OFÍCIO: DIFUSÃO SOCIAL DA ESCRITA NAS CAPITANIAS DA BAHIA, PERNAMBUCO, ITAMARACÁ E PARAÍBA EM FINAIS DE QUINHENTOS

Tânia Lobo
Ana Sartori

SUMÁRIO

INTRODUÇÃO	184
AS VISITAÇÕES DO SANTO OFÍCIO AO BRASIL E AS FONTES INQUISITORIAIS	187
A POPULAÇÃO COLONIAL QUANDO DA PRIMEIRA VISITAÇÃO DO SANTO OFÍCIO	188
DESCRIÇÃO DOS DADOS	190
Homens e mulheres nas fontes da Inquisição	191
Origem geográfica e etnia dos homens	195
Origem geográfica e etnia das mulheres	204
Condição religiosa dos homens	211
Condição religiosa das mulheres	213
Categorias sociais entre os homens	214
Categorias sociais entre as mulheres	221
CONSIDERAÇÕES FINAIS	223

INTRODUÇÃO

Em sua conferência de abertura do I Seminário Para a História do Português Brasileiro, intitulada "Ideias para a história do português brasileiro: fragmentos para uma composição posterior", Mattos e Silva (1998: 39-40) afirmou:

> [...] como hipótese de trabalho a ser discutida neste seminário, percebo pelo menos quatro grandes campos de pesquisa, necessariamente interligados, mesmo que no seu processo de realização, na sua prática, possam ser desenvolvidos de forma autônoma.[1] [...] Os campos referidos são: a, campo que se moverá na reconstrução de uma história social linguística do Brasil; b, campo que se moverá na reconstrução de uma sócio-história linguística ou de uma sociolinguística histórica; c, campo que se moverá na reconstrução diacrônica no interior das estruturas da língua portuguesa em direção ao português brasileiro; d, campo que se moverá no âmbito comparativo entre o português europeu e o português brasileiro.[2]

As pesquisas do campo *a*, aquele em que este texto se insere e em que, ainda segundo as palavras da autora, "*o historiador da língua estará mais próximo do historiador tout court*" (1998: 40), visariam a dar conta de mudanças globais e profundas que, na longa duração, ocorreram principalmente em dois níveis articuláveis entre si e também à chamada "história interna" do português brasileiro (PB).

O primeiro nível refere-se à "*articulação entre fatos de ocupação territorial, fatos das sucessivas distribuições demográfico-linguísticas e fatos das prevalências e desaparecimento das línguas*" (Houaiss, 1985: 31-32). O propósito de investigá-lo é dar destaque ao contato linguístico como aspecto centralmente constitutivo do PB. O segundo nível diz respeito à história da distribuição social da leitura e da escrita no Brasil, que, juntamente com a história do contato, é uma questão-chave para a análise do processo de constituição histórica das normas linguísticas do PB, a fim de que se possa compreender tanto a suposta "dualidade" (Silva Neto, 1950/1986: 80) ou a suposta "polarização sociolinguística" (Lucchesi, 1994) que teriam marcado o Brasil desde as suas origens coloniais até aproximadamente o fim da República Velha (1889-1930) (Lucchesi, 2015), como também compreender a complexa teia sociolinguística do Brasil contemporâneo, definida por um *continuum* (Bortoni-Ricardo, 2002 [1998]), em cujos extremos se situam, por um lado, normas linguísticas socialmente mais prestigiadas – urbanas, supostamente mais unitárias e supostamente descendentes diretas do português europeu, além de moldadas sob o influxo do padrão normativo de escrita difundido via escolarização – e, por outro lado, normas linguísticas socialmente mais estigmatizadas – rurais ou rurbanas, supostamente mais diversificadas e supostamente descendentes diretas do português falado como segunda língua por índios e negros, os quais, juntamente com seus descendentes, do século XVI a meados do XIX, sempre constituíram o segmento majoritário da população brasileira e até aproximadamente meados do século XX estiveram, em sua maioria, à margem do sistema formal de escolarização. (Lobo, no prelo)

Neste capítulo, se dará especial atenção ao segundo dos dois níveis referidos, buscando responder a uma questão instigante, fundamental e certamente ainda subexplorada: em que medida estariam a leitura e a escrita difundidas na diminuta sociedade colonial brasileira, de pouco mais de 100 mil habitantes, no final do século XVI?

Em um levantamento da produção acadêmica sobre a história social da cultura escrita no Brasil, feito a partir do banco de teses da Capes, o qual registra teses e dissertações defendidas desde 1987, Galvão nos informa que, ao menos até o ano de 2010, o desconhecimento sobre tal questão não incidia apenas sobre o século XVI, mas afetava mesmo todo o período colonial e até imperial:

> [...] não temos (ou pelo menos não localizamos), no caso brasileiro, uma produção, tal como ocorre na Europa ou nos Estados Unidos, que permita situar, em escala societal, a presença da alfabetização e do letramento ao longo desses cinco séculos de história do país. No levantamento realizado, não foi localizado nenhum estudo que pudesse ser classificado estritamente como pertencente a essa linha de investigação. Portanto, no país não há um mapeamento da distribuição social da alfabetização anterior ao primeiro censo demográfico, que foi realizado em 1872. Não sabemos, por exemplo, quem eram e onde estavam aqueles que sabiam ler e escrever. (Galvão, 2010: 241-242)

Visando a colmatar tal lacuna, desenvolve-se no âmbito do Programa História Social da Cultura Escrita (HISCULTE), vinculado ao Programa para a História da Língua Portuguesa (PROHPOR), uma linha de investigação dedicada ao estudo da distribuição social da leitura e da escrita na sociedade brasileira, desde as suas origens, no século XVI, aos dias atuais. Para todo o período anterior ao século XIX, correspondente, portanto, ao Antigo Regime, a via privilegiada é a da aplicação crítica do chamado método do cômputo de assinaturas a fontes documentais oriundas de esferas diversas, tais como a esfera religiosa, a jurídica e a administrativa.[3] Tal método, que consiste em cruzar a variável binária assinante *versus* não assinante com variáveis tais como sexo, naturalidade, etnia, religião, estrato sócio-ocupacional etc., tem permitido esboçar o perfil sociológico de alfabetizados/letrados para períodos pré-censitários ou protocensitários, períodos, no caso do Brasil, marcadamente multilíngues e de quase ausência de instituições voltadas à alfabetização. É com este objetivo que está em curso, dentre outros, o projeto Leitura e Escrita aos Olhos da Inquisição, cujo foco é a exploração vertical das fontes inquisitoriais produzidas no mundo colonial português.

Como se verá a seguir, a ideia de explorar fontes inquisitoriais para tal fim não é nova e, no que concerne à Europa ibérica, destacam-se o estudo de 1978 de Rodríguez e Bennassar para a Espanha e o de 2002 de Marquilhas para Portugal, cujos resultados serão posteriormente confrontados aos aqui apresentados.

Quanto ao Brasil, observa-se que Serafim da Silva Neto, já na década de 1950, ao tratar da "dualidade" linguística brasileira, distinguindo, com o etnocentrismo que lhe era peculiar, por um lado, uma *"língua portuguesa [que] se estropiava e abastardava na boca de gentes brutas e toscas"* e, por outro, uma língua portuguesa que *"era carinhosamente estudada, em Pernambuco e Bahia [...] pelos padres em seus colégios e por uma pequena minoria de funcionários, letrados e senhores de engenho"* (Silva Neto, 1986 [1950]: 69), antecipava o valor que se passou posteriormente a atribuir às fontes inquisitoriais para os estudos de história social da cultura escrita, sobretudo a partir de 1976, com a publicação de *O queijo e os vermes: o cotidiano e as ideias de um moleiro perseguido pela Inquisição*, de Carlo Ginzburg. Tendo analisado as fontes do Tribunal da Inquisição portuguesa na Primeira Visitação ao Brasil, feita às capitanias da Bahia, de Pernambuco, Itamaracá e Paraíba, de 1591 a 1595, Silva Neto não só citou as referências aí encontradas a cinco mestres leigos de ler e escrever, além dos jesuítas que lecionavam nos colégios da Companhia de Jesus, como mostras de desenvolvimento cultural, mas foi além, realizando um primeiro levantamento do nível de alfabetismo na colônia no século XVI, servindo-se do percentual de homens capazes de assinar o próprio nome nos livros da Inquisição. Apesar de os dados apresentados pelo autor não serem precisos, o que se deve destacar é a sua linha de análise, quando, ao tratar da história da língua portuguesa no Brasil, viu a necessidade de remeter à história social da cultura escrita, e fez uso das fontes do Tribunal da Inquisição, refletindo sobre quem escrevia na sociedade brasileira do século XVI e tocando nas relações entre escrita, nível de ruralismo e sexo, variáveis diretamente ligadas à função social da escrita, ou seja, ao por que se escrevia (Sartori, 2016: 13).

Passa-se, a seguir, à apresentação das fontes inquisitoriais que serão objeto de análise neste capítulo.

AS VISITAÇÕES DO SANTO OFÍCIO AO BRASIL E AS FONTES INQUISITORIAIS

O Tribunal do Santo Ofício atuou na península ibérica ao longo de três séculos e meio e sua ação ainda se expandiu para áreas extraeuropeias dominadas por Portugal e Espanha. Na América espanhola, foram instalados tribunais no México e em Lima em 1569-1570 e também em Cartagena de Índias em 1610. Quanto ao império colonial português, as áreas afetadas foram Goa, onde um tribunal atuou de 1560 a 1774 e de 1778 a 1812, e ainda as ilhas do Atlântico (Açores e Madeira em 1575-1576, 1591-1593, 1618-1619), Angola (1561-1562, 1589-1591, 1596-1598) e o Brasil (1591-1595; 1618-1620; 1627-1628 e 1763-1769), que não contaram com a instalação de tribunais, mas foram alvo da justiça itinerante, as chamadas *visitações*. À América portuguesa, sob a tutela do Tribunal de Lisboa, foram feitas quatro visitações: às capitanias da Bahia, Pernambuco, Itamaracá e Paraíba nos anos de 1591-1595; novamente à capitania da Bahia nos anos de 1618-1620; às capitanias do sul nos anos de 1627-1628 e, finalmente, ao Grão-Pará nos anos de 1763-1769.

Na primeira visitação da Inquisição ao Brasil, liderada pelo visitador Heitor Furtado de Mendonça e tendo o notário Manuel Marinho como responsável pelo registro das confissões, denúncias e ratificações, foram produzidos nove livros. Dois – o *Segundo Livro das Denunciações* e o *Segundo Livro das Confissões* – foram extraviados ou ainda não foram encontrados.[4] Os sete restantes encontram-se disponíveis no Arquivo Nacional da Torre do Tombo (ANTT) e são os seguintes:

- O *Primeiro Livro das Denunciações*, escrito de 1591 a 1593 na capitania da Bahia.
- O *Terceiro Livro das Denunciações*, escrito de 1591 a 1593 na capitania da Bahia, e, a partir do fólio 97, em 1594, nas capitanias de Pernambuco, de Itamaracá e da Paraíba.
- O *Quarto Livro das Denunciações*, escrito de 1593 a 1595, nas capitanias de Pernambuco, de Itamaracá e da Paraíba.
- O *Primeiro Livro das Confissões*, escrito de 1591 a 1592, na capitania da Bahia.
- O *Terceiro Livro das Confissões*, escrito de 1594 a 1595, nas capitanias de Pernambuco, Itamaracá e da Paraíba.
- O *Primeiro Livro das Ratificações*, escrito de 1591 a 1594, a primeira parte na capitania da Bahia e a segunda parte na capitania de Pernambuco.
- O *Segundo Livro das Ratificações*, escrito de 1594 a 1595, nas capitanias de Pernambuco, de Itamaracá e da Paraíba.

No estudo apresentado neste texto, reúnem-se os resultados das análises feitas por Lobo e Oliveira (2012, 2013) e Sartori (2016) referentes à distribuição social da escrita nas capitanias da Bahia, Pernambuco, Itamaracá e Paraíba. Para a capitania da Bahia, recolheram-se as assinaturas do *Primeiro Livro das Confissões* (1591-1592), do *Primeiro Livro das Denunciações* (1591-1593) e do *Terceiro Livro das Denunciações* (1591-1593). Para as capitanias de Pernambuco, Itamaracá e Paraíba, recolheram-se as assinaturas do *Quarto Livro das Denunciações* (1593-1595), do *Terceiro Livro das Confissões* (1594-1495), e da segunda parte do *Terceiro Livro das Denunciações* (1594-1595).

A POPULAÇÃO COLONIAL QUANDO DA PRIMEIRA VISITAÇÃO DO SANTO OFÍCIO

Foi só na década de 30 do século XVI, no reinado de D. João III, que Portugal, cuja população girava então entre 1 milhão a 1,5 milhão de habitantes (Andreazza e Nadalin, 2011: 57-58), decidiu começar a colonizar o seu quinhão na América. A primeira iniciativa deu-se com o envio da expedição exploratória de Martim Afonso de Souza (1530-1533), que estabeleceu em São Vicente, no atual estado de São Paulo, um núcleo de povoação portuguesa; a seguir, o território foi divido, de norte a sul, desde o litoral até o meridiano de Tordesilhas, em 15 capitanias hereditárias e estendeu-se para o Brasil, particularmente para o Nordeste, a experiência, já testada e bem-sucedida nos arquipélagos de São Tomé e Príncipe, Madeira e Açores, de desenvolvimento da indústria açucareira.

No final do século XVI, apenas oito das capitanias se encontravam em funcionamento: Itamaracá, Pernambuco, Bahia, Ilhéus, Porto Seguro, Espírito Santo, Rio de Janeiro e São Vicente. Embora os números apresentados na Tabela 1 sejam *"estimativas grosseiras de caráter meramente indicativo"* (Couto, 1998: 277), permitem uma aproximação do perfil da população quinhentista, bem como algumas inferências linguísticas:

Tabela 1 – Evolução da população do Brasil no século XVI, por capitanias

	c. 1546			c. 1570			1585			1590		
	PORT	IND	AFR	PORT	IND	AFR	PORT	IND	AFR	PORT	IND	AFR
Paraíba	-	-	-	-	-	-	-	-	-	825	-	400
Itamaracá	-	-	-	550	-	-	275			495	-	250
Pernambuco	3025	500		5500	-	-	8000	2000	10000	11.000	2000	18.000
Bahia	1100	260		6050	-	-	11000	8000	3000	8250	3600	18.000
Ilhéus	330	80		1100	-	-	825	-	-	1650	2000	400
P. Seguro	-	-	-	1210	-	-	550	-	-	1595	3000	3000
E. Santo	1650	300		1100	-	-	825	4500	-	2200	9000	700
Rio de Janeiro	-	-	-	770	-	-	825	3000		1540	3000	700
S. Vicente/ S. Amaro	3300	500	-	2750	-	-	1650	-	-	3300	6000	800
Total	9405	1640	-	19030	-	-	23950	17500	13000	30855	28600	42250

Fonte: Couto, 1998: 276-277.

No ano de 1590 – o ano que apresenta dados menos fragmentários e que praticamente coincide com o início da primeira visitação do Santo Ofício, para além de apresentar a Paraíba, cuja conquista aos franceses ocorreu em 1585 –, a população colonial – da qual se excluem, obviamente, os índios não integrados – teria atingido 101.705 habitantes, distribuídos desigualmente em nove capitanias. Pernambuco e Bahia equivaliam-se e apresentavam forte concentração demográfica, abarcando juntas 60% da população colonial. Do total, 30,3% eram portugueses, 28,1% eram índios e 41,5%, africanos. Os africanos, presentes já em todas as capitanias, constituíam o segmento majoritário da população, 41,5%, destacando-se em Pernambuco e na Bahia, onde correspondiam, respectivamente, a 58,1% e 64,2% do total.

No que tange à história linguística do Brasil, o primeiro aspecto a se destacar é o contraste entre aproximadamente 30% de "brancos" e 70% de "não brancos", uma das constantes da história demográfica brasileira desde o século XVI até meados do século XIX, a partir de quando, e coincidindo com a extinção oficial do tráfico de escravizados, se acelera a entrada de imigrantes europeus e asiáticos. O contraste anteriormente referido evidencia que a compreensão do processo de difusão da língua portuguesa no Brasil não pode desconsiderar o papel exercido por índios e negros que, em graus diferenciados de proficiência, adquiriram a língua do colonizador como segunda língua e a transmitiram a seus descendentes e evidencia também que foram eles – sobretudo os africanos falantes de línguas bantas e seus descendentes –, como já demonstrou Mattos e Silva (2000), os principais formatadores do português brasileiro em sua variante social majoritária – o chamado português popular brasileiro.

Como se verá adiante, na descrição dos dados, quando da análise da variável etnia, a participação de índios e negros como depoentes é, como já esperado, numericamente inexpressiva e os que o fizeram, como também já se supunha, não souberam assinar o próprio nome. Chama a atenção o fato de, na Tabela 1, a miscigenação não estar representada, já que são recorrentes, no período, solicitações à metrópole de envio de mulheres (cf. subseção "Origem geográfica e etnia das mulheres" adiante) para frear ou minimizar a mestiçagem. Há, entre os depoentes que se apresentaram ao Santo Ofício, indivíduos mestiços, tais como mulatos, cafuzos e os mamelucos, entre os quais, diferentemente do que se observou para índios e negros, já há os que assinam os seus depoimentos.

DESCRIÇÃO DOS DADOS

Em um estudo inaugural dos níveis de alfabetismo na Europa tomando como base as fontes inquisitoriais, Rodríguez e Bennassar (1978) realizaram uma análise das assinaturas deixadas nos depoimentos prestados a tribunais da Inquisição espanhola do século XVI ao XIX, encontrando, no Tribunal de Toledo, 62,6% de homens a assinar seu depoimento e 16,4% de mulheres a assinar.

No que diz respeito aos níveis de alfabetismo em Portugal, Marquilhas (2000), tomando como *corpus* as fontes da Inquisição portuguesa ao longo do século XVII, encontrou 60,1% de testemunhas assinantes, índice que sobe para 78,4%, quando contabilizados apenas os homens. Surpreendentemente, tais índices são extremamente altos, quando contrastados àqueles encontrados em países situados no 'centro letrado europeu', como a Escócia, a Inglaterra e a França, que exibem, respectivamente, 25%, 30% e 29% de indivíduos assinantes entre os homens, nesse mesmo século (Chartier, 1991).

Os dados da Inquisição portuguesa recolhidos nas capitanias da Bahia, de Pernambuco, Itamaracá e Paraíba, ao fim do primeiro século de colonização brasileira, revelam percentuais de assinantes ainda mais surpreendentes que os da Inquisição na Espanha e em Portugal: 72% das testemunhas foram capazes de assinar seu depoimento; entre os homens, esse percentual se eleva para 92% de assinantes. Compreender índices tão elevados em terras brasileiras não é tarefa fácil; requer uma análise pormenorizada dos resultados obtidos, problematizando-se as fontes pesquisadas e levando-se em conta, ainda, a história social e linguística do Brasil, uma sociedade multiétnica e multilíngue, como acima já se destacou, e, sobretudo, atravessada pela escravidão.

Homens e mulheres nas fontes da Inquisição

A primeira e mais saliente constatação a se fazer a respeito das assinaturas registradas nos livros da Inquisição no Brasil diz respeito ao contraste entre as assinaturas deixadas por homens e por mulheres. De um total de 685 testemunhas, 508 eram homens (74%) e 177, mulheres (26%). Essa sub-representação feminina já é, por si, significativa, pois expressa a realidade de inibição e recolhimento em que viviam as mulheres, tolhidas do convívio social mais amplo.[5] Quando comparados os percentuais de assinantes de ambos os sexos, nota-se que, entre os homens, se encontram 92% de assinantes; entre as mulheres, apenas 12% foram capazes de assinar, como representado na Tabela 2 a seguir:

Tabela 2 – Homens *versus* mulheres

	HOMENS (508 – 74%)	MULHERES (177 – 26%)
Assinantes	468 - 92%	22 – 12%
Não assinantes	40 – 8%	155 – 88%
Total	508 – 100%	177 – 100%

As baixas taxas de assinaturas entre as mulheres são uma constante nos estudos sobre o alfabetismo. Chartier (1991: 117), ao analisar a alfabetização em países do mundo ocidental, do século XVI ao XVIII, avalia que "*por toda parte, os homens sempre assinam mais que as mulheres*", muitas vezes com uma vantagem de cerca de 25% a 30%. Se, na França, na Holanda e Estados Unidos, tem-se, para o século XVII, 29%, 57% e 61% de homens a assinar o nome, respectivamente, tem-se, nos mesmos países, apenas 14%, 32% e 31% de mulheres assinando.

A usual disparidade entre os percentuais de assinaturas femininas e masculinas no Antigo Regime torna-se, no caso das fontes brasileiras, gritante. Aqui, invertem-se os percentuais de homens e mulheres capazes de assinar: nove em cada dez homens assinam; uma em cada dez mulheres o faz. Interessante é o fato de que semelhante resultado se encontra nas fontes dos tribunais portugueses, analisadas por Marquilhas (2000): oito entre dez homens assinam, e apenas uma entre dez mulheres – o que faz a autora avaliar que, *"de todas as variáveis consideradas, a do sexo é a que atinge maior efeito perturbador"*, mostrando-se *"bem visível o quanto importava ser homem na aquisição da capacidade para assinar documentos"* (2000: 177).

A situação das mulheres em terras brasileiras, incapazes, de um modo geral, de assinar, corrobora o que se observa na história do letramento no Brasil: as aulas de primeiras letras (correspondentes, *grosso modo*, ao que é chamado hoje de 'alfabetização'), tanto aquelas oferecidas nos colégios dos jesuítas quanto aquelas que eram ministradas por professores particulares, eram destinadas apenas aos filhos homens – situação evidente em relatos quinhentistas, como o de José de Anchieta ([1554-1594] 1933), que se referia sempre aos alunos dos colégios como 'moços' ou 'rapazes', ou nos depoimentos prestados por mestres leigos na primeira Visitação do Santo Ofício ao Brasil, que se declaravam 'mestres de ensinar **moços**' (*Quarto Livro das Denunciações*, fol. 88r; fol. 247r; grifo nosso). Tais mestres leigos, não vinculados à Companhia de Jesus ou a outra ordem religiosa, tinham 'escolas de primeiras letras', ao que parece, turmas de um único professor. Nos livros que registram os depoimentos realizados durante a primeira Visitação, tem-se a notícia de três mestres de meninos: *Bento Teixeira*, *Fernão Rodrigues da Paz* e *Antônio de Brito*. Os dois primeiros eram cristãos-novos, e *Bento Teixeira*, mestre de ensinar a moços latim, ler e escrever e aritmética, a quem é atribuída a autoria da famosa *Prosopopeia*, foi inclusive preso pela Santa Inquisição, após ter sido citado em inúmeros depoimentos prestados ao Tribunal, por denunciantes que lhe tinham "ruim suspeita", relacionando o comportamento do professor com hábitos judeus, como o hábito de não trabalhar aos sábados.

Também no espaço doméstico, predominaria o aprendizado da leitura e da escrita entre os homens, ainda que tal aprendizado fosse variável, até mesmo entre irmãos. Segundo afirma Ribeiro (1995: 28), nas famílias dos senhores de engenho, o primeiro filho seria o herdeiro; o segundo, o letrado; enquanto o terceiro deveria seguir a vida religiosa. A escola seria frequentada geralmente apenas pelos filhos homens que não os primogênitos. Os primogênitos deveriam herdar a responsabilidade pelos negócios paternos e receberiam apenas uma *"rudimentar educação escolar"* e *"a preparação para assumir a direção do clã, da família e dos negócios"* (Romanelli, 2002: 33).

Já nos depoimentos prestados pelas mulheres junto ao Tribunal, as referências feitas são sobre as aulas de costura que tomavam em casas de senhoras como *Branca Dias*, cristã-nova residente na Vila de Olinda, bastante citada nos livros da Inquisição por conservar hábitos judeus proibidos pela Inquisição.

O procedimento realizado com os réus do Santo Ofício também evidencia o diferenciado acesso ao letramento de homens e mulheres. O Regimento do Conselho Geral da Inquisição de Portugal, datado de 1552, orientava os passos a serem dados pelo Tribunal no decorrer dos processos contra os indivíduos acusados. Nos casos em que o réu negava a acusação e permanecia em sua negativa, recebia um translado da sua acusação, para preparar a sua defesa; porém, se se tratasse de uma mulher, a acusação não lhe seria dada por escrito; ela seria lida diversas vezes, para que a acusada pudesse memorizá-la (Regimento do Conselho Geral, 1552, cap. 38).

O procedimento indicado pelo Regimento do Conselho Geral da Inquisição deixa, por outro lado, indícios de que haveria um letramento indireto, ao qual as mulheres teriam acesso: o escutar ler, prática que seria bastante frequente no passado, segundo Chartier (1991). Para além dessa "leitura de ouvido", não se pode afirmar, ainda, que todas as mulheres incapazes de assinar estivessem completamente à margem do mundo das letras. Sabe-se que, no Antigo Regime, algumas poderiam dominar plenamente a leitura, embora não soubessem escrever, por ser a escrita, aos olhos do homem moderno, "*inútil e perigosa para o sexo feminino*" (Chartier, 1991:117). Como afirma Marquilhas (2000: 118):

> A raiz desta constante estava na própria educação feminina, que não incluía, à partida, a transmissão da capacidade da escrita: Rafael Bluteau dizia no Vocabulario Portuguez, e Latino que o conceito de *Mestra* era o de *Mulher que ensina meninas a ler, cozer, etc.*, sem referência explícita ao ensino da escrita; e, com efeito, entre as mulheres que prestam depoimento ao Santo Ofício português, figura mesmo uma mestra de meninas que não assina no final, por não saber escrever.

Nas fontes inquisitoriais da primeira Visitação ao Brasil, tem-se um claro exemplo do descompasso entre a aquisição das práticas da leitura e da escrita: o caso da portuguesa *Maria de Faria*, residente na Vila de Olinda, a qual, ao prestar seu depoimento perante o Tribunal da Inquisição, assinou sofrivelmente apenas o seu primeiro nome, *Maria*:

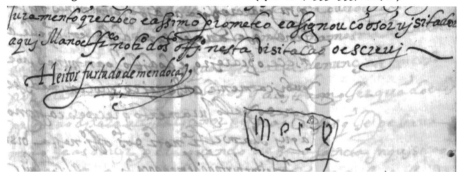

Figura 1 – Assinatura de *Maria de Faria* (Quarto..., 1593-1595, fol. 70r)

A mesma depoente contou, no depoimento prestado, que sabia ler e lia "livros devotos". Entre os depoimentos prestados na Bahia, há o caso da cristã-nova *Catarina Mendes*, mulher branca, natural de Lisboa, de 51 anos, que afirmou que sabia ler, mas não sabia escrever, e não assinou o seu testemunho, rogando ao notário que assinasse por ela.

O enorme contraste entre os níveis de letramento de homens e mulheres no Brasil quinhentista nos impõe a reflexão sobre uma questão sociolinguística referente à língua portuguesa falada no Brasil. Como tratar de uma polarização entre as variantes cultas e populares do português brasileiro, se, no seio da família colonial, figuravam, muitas vezes, um homem branco, mais ou menos letrado, casado ou coabitando com uma mulher que, quer fosse branca, índia, mameluca ou mulata, era, na maioria das vezes, analfabeta ou semialfabetizada? Que variante do português seria aquela falada pelos seus filhos, mais ou menos letrados, em contato com variantes distintas, talvez até mescladas, e ainda com o português adquirido como segunda língua pela ama que deles cuidava, os filhos da ama que com eles cresciam, talvez também em contato com uma ou mais línguas africanas, possivelmente com uma língua indígena aprendida como língua materna, no caso dos mamelucos?

A dita polarização sociolinguística do português brasileiro, tão clara quando contrastada uma elite social e cultural com a base da população escravizada, via de regra analfabeta, torna-se uma emaranhada teia de variações, quando postas em análise as milhares de nuances que abriga nossa realidade linguística e cultural no âmbito doméstico.

Ainda no que tange ao caso das mulheres, em um período já posterior ao aqui analisado, em meados do século XVIII, o francês Le Gentil de la Barbinais, em visita às clarissas do Convento de Santa Clara do Desterro em uma noite de

Natal, um convento que abrigava mulheres da elite, em Salvador, disse que elas falavam como os escravos (cf. Nascimento, 1994).

A desigualdade das normas utilizadas por homens e mulheres prolongou-se durante séculos na história do Brasil. Ainda durante o século XIX, é possível observar claras diferenças entre o letramento de homens e mulheres, como aquela que se vê nas cartas escritas por Christiano e Bárbara Ottoni aos seus netos, em que se notam muitas diferenças na escrita do casal. Christiano Ottoni, professor e senador do Império e da República, demonstra grande desenvoltura na escrita, com um uso de um português culto e bastante formal, que, por vezes, parece até mesmo excessivo na escrita aos netos, enquanto sua esposa, Bárbara Ottoni, dona de casa, quituteira, escrevia cartas curtas e bastante simples, não adequadas à norma-padrão (Lopes, 2005). Também nas cartas de amor deixadas por Carlos e Iracema, já do século XX, contemplam-se diferenças na escrita, ainda que os dois tivessem cursado apenas até o nível primário de escolarização. Carlos, que foi comerciante e político, redigindo, ele próprio, seus discursos e outros documentos, revela um maior domínio da prática de escrita, escrevendo com maior desenvoltura e eloquência e demonstra haver alcançado um alto nível de letramento, enquanto Iracema, que, assim como sua mãe, se dedicou inteiramente ao lar, não exercendo uma profissão, escrevia bem, mas sem muita desenvoltura, demonstrando pouca prática na escrita (Sartoni, 2010).

Origem geográfica e etnia dos homens

Entre os 508 homens que depuseram nas fontes inquisitoriais analisadas, predominam largamente os de origem portuguesa, correspondendo estes a 63% do total, como se pode observar na Tabela 3. Em seguida, vêm os nascidos no Brasil, bem menos representados, perfazendo 18% da amostra. Das ilhas atlânticas dos arquipélagos da Madeira e dos Açores, há apenas 29 homens, correspondentes a não mais que 6% do total. Com baixa representatividade, integram ainda o *corpus* 10 espanhóis e 15 testemunhas de procedência diversa, cada uma representando menos de 1% do total de testemunhas: França, Itália, África (não especificada a localidade), Alemanha, Flandres, Holanda, Grécia, Ilha da Palma e São Tomé. Vale observar, com relação à presença dos espanhóis no Brasil, que a metrópole portuguesa se encontrava em plena União Ibérica, estando Portugal governado pelo rei Filipe de Espanha.

A desigualdade que se observa entre portugueses e brasileiros dá-se apenas em termos de representatividade no *corpus*; em relação à capacidade de assinar, as testemunhas masculinas das duas origens geográficas se equivalem, como se pode ver na Tabela 3, a seguir:

Tabela 3 – Homens *versus* origem

HOMENS (508)		
PORTUGAL (318 – 63%)	Assinantes	290 – 91%
	Não assinantes	28 – 9 %
AÇORES (18 – 4%)	Assinantes	17 – 94%
	Não assinantes	1 – 6%
MADEIRA (11 – 2%)	Assinantes	10 – 91%
	Não assinantes	1 – 9%
BRASIL (90 – 18%)	Assinantes	87 – 97%
	Não assinantes	3 – 3%
ESPANHA (10 – 2%)	Assinantes	08 – 80%
	Não assinantes	02 – 20%
DEMAIS LOCALIDADES (15 – 3%)	Assinantes	12 – 80%
	Não assinantes	03 – 20%
NÃO IDENTIFICADA (46 - 9%)	Assinantes	44 – 96%
	Não assinantes	2 – 4%

O percentual de 91% de assinaturas entre os portugueses praticamente coincide com a média de assinantes masculinos, de 92%; os brasileiros assinantes se situam um pouco acima da média, com 97% de assinaturas. Trata-se, em ambos os casos, de patamares que beiram a universalidade.

Os percentuais de assinantes nos arquipélagos de Açores e da Madeira, de 94% e 91%, respectivamente, são semelhantes àqueles encontrados em Portugal, o que era esperado por serem tais arquipélagos extensões do território português, situando-se fisicamente muito próximos a Portugal continental. As testemunhas masculinas provenientes da Espanha e das demais localidades menos representadas no *corpus* assinaram um pouco mais abaixo da média geral, tendo-se em média, aí, 80% de assinantes.

O grupo de homens representados na amostra se encontra dividido, do ponto de vista étnico, como se pode visualizar na Tabela 4:

Tabela 4 – Estratificação étnica dos homens

HOMENS (508)		
BRANCOS (456 – 90%)	Assinantes	422 – 93%
	Não assinantes	34 – 7%
ÍNDIOS (02 – 0,4%)	Assinantes	-
	Não assinantes	02 – 100%
NEGROS (01 – 0,2%)	Assinantes	-
	Não assinantes	01 – 100%
MAMELUCOS (32 – 6%)	Assinantes	32 – 100%
	Não assinantes	-
MULATOS (5 – 1%)	Assinantes	04 – 80%
	Não assinantes	01 – 20%
CAFUZOS (03 – 0,6%)	Assinantes	02 – 67%
	Não assinantes	01 – 33%
CIGANOS (01 – 0,2%)	Assinantes	-
	Não assinantes	01 – 100%
NÃO IDENTIFICADA (08 – 2%)	Assinantes	08 – 100%
	Não assinantes	-

    Dos 508 homens do *corpus*, 456 são brancos, representando assim, essa etnia, 90% do total dos homens. A indicação de que estes são brancos resulta de inferência, por ser essa a etnia não marcada do ponto de vista dos inquisidores e do notário, todos brancos, e, portanto, a única que não era nunca declarada nos depoimentos, em oposição ao que se vê nos depoimentos de negros, índios, mamelucos, mulatos e cafuzos, que tinham a etnia declarada, quer fosse pela cor da pele, quer fosse pela informação da etnia dos pais, que geralmente era fornecida no caso dos mamelucos. Em segundo lugar entre os homens, encontram-se 32 mamelucos, representando 6% das testemunhas masculinas. Com uma representatividade bem menor que esta, encontram-se ainda dois índios, um negro, cinco mulatos, três cafuzos e um cigano. Além desses, oito testemunhas não puderam ter a sua etnia identificada.[6]

As duas principais observações a se fazer sobre os dados da Tabela 3 são: a baixa representatividade de índios, negros, mulatos, cafuzos e ciganos entre os homens, de um lado, e, de outro, o percentual de mamelucos assinantes entre os homens atingindo 100% da amostra, ultrapassando, inclusive, o já altíssimo percentual de 93% de assinantes entre os brancos. Essa escassa presença das etnias correspondentes aos estratos mais baixos da população colonial torna a amostra etnicamente elitizada e seguramente eleva os percentuais de assinantes.

Que a base da população colonial estivesse pouco representada nas fontes do Tribunal era algo que já se esperava. Ainda que pudessem depor junto ao Santo Ofício indivíduos de diferentes camadas da sociedade, aqueles que compunham a classe dos escravizados, e mesmo os forros que viviam em uma situação social bastante semelhante à dos escravos, como era o caso de muitos índios e mulatos, não iriam, salvo raras exceções, comparecer perante a Mesa Inquisitorial. A própria condição social desses indivíduos, em muitos casos, não o permitiria, amarrados que viviam à sua labuta diária. Pese-se ainda a condição de alheamento ao catolicismo; alguns eram apenas batizados, outros, sequer isso.

É interessante observar, por outro lado, entre os poucos dados que aparecem no *corpus* com relação a esses indivíduos, que, enquanto entre índios e negros não há nenhum assinante, entre mestiços – mulatos e cafuzos –, já se depreende algum acesso a práticas de escrita.

Entre os cinco homens mulatos que depuseram perante o Tribunal, quatro assinaram e apenas um não soube assinar o nome. Curiosamente, não há nenhum brasileiro entre eles; quatro são portugueses e um natural da Ilha da Madeira. Entre os assinantes, estão: *Luís Gonçalves*, mestre de açúcar, filho de homem branco e de "mulher preta crioula", forra, da Ilha da Madeira; *André Fernandes*, homem da governança da cidade de Salvador, mulato de segunda geração, filho de *João Lourenço*, "que depois se fez clérigo" e foi arcediago na Sé da cidade de Salvador, e de mulher parda; *Manuel de Leão*, que declarou ser por profissão esteireiro (que já não praticava o ofício) e vaqueiro, mulato de segunda geração, filho de homem branco, que vivia de sua fazenda, e de sua esposa, que era mulata; e *Boaventura Dias*, de ofício não declarado, era filho de um homem branco e de uma negra da Guiné. O mulato que não assinou seu depoimento foi *João Álvares*, também português, filho de *João Rodrigues*, homem branco, ourives, e de *Beatriz Henriques*, negra, escrava. Os dois últimos mulatos portugueses citados eram filhos de mulheres negras escravizadas; porém, enquanto o primeiro, *Boaventura Dias*, não herdou a condição de escravizado de sua mãe, e obteve algum acesso ao alfabetismo, o segundo, *João Álvares*, herdou de sua mãe a condição de escravo e de analfabeto.

Dos poucos, mas significativos, dados referentes aos mulatos apresentados, é possível considerar que esse grupo étnico, no Brasil colonial, possuía um nível variável de acesso à alfabetização, assim como uma condição social variável. A aquisição das práticas de leitura e escrita parecia estar bastante atrelada à condição social em que estes se encontravam. Assim, entre aqueles que herdavam a condição de escravidão da mãe, seria improvável o acesso à alfabetização.

Entre os cafuzos que depuseram, observou-se também um acesso variável à alfabetização: dois deles assinaram seu depoimento, e um não o fez – justamente aquele que declarou a condição de escravizado. *Cristóvão de Bulhões*, assinante, cafuzo de segunda geração, era filho de pardo e de índia, natural da capitania de São Vicente, declarou o ofício de "trabalhador", provavelmente trabalhador de enxada e foice. *Lourenço Rodrigues*, o outro assinante, descrito como "mestiço" pelo notário, era pernambucano, filho de um mulato, natural da Ilha da Madeira e de sua mulher, uma índia chamada *Violante*; tinha 19 anos e exercia o ofício de alfaiate; talvez, no seu ambiente de trabalho, tenha adquirido algum nível de alfabetismo, que lhe permitiu assinar o nome no livro da Inquisição. O cafuzo que não assinou seu depoimento, *Antônio da Concepção*, declarou, surpreendentemente, haver nascido na cidade do Porto, em Portugal, sendo filho de um índio com uma "negra de Guiné". Teria provavelmente herdado os traços étnicos de sua mãe, pois foi descrito pelo notário do Tribunal como "homem preto". Tinha, no momento da denunciação, 45 anos, e disse ser escravo dos herdeiros de *Bento Dias*.

Dos indivíduos pertencentes à base da população colonial, depuseram ainda dois índios, um negro e um cigano – nenhum deles assinante. Os índios, *Simão* e *Fernão Ribeiro*, residiam ambos na aldeia de São João, próxima a Salvador, e foram descritos como "filhos de gentios pagãos". Nenhum dos dois falava o português, visto que precisaram do auxílio de um intérprete para prestar depoimento, o padre *Francisco de Lemos*, da Companhia de Jesus, que por eles assinou também. O único negro entre os homens foi *Duarte*, cativo do Colégio da Companhia de Jesus, "filho de gentios de Angola" e, provavelmente, falante de uma língua banta, que teve como intérprete e assinante da sua confissão *Matias Moreira*, do qual apenas se sabe que era morador no Colégio dos Jesuítas e que sabia "a língua dos negros".

Testemunhou ainda o cigano *Amador da Silva*, "cristão velho de geração de ciganos", natural de Lisboa, de 55 anos, de filiação não declarada, ferreiro, casado com uma cigana, que também não assinou nos livros na Inquisição.

Com relação aos mamelucos depoentes, vê-se uma realidade bastante diversa: há uma parcela significativa de homens mamelucos a depor, e observa-se que, surpreendentemente, os homens dessa etnia assinam tão bem quanto os brancos brasileiros: todos os 31 mamelucos que depuseram mostraram-se capazes de assinar seu depoimento, enquanto, entre os brancos, 54 de um total de 55 assinaram. Tal resultado parece indicar que os mamelucos teriam, nas regiões analisadas, um *status* social muito mais próximo ao do pai branco do que ao da mãe ou avó índia, o que lhes favoreceria a aquisição da língua portuguesa como língua materna ou como segunda língua, bem como de práticas de leitura e escrita. Parece sintomático, a esse respeito, o comportamento de muitos dos mamelucos depoentes, que afirmavam ter a condição religiosa dos seus pais, declarando-se, assim como estes, como 'cristãos-velhos', sendo desprezadas as práticas religiosas da parentela indígena, como se pode observar no perfil sociológico dos mamelucos depoentes, encontrado no quadro a seguir:

Quadro 1 – Perfil sociológico dos mamelucos

NOME	IDADE	FILIAÇÃO	ESTRATO SOCIO-OCUPACIONAL	ESTADO CIVIL	CONDIÇÃO RELIGIOSA
Frutuoso de Moura	35 anos	Pai natural da capitania de Pernambuco e mãe mameluca	-		Cristão-velho
Manuel Lopes	34 anos	Pai homem branco e mãe negra brasila deste Brasil[7]	Lavrador	Solteiro	-
Miguel Pires Landim	43 anos	Pai homem branco e mãe escrava brasila de seu pai	Mestre de engenhos, dono de fazenda	Casado	-
André de Miranda	23 anos	Pai homem branco da governança da Bahia e mãe negra brasila forra	Soldado da Paraíba	Solteiro	-
Gaspar Fernandes	23 anos	Pai homem branco, senhor de engenho e mãe negra brasila, escrava	Não tem ofício	Solteiro	Cristão-velho

Julião de Freitas	45 anos	Pai homem branco, tabelião e mãe negra brasila forra	Cirurgião	Casado	-
Francisco Barbosa	42 anos	Pai homem branco e mãe índia forra deste Brasil	-	Casado	Cristão-velho
Domingos da Costa	29 anos	Pai homem branco, mareante e mãe índia (por inferência)	Não tem ofício	Casado	Cristão-velho
João Fernandes	20 anos	Pai homem branco e mãe mameluca	Não tem ofício	Solteiro	Cristão-velho
Antônio Enriques	25 anos	Pai homem branco, mercador e lavrador e mãe mameluca	Não declarado	Solteiro	Cristão-novo
Pero Bastardo	45 anos	Pai homem branco, ferreiro e mãe negra brasila do gentio deste Brasil, escrava de seu pai	Lavrador de sua roça	Solteiro	-
Pero d'Albuquerque	26 anos	Pai homem branco e mãe uma negra do gentio deste Brasil	Lavrador de sua roça	Casado	-
João Fernandes	20 anos	Pai francês e mãe mameluca	Carreiro de carrear com bois	Solteiro	-
Antônio Rodrigues	47 anos	Pai homem branco, lavrador e mãe negra brasila, forra	Lavrador	Casado	-
Salvador d'Albuquerque	30 anos	Pai homem branco e mãe índia da terra, brasila, forra	-	Solteiro	-
Francisco Lopes	42 anos	Pai homem branco (por inferência) e mãe negra brasila gentia pagã	Tabelião do público e judicial	Casado	Cristão-novo
Jacome de Queirós	46 anos	Pai homem branco (por inferência) e mãe índia (por inferência)	Cônego	Solteiro	Cristão-velho

Gonçalo Fernandes	25 anos	Pai homem branco, lavrador e mãe escrava brasila de seu pai	Lavrador	Casado	Cristão-velho
Manuel Branco	24 anos	Pai francês e mãe negra brasílica	Não tem ofício, vive por sua indústria	Solteiro	Cristão-velho
Tomás Ferreira	36 anos	Pai homem branco e mãe escrava brasila do pai	-	Solteiro	Cristão-velho
Francisco Afonso Capara	40 anos	Pai homem branco e mãe escrava brasila do pai	Lavrador	Casado	Cristão-velho
Lázaro da Cunha	30 anos	Pai homem branco e mãe mameluca	-	Solteiro	Cristão-velho
Antônio de Meira	-	Pai homem branco e mãe negra desta terra, brasila	Lavrador	Casado	Cristão-velho
Domingos de Rebello	27 anos	Pai homem branco e mãe brasila	-	Solteiro	-
Brás Dias	50 anos	Pai homem branco e mãe brasila	Lavrador	Casado	Cristão-velho
André Dias	30 anos	Pai homem branco e mãe escrava do pai, índia deste Brasil	Lavrador	Solteiro	Não sabe se é cristão-novo ou velho
Paulo Adorno	39 anos	Pai homem branco e mãe mameluca	-	Viúvo	-
Domingos Fernandes	46 anos	Pai homem branco, pedreiro e mãe negra do gentio deste Brasil	Não tem ofício	Casado	Cristão-velho
Diogo Dias	39 anos	Pai homem branco e mãe mameluca	Lavrador	Casado	Cristão-velho

Pero de Moura	20 anos	Pai homem branco, lavrador e mãe mameluca	Não declarado	Solteiro	Cristão-velho
Pedro Álvares	38 anos	Pai homem branco, "dos da governança desta terra" e mãe "sua escrava brasila"	Carpinteiro	Casado	Cristão-novo
Rodrigo Martins	38 anos	Pai homem branco e mãe "escrava negra deste Brasil"	Lavrador	Casado	Cristão-velho

Do que se apreende dos dados pessoais fornecidos pelas testemunhas no início dos depoimentos ao Tribunal da Inquisição, apesar de haver uma expressiva miscigenação que tinha como fruto os mamelucos, parecia ser raro o casamento formal ou o concubinato de brancos com as índias. A maioria dos mamelucos que depuseram perante o Tribunal, que se declaravam filhos de pai branco com mãe índia, não afirmavam ser fruto de um casamento. Nos depoimentos de descendentes de pai e mãe brancos, é usual o tipo de informação como o que se encontra no depoimento a seguir, de *Simão Vaz*, branco: "[...] djsse ser cristão uelho natural de portallegre filho de pedreanes, e *de sua molher* breatiz uaz lauradores defuntos [...]" (*Quarto Livro das Denunciações*, fol. 8v; grifo nosso). Já nos depoimentos de mamelucos, quando são fornecidos os dados sobre a filiação, não se declara que a mãe é mulher do pai e se encontra, com frequência, a informação de que a mãe é escrava do pai, como se vê no depoimento do carpinteiro *Pedro Álvares*, de 38 anos, que disse "ser mamaluco natural desta Capitanja filho de Aluaro pirez dallegrete homẽ branco, e dos da gouernança desta terra, e de *hũa sua escraua brasilla,* chamada breatiz defunctos" (*Quarto Livro das Denunciações*, fol. 137r; grifo nosso).

Os mamelucos depoentes apresentavam ocupações das mais diferenciadas: carpinteiro, lavrador, mestre de engenho, soldado, cirurgião, tabelião, carreiro – sendo a mais frequente delas a profissão de lavrador; alguns não tinham ofício ou não declararam sua ocupação; alguns eram filhos de homens de relevo social – homens da governança, senhores de engenho, mercadores. Boa parte desses estaria, provavelmente, entre os alunos que frequentavam as aulas de ler, escrever e contar no Colégio da Bahia ou no Colégio de Pernambuco – segundo Anchieta, turmas 70 e de 40 rapazes, respectivamente, 'filhos de portugueses' (Anchieta, 1933 [1554-1594]). Anchieta oferece ainda o exemplo da residência dos jesuítas na capitania do Espírito Santo, que acolhia alguns meninos órfãos mamelucos, *"nascidos de pai português, mas de mãe brasílica, que viviam em casa e sob o regimen do pai"* (Anchieta, 1933 [1554-1594]: 37). Daí se depreende a grande dificuldade observada entre os historiadores em identificar, entre a população brasileira, os mamelucos: eles viviam entre os brancos, faziam parte da família colonial brasileira – ainda que os moldes dessa família pudessem não ser propriamente de um casal e seus filhos, já que a mãe seria, com frequência, escrava do pai –, eram, portanto, muitas vezes designados como 'filhos de portugueses', designação que incluiria também os filhos de etnia branca. Encontram-se, nas fontes primárias, estimativas da população colonial brasileira referida em número de 'vizinhos', definição ainda mais vaga, pois se refere ao número de famílias, em que poderiam estar incluídos portugueses, seus filhos de qualquer etnia, e até mesmo as mães índias. Nesse aspecto, as fontes inquisitoriais representam uma afortunada exceção, onde que se encontram, com grande frequência, dados sobre a etnia de depoentes e de seus pais.

Origem geográfica e etnia das mulheres

A amostra das mulheres que depuseram durante a primeira Visitação encontra-se bem dividida entre portuguesas e brasileiras: 44% das 177 depoentes foram portuguesas e 40%, brasileiras, como é possível observar na Tabela 5 a seguir. Esse dado reflete a própria composição social brasileira do primeiro século de colonização, quando a falta de mulheres portuguesas era considerada um problema na colônia brasileira, e eram numerosas as uniões de portugueses com índias. O padre Manuel da Nóbrega chegou a pedir em carta ao rei que enviasse *"muitas mulheres órfãs e de toda a qualidade até meretrizes"*, para se casarem com as *"várias qualidades de homens"* que havia na colônia, sendo que *"os bons e os ricos"* se casariam com as órfãs, evitando-se, dessa forma, os *"pecados da carne"* (Nóbrega, 1955 [1550]: 80).

Tabela 5 – Mulheres *versus* origem

\	MULHERES (177)	
PORTUGAL (79 – 44%)	Assinantes	8 – 10%
	Não assinantes	71 – 90%
AÇORES (10 – 6%)	Assinantes	01 – 10%
	Não assinantes	09 – 90%
BRASIL (70 – 40%)	Assinantes	12 – 17%
	Não assinantes	58 – 83%
ESPANHA (05 – 3%)	Assinantes	-
	Não assinantes	05 – 100%
DEMAIS LOCALIDADES (06 – 3%)	Assinantes	-
	Não assinantes	06 – 100%
NÃO IDENTIFICADA (07 – 4%)	Assinantes	01 – 14%
	Não assinantes	06 – 86%

Os percentuais de assinantes entre as mulheres das duas origens geográficas mais representadas, a portuguesa e a brasileira, são semelhantes, sendo que, assim como entre os homens, as mulheres nascidas no Brasil assinaram um pouco mais que as provenientes de Portugal: são assinantes 10% das portuguesas e 17% das brasileiras. Além de portuguesas e brasileiras, encontram-se na amostra 10 mulheres do arquipélago dos Açores, correspondentes a não mais que 6% do total, 5 espanholas, 6 mulheres de procedência distinta (São Tomé, África – não especificada a localidade –, Cabo Verde, Madeira e Cabo de Gué), cada uma representando menos de 1% do total de depoentes, e mais 7 de origem não identificada.

Com relação à etnia das mulheres depoentes, observa-se o seguinte:

Tabela 6 – Estratificação étnica das mulheres

MULHERES (177)		
BRANCAS (131 – 74%)	Assinantes	18 – 14%
	Não assinantes	113 – 86%
ÍNDIAS (02 – 1%)	Assinantes	-
	Não assinantes	02 – 100%
NEGRAS (03 – 2%)	Assinantes	-
	Não assinantes	03 – 100%
MAMELUCAS (23 – 13%)	Assinantes	04 – 17%
	Não assinantes	19 – 83%
MULATAS (06 – 3%)	Assinantes	-
	Não assinantes	06 – 100%
CAFUZAS (02 – 1%)	Assinantes	-
	Não assinantes	02 – 100%
CIGANAS (07 – 4%)	Assinantes	-
	Não assinantes	07 – 100%
NÃO IDENTIFICADA (03 – 2%)	Assinantes	-
	Não assinantes	03 – 100%

As mulheres brancas representam a grande maioria das mulheres do *corpus*; estas, somadas às mamelucas, perfazem 87% do total. De forma semelhante ao que se dá entre os homens brasileiros, as mulheres mamelucas assinam tanto quanto as brancas, até um pouco mais: 17% entre as mamelucas e 14% entre as brancas. Todas as mulheres das demais etnias – duas índias, três negras, seis mulatas, duas cafuzas e sete ciganas – foram não assinantes, assim como as três mulheres de etnia não identificada.

As índias que depuseram perante o Tribunal, *Mônica* e *Ízia Álvares*, ambas falantes do português, eram filhas de índios pagãos, que foram convertidas ao cristianismo. *Ízia* declarou ser forra e viúva, tendo sido casada com um serralheiro. As mulheres negras foram três, todas naturais da África e falantes de português, não apresentando, assim como as índias, qualquer nível de alfabetismo. *Mécia Vaz*, natural de São Tomé, de 50 anos de idade, afirmou ter sido escrava de um ferreiro, *Manuel Rodrigues* e de sua mulher, tendo conquistado a alforria *"dando escravos por si"* ao genro de *Manuel Rodrigues*, a quem ela passou a pertencer depois do falecimento do seu primeiro senhor. *Domingas Fernandes*, cabo-verdiana, filha de escravos, declarou que havia sido também escrava e tendo a alforria comprada por seu marido, um oleiro. *Joana Afonso*, de 40 anos, disse que seus pais eram forros, naturais de São Tomé, e que era casada com *André Fernandes*, mulato, alfaiate, morador na Ilha de São Tomé, que a acusou de adultério – motivo pelo qual veio degradada para o Brasil. Ela foi a única mulher que, ainda que analfabeta, deixou o seu desenho da cruz registrado nos livros da Inquisição, enquanto as outras, sempre que não eram capazes de assinar, solicitavam ao notário que o fizesse por elas.

Entre as seis mulatas que testemunharam, estavam a brasileira *Bárbara Fernandes*, filha de homem branco, um pedreiro, com uma mulata, casada com um lavrador, também branco, e cinco mulatas portuguesas: *Madalena de Calvos*, casada com um pasteleiro, e *Domingas Lopes*, casada com homem mulato que não tinha ofício, ambas filhas de homens pardos com mulheres brancas; *Maria da Mota*, viúva, filha de homem branco e mulher parda; *Isabel Ramos*, natural de Lisboa, casada com um alfaiate, que não declarou a etnia dos pais, e *Ângela Antônia*, que afirmou ser escrava, filha de um homem branco com mulher mulata.

Entre as demais mulheres não brancas estavam duas cafuzas, *Ana de Seixas*, filha de homem mulato com uma índia, casada com um homem branco, que disse ser "trabalhador", e *Maria Batista*, natural de Salvador, solteira, filha de um carpinteiro, homem preto, e de mãe índia, e ainda seis ciganas, todas elas não assinantes.

As mamelucas, como os mamelucos, parecem ter herdado, nas capitanias aqui analisadas, o *status* social dos seus pais, ao invés daquele de suas mães. Se as mães índias dos mamelucos eram referidas frequentemente como escravas, e não esposas dos seus pais, já as mamelucas da amostra eram em sua maioria casadas com homens brancos ou mamelucos, como pode ser observado no seu perfil sociológico no quadro adiante. Manuel da Nóbrega dá indícios desse diferenciado *status* das mamelucas em outra carta que escreve, de Pernambuco, ao rei de Portugal, pedindo-lhe que fossem enviadas moças órfãs às outras capitanias, uma vez que em Pernambuco já não seria tão necessário:

> Para as outras Capitanias mande V. A. molheres orfãas, porque todas se casarão. Nesta nam são necessarias por agora por averem muitas filhas de homens brancos e de índias da terra, as quais todas agora casarão com ha ajuda do Senhor [...]. (Nóbrega, 1955 [1551]: 102)

Quadro 2 – Perfil sociológico das mamelucas

NOME	ASSINANTE	IDADE	FILIAÇÃO	ESTADO CIVIL/ ESTRATO SÓCIO-OCUPACIONAL	CONDIÇÃO RELIGIOSA
Maria de Heredo	SIM	21 anos	Pai mameluco e mãe branca (por inferência)	Casada com alcaide-mor da capitania de Pernambuco	Cristã-velha
Ana Lins	NÃO	38 anos	Pai alemão e mãe "sua escrava brasila"	Casada, "vive com seu marido por sua fazenda"	Cristã-velha
Cosma Martins	NÃO	18 anos	Pai branco (por inferência) e mãe mameluca, sua mulher	Casada com carpinteiro	Cristã-velha
Isabel de Lamas	NÃO	41 anos	Pai branco e mãe "sua escrava brasila"	Casada com mestre de açúcar	Cristã-velha
Caterina de Araújo	NÃO	36 anos	Pai branco (por inferência) e mãe mameluca	Casada	Cristã-velha
Maria Álvares	NÃO	47 anos	Pai branco e mãe "sua escrava brasila"	Viúva	Cristã-velha
Caterina	NÃO	Não sabe (+/-10 anos)	Pai desconhecido e mãe mameluca	-	-
Dona Joana d'Albuquerque	SIM	41 anos	Pai branco e mãe índia (por inferência)	Casada	-
Maria Gonçalves	NÃO	40 anos	Pai branco e mãe "negra brasila"	Viúva, foi mulher de escrivão	Cristã-velha

Maria Fernandes	NÃO	50 anos	Pai branco, carpinteiro e mãe "negra brasila", sua escrava	Parteira, viúva, foi mulher de fiandeiro	Cristã-velha
Caterina Fernandes	SIM	40 anos	Pai branco, carpinteiro e mãe mameluca, sua mulher	Casada com ex-escrivão "que ora não tem ofício"	Cristã-nova
Domingas Gonçalves	NÃO	38 anos	Pai branco e mãe "negra brasila", sua mulher	Casada com pescador	-
Guiomar Pinheira	NÃO	38 anos	Pai branco e mãe "escrava brasila" do pai	Viúva, foi casada com lavrador	Cristã-velha
Maria grega	NÃO	15/16 anos	Pai branco (por inferência), grego, carpinteiro de naus, e mãe "índia deste Brasil"	Casada	-
Luísa Roiz	NÃO	21 anos	Pai branco (por inferência), escrivão e mãe "índia deste Brasil"	Casada com lavrador	-
Isabel Marques	NÃO	37 anos	Pai branco (por inferência), cônego da Sé e mãe índia	Casada com sapateiro "que já não usa o ofício"	-
Ana de Alveloa	NÃO	26 anos	Pai branco e mãe mameluca	Casada com lavrador	Cristã-velha
Maria Carvalha	NÃO	18 anos	Pai branco e mãe "índia da terra" (não sabe o nome)	Casada, criada de casa	-

Isabel d'Ávila	SIM	37 anos	Pai branco, homem da governança, senhor de terras (Garcia d'Ávila) e mãe "índia deste Brasil"	Casada com "cidadão desta cidade"	-
Francisca da Costa	NÃO	-	-	-	-
Domingas Allegre	NÃO	22 anos	Pai branco (por inferência) e mãe mameluca	Casada com lavrador	Cristã-velha
Isabel Fernandes	NÃO	33 anos	Pai homem branco, carpinteiro e mãe mameluca, sua mulher	Casada com tabelião, mameluco	Cristã-velha
Isabel Fernandes	NÃO	40 anos	Pai branco, dos da governança da Vila da Conceição e mãe mameluca (filha de cristão-novo e negra brasila)	Casada com lavrador	Tem raça de cristã-nova

Uma das mamelucas assinantes é *Isabel d'Ávila*. Seu pai, Garcia (de Sousa) d'Ávila, foi o fundador, em 1550, da Casa da Torre, fortaleza situada em sesmaria que se converteu no maior latifúndio das Américas.[8] As outras três assinantes residiam em Pernambuco: *Joana d'Albuquerque*, *Caterina Fernandes* e *Maria de Heredo*. *Joana d'Albuquerque*, "dona Joana", como ela própria escreve em sua assinatura, era filha do ilustre *Jerônimo d'Albuquerque*, que estava entre os homens mais importantes da capitania de Pernambuco (Primeira..., 1984, Prefácio); *Joana d'Albuquerque* sequer citou o nome da sua mãe índia em seu depoimento. *Caterina Fernandes*, filha de pai branco e mãe mameluca, era casada com o escrivão *Manuel Rodrigues*. *Maria de Heredo* tinha pai mameluco e mãe branca; era casada com *Mateus de Freitas d'Azevedo*, alcaide-mor da capitania de Pernambuco. As três tinham em comum, portanto, o fato de pertencerem a famílias – fosse a família de origem, fosse a de seus maridos – situadas na elite social ou cultural pernambucana, o que lhes havia facilitado, ao que parece, o acesso a algum nível de letramento.

Condição religiosa dos homens

Tabela 7 – Homens *versus* condição religiosa

HOMENS (508)		
CRISTÃOS-VELHOS (402 – 79%)	Assinantes	371 – 92%
	Não assinantes	31 – 8%
CRISTÃOS-NOVOS (38 – 7%)	Assinantes	38 – 100%
	Não assinantes	-
EM PARTE CRISTÃO-NOVO (20 – 4%)	Assinante	20 – 100%
	Não assinante	-
TEM DÚVIDA SE É CRISTÃO NOVO (04 – 1%)	Assinantes	04 – 100%
	Não assinantes	-
NÃO SABE A CONDIÇÃO RELIGIOSA (04 – 1%)	Assinantes	03 – 75%
	Não assinantes	01 – 25%
CRISTIANIZADO (02 – 0,5%)	Assinantes	-
	Não assinantes	02 – 100%
CRISTÃO (01 – 0,2%)	Assinantes	01 – 100%
	Não assinantes	-
FILHO DE PAIS CATÓLICOS (02 – 0,5%)	Assinantes	02 – 100%
	Não assinantes	-
FILHO DE PAI LUTERANO E MÃE CATÓLICA (01 – 0,2%)	Assinantes	-
	Não assinantes	01 – 100%
NÃO IDENTIFICADA (34 – 7%)	Assinantes	29 – 85%
	Não assinantes	05 – 15%

Entre os 508 homens, a maioria expressiva é de cristãos-velhos, os quais correspondem a 79% do total. A seguir, porém com pouca representatividade, vêm os cristãos-novos, perfazendo 7% da amostra. Uma das razões para a presença reduzida de cristãos-novos é, certamente, o fato de a maioria dos dados ter sido extraída de livros de denunciações: se a maior heresia era ser judeu, são os cristãos-velhos os denunciantes.

Figuram ainda entre os confitentes/denunciantes os que se identificam, do ponto de vista religioso, sob outras categorias, a saber: 20 em parte cristãos-novos (4,0%), 4 que duvidam se são cristãos-novos (1,0%), 4 que não sabem qual a sua condição religiosa (1,0%), 2 cristianizados (0,5%), 1 cristão (0,2%), 2 filhos de pais católicos (0,5%), 1 filho de pai luterano e mãe católica (0,2%) e 34 cuja condição religiosa não está identificada (7,0%).

Dada a grande disparidade numérica entre cristãos-velhos e cristãos-novos, seria arriscada qualquer conclusão mais definitiva acerca da interferência da variável condição religiosa sobre o fato de os homens saberem ou não assinar. Contudo, é de se notar que, enquanto a taxa de 92% de assinaturas dos cristãos-velhos corresponde exatamente à média geral de 92%, 100% dos cristãos-novos assinam. Tal observação torna-se ainda mais relevante quando se considera o fato de que 4 dos que "duvidam se são cristãos-novos" são também assinantes. Está-se levantando aqui a hipótese de que os que duvidam se são cristãos-novos, efetivamente, o sejam, mas tenham receio de admiti-lo.

Segundo Lipiner (1998: 55), *"Na linguagem inquisitorial, o filho proveniente de casamento misto [entre cristãos-novos e cristãos-velhos] era apelidado de* meio cristão-novo *e o neto da mesma origem era classificado como* quarto de cristão-novo*, e assim por diante"*. Podem-se considerar igualmente filhos de casamentos mistos os que se nomeiam meio cristãos-velhos ou cristãos-velhos por parte de pai. Toda essa diversidade de nomenclatura está englobada na tabela sob o rótulo de "em parte cristãos-novos", sendo 20 indivíduos, todos eles assinantes.

Os filhos de pais católicos são os franceses *Nicolau Luís* e *Pero de Vila Nova*. Já do francês *Simão Luís*, não se identifica a condição religiosa, provavelmente por se tratar de um filho de casamento misto, cujo pai era luterano e a mãe, católica. Os dois franceses filhos de pais católicos sabiam assinar, já o filho do casamento misto, não.

Os dois homens incluídos na categoria 'cristianizado' são os índios *Fernão Ribeiro* e *Simão*, tendo o primeiro a sua condição religiosa identificada como cristão há 6 ou 7 anos e o outro, como cristão há 20 anos. À época em que se apresentaram ao Santo Ofício, tinha *Fernão Ribeiro* 50 anos e *Simão*, 25, tendo sido, portanto, o primeiro batizado já quando adulto, e o segundo, ainda na infância. A expressão cristão-novo, reservada a judeus recém-convertidos, obviamente não se poderia aplicar a nenhum dos dois casos em questão, independentemente de o batismo ter sido mais ou menos recente. Ambos os índios eram filhos de gentios pagãos.

Dentre aqueles cuja condição religiosa não está identificada, ressalta-se o escravo *Duarte*. Apesar de se tratar de um cativo do Colégio da Companhia de Jesus, *Duarte*, que contava, na altura do seu depoimento, com a idade aproximada de 20, provavelmente, ainda não tinha sido batizado, razão pela qual dele não se diz ser um cristão há "x" anos, como se observou para os índios *Fernão Ribeiro* e *Simão*.

Condição religiosa das mulheres

Tabela 8 – Mulheres *versus* condição religiosa

MULHERES (177)		
CRISTÃS-VELHAS (126 – 71%)	Assinantes	13 – 10%
	Não assinantes	113 – 90%
CRISTÃS-NOVAS (10 – 6%)	Assinantes	04 – 40%
	Não assinantes	06 – 60%
EM PARTE CRISTÃ-NOVA (15 – 8%)	Assinante	02 – 13%
	Não assinante	13 – 87%
TEM DÚVIDA SE É CRISTÃ NOVA (01 – 1%)	Assinantes	01 – 100%
	Não assinantes	-
NÃO SABE A CONDIÇÃO RELIGIOSA (01 – 1%)	Assinantes	-
	Não assinantes	01 – 100%
CRISTIANIZADA (02 – 2%)	Assinantes	-
	Não assinantes	02 – 100%
CRISTÃ (01 – 1%)	Assinantes	-
	Não assinantes	01 – 100%
NÃO IDENTIFICADA (21 – 12%)	Assinantes	02 – 10%
	Não assinantes	19 – 90%

A desproporção entre cristãs-velhas – 71% – e cristãs-novas – 6% – é semelhante à observada anteriormente entre cristãos-velhos e novos – 79% e 7%, respectivamente.

O dado relevante observado na Tabela 8, apesar de os números serem escassos, é que, quando são cristãs-novas, as mulheres atingem uma taxa de assinatura de 40%, contrariando a média geral de 12% de mulheres assinantes. Também supondo, tal como feito anteriormente para os homens, que, quando uma mulher duvida se é cristã-nova, de fato, o seja, havendo apenas o receio de assumir tal condição, destaca-se que a única mulher que apresenta dúvida quanto à sua condição religiosa é assinante. Finalmente, deve-se assinalar o caso de *Catarina Mendes*, natural de Lisboa, já citada anteriormente, que sabia ler, mas não sabia escrever e, talvez não por acaso, era cristã-nova.

Categorias sociais entre os homens

Em uma análise do alfabetismo ocidental de 1500-1850, Houston (1992) avalia que é possível delinear, nos estudos que vêm quantificando assinantes e não assinantes europeus em fontes diversas, pelo menos três características relevantes e persistentes, sendo a primeira delas a distribuição do alfabetismo de maneira estratificada, de acordo com a hierarquia social. A segunda característica apontada é o menor nível de instrução das mulheres, em relação aos homens; e a terceira, a maior instrução de habitantes das cidades do que os das zonas rurais.

Em estudo da região do Porto e seu termo, de 1580 a 1650, Ribeiro da Silva (1986) constatou que os percentuais de assinantes, em Portugal, eram bastante diferenciados, a depender do ofício desempenhado. Na zona urbana, o contraste se dava entre os oficiais da Câmara (vereadores, procuradores da cidade, escrivães da Câmara, tesoureiros, almotacéis, síndicos, solicitadores, alcaides, guardas-mores da saúde, guardas da Câmara), que apresentaram percentuais de assinantes na ordem dos 100%, e os oficiais mecânicos (entre eles, caixeiros, tecelões, ferreiros, serralheiros, sombreireiros, esteireiros, passamaneiros, barbeiros, sapateiros, tanoeiros, alfaiates, pedreiros e ourives), que assinaram, em média, 70%.

Marquilhas (2000) também se deparou com percentuais de assinantes bastante diferenciados de acordo com o *status* social, nos tribunais portugueses do Santo Ofício, ao longo dos Seiscentos. Entre o clero e religiosos, os percentuais de assinantes encontrados foram de 99%, 99% e 100% para os tribunais de Coimbra, Lisboa e Évora, respectivamente. Entre nobres, cidadãos, criados de grandes famílias, letrados, estudantes, profissões liberais, ofícios elevados da administração central, senhorial, corporativa e periférica da Coroa, mercadores e familiares do Santo Ofício, os percentuais de assinantes foram de 87%, 92% e 94%. Os pequenos comerciantes, mesteirais, pilotos, mareantes e ofícios subalternos assinaram em 52%, 59% e 52% dos casos. Lavradores, indivíduos que viviam de suas fazendas, a nobreza local e ofícios elevados da administração local deixaram seu nome assinado em 48%, 68% e 66% das ocorrências. Entre criados, jornaleiros, braceiros, aprendizes, soldados, trabalhadores, pescadores, escravos e mendigos, apenas 16%, 31% e 22% foram capazes de assinar.

Nas fontes inquisitoriais brasileiras, observa-se também a estratificação social como uma variável relevante em relação aos níveis de assinaturas encontrados. Os estratos sociais, divididos em três grandes grupos, apresentam percentuais de assinantes que decrescem, da classe mais alta à classe mais baixa, tanto entre os homens, quanto entre as mulheres.

O agrupamento das diversas ocupações em estratos para fontes tão recuadas é problemático, uma vez que não se encontram informações suficientes para uma análise precisa do *status* social de cada uma das ocupações. Optou-se por seguir a classificação realizada por Siqueira (1978), que tem a vantagem de ser uma análise historiográfica que se debruça sobre a população brasileira do século XVI, tendo como *corpus* as próprias fontes inquisitoriais. As ocupações foram, assim como Siqueira o fez, divididas em três grandes grupos – grande burguesia, pequena e média burguesia e povo. Algumas pequenas adaptações foram feitas na classificação de Siqueira, como a inserção de grupos de indivíduos que possuíam dupla categorização.

O primeiro grupo, da grande burguesia, abarca os *senhores de engenhos* e *grandes comerciantes*, "*partícipes da mesma concepção de vida, donos das tendências autoritárias, que transmitiam por herança seus bens e suas profissões*" (Siqueira, 1978: 76), e ainda o *alto clero*, que também era comum possuir terras ou engenhos.

No segundo grupo, da pequena e média burguesia, um grupo bastante heterogêneo, encontravam-se artesãos, assalariados, burocratas, homens do mar, pequenos lavradores, liberais, mercadores de loja e clero médio e baixo. Em cada um desses grupos, inclui-se uma grande lista de profissionais:

- Entre os *artesãos*, estavam alfaiates, calafates, carpinteiros, chapineiros, costureiros, cozinheiros, entalhadores, ferreiros, imaginários, oleiros, ourives, serralheiros e outros.
- Entre os *assalariados*, havia banqueiros, caixeiros, contadores, feitores, mestres de açúcar, purgadores, mestres de naus, marinheiros, pilotos...

- Entre *burocratas*, viam-se alcaides-mores, almotacéis, almoxarifes, carcereiros, contadores da fazenda del-Rei, demarcadores de terras, desembargadores, escrivães, gente da governança, juízes, meirinhos, ouvidores, provedores, procuradores etc.
- Os *homens do mar* eram os donos de naus e capitães de embarcação.
- Os classificados como *pequenos lavradores* se intitulavam donos de roça, lavradores e trabalhadores de enxada e foice.
- Entre os *liberais*, estavam: advogados, bacharéis, cirurgiões, licenciados, estudantes, físicos, médicos, mestres de ler e escrever e letrados.
- Além destes, havia os *mercadores de loja* e o *clero médio e baixo*.

No terceiro grupo, estava o povo, "*a massa indefinida e informe da plebe, e os escravos responsáveis por todo o trabalho das lavouras e das fábricas*" (Siqueira, 1978: 77). Encontravam-se, entre indivíduos responsáveis por *pequenos ofícios*: boticários, canoeiros, confeiteiros, carreiros, cortadores de carne, barbeiros, vendeiros, ferradores, hortelãos, línguas, pedreiros, pescadores, pasteleiros, parteiras, padeiros, camareiros, criados, pajens, mulheres do mundo, taverneiros, vinhateiros, 'trabalhadores de soldada'. Somavam-se a estes os *mendicantes* e os *escravos*.

Além desses, foram incluídos entre os 'demais', os indivíduos *sem ofício* e os *de ofício não declarado*.

Os percentuais de assinantes e não assinantes encontrados em cada estrato vão discriminados na tabela a seguir:

Tabela 9 – Homens *versus* categorias sociais

CATEGORIAS SOCIAIS	ASSINANTES	NÃO ASSINANTES
GRANDE BURGUESIA (45)	44 (98%)	01 (2%)
Mercadores (20)	20 (100%)	-
Senhores de engenho / donos de fazenda (14)	13 (93%)	01 (7%)
Indivíduos de dupla ocupação de distintos estratos sociais (alta burguesia e pequena/média burguesia) (11)	11 (100%)	-
PEQUENA E MÉDIA BURGUESIA (306)	283 (92%)	23 (8%)
Liberais (22)	22 (100%)	-
Homens do mar (4)	04 (100%)	-
Mercadores de loja (04)	04 (100%)	-

Vivem de sua fazenda (4)	04 (100%)	-
Clero (médio e baixo) (41)	40 (98%)	01 (2%)
Burocratas (60)	59 (98%)	01 (2%)
Lavradores (74)	69 (93%)	05 (7%)
Assalariados (37)	34 (92%)	03 (8%)
Artesãos (46)	34 (74%)	12 (26%)
Indivíduos de dupla ocupação da pequena/média burguesia (10)	09 (90%)	01 (10%)
Indivíduos de dupla ocupação de distintos estratos sociais (da pequena e média burguesia e do povo) (4)	04 (100%)	-
POVO (47)	36 (77%)	11 (23%)
Pequenos ofícios (43)	35 (81%)	08 (19%)
Mendicantes (1)	01 (100%)	-
Escravos (3)	-	03 (100%)
DEMAIS (110)	105 (95%)	05 (5%)
Sem ofício (8)	08 (100%)	-
Não declarado (102)	97 (95%)	05 (5%)
TOTAL	468 (92%)	40 (8%)

Analisando-se comparativamente os dados gerais de assinantes dos três grandes estratos populacionais, pode-se observar que os homens da grande burguesia exibem, em média, 98% de assinaturas – praticamente todos eles foram capazes de assinar; os homens da pequena e média burguesia apresentam também percentuais bastante altos de assinantes, apenas um pouco abaixo daqueles: 92% deles assinaram; os homens do povo foram os que menos assinaram: 77% deles deixaram sua assinatura registrada nos livros da Inquisição.

Nota-se, pela Tabela 9, que o único estrato da população, entre os homens, que não assina é o dos escravos. Os resultados encontrados entre esse estrato da população são poucos, mas sintomáticos; nenhum dos três escravos que compareceram ao Tribunal sabia assinar o nome – era o que se esperaria, de maneira geral, entre indivíduos que eram excluídos do processo de educação formal, sabendo-se, entretanto, que teria havido raros casos de alfabetização entre escravos – é o que atesta Oliveira (2004), que tornou pública a existência de cartas escritas por escravos nos séculos XVIII e XIX. Para esse autor, a prática da escrita estava presente entre escravos mais valorizados, que possuíam geralmente ofícios que exigiam alguma especialização, como o de carpinteiro e o de aprendiz de alfaiate. As relações mais próximas e de afetividade entre senhores e escravos também pareciam pesar para que esses tivessem um tratamento diferenciado, podendo ser, nesses casos, alfabetizados. O papel das irmandades negras seria ainda uma terceira via de acesso ao letramento, uma vez que se encontram, a partir do século XVIII, irmandades com escrita exclusivamente negra, destacando-se, inclusive, no século XIX o caso da Sociedade Protetora dos Desvalidos, na Bahia, cujos textos, desde a sua fundação aos dias atuais, são escritos por punhos negros (Oliveira, 2004). Os primeiros registros encontrados até agora de escrita entre negros no Brasil datam, portanto, do século XVIII, sendo dos mais raros deles os escritos deixados pela ex-escrava Rosa Maria Egipcíaca da Vera Cruz (Oliveira e Lobo, 2012).

Todos os demais estratos possuem percentuais altos de assinantes, sendo os mais baixos deles os 74% de assinantes entre os artesãos e os 81% entre os pequenos ofícios. Diferentemente do que se constata em grande parte dos estudos sobre o alfabetismo em sociedades europeias, vê-se, nas fontes brasileiras, que a variação nos percentuais de assinantes entre os diferentes estratos da população é bastante pequena – com a exceção, é claro, dos escravos. Para as já citadas fontes inquisitoriais portuguesas analisadas por Marquilhas, nobres, cidadãos, ofícios elevados da administração da Coroa, mercadores entre outros, assinaram em patamares de 87%, 92% e 94% nos tribunais de Coimbra, Lisboa e Évora, respectivamente, indivíduos como os pequenos comerciantes e os de ofícios subalternos assinaram em 52%, 59% e 52% e lavradores, a nobreza local e ofícios elevados da administração local assinaram em 48%, 68% e 66% das ocorrências. Tal discrepância não se observa nas fontes inquisitoriais brasileiras do século XVI, onde assalariados e lavradores assinavam tanto quanto os senhores de engenho (92%, 93% e 93%, respectivamente), e não ficavam muito à frente de indivíduos do povo, que desempenhavam pequenos ofícios, 81% deles assinantes.

Tais resultados podem refletir uma diferenciação na estratificação social europeia e brasileira; em países europeus, havia uma significativa parcela da população, não raro branca, que trabalhava em atividades braçais, muitas vezes exercidas em regiões mais rurais, onde se encontram níveis mais baixos de alfabetização. Isso é bastante claro quando analisados dados da demografia portuguesa, em que se vê que na cidade de Lisboa, à época o maior centro urbano português, para onde convergia o maior número de indivíduos de outras nacionalidades, haveria cerca de 10% apenas de escravos entre a população, considerados por Rodrigues (2008) uma "minoria étnica estável". No Brasil, a situação é distinta. A maior parte da população, constituída por índios e negros juntos, estava à partida alijada das práticas de leitura e escrita e, estando parcamente representada nas fontes inquisitoriais, não afeta os resultados obtidos.

A predominância de indivíduos escravizados entre a população brasileira, já desde o Brasil quinhentista, sem dúvida terá pesado para que, na colônia, as atividades braçais ficassem, na grande maioria dos casos, a cargo desse estrato escravizado da população; algumas atividades mais especializadas seriam desempenhadas por indivíduos assalariados, geralmente vindos de Portugal, como os mestres de açúcar, os purgadores e os caixeiros. Havia ainda atividades dessas desempenhadas por indivíduos livres que se encontravam na base da população, como índios integrados e mulatos, que trabalhavam como caçadores, pescadores, vaqueiros etc. (Ferlini, 1986, 1988).

Note-se o caso dos lavradores, o grupo social mais representado nas fontes inquisitoriais, que apresentou um altíssimo percentual de 93% de assinantes, equiparado à média geral de assinantes masculinos, de 92%. Tal grupo, pelo menos em sua grande maioria, não estaria formado por homens que trabalhavam na terra, e, sim, por donos ou arrendatários de terra, colonos que teriam, portanto, recursos para os investimentos na produção açucareira, como a aquisição de muitos escravos e do gado necessário para o trabalho na lavoura. Não raro, eram os mesmos cidadãos que exerciam os diversos cargos da administração pública da colônia. Já a função de operário ou trabalhador agrícola seria majoritariamente ocupada pelos inúmeros escravos, que plantavam, colhiam e transportavam a cana, administrados ou auxiliados por alguns poucos trabalhadores livres, como os feitores e os marinheiros.

Um exemplo da alta posição social que poderiam alcançar indivíduos desse estrato da população está em *Cibaldo Lins*, que se declarou, no depoimento prestado ao Tribunal da Inquisição, 'lavrador de suas roças e canaviais'. Sabe-se que os Lins estavam entre os principais da capitania de Pernambuco, sendo *Cibaldo Lins* filho de gente nobre e fidalga de Augusta Vindelicorum (atual Augsburgo, na Alemanha) e casado com *Brites de Albuquerque*, filha de *Jerônimo de Albuquerque*, que estava entre os homens mais importantes da capitania de Pernambuco (*Primeira visitação do Santo Offício ás partes do Brasil pelo licenciado Heitor Furtado de Mendonça: denunciações de Pernambuco* 1593-1595, 1929).

A respeito da diferenciação entre o lavrador, enquanto proprietário rural, e o operário ou trabalhador agrícola, na sociedade europeia, pode-se citar a análise de Chartier (1991), que aborda as diferenças nos níveis de assinantes a partir dos ofícios e da condição social, baseado nos dados encontrados por Cressy para a Inglaterra do século XVII, e comenta que, entre os lavradores, os *yeomen*, que seriam pequenos proprietários rurais, o número de assinantes era de sete ou oito homens entre dez, enquanto "*na base da escala*" estariam os grupos sociais em que "*na melhor das hipóteses um homem entre quatro assina*": operários da construção, pescadores, pastores, pequenos meeiros e trabalhadores agrícolas, os *labourers* (Chartier, 1991: 117-118). A diferença com relação ao Brasil parece ser basicamente que, nas sociedades europeias, os operários ou trabalhadores agrícolas, que estariam em uma posição social bem inferior à dos proprietários rurais, seriam bem menos frequentemente indivíduos escravizados.

Outro ofício em que se vê claramente uma diferença na estratificação social europeia e brasileira é o dos criados. Enquanto, nas fontes portuguesas, os criados de grandes famílias podem ser encaixados no grupo dos nobres, cidadãos, letrados, estudantes, de profissões liberais, de ofícios elevados da administração, mercadores e familiares do Santo Ofício, tamanho é o seu *status* social, o que se reflete em altos percentuais de assinantes, na faixa dos 87%, 92% e 94%, o ofício de criado, no Brasil, desde o primeiro século de colonização, era exercido por escravos, e os criados portugueses que migravam para o Brasil buscavam aqui outra profissão (Ferlini, 1986).

Além das diferentes nuances dos estratos sociais na Europa e no Brasil, pode-se considerar que a situação de migração para a colônia pode também ter favorecido, entre os homens brancos, a aquisição da leitura e da escrita, ou apenas ter incentivado que se aprendesse simplesmente a assinar o nome. Um dos aspectos a se considerar é o da comunicação entre a colônia e a metrópole; muitos dos que aqui viviam possuíam parentes em Portugal, com quem poderiam se corresponder, sempre através de cartas.

A respeito da grande importância que tem a colonização portuguesa para a intensificação da escrita epistolar, Santos (2006) afirma que a expansão portuguesa teria sido responsável pelo aumento de centros de produção de documentos, pelo desenvolvimento da quantidade e da qualidade dos que escreviam, e por uma nova natureza de escritos que gerou ou intensificou:

> Com efeito, as Descobertas provocaram uma documentação de natureza específica que, infelizmente, em grande parte, se perdeu. Citem-se, primeiramente, os atlas, os roteiros, os diários de bordo, as cartas de seguro, os livros de receita e despesa, e as cartas missivas, de que as de Pêro Vaz de Caminha e Mestre João, dando notícia do achamento do Brasil, são dois dos testemunhos mais emblemáticos deste gênero histórico. Gênero histórico que ganha grande expressão no vaivém de novas e mensagens que a tripulação dos navios expedia e recebia. Era o correio que se conhece bem para a Carreira da Índia em cujas armadas nunca faltava a figura do escrivão.

Directamente ainda relacionadas com as Descobertas, e o intenso comércio interno e externo que provocaram, aluda-se às atividades financeiras (o 1º banco português surge em 1465) dependentes de um múltiplo e variado conjunto de documentos como cartas de câmbio, cartas de promessa de pagamentos, cartas de empréstimos de dinheiro, cartas de quitação, cartas de dívidas e muitas outras. (Santos, 2006: 29)

Se cartas como as de Caminha e do mestre João foram conservadas, pelo relevo histórico de seus redatores, do seu conteúdo e do seu destinatário, e entraram para a história, inúmeras outras, sobretudo aquelas escritas por "pessoas comuns", para "pessoas comuns", terão caído, infelizmente, no esquecimento.

Categorias sociais entre as mulheres

As mulheres que foram prestar depoimento perante a Santa Inquisição mencionavam, geralmente, a ocupação do marido quando eram casadas ou viúvas, e a do pai quando solteiras. Poucas foram as que declararam possuir um ofício, figurando essas geralmente entre as mulheres do povo: quatro vendeiras, uma estalajadeira, uma adela, uma padeira, uma parteira, uma costureira, uma tecedeira, uma criada e uma espiritaleira. Houve ainda as que se declararam escravas ou ex-escravas. As mulheres que não tinham ofício declarado foram classificadas no grupo social em que figuravam seus pais ou maridos, no caso de serem casadas.

Como se pode observar na Tabela 10, a seguir, entre as 17 mulheres classificadas no grupo da grande burguesia, foram cinco (29%) as assinantes. Entre as mulheres da pequena e média burguesia, cai para 11% o percentual de assinantes: das 92 mulheres da pequena e média burguesia, apenas 10 foram capazes de assinar o nome. Já entre as 17 mulheres do povo do *corpus*, nenhuma sabia assinar:

Tabela 10 – Mulheres *versus* categorias sociais

CATEGORIAS SOCIAIS	ASSINANTES	NÃO ASSINANTES
GRANDE BURGUESIA (17)	05 (29%)	12 (71%)
Mulheres da grande burguesia (12)	03 (25%)	09 (75%)
Mulheres cujo marido tinha dupla ocupação, de alta e pequena/ média burguesia (5)	02 (40%)	03 (60%)
PEQUENA E MÉDIA BURGUESIA (92)	10 (11%)	82 (89%)
Mulheres da pequena / média burguesia (85)	10 (12%)	75 (88%)
Mulheres cujo marido tinha dupla ocupação, de pequena e média burguesia e do povo (7)	-	07 (100%)
POVO (17)	-	17 (100%)
Mulheres do povo (17)	-	17 (100%)
DEMAIS (51)	07 (13%)	44 (86%)
Mulheres solteiras sem ofício ou cujo marido não tem ofício declarado (51)	07 (13%)	44 (86%)
TOTAL	22 (12%)	155 (88%)

Além dos índices extremamente baixos de assinantes entre as mulheres nas fontes inquisitoriais, notáveis até mesmo entre mulheres da elite, observa-se que as assinaturas executadas por mulheres eram, quase sempre, mal traçadas. O nível de execução gráfica de suas assinaturas corresponde àquele descrito por Petrucci (1978), em estudo da escrita na Roma quinhentista, como 'elementar'.[9] Diferentemente das assinaturas masculinas, que apresentam, em sua maioria, um bom nível de execução gráfica, as executadas pelas mulheres apresentam, em geral, grande dificuldade no traçado das letras, traçado pouco seguro, por vezes trêmulo, letras de módulo maior que o normal, ausência de laçadas e ornamentos pobremente executados, como se pode notar nos exemplos a seguir:

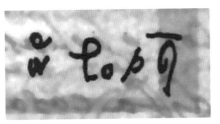

Assinatura de Maria Lopes,
esposa de dono de engenho
e homem da governança

Assinatura de Paula de Siqueira,
esposa de contador da fazenda del-Rei

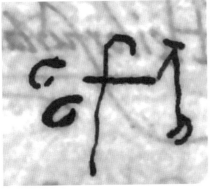

Assinatura de Caterina Fernandes,
esposa de escrivão

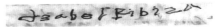

Assinatura de Isabel Ribeira,
esposa de almoxarife

Entre os indivíduos que apresentam dificuldade para escrever o próprio nome, poucos saberiam, de fato, escrever. O baixo nível de execução gráfica entre as assinaturas femininas acentua a realidade já observada pelos baixos percentuais de mulheres assinantes: era extremamente restrito, entre as mulheres do Brasil quinhentista, o acesso às práticas de leitura e escrita.

CONSIDERAÇÕES FINAIS

Buscando responder à questão anteriormente colocada – *em que medida estariam a leitura e a escrita difundidas na diminuta sociedade colonial brasileira no final do século XVI?* –, analisou-se, neste capítulo, uma amostra da população colonial das capitanias da Bahia, Pernambuco, Itamaracá e Paraíba no final do século XVI, constituída por um total de 685 indivíduos que se apresentaram à mesa do Santo Ofício. A amostra é constituída por 74% de homens, dentre os quais 92% assinaram seus testemunhos, e por 26% de mulheres, dentre as quais apenas 12% o fizeram.

A relativamente tímida presença feminina nas fontes inquisitoriais corrobora o já esperado, dado o estado de reclusão em que normalmente viviam muitas mulheres, mas não contradiz a constatação, que já se tornou evidente a partir dos vários estudos feitos, do diferente comportamento que exibiam homens e mulheres ao longo do Antigo Regime: os percentuais de assinaturas entre homens e mulheres são díspares, chegando, em alguns casos, a ser quase que proporcionalmente inversos. Faz-se, contudo, sempre a advertência de que esses baixos índices de assinaturas, embora possam não dar conta de especificidades no processo de letramento entre mulheres no período analisado – como a possibilidade de essas adquirirem a capacidade de ler, mas não de escrever –, são expressivos da realidade mais comum e geral, que se perpetuou por séculos na história do Brasil e do mundo ocidental, em que as mulheres se encontravam à margem de práticas sociais como as de letramento.

Se um dos objetivos de estudar a história social da cultura escrita no Brasil é entender o processo histórico de constituição das normas linguísticas do português brasileiro, esse resultado é significativo, até porque, como se demonstrou, tais diferenças não se restringiram ao século XVI, mas se estenderam inclusive até o início da primeira metade do século XX. O que se constata, diante de tais dados, é a necessidade de se abordar a coexistência das normas linguísticas faladas pela população colonial atentando para a complexidade da questão. Ao se atrelarem as variantes cultas do português a uma elite social e econômica, por exemplo, é preciso dar conta de diversas nuances, como o caso das mulheres, as quais, ainda que fizessem parte da elite, eram, em sua grande maioria, analfabetas.

Para além das diferenças observadas a partir da repartição da amostra por sexo, as variáveis etnia e condição religiosa apresentaram resultados significativos.

A amostra é constituída fundamentalmente por homens e mulheres brancos, quer fossem portugueses, quer fossem brasileiros. Dos 685 integrantes do *corpus*, 587 – ou seja, 85,7% do total – são homens e mulheres brancos nascidos sobretudo em Portugal e no Brasil. Entre os homens brancos, 93% assinam o seu depoimento e 14% das mulheres brancas o fazem. Segundo os dados demográficos relativos ao século XVI, a sociedade brasileira seria constituída, em sua maioria, por índios e negros, sendo os brancos correspondentes a aproximadamente um terço da população (cf. Tabela 1); há, portanto, uma sobrerrepresentação do contingente étnico branco na amostra.

Diferentemente dos brancos, os índios e os negros, apesar de corresponderem a cerca de 70% da população colonial, estão sub-representados, havendo apenas quatro índios (dois homens e duas mulheres) e quatro negros (um homem e três mulheres), todos não assinantes. Apesar de essa parcela majoritária da sociedade, composta por índios e negros, estar quase invisível, esse fato não invalida a relevância das fontes inquisitoriais para uma história da difusão social da leitura e da escrita no Brasil. Índios e negros ocupavam uma posição subalternizada, daí ser esperado não só que não comparecessem perante o Santo Ofício, mas que, ao fazê-lo, não assinassem seus depoimentos.

Situação distinta já se pode observar para o grupo dos mestiços. Primeiramente, destacam-se os 55 mamelucos, sendo 32 homens e 23 mulheres. Cem por cento dos homens mamelucos são assinantes e 17% das mamelucas. A seguir, vem o grupo de 11 mulatos, sendo 5 homens e 6 mulheres. Nenhuma mulata assina, mas 4 dos 5 mulatos, portanto 80%, são assinantes. Por fim, há na amostra 5 cafuzos – 3 homens e 2 mulheres; nenhuma cafuza assina o seu depoimento, mas 2 dos cafuzos o fazem. Por fim, vale mencionar também a presença de 8 ciganos, 1 homem e 7 mulheres, todos não assinantes. Os dados relativos aos mamelucos – sobretudo aos 100% de homens assinantes – surpreendem, mas não tanto. Como destacado na análise, os mamelucos, sobretudo os homens, teriam, nas regiões analisadas, um *status* social muito mais próximo ao do pai branco do que da parentela materna indígena, o que lhes favoreceria a aquisição da língua portuguesa como língua materna ou como segunda língua, bem como o aprendizado da leitura e da escrita. Além disso, o comportamento, como também foi destacado, de muitos dos mamelucos depoentes que afirmavam ter a condição religiosa dos seus pais, declarando-se 'cristãos-velhos', reforça a ideia de uma reconfiguração identitária que os torna "brancos".

No que respeita à condição religiosa, o aspecto mais relevante a destacar refere-se às diferenças observadas entre cristãos-velhos e novos. Entre os homens, 79% são cristãos-velhos, sendo 92% deles assinantes, e 7% são cristãos-novos, todos eles assinantes. Esses dados tornam-se ainda mais instigantes, quando observado o comportamento das mulheres. Entre as mulheres, 71% são cristãs-velhas, sendo apenas 10% delas assinantes, e 6% são cristãs-novas, com 40% delas assinando seu depoimento.

Chega-se, por fim, à variável estratificação social. Dos 508 homens da amostra, o segmento social mais representativo é o dos homens da pequena e média burguesia, representado por 306 indivíduos. Os da grande burguesia e do povo equivalem-se, com, respectivamente, 45 e 47 representantes. Por fim, há 110 sem ofício ou com ofício não declarado. O percentual dos assinantes entre os homens da grande burguesia é de 98 %, sendo apenas levemente superior ao de 92% encontrado entre os homens da pequena e média burguesia. Entre os homens do povo, há 77% de assinantes, contudo deve-se destacar que, entre os do povo que não exerciam nenhum ofício, há 81%, enquanto nenhum dos três escravos assina.

Das 177 mulheres da amostra, o segmento social mais representativo é, assim como para os homens, o das mulheres da pequena e média burguesia, representado por 92 indivíduos. As mulheres da grande burguesia e do povo têm o mesmo número de representantes, 17, em cada caso. Por fim, há 51 mulheres sem ofício ou com ofício não declarado. Diferentemente do que se observou entre os homens da grande burguesia e da pequena e média burguesia, com taxas de assinaturas bastante próximas, as mulheres da grande burguesia apresentam quase o triplo de assinantes – 29% – em relação às que são da pequena e média burguesia – com 115 de assinantes –, e, além disso, não há entre as do povo, nenhuma que assine.

Vê-se, assim, nas fontes coloniais quinhentistas, uma sociedade em que a escrita se encontrava grandemente difundida, não entre toda a população, mas entre aqueles de quem era esperado o aprendizado das práticas de escrita: os homens brancos e seus filhos homens mamelucos, fossem eles pertencentes a uma elite social e econômica ou não. Ainda que sejam escassos os dados nas fontes quinhentistas analisadas, já se vislumbra a escrita se espraiando também entre homens mulatos e cafuzos, o que se revelou, surpreendentemente, mais fácil entre homens mestiços, no primeiro século de colonização em um país escravocrata, do que entre as mulheres, ainda que fossem mulheres da elite, casadas com homens de grande relevo da colônia.

Haveria, claro, gradações na aquisição do letramento que a análise quantitativa dos percentuais de assinantes não tem como alcançar, mas que se pode observar quando são olhadas mais detidamente características da execução das assinaturas deixadas, como é o caso das assinaturas femininas, em sua grande maioria, muito mal traçadas, apresentando um nível bastante baixo de execução gráfica. Olhando-se para esse aspecto do domínio da leitura e da escrita, pode-se compreender que nem todos aqueles que assinavam teriam frequentado os poucos colégios existentes no Brasil quinhentista e que outras vias menos formais de acesso ao letramento teria havido, através das aulas particulares ministradas por mestres leigos, pelo ensino, realizado por parentes e agregados, no ambiente doméstico, ou daquele que se daria nas pequenas oficinas, onde os mestres de ofícios como o alfaiate, o ferreiro e o sapateiro poderiam ensinar rudimentos da escrita aos seus aprendizes. Esse quadro sugere gradações na aquisição da leitura e da escrita que devem estar associadas também a diversificadas normas linguísticas.

NOTAS

[1] Para uma caracterização detalhada de cada um dos campos, remete-se à leitura do texto da autora.

[2] Aqui se deve destacar uma tendência de deslocamento na produção acadêmica, deixando as pesquisas de estar exclusivamente concentradas na oposição português europeu X português brasileiro e passando a considerar os crioulos de base lexical portuguesa, bem como as variedades do português na África, com especial interesse pelo português são-tomense, angolano e moçambicano, sobretudo pelo fato de a sua gênese estar relacionada ao contato com línguas do grupo banto, grupo em que estavam predominantemente concentrados os africanos que chegaram ao Brasil.

[3] São sabidas as críticas ao método do cômputo de assinaturas e, mais amplamente, à "revolução quantitativa" da historiografia contemporânea – conhecida por história quantitativa ou história serial –, assentada na (discutível?) ideia de ser possível quantificar o cognoscível. Contudo, como destaca Langelli (1996: 88), a quantificação também se justificava ideologicamente "pela possibilidade que oferecia de recuperar para o conhecimento histórico não só os protagonistas, mas também os indivíduos anônimos, não só os acontecimentos espetaculares, mas também os fenômenos de fundo, repetitivos, de massa.".

[4] Acerca desses dois livros, informa Sartori (2016: 255): "Desses não há notícias precisas, mas apenas algumas pistas. Na Introdução à edição de 1922 das Denunciações de Pernambuco, Rodolpho Garcia afirmava, a respeito da visita de Heitor Furtado de Mendonça à Bahia: [...] enquanto se demorou na Bahia, ouviu cento e vinte e uma confissões e duzentas e doze denunciações, sem levar em conta as do Recôncavo, lançadas em um chamado segundo livro dos nove que se escreveram nessa visitação, extraviado ou ainda não encontrado na Torre do Tombo (Primeira..., 1929, Introdução, p. VII-VIII). Da informação dada por Rodolpho Garcia, depreende-se o seguinte: o Segundo Livro das Denunciações foi, todo ou em parte, escrito no Recôncavo. Já o Segundo Livro das Confissões pode ter sido escrito também em parte no Recôncavo, pois desse temos a seguinte informação, extraída do fólio 1 do Terceiro Livro das Confissões, escrito nas capitanias de Pernambuco, Itamaracá e Paraíba: 'Continvase o tempo da graça Conçedido a Villa de Igarassu58, E a outras fregesias, como se declara no 2º Livro das Cõfissões fol.92.~'. Vê-se, do fragmento que encabeça as confissões registradas no Terceiro Livro, que as confissões de Pernambuco foram iniciadas no fólio 92 do Segundo Livro das Confissões. Os primeiros 91 fólios foram, provavelmente, escritos na Bahia".

[5] A única exceção até agora observada no âmbito do Império português ocorreu nos Açores, onde os dados coletados por Soares (2019) revelaram uma presença feminina equiparada à masculina (234 homens estiveram presentes perante o Tribunal Inquisitorial, representando 48,5% dos depoentes, e 249 mulheres, representando 51,5% dos depoentes). Contudo, embora não estejam sub-representadas, apenas 27 mulheres (10,8%) assinam.

[6] Nas fontes pesquisadas, aparecem os termos 'negro', 'índio' e 'mulato'/'pardo', enquanto o termo 'cafuzo' não aparece, sendo utilizadas, em seu lugar, designações como "homem preto" ou "crioulo"; a inferência, quanto aos cafuzos, decorre de os seus pais terem sido declarados como negros/mulatos e índios. Os indivíduos classificados como 'etnia não identificada' são aqueles em que há alguma suspeita de que não seriam brancos, mas não se encontram informações suficientes para se identificar a sua etnia.

[7] A terminologia utilizada no quadro é aquela que aparece nas fontes inquisitoriais. Tem-se, assim, a expressão "negra brasila", "escrava brasila" ou "negra do gentio deste Brasil" para se referir às mulheres indígenas.

[8] Filha bastarda de Garcia (de Sousa) d'Ávila com a índia Francisca Rodrigues, *Isabel d'Ávila* foi casada, em segundas núpcias, com Diogo Álvares Dias, neto do português Diogo Álvares Correia, o Caramuru, e da índia tupinambá Catarina Paraguaçu. Seu filho Francisco Dias d'Ávila Caramuru é que se tornará o herdeiro da Casa da Torre. Os vários enlaces matrimoniais entre a linhagem de Garcia d'Ávila e a linhagem de Caramuru constituirão a velha aristocracia do Recôncavo baiano.

[9] O estudo de Petrucci (1978) se debruça sobre os escritos deixados em um livreto de contas da dona de uma venda no bairro de Trastevere, chamada Maddalena, que era analfabeta. O livreto possui uma lista de registros produzidos de 1523 a 1537, nos quais constam pagamentos realizados, débitos contraídos e saldados, empréstimos feitos, anotados no livreto pelos clientes de Madalena. Petrucci classificou os escritos em três níveis de execução gráfica: um nível mais alto de execução, chamado 'puro', um segundo nível, 'usual' e um terceiro nível, o mais baixo nível de execução, o 'elementar'. O autor associa os três níveis de execução a tipo da escrita utilizada, a escrita mercantil ou a italiana de chancelaria.

ESCRITA (IN)SURGENTE NA BAHIA DE FINAIS DO SÉCULO XVIII: UMA ANÁLISE DA DISTRIBUIÇÃO SOCIAL DA ESCRITA NO MOVIMENTO SEDICIOSO DA CONSPIRAÇÃO DOS ALFAIATES

André Moreno

SUMÁRIO

INTRODUÇÃO	230
A CONSPIRAÇÃO DOS ALFAIATES EM LETRAS E NÚMEROS: DESCRIÇÃO E ANÁLISES DE DADOS	232
DESCRIÇÃO E ANÁLISE DOS DADOS	234
Repartição por sexo	235
Repartição por cor	237
Repartição por estatuto social	239
Repartição por logradouro	240
Repartição por categoria sócio-ocupacional	242
COMPARANDO DADOS, LEVANTANDO HIPÓTESES	245
Dados comparativos gerais	246
Homens *versus* cor: categoria dos assinantes	247
Homens *versus* cor: categoria dos não assinantes	249
Homens *versus* estatuto social: categoria dos assinantes	249
Homens *versus* estatuto social: categoria dos não assinantes	250
Delimitando algumas hipóteses: as letras de inconfidência na história do Brasil colonial	251
CONSIDERAÇÕES FINAIS	256

INTRODUÇÃO

Armando Petrucci (1999: 25), um dos principais pilares da renovada Paleografia italiana, sugere que toda investigação que queira estudar as relações entre cultura escrita e sociedade, de uma maneira geral, deve levar em conta, em qualquer caso,

> [...] A difusão social da escrita, entendida genericamente como pura e simples capacidade de escrever, inclusive em seu nível mais baixo, quer dizer, como porcentagem numérica dos indivíduos que em cada comunidade estão em condições de empregar ativamente os signos do alfabeto; que deve unir-se e comparar-se com o quociente de difusão social passiva dos produtos gráficos, constituído pelos destinatários das mensagens escritas, seja como leitores, seja como usuários do escrito, inclusive de uma maneira indireta, quer dizer, meramente visual.[1]
>
> [...] A função que a escrita em si mesma assume no âmbito de cada sociedade organizada e que cada tipo de produto gráfico assume, por sua vez, no âmbito de um ambiente cultural concreto que o produz e o emprega; de onde deriva (ou pode derivar) o grau de prestígio social dos escreventes (ou melhor, dos capazes de escrever) na hierarquia social.[2] (Petrucci, 1999: 25-26)

Dessa forma, segundo ele, pôr em foco a difusão social da escrita especificamente significa estudar, dentre vários direcionamentos, a diferente distribuição do grau de alfabetização, ativa e passiva, nos distintos setores de uma sociedade dividida em classes (Petrucci, 1999: 26). Contudo, no Brasil, esse direcionamento ainda requer uma atenção para tempos pretéritos, pois, pelo menos até a primeira investigação oficial censitária de 1872, não temos notícia de quaisquer pesquisas sistematizadas acerca da distribuição dos índices de alfabetismo para a história brasileira. Isso se dá porque, segundo Ana Maria Galvão (2010: 241),

> [...] na maior parte do país, não existem acervos organizados que nos permitam reconstruir séries de registros paroquiais, por exemplo, fundamentais para se realizar uma história demográfica e quantitativa. Esses registros estão dispersos em arquivos eclesiásticos ou em paróquias isoladas e são extremamente fragmentados. Além disso, nem sempre esses registros trazem o tipo de informação que precisamos.

Seria justamente por esse motivo que se tornaria quase impossível mensurar os índices de alfabetismo na história brasileira, pelo menos a partir da primeira metade do século XIX para trás. Mas, diferentemente de Galvão (2010), não consideramos a dispersão das fontes como um obstáculo para este tipo de pesquisa, porque, valendo-nos de estudos pontuais e localizados, a partir de acervos dispersos e fragmentados, que mais tarde comporão um aglomerado de "histórias parciais", poderemos, sim, constituir uma aproximação da história da alfabetização do país. Além do mais, a dispersão e a fragmentação de acervos não é uma característica somente do Brasil.[3]

Quanto à informação da pesquisadora de que as fontes não nos fornecem geralmente o tipo de informação necessária, quando buscamos investigar a história da distribuição social da escrita no Brasil, trazemos à luz um tipo de fonte que parece estar preenchendo essa lacuna: as *devassas*. Elas se constituem de variados gêneros da esfera jurídica, que acionam inquéritos, depoimentos e acareações testemunhais, pareceres e relatórios de tributos gastos com o processo de devassagem.

A instauração de uma devassa tem por finalidade investigar um delito que infrinja as leis que estruturem uma determinada esfera social. Ela, ao se tratar de mais um elemento judiciário, imprime em seu conteúdo aspectos relevantes da constituição sociológica do contexto em que está sendo implantada. E é isso que a elege como uma fonte documental privilegiada para a história da alfabetização no Brasil, pelo menos em relação à distribuição social da escrita, pois, para além das características dos perfis sociais dos depoentes, nela se fazem presentes os seus registros de assinatura, demarcando aqueles que assinaram, a partir de firmas autógrafas e/ou idiógrafas, ou aqueles que não assinaram, a partir de sinais indicativos que denunciam sua inabilidade de execução.

No Brasil, muitas foram as devassagens no período colonial e pós-colonial, as quais brotavam dos mais variados contextos, desde os mais pontuais e localizados até os mais globais, como sedições e movimentos separatistas, a exemplo da Conspiração dos Alfaiates, na Bahia, e da Inconfidência Mineira, em Minas Gerais. O que parece ficar claro, então, é que, mesmo dispersas por todo território, as *devassas* são uma importante fonte documental para as investigações da história do alfabetismo, pois, a partir do método do cômputo de assinaturas e das descrições sociológicas que os escrivães nos deixaram, poderemos delimitar os perfis dos sujeitos envolvidos nessas sindicâncias, construindo histórias parciais de cada contexto específico da difusão e da penetração da cultura escrita no país, em que se fez presente esse tipo de procedimento jurídico.

Sobre o método do cômputo de assinaturas designadamente, Roger Chartier (2006: 14) nos diz que *"a porcentagem de signatários pode indicar muito globalmente o limite de familiaridade com a escrita alcançado por uma sociedade*", pois o número de assinaturas registradas não pode representar fielmente a competência cultural particular dos níveis de alfabetismo. Por isso mesmo, propõe-nos que

> [...] tal constatação não nos leva a negar as porcentagens de assinaturas pacientemente coletadas através dos séculos e dos sítios, mas apenas a avaliá-las pelo o que são: indicadores culturais macroscópicos, compósitos, que não medem exatamente nem a difusão da capacidade de escrever, mais restrita do que os números indicam, nem a da leitura, que é mais extensa. (Chartier, 2006: 114).

Dessa forma, com base no que nos propõe o pesquisador francês, temos o objetivo de demonstrar o quadro geral da distribuição social da escrita em finais do século XVIII, a partir dos dados levantados dos *Autos da Devassa da Conspiração dos Alfaiates*, manuscritos entre os anos de 1798 e 1799.

A CONSPIRAÇÃO DOS ALFAIATES EM LETRAS E NÚMEROS: DESCRIÇÃO E ANÁLISES DE DADOS

Segundo Tavares (1975), a Sedição Intentada de 1798, também conhecida como Conspiração dos Alfaiates ou Revolta dos Búzios, foi marcada por dois momentos específicos, que manifestaram um movimento que já começara a ser delineado por alguns homens e mulheres da cidade de Salvador e do Recôncavo baiano em finais dos anos de 1793. Tais momentos são marcados pela fixação de boletins sediciosos em alguns pontos da cidade, na manhã do dia 12 de agosto de 1798, e por uma reunião que ocorrera no Campo do Dique, que tinha como pauta as decisões que deveriam ser tomadas após a prisão de Domingos da Silva Lisboa, acusado de ter sido o responsável pelos boletins revolucionários.

Na esquina da Praça do Palácio, nas paredes da cabana da preta Benedita, na rua de Baixo de São Bento, na igreja de São Domingos, na casa de Manuel Joaquim da Silva, nas portas do Carmo e nas sacristias das igrejas da Sé, do Passo e da Lapa, foram encontrados 11 documentos manuscritos, tratando de uma revolução da colônia do Brasil contra a metrópole portuguesa. Tais boletins abordavam os motivos para a revolução, os objetivos a serem alcançados, os meios para se obter a vitória, as recompensas para aqueles que aderissem a ela e as repressões para quem resolvesse não a apoiar.

Após a prisão de Domingos da Silva Lisboa, devido a um conjunto de denúncias feitas, foi ordenada uma revista em sua residência, que teve como consequência a apreensão de mais de 50 de seus livros, manuscritos diversos, como um caderno com o título "Orador dos Estados Gerais", um poema à *Liberdade* e quatro cadernos contendo trechos do livro de Volney, *As ruínas*, além de material para escrita, como tinta, pena e papel. No dia 21 do mesmo mês, alguns escrivães e tabeliães, após uma análise comparativa das grafias dos boletins com seus manuscritos, chegaram à conclusão de que tais boletins foram efetivamente escritos pelo referido acusado.

Apreensivos pela prisão de Domingos da Silva Lisboa, um conjunto de homens resolveram marcar uma reunião para definir os rumos de tal movimento. Manuel Faustino dos Santos Lira, junto a outros envolvidos na sedição, convidara José Raimundo Barata de Almeida, irmão de Cipriano Barata, negociante que mascateava pelos sertões e naqueles dias servia de escrevente no cartório de outro irmão, o tabelião Joaquim José Barata de Almeida, Luís de França Pires, José Pires de Carvalho e Albuquerque, Manuel José de Vera Cruz, José Felix. Além dele, outro envolvido também fez convites para a referida reunião, solicitando a presença de Ignácio da Silva Pimentel, José do Sacramento, Joaquim José da Veiga, Joaquim José de Santa Anna, Manuel do Nascimento, Vicente e João. O perfil de tais homens era diversificado, mas, em sua maioria, eram homens negros e/ou mestiços com profissões variadas, sendo alguns até mesmo escravos, como deve ser claramente o caso de Vicente e João, antes referidos, identificados apenas pelos prenomes, como costumava acontecer quando se tratava de escravos.

Contudo, tal reunião no Campo do Dique foi previamente denunciada ao Governo por Joaquim José da Veiga, Joaquim José de Santa Anna e José Joaquim de Sirqueira. Tais acusações, quando avaliadas, não somente recaíram sobre os "homens insignificantes", negros e mestiços de baixas categorias socioeconômicas, pois muitos indivíduos de "consideração" também estavam envolvidos em tal movimento. Por isso mesmo, o então governador D. Fernando, tentando minimizar a sedição aos "insignificantes", resolveu redirecionar o processo iniciado para julgamento dos responsáveis pelos boletins sediciosos, enfocando nos envolvidos na referida reunião do Dique.

Após a reabertura da devassa sobre os boletins sediciosos, que agora tinha o intuito de investigar o crime de levante contra a metrópole portuguesa, muitos indivíduos foram convocados a depor. E, em meio a tais testemunhos e acareações, muitos "homens de consideração" foram apontados como participantes diretos desse levante. Sendo assim, muitas ordens de busca e apreensão foram executadas e, através delas, diversos livros teóricos franceses, como os de Rousseau e Montesquieu, foram encontrados, além de alguns manuscritos, com temáticas diversas de discursos, falas e avisos. Em meio a essa situação, os responsáveis pelas investigações apreenderam duas bibliotecas inteiras, a de Cipriano Barata e a do tenente Hermógenes. Nestas, eram muitos os livros que tratavam sobre a temática da revolução democrático-burguesa francesa. Mas todos os envolvidos na sedição, como, por exemplo, soldados, artesãos, mulatos, escravizados e descendentes de escravizados, possuíam tais obras? Como eles as acessaram? Todos sabiam ler e escrever?

Aqui, buscaremos demonstrar os dados gerais da distribuição social da escrita a partir do cruzamento da fonte *assinatura* com os perfis sociológicos dos depoentes e acusados do processo, a saber: *sexo, cor, estatuto social, repartição geográfica por logradouro* e *profissão*. Além disso, buscaremos comparar os dados de algumas variáveis com os dados levantados dos *Autos da Devassa da Inconfidência Mineira*, no intuito de observarmos, na esfera contextual das *inconfidências*, elementos que possam nos fornecer subsídios para avaliarmos os números encontrados.

DESCRIÇÃO E ANÁLISE DOS DADOS

O conjunto de 264 indivíduos que se apresentaram para depor e/ou foram convocados para acareações, quando tratado meticulosamente a partir do cruzamento entre a variável assinante ou não assinante com os elementos sociais expostos nos autos processuais da Conspiração dos Alfaiates, pode nos revelar expressivos dados sobre a distribuição social da escrita na Salvador de finais do século XVIII. Para que possamos observá-los de forma otimizada, buscaremos apreciar, incialmente, a dimensão macroscópica dos dados levantados em relação à variável *sexo* para, posteriormente, analisarmos especificamente o caso do contingente masculino, pois, como veremos a seguir, apesar de presentes nos autos, proporcionalmente as mulheres apresentam números demasiadamente menores quando comparadas aos homens inscritos no referido processo devassatório.

Sendo assim, levando em consideração os dados gerais entre os *assinantes* e *não assinantes*, temos:

Gráfico 1 – Assinantes *versus* não assinantes

Como é possível observar, de um total de 264 indivíduos, 230 assinaram os *autos* após seus testemunhos perante o notário, representando um total de 87,5% de firmantes no conjunto analisado. Se levarmos em consideração as afirmativas de Antônio Houaiss (1985), por exemplo, de que somente 0,5% da população brasileira, pelo menos até meados do século XIX, era letrada, os números gerais são minimamente intrigantes para a cidade de Salvador, se observarmos que apenas 34 depoentes não assinaram seus testemunhos, representando cerca de 12,5% do número total em apreciação.

Repartição por sexo

Quando segmentamos esses números entre homens e mulheres, temos o seguinte quadro:

Tabela 1

\multicolumn{4}{c}{Repartição por sexo}
Sexo	Assinantes	Não assinantes	Total
masculino	229 (91%)	20 (9%)	249 (94%)
feminino	01 (7%)	14 (93%)	15 (6%)
Total	230 (87,5%)	34 (12,5%)	264 (100%)

Dos 264 testemunhos, 249 foram de homens e 15 de mulheres. Entre os homens, temos um número extremamente alto de assinantes, representado por 91% do total. Entre as mulheres, encontramos somente uma assinante de um conjunto de 15. Sobre esse último dado, compreendemos que esse número é muito pequeno para conseguirmos conjecturar de forma mais consolidada níveis de alfabetismos de mulheres na cidade de Salvador em fins dos setecentos.

Quando comparamos os números apresentados com os dados compilados por Roger Chartier (2004), e agrupados por Ana Sartori Gandra[4] (2010), podemos observar que as mulheres, entre os séculos XVII e XVIII, representam um número menor de assinantes em relação aos homens. Observemos:

Tabela 2

	HOMENS		MULHERES	
	SÉC. XVII	SÉC. XVIII	SÉC. XVII	SÉC. XVIII
Escócia	25%	60%	-	15%
Inglaterra	30%	60%	-	35%
França	29%	48%	14%	27%
Holanda (Amsterdã)	57%	85%	32%	64%
Estados Unidos (Nova Inglaterra)	61%	68%	31%	41%
Estados Unidos (Virgínia)	50%	65%	-	-
Portugal	78,4%	-	9,4%	-

Comparando-os, é possível notar que, no século XVIII, os homens representam maioria de assinantes, como pode ser visto também em nossos dados. Quando observamos as mulheres, vemos que são minoria, mas representam um número muito maior do que o que mensuramos. Sendo assim, como notamos, o número de assinantes do sexo feminino é ínfimo, mas não se distancia da constante de ser esse contingente o que menos assina nas fontes documentais analisadas.

Sobre os homens especificamente, quem eram estes que não assinaram? Quais características sociais podem explicar esse aspecto? Vejamos.

De um conjunto de 249 homens, 20 são de *não assinantes*, representando um percentual de 9% do total. Destes, 4 são identificados como escravos, 5 como ex-escravizados e 11 sem identificação de estatuto social – provavelmente representando um conjunto de homens livres. Os 11 homens, provavelmente livres, são identificados pela cor branca e possuem profissões diversas, mas que não representam categorias de alta representatividade econômica, como o caso de soldados, caixeiros, alfaiates e até mesmo mendigos. Em relação aos escravizados e ex-escravizados, identificados como pardos, crioulos e/ou africano, podemos notar que alguns deles possuem profissões explicitadas, como cabeleireiros, alfaiates e pequenos comerciantes. Mas por que estes não firmaram suas assinaturas após seus depoimentos perante o notário?

Sobre esse aspecto, a condição de escravizado ou ex-escravizado pode ser um indicador social de analfabetismo. Em relação ao contingente de homens brancos, identificados como profissionais de uma categoria socioeconômica inferior, podemos conjecturar que representam uma parcela da população masculina analfabeta justamente devido à sua condição profissional e, consequentemente, socioeconômica, que caracteriza a difícil inserção no universo grafocêntrico.

Mas quem é esta única mulher que assina seu depoimento nos autos processuais em devassagem? Segundo as informações do notário responsável por seu testemunho, dona Úrsula Sonoral de Andrade era branca, casada com o guarda-mor da Alfândega Francisco Manuel Henriques de Oliveira e tinha 39 anos de idade. Não há informações sobre sua provável profissão ou estatuto social. Isso pode indicar que era uma mulher da elite soteropolitana, pois era esposa de uma personalidade de alto nível socioeconômico, que detinha uma função direta na administração da colônia. Por isso mesmo, presumimos que tais condições podem ter colaborado para que a referida depoente pudesse ter tido acesso à alfabetização em alguma fase de sua vida. Para mais, levando em conta as considerações de Chartier (2004), no que concerne às mulheres, a inserção ao universo da cultura escrita nem sempre ocorre em sua face ativa inicialmente, mas, sim, a partir do aprendizado da leitura. Contudo, como foi possível perceber, os números do contingente feminino são infinitamente menores dos que foram encontrados para os homens. Por isso mesmo, para este momento, direcionar-nos-emos para os dados específicos do contingente masculino, que representa quase a totalidade dos depoentes que testemunharam no processo devassatório da Conspiração dos Alfaites.

Repartição por cor

Sobre a variável cor, os homens apresentam-se numa composição racial "colorida", pois é possível notar a presença de brancos, de pardos, de crioulos, de pretos e de cabras nos autos analisados, além daqueles cuja cor não foi especificada pelo notário. Estes, distribuídos em assinantes e não assinantes, podem ser visualizados da seguinte maneira:

Tabela 3

| \multicolumn{4}{c}{Homens *versus* cor} |
Cor	Assinantes	Não assinantes	Total
brancos	147 (94%)	9 (6%)	156 (63%)
pardos	57 (93%)	4 (7%)	61 (24%)
crioulos	02 (33,5%)	04 (66,5%)	06 (2,3%)
pretos	00 (0%)	03 (100%)	03 (1,2%)
cabras	01 (100%)	00 (0%)	01 (0,5%)
não identificada	22 (100%)	00 (0%)	22 (9%)
Total	229 (91%)	20 (9%)	249 (100%)

Levando em consideração os números expostos, podemos observar que os homens, identificados como brancos ou pardos, representam a maior parcela de indivíduos que depuseram diante dos notários responsáveis pelo referido processo de *devassagem*, com 217 depoimentos. Destes, 94% dos brancos e 93% dos pardos assinam seus testemunhos. De forma contrária, os crioulos, os pretos – no caso específico, os africanos – e cabras, apesar de corresponderem a um número relativamente pequeno do conjunto total de indivíduos envolvidos nos *Autos da Devassa da Conspiração dos Alfaiates*, representam o contingente de maioria não assinante, como pôde ser visto no quadro anterior.

Esses dados nos revelam a existência de dois grupos distintos de indivíduos, quando analisamos a competência de assinar autograficamente os depoimentos: os brancos e pardos de um lado e os africanos, negros brasileiros e cabras de outro. Apesar disso, é possível notar que um cabra e dois crioulos – no caso, os chamados negros brasileiros, os quais representam os filhos de africanos nascidos no Brasil –, assinaram seus testemunhos. Quais elementos podem ser elencados para tentar explicar os motivos que levaram esses três homens a terem desenvolvido, pelo menos, a habilidade de assinar seus nomes?

Analisando atentamente as informações coletadas, veremos que todos esses apresentam uma profissão "especializada", principalmente quando observamos Domingos Nogueira, apontado como um homem que vivia de escrever. Mathias Francisco do Rosário e Custódio de Araújo da Silva, exibidos como crioulos, são indicados, respectivamente, como guarda das cadeias da relação e oficial de carapina. Esses ofícios poderiam ter facilitado, ou mesmo determinado, o desenvolvimento da habilidade da arte de escrever para a efetivação de suas demandas, como os relatórios diários dos presos e/ou a contagem e registro das encomendas de carpintaria em geral.

Repartição por estatuto social

Quando cruzamos a distribuição dos homens assinantes e não assinantes com os estatutos sociais explicitados pelos notários durante a constituição do processo da devassa da Conspiração dos Alfaiates, pudemos observar dados extremamente relevantes para a nossa investigação. Vejamos:

Tabela 4

Estatuto social Homens			
Estatuto social	Assinantes	Não assinantes	Total
livre	23 (100%)	00 (0,0%)	23 (9%)
liberto/ alforriado	14 (73,5%)	5 (26,5%)	19 (8%)
escravo	9 (60%)	06 (40%)	15 (6%)
não identificado	183 (95%)	09 (5%)	192 (77%)
Total	229 (91%)	20 (09%)	249 (100%)

Apesar de termos 192 indivíduos que não tiveram seu estatuto social explicitado, podemos conjecturar que estes podem representar uma parcela de homens livres, pois tal condição sociológica geralmente é marcada quando se trata de indivíduos escravizados e/ou alforriados. Destes, 95% firmaram sua assinatura após seus testemunhos. Em relação àqueles cujo estatuto foi exposto pelo notário, é possível observar que 100% dos homens marcadamente livres, cerca de 23 indivíduos, assinaram seus depoimentos. Se unirmos os números dos homens livres com os que não tiveram seu estatuto social explanado, teremos 206 assinantes, representando um número de aproximadamente 83% de assinantes do total geral dos homens da amostra em análise. Somente 9 indivíduos desse contingente não firmaram suas assinaturas. Esse dado pode ser um indicador de que o estatuto social de quem já nasceu livre favorece a inserção, mesmo que no início de sua aquisição, no universo da escrita.

No conjunto dos dados, ainda temos um universo de 19 homens alforriados – também marcados como libertos – e de 15 escravizados. Sobre os primeiros, temos um dado bastante intrigante: 73,5% são assinantes de seus testemunhos, representando um número de 14 homens. Se levarmos em conta a afirmação anterior, provavelmente teremos a mesma conjectura de que a condição de livre favorece a aquisição da escrita, mesmo que esse estatuto tenha sido conquistado posteriormente a uma fase anterior de escravização. Mas há um porém.

Sessenta por cento dos escravos de nossa amostra firmaram suas assinaturas em seus depoimentos. Quais motivos podem explicar esse fato, já que a hipótese inicial era de que fossem todos ou quase todos analfabetos?

Quando analisamos os dados coletados e mensurados, é possível identificar algumas motivações que viabilizaram o acesso desse contingente ao universo da cultura escrita. A primeira delas é a cor dos referidos escravizados. Todos são identificados como pardos. Se relembrarmos os dados mensurados sobre a variável cor, perceberemos que 93% dos pardos assinaram seus depoimentos. Além disso, somente dois não apresentam profissões não explicitadas. Se cruzarmos esses elementos, teremos um contexto em que possuir uma profissão especializada, além da condição de pardo no Brasil colonial, viabilizará mais facilmente a aquisição da escrita.

Outro fator que pode ser observado é a relação entre os escravizados e seus donos, porque, como é notório, a maioria destes são escravos urbanos, que possuem uma profissão específica, por isso, com necessidade de ter conhecimento mínimo da leitura, da escrita e da contagem para poderem atuar efetivamente em suas ocupações profissionais. Além disso, alguns pertencem a um mesmo indivíduo, fator que pode indicar também que certos donos de escravos possam ter incentivado a aquisição da escrita por ver nela uma valorização de sua mão de obra. Além disso, outro elemento, apontado por Klebson Oliveira (2006), pode ter sido a relação afetuosa entre os escravizados e seus donos.

Repartição por logradouro

Levando em conta as informações fornecidas pelos notários responsáveis pelos *Autos da Devassa da Conspiração dos Alfaiates* sobre localidade das residências dos depoentes do referido processo, buscamos identificar se, a partir de sua repartição geográfica, haveria algum elemento que pudesse apontar diferenças entre os índices de alfabetismos nas diferentes áreas da cidade de Salvador em fins do século XVIII. Sendo assim, segmentamos os dados com base na identificação das nove freguesias explicitadas nos autos, e também de cidades do Recôncavo baiano, que podem ser observados a partir da tabela a seguir:

Tabela 5

Repartição geográfica Homens			
Freguesias	Assinantes	Não assinantes	Total
Conceição da Praia	34 (97%)	1 (07%)	35 (14%)
Curado da Sé	50 (92,5%)	4 (7,5%)	54 (21,5%)
Itapagipe	1 (100%)	0 (0,0 %)	1 (0,5%)
Vitória	3 (100%)	0 (0,0%)	3 (1,5%)
Passo	5 (100%)	0 (0,0%)	5 (2,5%)
Pilar	14 (87,5%)	2 (12,5%)	16 (6%)
Recôncavo baiano	6 (75%)	2 (25%)	08 (3%)
Sant'Anna do Sacramento	23 (96%)	1 (04%)	24 (9,5%)
Santo Antônio além do Carmo	2 (100%)	0 (0,0%)	2 (1%)
São Pedro Velho	16 (94%)	1 (06%)	17 (7 %)
Não identificada	75 (89%)	09 (11%)	84 (33,5%)
Total	229 (91%)	20 (09%)	249 (100%)

As freguesias da Conceição da Praia, do Curado da Sé, do Pilar, do Passo, de Sant'Anna do Sacramento, de São Pedro Velho, de Santo Antônio além do Carmo e da Vitória representam o núcleo comercial da cidade de Salvador. Por isso mesmo, podem ser identificadas, a partir de seu conjunto, como as freguesias que formam a sua área central. Em todas elas, a maioria dos indivíduos firmaram suas assinaturas após seus depoimentos, com um percentual de 97%, 92,5%, 87,5%, 100%, 96%, 94%, 100% e 100% respectivamente. Em relação aos que não tiveram seu logradouro identificado, cerca de 75 indivíduos, temos um percentual de 89% de assinantes. Além disso, identificamos somente um indivíduo apontado como residente da freguesia de Itapagipe, uma região mais periférica da cidade. Este também firma sua assinatura após seu testemunho.

São oito os homens identificados como residentes do Recôncavo baiano, mais especificamente na Vila de São Francisco do Conde. Desse número, temos 6 indivíduos que assinam seus testemunhos, representando um percentual de 75%. Ou seja, mesmo sendo um número baixo de informantes, a região do Recôncavo baiano provavelmente pode apresentar índices próximos à cidade de Salvador, pelo menos em suas áreas urbanas, pois sua relação comercial, que permitia um fluxo constante de pessoas, interligava as duas regiões diretamente.

A partir desses dados, não foi possível identificar uma área que apresentasse um maior número de homens assinantes em relação a outra região. Isso quer dizer que, pelo menos a partir dos elementos aqui mensurados, a variável repartição geográfica não influencia diretamente no número dos índices de alfabetismo observados.

Repartição por categoria sócio-ocupacional

A categoria sócio-ocupacional é a mais complexa entre todas as variáveis aqui analisadas, pois a dinâmica profissional do período colonial brasileiro é muito difícil de ser identificada. Contudo, há diversos estudos já realizados que nos proporcionam uma aproximação dos mais variados contextos profissionais desse período. Mesmo assim, além da diversidade de classificações registradas pelos pesquisadores, as ocupações apontadas pelos notários nos *Autos da Devassa da Conspiração dos Alfaiates*, por vezes, não correspondem às outras categorias assinaladas por muitas investigações realizadas sobre essa temática, a exemplo das feitas pela historiadora Kátia Mattoso (2004). Um exemplo disso é a condição dos militares, pois estes não representam um corpo homogêneo, mas, sim, uma realidade extremamente múltipla e identificada por diversas categorias hierárquicas, que compõem altas, médias e baixas colocações.

Analisando os dados, observamos que há uma proposta de classificação da variável sócio-ocupacional que poderia nos dar uma base para mensurar as informações coletadas dos referidos autos. Avaliando o esquema proposto por Luís dos Santos Vilhena sobre a organização social da Salvador de fins do século XVIII, a historiadora Kátia Mattoso (2004: 207) sugere uma estrutura que é muito compatível com a realidade das profissões apontadas nos autos da Conspiração dos Alfaiates. Contudo, reorganizamos os militares da seguinte forma, quando propusemos a nossa classificação a partir da fornecida por Mattoso (2004):

Tabela 6

PROPOSTA DE CLASSIFICAÇÃO DA VARIÁVEL SÓCIO-OCUPACIONAL
1. Primeira Categoria: altos funcionários da administração real, militares (oficiais de patente), alto clero, grandes negociantes, grandes proprietários rurais;
2. Segunda Categoria: funcionários médios da administração real, militares (oficiais inferiores), clero, comerciantes, profissionais liberais nobres, mestres de ofícios e artes mecânicas, oficiais de ofícios nobres, homens que viviam de rendas, proprietários rurais médios;
3. Terceira Categoria: funcionários subalternos da administração real, militares (tropa), profissionais liberais secundários, oficiais mecânicos;
4. Quarta Categoria: escravos, mendigos e vagabundos.

Apesar de agrupadas dessa forma, não podemos deixar de pontuar que, como indica Mattoso (2004: 207-208);

> Essas categorias sociais, evidentemente, permanecem ainda genéricas e abstratas e sua inserção num dos modelos de estratificação social clássicos (castas, ordens, classes) é impossibilitada pelo fato de terem sido usados critérios que não são resultado de uma investigação empírica. Todavia, essa tentativa de classificação tem o mérito de apontar uma realidade social que parece ser de suma importância: a sociedade colonial urbana no fim do Antigo Regime se apresenta não mais sob forma simplista de uma sociedade que repousa sobre o binômio senhores/escravos, mas que abriga no seu bojo uma apreciável diversificação social, na qual se fazem presentes vários grupos, cada um exercendo uma função social específica. Evidentemente, o que é importante conhecer não é a simples identificação dessa diversidade social. É preciso conhecer o peso social de cada grupo identificado. Como conhecê-lo? Somente a pesquisa empírica pode proporcionar este conhecimento, na medida em que leva a estudar o grupo social em si e em relação aos outros grupos sociais que formam determinada estrutura.

Assim sendo, na distribuição das categorias sócio-ocupacionais, pudemos observar dados extremamente intrigantes. Em todas as categorias delimitadas, o percentual de homens assinantes é sempre maior que o de não assinantes. Vejamos:

Tabela 7

Repartição Sócio-ocupacional Homens			
Categorias	Assinantes	Não assinantes	Total
Categoria 1	14 (100%)	0 (0,0%)	14 (5,5%)
Categoria 2	45 (98%)	1 (2%)	46 (18%)
Categoria 3	160 (90%)	17 (10%)	177 (71,5%)
Categoria 4	8 (80%)	2 (20%)	10 (4%)
Não identificada	2 (100%)	0 (0,0%)	2 (1%)
Total	229 (91%)	20 (09%)	249 (100%)

A categoria 1, como já anunciado anteriormente, é composta por altos funcionários da administração real, por militares de patente, pelo alto clero, por grandes negociantes e/ou por grandes proprietários rurais. Como era esperado, os 14 homens que a compõem firmaram suas assinaturas após seus depoimentos, representando um percentual de 100%. A categoria 2, composta por funcionários médios da administração real, por *militares* inferiores, pelo clero, por comerciantes, por profissionais liberais nobres, por mestres de ofícios e artes mecânicas, por oficiais de ofícios nobres, por homens que viviam de rendas e/ou por proprietários rurais médios, apresenta apenas um homem, dos 46 identificados, como não assinante. Este é identificado como Salvador, mestre cabeleireiro, filho de africanos e escravo de ganho do capitão Francisco de Sá Tourinho. Como cogitado anteriormente, é provável que a condição de escravizado seria um fator social que inviabilizaria o desenvolvimento da habilidade de escrever.

A categoria 3 apresenta o maior número de depoentes do conjunto de dados mensurados, com 177 homens, representando um percentual de 71,5% da amostra. Destes, 90% são assinantes. Esse dado é relativamente intrigante se analisarmos que tal categoria sócio-ocupacional é composta por funcionários subalternos da administração real, por militares de tropa, por profissionais liberais secundários e/ou oficiais mecânicos, conjunto este que comumente não apresentaria números tão altos de assinantes quando o comparamos com a categoria anterior, sobretudo quando cruzamos tais dados com as variáveis *cor* e *estatuto social*. Do total de assinantes dessa categoria, 138 homens são identificados como brancos, 37 como pardos e 2 como crioulos; 11 são identificados como libertos (ou alforriados), 1 como escravo e 165 não têm seu estatuto social demarcado (este último, um grupo de prováveis livres). Ou seja, temos um universo de predominância branca, mas com um número relativo de pardos, grupo que apresenta um alto índice, entre os não brancos, de assinantes. Neste último, está Manuel José da Vera Cruz, o único escravo da categoria 3.

Contudo, é a categoria 4 que apresenta os dados mais inquietantes. Dos dez homens demarcados nesse grupo, formado por escravos, mendigos e/ou vagabundos, oito firmaram suas assinaturas após seus testemunhos, representando um percentual de 80%. Destes, os oito assinantes são identificados como pardos e os dois não assinantes como branco e preto de nação mina.

Os dois homens não assinantes, demarcados como branco e preto de nação mina, eram Manuel dos Santos e Francisco respectivamente. O primeiro, segundo as informações explicitadas nos autos da Conspiração dos Alfaiates, *"ocupa-se em tirar esmollas para a Igreja do Senhor do Bom fim"* e o segundo era um jovem escravo africano. Como é possível notar, mesmo entre os brancos, a condição de mendigo desfavoreceu, pelo menos no rol de nossos dados, a aquisição da escrita. Além disso, os africanos, de uma maneira geral, representam uma parcela de indivíduos que estariam entre os mais desfavorecidos no processo de aquisição de escrita, pois, além da própria condição de escravizados, estavam se inserindo num universo linguístico diferente daquele que compete à sua língua materna. Em relação aos oito escravos assinantes, a cor parda, como já foi apontado anteriormente, é um fator preponderante para o alto número de assinantes não brancos nos elementos aqui mensurados.

Os dois homens que não tiveram suas ocupações identificadas assinaram seus testemunhos. Estes eram Francisco José de Almeida, casado e com aproximadamente 28 anos de idade, e Manuel Pereira Sevério, que não apresentou mais informações de seu perfil sociológico, inviabilizando maiores conjecturas sobre os fatores que os tenham favorecido a adquirir a habilidade de, pelo menos, firmar seus nomes após seus depoimentos.

COMPARANDO DADOS, LEVANTANDO HIPÓTESES

Os *Autos da Devassa da Inconfidência Mineira* foram manuscritos poucos anos antes do processo devassatório jurídico-laico da Conspiração dos Alfaiates, emergindo num importante núcleo econômico do período colonial brasileiro de finais dos setecentos. Portanto, quando analisamos os dados referentes a essas duas sedições, estamos lidando com os principais centros populacionais da colônia daquele momento, além do Rio de Janeiro, que se tornara poucos anos antes capital da colônia, em substituição a Salvador. Por isso mesmo, entendemos que os dados dos autos da Inconfidência Mineira podem nos dar uma margem de controle para as nossas análises, pois, além de um número relativo de indivíduos terem migrado do Recôncavo baiano para essa região, o estabelecimento de um novo centro econômico no país pode nos dar alguns indícios sociológicos que se aproximem, ou mesmo se distanciem, de nossas análises em relação à aquisição da escrita.

Sendo assim, elencamos as variáveis *sexo, cor* e *estatuto social* para estabelecermos comparações entre essas duas insurreições, ocorridas num mesmo lapso temporal – finais do século XVIII –, com o intuito de detectar se há o mesmo tipo de ocorrência em relação aos dados descritos anteriormente sobre Salvador e Recôncavo baiano. Dessa forma, exporemos alguns dados específicos das variáveis em questão, e, posteriormente, faremos comparações gerais entre os dois contextos.

Os números globais mensurados dos envolvidos, direta e indiretamente, nos autos da Inconfidência Mineira podem ser assim observados:

Dados comparativos gerais

Buscando estabelecer comparações gerais entre as esferas de Salvador e Recôncavo baiano de um lado e Minas Gerais de outro, para termos uma visão relativamente controlada dos dados, estabelecemos alguns gráficos que pudessem nos dar uma visão geral dos números analisados nos dois contextos. Sendo assim, temos os seguintes percentuais:

Gráfico 2

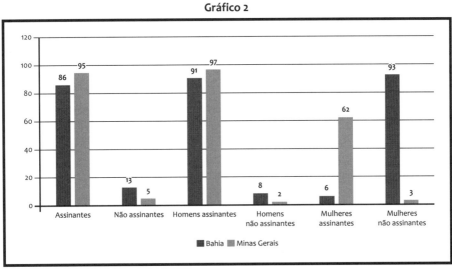

Primeiramente, quando analisamos o quadro geral de assinantes *versus* não assinantes, podemos observar que há uma constante percentual, apesar da pequena diferença do número de indivíduos, que nos revela duas dimensões muito próximas no que diz respeito aos índices de alfabetismo estabelecidos. Quando observamos a repartição por sexo, tais números somente se diferenciam quando observamos as mulheres, pois, como vimos há pouco, o número de assinantes do conjunto de dados dos autos da Inconfidência Mineira é relativamente maior do número observado para a Conspiração dos Alfaiates.

Homens *versus* cor: categoria dos assinantes

Quando analisamos especificamente a categoria dos homens assinantes, temos o seguinte quadro:

Gráfico 3

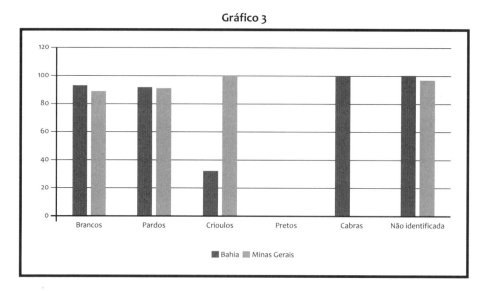

Como é notório, os dados apresentados revelam uma constante percentual, apresentando basicamente diferenças nítidas no número de crioulos assinantes. Sendo assim, temos um quadro de homens brancos, pardos e de cor não identificada (prováveis brancos) como o grupo dominantemente de assinantes. Em Minas Gerais, há mais crioulos que firmaram suas assinaturas após seus depoimentos. Nas duas esferas analisadas, nenhum preto (no caso, nenhum africano) assinou seu nome.

HOMENS *VERSUS* COR: CATEGORIA DOS NÃO ASSINANTES

No conjunto dos homens não assinantes, temos os seguintes percentuais:

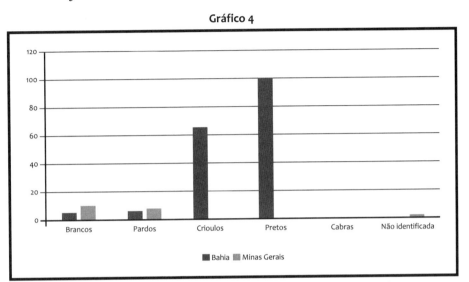

Gráfico 4

Como é possível observar, há divergências entre os números somente entre os crioulos e pretos. Em Salvador e Recôncavo baiano, tais contextos apresentam um percentual relativamente maior do que o contexto analisado nos autos da Inconfidência Mineira.

HOMENS *VERSUS* ESTATUTO SOCIAL: CATEGORIA DOS ASSINANTES

Sobre a variável *estatuto social*, temos dados muito interessantes. Quando analisamos as duas insurreições em questão, apesar de aparentar termos uma diferença nítida entre o estatuto de *livre*, nos *Autos da Devassa da Inconfidência Mineira*, nenhum homem foi identificado como tal. Para nós, provavelmente esse é o contexto não marcado e, por isso, os homens que não tiveram seu estatuto social explicitado podem, dessa forma, ser qualificados como *livres*. Sendo assim, temos, novamente, uma constante entre os percentuais das duas situações confrontadas, pois os identificados como libertos, escravos e/ou que não tiveram seu estatuto demarcado apresentam praticamente os mesmos números. Observemos:

249

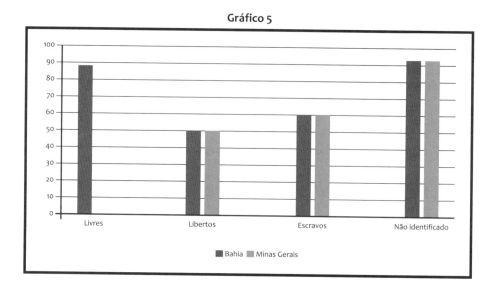

Gráfico 5

HOMENS *VERSUS* ESTATUTO SOCIAL: CATEGORIA DOS NÃO ASSINANTES

Da mesma forma que ocorre com a categoria dos assinantes, quando analisamos os homens não assinantes em relação à variável *estatuto social*, deparamo-nos com uma constante percentual. Levando em conta que nenhum homem, nos autos da Inconfidência Mineira, foi demarcado como *livre*, os números mensurados são praticamente os mesmos. Vejamos:

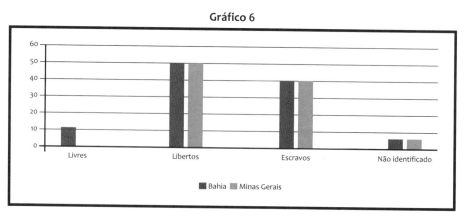

Gráfico 6

Delimitando algumas hipóteses: as letras de Inconfidência na história do Brasil colonial

Diante dos dados obtidos, é possível levantar algumas hipóteses para entendermos os altos índices de alfabetismos encontrados nos *Autos da Devassa da Conspiração dos Alfaiates*, principalmente quando tratamos dos contingentes de não brancos. Para isso, avaliaremos os caminhos para a alfabetização de escravos no Brasil colonial e pós-colonial, explicitados por Klebson Oliveira (2006), quando este, a partir de um conjunto de propostas diversificadas, sugere possíveis respostas para entendermos como tais indivíduos conseguiram desenvolver as habilidades da escrita, da leitura e/ou da contagem num período em que a escolarização era proibida a esse contingente.

Sendo assim, a partir dos elementos sociológicos explicitados anteriormente, sugerimos, no desenrolar da descrição dos dados, alguns indícios que tenham favorecido a aquisição, mesmo que ínfima, da escrita à maioria das testemunhas e/ou acusados dos autos da Conspiração dos Alfaiates. Mas esse contexto recai sobre toda população baiana? Se sim, quais são os elementos que podem fortalecer essa afirmativa? Se não, quais os elementos que podem explicar o alto índice de assinantes encontrados nos autos do processo devassatório em questão?

Para nós, os números obtidos não representam a realidade dos índices de alfabetismos na Salvador de finais do século XVIII, pois, se assim fosse, estaríamos tratando de uma provável "república das letras". Na realidade, muitos historiadores, a partir de investigações diversas, ainda afirmam que o Brasil, nos períodos colonial e pós-colonial, apresentava números muito baixos de alfabetizados. Então, por que os dados mensurados apresentam números tão altos? Sobre isso, faremos algumas explanações, alçando hipóteses que possam nos indicar os motivos que nos levaram a encontrar índices extremamente elevados de alfabetismo.

Para dar cabo disso, primeiramente, buscaremos explanar algumas questões sobre o primeiro censo oficial do Brasil, em relação aos dados sobre a instrução da população da província da Bahia, em 1872, com o intuito de estabelecer referenciais diacrônicos que possam nos aproximar dos números de alfabetizados na província da Bahia. Assim sendo, as informações coletadas em finais do século XIX revelam que cerca de 249.136 indivíduos sabiam ler e escrever, o que correspondia a percentual de 18% do total da população baiana. Os que não sabiam ler e escrever chegavam a 1.130.542 indivíduos, compondo um percentual de 82% de analfabetos. Além disso, somente 35.365 frequentavam escolas, o que não ultrapassava o percentual de 2.5% da população.[5]

251

Diante de tais dados, levantados quase um século após a Conspiração dos Alfaiates, é possível afirmar que a maioria da população baiana, em fins dos oitocentos, não sabia ler e/ou escrever. Partindo disso, se recuarmos oito décadas, para finais dos setecentos, esse número provavelmente não seria muito diferente. Aliás, o número de analfabetos poderia ser demasiadamente maior se levarmos em conta que o século XIX foi marcado por profundas transformações sociais, que poderiam ter viabilizado o aumento gradativo dos índices de alfabetismo. Dessa forma, como seria possível tratar os resultados encontrados para a Sedição Intentada de 1798? Uma resposta plausível seria investigar as conjunturas dos movimentos de inconfidência no Brasil. Vejamos.

Buscando identificar outras possibilidades para entendermos o fenômeno da alfabetização na história do Brasil colonial e pós-colonial, alguns pesquisadores, interessados em desvendar os caminhos que explicariam, talvez, o porquê de o analfabetismo não se ter feito presente em 100% da população escrava, investigaram diversas circunstâncias históricas que tenham favorecido esse contingente a adentrar efetivamente no universo da cultura escrita. Um deles foi Klebson Oliveira (2006). O referido pesquisador propõe basicamente três vias para compreendermos como os africanos e seus descendentes aprenderam a ler e escrever num contexto em que, na sociedade brasileira, o negro era proibido de frequentar escolas, pelo menos até o ano da abolição de seu sistema escravocrata, em 1888. São elas:

- Relações afetuosas dos escravos com a família senhorial;
- Especialização de algumas profissões, que exigiam algum conhecimento da leitura e escrita;
- O valor positivo da alfabetização entre negros e o papel das irmandades negras.

Em relação ao primeiro caminho, Oliveira (2006) nos diz que uma provável via para esse contingente ter aprendido a ler e a escrever foram as relações afetuosas dos escravizados com os seus "senhores". Isso quer dizer que, no convívio doméstico, haveria maiores chances de um estreitamento dos laços entre escravos e seus donos, situação que poderia oferecer um ambiente propício para que alguns adquirissem a leitura e a escrita, quando, por exemplo, os filhos de seus "senhores" estivessem expostos à alfabetização com professores particulares que atuassem diretamente em suas residências, tanto em contextos rurais quanto urbanos. Mas, para que possamos entender tais relações claramente, ele revela que é necessário entendermos os envolvimentos dos chamados escravos domésticos com seus "senhores", apontando que este é um

> [...] percurso difícil de ser reconstruído, uma vez que essas relações, estabelecidas dentro dos casarios, não deixaram, quanto ao aspecto que se busca, registros em outros lugares da sociedade passada. Os estudos de história social, entretanto, parecem deixar claro que as relações mais 'afetuosas' entre escravos e famílias dos senhores tinham mais chances de se estreitar com os chamados escravos domésticos, ou seja, aqueles que ocupavam lugares de trabalho dentro dos domicílios, o que seria mais raro com os escravos urbanos, uma vez que viviam a trabalhar nas várias atividades comerciais (ambulantes, carregadores etc.) e o ganho obtido era dado ao seu dono, e com os escravos rurais, porque as atividades agrícolas não possibilitavam contatos mais diretos entre eles e senhores. (Oliveira, 2006: 56)

O segundo caminho apontado é a especialização de algumas profissões de escravos, que exigiam algum conhecimento da leitura, da escrita e da contagem. Oliveira (2006: 60) elucida, com base em pesquisas desenvolvidas por Maria José de Sousa Andrade (1998), que

> [...] quanto aos pouquíssimos escravos que sabiam ler e escrever, as fontes estudadas pela historiadora não se calaram: "Cândido, pardo, moço, que tem habilidade de caixeiro do trapiche e que sabe ler e escrever e contar, sem moléstia, avaliado em 900$000". Como nota Andrade (1988), nesse caso acima transcrito, o ofício do escravo em questão mais a habilidade na leitura, na escrita e nas contas fizeram que fosse ele mais valorizado, em 900$000, uma vez que existiam outros, que também trabalhavam no trapiche, estimados em, no máximo, 600$000. (Oliveira, 2006: 60)

Em relação a esse aspecto, o pesquisador expõe que, com o desenvolvimento paulatino das cidades, as atividades desenvolvidas por escravos se especializaram, exigindo de seus donos um investimento na qualificação de alguns deles para a prática de certas profissões. Dessa forma, para dar conta de determinados ofícios, necessitariam dessas habilidades para concretizarem as prestações de serviços ofertadas, como, por exemplo, a alfaiataria, a carpintaria e o artesanato. Além disso, saber ler, escrever e/ou contar poderia encarecer o valor de mercado do escravo.

O terceiro caminho assinalado por ele recai sobre o valor da alfabetização entre os negros e o papel das irmandades negras na sociedade colonial e pós-colonial brasileira. Segundo o pesquisador, a população negra via a alfabetização como algo que gozava de prestígio e, por isso mesmo, a incentivava, principalmente entre os mais jovens. Dessa forma, ele cogita a hipótese de que *"os negros não se mantinham passivos em relação a saber ler e escrever; para eles, esse aspecto parece ter alguma representação positiva e, conscientes dis-*

so, advinha o incentivo a ele" (Oliveira, 2006: 62). Ainda revela que é possível identificar, em alguns documentos históricos, trechos que indicam que meninos negros frequentavam alguns ambientes, chamados de "escolas", para serem alfabetizados e/ou para serem treinados para alguma profissão especializada.

Além desse aspecto, segundo ele, há *"ainda indícios de que o letramento encontrasse valor positivo dentro de irmandades negras, tão comuns ao Brasil colonial e pós-colonial"*. Em relação a isso, Oliveira (2006) nos revela que as irmandades negras foram muito comuns no passado brasileiro e tinham o objetivo de, a partir da devoção a um santo católico, congregar um conjunto de indivíduos para firmar um pacto que poderia significar um fortalecimento das relações entre si, pois elas *"angariavam prestígio entre negros, escravos ou libertos, por terem se constituído em um dos poucos espaços legítimos na sociedade em que se praticavam ações assistenciais e por possuírem intensa vida social"* (Oliveira, 2006: 62-65).

Sobre as irmandades negras do Brasil especificamente, diz-nos o historiador João José Reis (1997: 12) que

> [...] os estatutos das confrarias, chamados compromissos, e outros documentos constituem uma das poucas fontes históricas da era escravocrata escritas por negros ou pelo menos como expressão da sua vontade. As irmandades, aliás, produziram muita escrita.

Essa afirmação, junto às pesquisas desenvolvidas por Klebson Oliveira (2006) sobre a Sociedade Protetora dos Desvalidos,[6] faz-nos pensar que os espaços das irmandades negras poderiam ter favorecido a seus integrantes o aprendizado da leitura e da escrita, pois, em sua esfera, as ações de colaboração entre seus congregados, unidas à valorização da alfabetização entre os negros, podem ter colaborado para esse fim. Além disso, o caráter étnico de algumas delas, como a que há pouco foi referida, impedia a participação de brancos em seu espaço, por isso mesmo, eram os próprios negros que deveriam desenvolver as atividades administrativas, como o caso de escrivães, tesoureiros, secretários e conselheiros, o que exigiria o conhecimento, mesmo que parcial, da leitura, da escrita e da contagem.

Perante tais vias, e com base nos números obtidos a partir da mensuração dos dados dos autos da Conspiração dos Alfaiates, propomos a inclusão de mais um caminho que possa ter favorecido a aquisição da escrita no período colonial e pós-colonial no Brasil, que abrange não somente negros, escravizados e/ou alforriados, mas também brancos e mestiços livres. Fala-se dos *movimentos de inconfidência*. Estes foram muito comuns entre meados do século XVIII e início do século XIX, no Brasil, e abarcaram um conjunto variado de indivíduos, que estavam interessados basicamente na independência da colônia e em relações sociais mais igualitárias.

No caso da Sedição Intentada de 1798, como exposto anteriormente, os "homens de consideração", através de conversas e/ou reuniões, difundiram os ideais franceses de *liberté, fraternité et egalité* para as camadas mais profundas da sociedade colonial. Foram estes homens e mulheres desfavorecidos, embebidos por tais pensamentos revolucionários democrático-burgueses, que iniciaram um movimento sedicioso, que via a República como a solução para suas mazelas. Mas como iriam depreender os elementos teóricos da conspiração se, em sua maioria, não sabiam ler e/ou escrever? Suas bases seriam basicamente as falas dos "homens de consideração"? Se estamos falando de uma sociedade mais igualitária, por que não adentrar efetivamente no universo da escrita, visto de forma tão prestigiada pela sociedade colonial brasileira?

Como apontamos, foram muitas as apreensões feitas de manuscritos com cópias, em sua maioria traduzidas, de livros teóricos sobre a Revolução Francesa. Como tais indivíduos as adquiriram? Através dos profissionais da escrita, identificados nos autos como os *homens que viviam de escrever*? Ou, na realidade, foram eles mesmos quem os copiaram? Mesmo que não os tenham efetivamente reproduzido, por que esses homens e mulheres cobiçavam possuir tais manuscritos? Para lê-los? Não há respostas claras para tais questionamentos, mas não podemos deixar de lado o fato da intensa presença da escrita no movimento que compôs a Revolução dos Búzios.

Para além disso, os movimentos de inconfidência podem nos dar uma margem quantitativa parcial, a partir do contexto macroscópico e compósito da *assinatura*, para entendermos como estava difundida socialmente a escrita no Brasil colonial e pós-colonial, pois foram inúmeras as sedições, intentadas e concretizadas, no passado. Um elemento que corrobora essa assertiva são os resultados obtidos para os *Autos da Devassa da Inconfidência Mineira*, que se apresentaram extremamente próximos aos encontrados para a Conspiração dos Alfaiates.

De uma forma ou de outra, essa investigação não tem como objetivo trazer respostas, mas levantar questionamentos e propor novos caminhos para o entendimento do fenômeno da difusão social da escrita na história de nosso país. Aqui, analisamos uma "fotografia" de um extenso "álbum" que, ainda, está por se descobrir.

CONSIDERAÇÕES FINAIS

Com base nos dados apresentados nesta investigação, é possível apontar que as devassas de inconfidência agrupam, em sua maioria, indivíduos que conheciam minimamente o universo cultural da escrita, havendo somente poucos sujeitos que não assinaram seus depoimentos. Dessa maneira, levantamos a hipótese de que os movimentos de inconfidência são contextos favoráveis para agrupar indivíduos que tinham alguma relação com a cultura escrita, mesmo que infimamente, quando tratamos do universo compósito da assinatura. Além de congregar aqueles que sabiam assinar seus nomes, tais movimentos poderiam ter contribuído para a difusão da escrita entre aqueles que não poderiam, por exemplo, frequentar ambientes escolares, como africanos e seus descendentes. Como vimos, os pardos, entre os não brancos, representam um contingente de maioria de firmantes, assemelhando-se à realidade dos brancos e prováveis brancos. Contudo, encontramos também filhos de africanos que assinaram seus nomes perante os notários. Assim sendo, diante de uma conjuntura sediciosa, que debatia constantemente aspectos teóricos censurados pela Coroa, com base em obras contrabandeadas, copiadas por muitos indivíduos, a escrita pôde ter sido adquirida por aqueles que não tiveram acesso a procedimentos de alfabetização comuns para a época.

Essa hipótese parece se confirmar quando observamos os cenários da circulação da escrita em tais conjunturas apresentados por Moreno (2019), em sua tese de doutorado. Segundo ele, a escrita circulou de forma intensa em meio a tais movimentos, sendo, inclusive, motivação primordial para a composição da devassa da Conspiração dos Alfaiates. A partir dos autos de sequestros de bens dos insurgentes, é possível perceber que a escrita se fez fortemente presente nos movimentos de insurreição de finais do século XVIII, circulando de forma bastante profícua, pois foi através dela que as "luzes" puderam se propagar entre aqueles que foram cooptados a conspirar contra a metrópole. Para além disso, provavelmente muitos indivíduos que não haviam desenvolvido as habilidades ativas da escrita puderam obtê-las durante o desenvolvimento das conspirações por incentivo dos próprios envolvidos, pois, dessa maneira, poderiam não somente ler as obras que fundamentariam os ideais iluministas, mas também escrever sobre elas, copiando seus conteúdos básicos, elaborando pasquins revolucionários ou mesmo produzindo cartas para os correligionários de outras localidades.

Assim sendo, diante dos números apresentados e das hipóteses levantadas, consideramos que essa investigação pode contribuir com a reconstituição da história da difusão social da escrita no Brasil, pois trata de uma realidade que ainda não havia sido explorada na perspectiva que aqui exploramos. A partir das insurreições coloniais, pudemos analisar contextos que revelam nuances de uma história que ainda está por ser contada, e que carece de muitas pesquisas.

NOTAS

[1] "la difusión social de la escritura, entendida genéricamente como pura y simple capacidad de escribir incluso en su nivel más bajo, es decir, como porcentaje numérico de los individuos que en cada comunidad están en condiciones de emplear activamente los signos del alfabeto; que debe unirse y compararse con el cociente de difusión social pasiva de los productos gráficos, constituido por los destinatarios de los mensajes escritos, sea en tanto lectores, sea en tanto usuarios de lo escrito incluso de una manera indirecta, es decir, meramente visual".

[2] "la función que la escritura en sí misma asume en el ámbito de cada sociedad organizada y que cada tipo o producto gráfico asume, a su vez, en el ámbito de un ambiente cultural concreto que lo produce y lo emplea; de donde deriva (o puede derivar) el grado de prestigio social de los escribientes (o, mejor, de los capaces de escribir) en la jerarquía social".

[3] No caso da Itália, por exemplo, vários estudiosos se concentraram em estudos localizados, a partir de arquivos dispersos, para alcançarem uma visão coletiva dos dados históricos dos níveis de alfabetismo no país (Bartoli e Toscani, 1991). Estranha-se, ainda, o fato de a autora não ter mencionado como fontes para este tipo de estudo testamentos e inventários que, pelo menos a partir do século XVII, são mananciais sistemáticos, seriados e localizados.

[4] Os dados referentes a Portugal não compunham a tabela apresentada por Ana Sartori Gandra (2010). Na realidade, incluímos os números apresentados por Rita Marquilhas (2000: 118) sobre o século XVII.

[5] Os dados do primeiro censo oficial do Brasil de 1872 estão disponíveis no Núcleo de Pesquisa em História Econômica e Demográfica, em: www.nphed.cedeplar.ufmg.br. Acesso em: 21 jul. 2020.

[6] Conferir *Negros e escrita no Brasil do século XIX: sócio-história, edição filológica de documentos e estudo linguístico*, de Klebson Oliveira (2006).

PANORAMA SOCIOLINGUÍSTICO DO BRASIL NO SÉCULO XIX

Dinah Callou
Dante Lucchesi

SUMÁRIO

INTRODUÇÃO..260
OBJETIVOS E HIPÓTESES..261
DEMOGRAFIA HISTÓRICA 263
    Diversificação linguística e social 264
    Imigração e etnia 270
CONSIDERAÇÕES FINAIS..276

INTRODUÇÃO

Para fundamentar a hipótese de uma relação estreita entre a história linguística de uma língua e sua sócio-história, é necessário tentar reconstituir a história da língua portuguesa *no/do* Brasil e analisar o modo pelo qual cresceu e se diversificou o país, em sua vasta extensão territorial, a fim de identificar fatores da história social brasileira que terão tido efeito na constituição histórica da nossa língua.

Para Houaiss (1965), a diversidade da língua portuguesa no Brasil é resultante de "*dialetação horizontal por influxo indígena e diferenciação vertical entre a fala do luso e a fala do nascido e criado na terra*". Para Mattos e Silva (1999: 20), uma construção efetiva da história social do português brasileiro deve considerar "*muitas histórias de contactos linguísticos*".

> Para uma compreensão e interpretação efetiva que considere o todo do português brasileiro, ao longo desses séculos, muitas histórias de contactos linguísticos deverão ser reconstruídas, levando em conta os falantes de variadas línguas, tendo como denominador comum a língua do poder e do prestígio, a língua portuguesa, que se torna hegemônica e oficial no Brasil, a partir da segunda metade do século XVIII, na sequência da política pombalina para a colônia brasileira.

Callou (2015: 73) reitera que

> A primeira questão tem a ver com a sócio-história das comunidades, mais especificamente, com a forma como se deu a colonização do país – nem sempre na mesma época, nos vários pontos do seu território – e as consequências linguísticas de um contato heterogêneo, eventual ou permanente. Não se pode compreender o Brasil atual e o português brasileiro, sem antes analisar o modo pelo qual cresceu e se diversificou o país, em sua vasta extensão territorial. Não haveria, assim, uma história, mas várias histórias do português brasileiro.

Em suma, para entender melhor o resultado dessas muitas histórias, é importante observar a evolução da população no país, ao longo dos dois últimos séculos, sem levar em conta, no primeiro momento, sua distribuição por regiões. Mais do que apresentar e definir resultados, este capítulo tenta, de certa forma, relacionar resultados de pesquisas linguísticas a indicadores sociais. Sabemos a importância de estabelecer uma relação entre essa mudança linguística à formação sócio-histórica de cada comunidade de fala, pois, somente assim, poderemos compreender melhor todos os aspectos sociais envolvidos no processo.

Já intuía Silva Neto (1960) – embora o seu foco fosse prioritariamente o léxico – que seria preciso submeter qualquer hipótese a uma análise preliminar, a fim de determinar a natureza e origem da população estudada, a maior ou menor percentagem de raças e seu *status* social desde o início até nossos dias. Também não se poderia deixar de investigar profundamente um fenômeno linguístico em causa para saber se ele se verificou na língua ou nela poderia ter-se desenvolvido independentemente de qualquer contato.

OBJETIVOS E HIPÓTESES

Nosso ponto de partida é observar a evolução histórica de cidades, com vistas à interpretação do português brasileiro, marcadamente heterogêneo, dentro do pressuposto de que o linguístico reflete o social, levantando questões que venham a contribuir para a discussão sobre a formação da variedade brasileira de língua portuguesa.

Três pontos, ao menos, não podem ser esquecidos. O primeiro, citado na introdução, teria a ver com a sócio-história das comunidades e as consequências linguísticas de um contato heterogêneo, ao defender a posição de que não haveria apenas *uma* história, mas, sim, *várias* histórias do português brasileiro.

O segundo ponto refere-se à questão das consequências do contato entre línguas, a partir das afirmações de Labov (2007) de (i) não ser possível haver continuidade linguística se as estruturas não fossem transmitidas através de gerações e de (ii) o ponto central estar nas diferenças que podem ocorrer na difusão de uma mudança. Defende aquele autor a hipótese de que é preciso estabelecer uma diferença entre *transmissão* e *difusão* e um contraste entre a transmissão da mudança *dentro* das línguas, já que a difusão da mudança *através* das línguas é o resultado de dois tipos de aprendizado.

O terceiro ponto diz respeito à história dos contatos linguísticos nos períodos coloniais e imperiais no Brasil, diferenciados e descontínuos, face à não existência de uma história única para todo o país. Inferências a partir de eixos distributivo-demográficos poderiam ser um caminho indireto para chegar ao entendimento sobre as realidades linguísticas variadas e a formação do português brasileiro.

Desse modo, os questionamentos levantados têm por finalidade confirmar a hipótese de que é necessário relacionar a história linguística à história social e não considerar a formação do português brasileiro como um processo único, tendo em vista as características sociais e demográficas diferenciadas, de lugar para lugar.

Neste capítulo, analisa-se a questão a partir dos levantamentos feitos desde o primeiro recenseamento oficial de 1872 até o último de 2010. Na discussão do tema, vem à tona o fato de que informações linguísticas inferidas de dados histórico-demográficos de censos e mapas de população, produzidos na colônia e no Império brasileiros, poderiam, algumas vezes, ser postas sob suspeita, até mesmo porque, não raramente, seus números são contraditos por informações encontradas em fontes oficiais e não oficiais de outra natureza. Deve-se, pois, ter sempre em mente as palavras de Lass (1997: 5): "*As histórias da língua são como todas as histórias, mitos, pois não se pode saber o que realmente significam os documentos encontrados e registrados na história*".

Dessa forma, pretende-se analisar as fontes demográficas oficiais do mesmo modo como tratamos dos demais conjuntos documentais, como uma realidade em si que embasa nosso *constructo histórico* que, por sua vez, dialoga com outros construtos, a partir de fontes documentais diversas. Em outras palavras, os próprios *mitos demográficos*, construídos em um Censo Oficial, são interpretados como um objeto de estudo a ser considerado na Sociolinguística-Histórica, independente do fato de seu maior ou menor grau de reflexo da realidade histórica. Se não sabemos o que realmente significam os documentos históricos, também não sabemos o que realmente significam os números dos censos oficiais, mas, com certeza, podemos tentar entender que comunidades 'imaginárias' existiam aos olhos oficiais em cada época.

Para o nosso estudo, as seguintes hipóteses são formuladas: (i) o país não constitui um bloco uniforme e a diversidade linguística hoje existente cresceu na mesma medida do crescimento demográfico – diferenciado, em cada região, em cada cidade; (ii) é necessário distinguir, ainda hoje, *lato sensu*, uma área urbana e uma área rural, cada uma delas com suas características; (iii) o processo de mobilidade social, que tem início no século XIX, estabeleceu uma diferenciação sociocultural e confluiu numa dinâmica de contatos, fazendo interagir os que viviam nas regiões mais rurais com os membros das classes mais populares da região urbana.

Além disso, como chamam a atenção diversos autores, durante muitos séculos, as cidades no Brasil, quase todas costeiras, de pequena densidade demográfica, pouca influência exerceram sobre as povoações interioranas. Na sociedade colonial brasileira, o cume da pirâmide social estava exposto, de certo modo, mais que hoje, às influências das classes sociais inferiores, com reflexos na língua, uma vez que uma das marcas definidoras de classe social é exatamente a linguagem, linguagem que classifica socialmente os indivíduos e torna mais evidentes, nas cidades, as diferenças sociais e culturais.

A temática do livro de *Cidades imaginárias* (Veiga, 2003) revela a preocupação em demonstrar que o Brasil é menos urbano do que se calcula – se utilizados critérios comumente usados internacionalmente –, havendo a necessidade de renovação do pensamento brasileiro sobre as tendências da urbanização e de suas implicações sobre políticas de desenvolvimento que o Brasil deve adotar.

A oposição entre comunidades rurais e urbanas é muito antiga e reconhecida por estudiosos desde o início da era cristã. É, no entanto, relativa à correspondência entre a abstração generalizante do paradigma e as experiências históricas concretas de cada país, no caso específico, a experiência brasileira. Smith e Marchant (1951, apud Harris, 1956) dizem que, do ponto de vista quantitativo e qualitativo, a população brasileira situa-se entre as mais rurais do mundo, mas o próprio Harris também admite que as noções de rural e urbano de referência ao Brasil não são de todo claras. Ao longo do tempo, algumas das diferenças apontadas por sociólogos e antropólogos dizem respeito ao fato de as comunidades urbanas poderem ser em geral caracterizadas pelos seguintes traços:

i. maior expansão territorial e maior densidade populacional;
ii. maior heterogeneidade do ponto de vista étnico e cultural;
iii. significativa diferenciação e estratificação social;
iv. maior mobilidade;
v. maior diversificação ocupacional;
vi. isolamento do ambiente natural.

DEMOGRAFIA HISTÓRICA

Neste trabalho, serão enfocados, mais detalhadamente, os dados demográficos de três grandes centros urbanos no Brasil – as cidades do Rio de Janeiro (Município Neutro, àquela altura), de Salvador e de São Paulo, tomando por base o primeiro recenseamento oficial do Império do Brasil, de 1872. Buscam-se inferências possíveis sobre o avanço da língua portuguesa em relação às "raças" distribuídas, segundo uma mesma metodologia de época, por graus de instrução, pelas capitais e pelo interior das províncias. A despeito das imprecisões suspeitas, a imagem projetada pode nos revelar certas proporções que possibilitem relacionar os "mitos" demográficos à real diversificação e distribuição sociolinguística de final dos oitocentos, observando os parâmetros: *sexo, raça, nacionalidade e grau de instrução*.

Diversificação linguística e social

De acordo com o Primeiro Recenseamento oficial (1872), o país estava dividido em 21 províncias, além do Município Neutro – mais tarde, Distrito Federal – e tinha uma população livre de 8.419.672 (85%), cuja distribuição está exposta no Quadro 1, a seguir, e uma população escrava de 1.516.806 (15%), no total de 9.930.478 habitantes.

Quadro 1 - Recenseamento de 1872

Números	Províncias e Município Neutro	Homens	Mulheres	Total
1	Amazonas	30.983	2.564	56.631
2	Pará	128.589	11.919	247.779
3	Maranhão	141.942	14.215	284.101
4	Piauhy	90.322	8.810	178.427
5	Ceará	350.906	338.86	689.773
6	Rio Grande do Norte	112.721	10.823	220.959
7	Parahyba	179.433	17.526	354.700
8	Pernambuco	381.565	37.094	752.511
9	Alagôas	155.584	15.667	312.268
10	Sergipe	74.739	7.888	153.620
11	Bahia	630.353	58.143	1.211.792
12	Espírito Santo	29.607	29.871	59.478
13	Município Neutro	133.880	92.153	226.033
14	Rio de Janeiro	255.806	234.281	499.087
15	São Paulo	348.304	332.438	680.742
16	Paraná	59.384	56.858	116.162
17	Santa Catharina	73.088	71.730	144.818
18	Rio Grande do Sul	191.022	176.000	367.022
19	Minas Geraes	847.592	821.684	1.669.276
20	Goyas	74.968	74.775	149.743
21	Matto Grosso	27.991	25.759	53.750
Total		4.318.699	4.100.973	8.419.672

Fonte: IBGE.

As províncias de Minas Gerais (1.669.276) e Bahia (1.211.792) eram as que apresentavam maior concentração populacional. O Município Neutro apresentava uma população geral de 226.033 e a Província do Rio de Janeiro, 499.087. Apesar de representar apenas 2,6% da população total do país, teve um papel importante nos destinos da nação, por razões históricas, como já referido no capítulo "Os cenários sociolinguísticos do Brasil colonial".

No que se refere ao grau de instrução, 81% da população brasileira livre era analfabeta, embora esse percentual diferisse de uma província para a outra, como se pode observar na Tabela 1, que leva em conta apenas seis províncias.

Tabela 1 – Percentual de analfabetismo da população livre, em seis províncias, no século XIX

Província	População total livre	Homem analfabeto	Mulher analfabeta	Total de analfabetos	%
Bahia	1.211.792	468.416	494.304	962.720	79%
Município Neutro	226.033	68.714	58.101	126.815	56%
Rio de Janeiro	499.087	185.809	189.678	375.487	75%
São Paulo	680.742	255.327	284.348	539.675	79%
Minas Gerais	1.669.276	702.295	743.413	1.445.708	86%
Pernambuco	752.511	288.901	316.287	605.188	80%

A população escrava estava concentrada mais em algumas áreas, como se pode verificar na Tabela 2.

Tabela 2 – Percentual de população escrava, em seis províncias, em relação ao total do Brasil

Província	População escrava	%
Bahia	217.924	14%
Município Neutro	48.939	3%
Rio de Janeiro	342.687	22%
São Paulo	116.612	7%
Minas Gerais	370.959	24%
Pernambuco	89.028	6%

Há que salientar que a maioria dos europeus no Brasil, já ao final do século XVIII, era de portugueses, deixando de lado a situação específica de algumas localidades meridionais em disputa de fronteiras. Haveria, de um lado, os descendentes de portugueses fixados no Brasil, os reinóis *brasileiros*, e, de outro, tanto os portugueses que viviam na colônia quanto os portugueses *transitórios*. A esses dois grupos possuidores de duas normas distintas corresponde, *grosso modo*, ao que se convencionou chamar hoje *português **do** Brasil* e *português **no** Brasil*.

É de supor que, pelo menos nos contextos das cidades e vilas, por menores que fossem os sítios urbanos, o processo de aculturação tenha favorecido, pouco a pouco, de uma geração a outra, a opção pela língua portuguesa, em detrimento da identidade linguística original. Nesse sentido, diante do quadro quantitativo de aloglotas, impossível não deduzir que quanto maior fosse a interação com a parcela branca maior o incremento desse mesmo processo. Assim sendo, o crescimento do número de brancos ao longo de todo o século XVIII tornou-se um fator decisivo para o avanço do uso da nossa língua, crescimento esse intensificado, com maior ou menor velocidade, de capitania para capitania, durante o século XIX.

A estratificação sociolinguística do Brasil no século XIX era visivelmente marcada pela cor da pele dos falantes. No topo da pirâmide social, principalmente nas cidades, vivia a elite branca que falava uma variedade de português fortemente lusitanizada, embora já exibissem marcas próprias (sobretudo, no caso das elites rurais). A influência *reinol* aprofundou-se com a ida da Corte para o Rio de Janeiro, em 1808, trazendo para bem perto dos brasileiros os modelos da "língua civilizada e pura" da Europa – no que se pode definir como segunda grande onda de lusofonização do Brasil.[1] Em contrapartida, na base da pirâmide social, estavam os escravos, negros e mulatos. Entre esses se distinguiria o português falado como segunda língua pelos *africanos* e a variedade de português falada como língua materna pelos *crioulos*. Essa polarização entre a fala da elite, muito influenciada pela forte presença portuguesa no Rio de Janeiro (cidade que passou a sediar a Corte),[2] e a fala alterada da população subalterna foi assim descrita pelo historiador Alencastro (Org., 1997: 34): "*Na corte, a presença mais densa de portugueses – donos da língua –, e a presença igualmente densa de africanos e seus descendentes – deformadores da língua oficial –, levou a população alfabetizada a moldar a sua fala àquela do primeiro grupo*".

Conquanto haja elementos suficientes para identificar, ao longo do século XIX, uma clivagem linguística de caráter eminentemente étnico no Brasil, entre a linguagem dos brancos, de um lado, e as linguagens de africanos e seus descendentes, do outro, não se pode desprezar certos fatores que iam matizando as cores dessa separação. Entre esses fatores, se destacam, por um lado, o fato de muitos filhos brancos de colonos portugueses serem criados em estreito contato com as crianças afrodescendentes, com forte participação de mulheres africanas ou crioulas. Por outro lado, encontra-se o amplo processo de miscigenação racial (Lucchesi, 2009). Assim, entre os extremos do branco português (ou brasileiro glotologicamente lusitanizado) e o africano falante de um português pidginizado, encontram-se diversos matizes etnolinguísticos. Com isso, há registros históricos de alguns dos traços linguísticos próprios dos negros crioulos (mas não de todos) também na fala de brancos e mestiços dos estratos sociais mais baixos (Alkmin, 2008: 257-260).

Deve-se ter em mente também (i) que pouco se sabe sobre as línguas africanas faladas pelos escravos que chegaram ao Brasil, muitas, a maioria, do grupo banto; (ii) que o ensino da língua portuguesa não se processou automaticamente, a partir de um decreto, e levou muito tempo para que a população tivesse acesso a um ensino regular. A transmissão da língua se deu na oralidade, e as aulas de língua portuguesa, fossem públicas ou semipúblicas, somente atingiram um percentual mínimo de homens brancos e pardos, socialmente aceitos. De todo modo, o alcance da estrutura de ensino do português, entre os habitantes brancos e pardos – se comparado ao total de população encerrado nesse grupo social – foi irrisório, sem falar na população do sexo feminino, livre ou escrava, alijada do processo, durante muito tempo. Parece lícito considerar que, no século XIX, a maior parte dos habitantes fosse analfabeta, e que o surgimento, àquela altura, nas principais cidades do Brasil, de uma camada de portugueses pobres, em grande parte analfabetos, provenientes do meio rural (Venâncio, 2000), pudesse ter contribuído para a configuração sociolinguística da variedade brasileira da língua portuguesa. Os questionamentos apontados até aqui sugerem, assim, que não se pode deixar de relacionar a história linguística à história social e observar, mais de perto, o fato de não se poder considerar a formação do português brasileiro como um processo único, tendo em vista as características sociais e demográficas diferenciadas.

No âmbito da história da língua portuguesa no Brasil, não há como negar a necessidade de ampla pesquisa da documentação em que se deu a formação da nossa realidade linguística. Também para se pensar em uma pluralidade de normas, consolidadas em momentos distintos, de um ponto a outro do país, faz-se necessário, além do levantamento de fontes escritas mais transparentes aos matizes sociais de cada período, remontar a história da dinâmica populacional, ou seja, determinar que grupos étnicos conviveram em cada e em toda parte do território brasileiro, por quanto tempo, qual a sua distribuição, e como interagiam.

Em alguns anúncios, publicados em jornais da época – a propósito de temas diversos – encontram-se referências indiretas sobre o grau de conhecimento da língua portuguesa por parte de escravos:

No dia 17 de Fevereiro corrente pelas 10 h da manhã, se perdeo hum Moleque na Praia do Peixe, o qual terá 15 annos de idade; chama-se Matheus, he de Nação Cabundá, com calças de Amiagem, e Camiza de pano de linho; ignora a lingoa Portugueza por ser comprado dias antes no Valongo... (*Gazeta do Rio de Janeiro*, 24/02/1809)

não pronuncia bem Jesus/ Cristo, e sim Zuguisto; tambem não pronuncia Vossamercê, e sim Vincê etc... (*Diário da Bahia*, 31 de dezembro de 1868)

Em outros anúncios, é apontada como característica principal de alguns escravos fugidos a sua fala "aportuguesada". E um personagem carioca de Joaquim Manuel de Macedo refere-se a um escravo de fala escorreita da seguinte forma: "*o maldito do crioulo era um clássico a falar português*" (apud Alencastro, 1997: 32).

Exatamente no meio do século XIX, o fim do tráfico negreiro determina o início da saída de cena do elemento africano, criando as condições objetivas para a mudança semântica através da qual o adjetivo *crioulo* passa a ser sinônimo de negro. Pode-se dizer que se inicia aí a fase da definitiva lusofonização do Brasil, já que deixam de ingressar na sociedade brasileira expressivos contingentes de falantes de línguas africanas,[3] ao tempo em que prosseguia o extermínio e a expulsão dos povos indígenas. Esse processo conduzirá à situação atual do Brasil, que Mattos e Silva (2004b) definiu como um *multilinguismo localizado*, já que mais de 98% da população brasileira tem apenas o português como língua materna, ao passo que menos de 1% da população é constituída pelos remanescentes dos povos indígenas que ainda conservam suas línguas nativas e estão concentrados, em sua grande maioria, nas regiões mais remotas da Amazônia e do Planalto Central. O restante da população brasileira que não é falante de português é constituído por imigrantes europeus e asiáticos, entre os quais predominam as seguintes línguas: alemão, italiano, japonês, ucraniano, polonês, pomerano e, mais recentemente, espanhol sul-americano, coreano e chinês.[4]

A presença atual dessas colônias de imigrantes remete, no passado, a outro fator que contribuiu para diluir o caráter étnico da polarização sociolinguística do Brasil: a imigração, entre a segunda metade do século XIX e as primeiras décadas do século XX, de cerca de três milhões de imigrantes europeus e asiáticos, na sua maioria alemães, italianos e japoneses.

No que concerne à fala do segundo grupo, Alkmin (2008: 255-257) consegue deslindar representações distintas para a linguagem dos africanos e para a linguagem dos crioulos, analisando textos literários da época ("peças de teatro e prosa de ficção"):

os africanos são representados como usuários de uma variedade de português bem distanciada daquela falada pelos brancos, que os identifica como estrangeiros: sua "pronúncia" e suas frases os tornam quase incompreensíveis. Quanto aos crioulos, a representação parece incidir sobre marcas fonéticas e gramaticais que os caracterizam como falantes de um "mau português", diferente do português dos brancos, próprio a indivíduos grosseiros, socialmente inferiores.

Não obstante a limitação de dados provenientes da representação estética (e estereotipada) da fala de um grupo social, pode-se inferir que os autores buscavam dar forma aos processos de variação e mudança que o chamado processo de transmissão linguística irregular de tipo leve, defendido por Lucchesi e outros, teria produzido no português nativizado dos crioulos, enquanto no caso dos africanos, a representação teria como foco as variedades bem defectivas de português falado como segunda língua, configurando o que se denomina atualmente na Crioulística como *pré-pidgin* ou *pidgin restrito* (Siegel, 2008). Nesse caso, as simplificações e lacunas no processo gramatical de formação de frases seriam, naturalmente, mais radicais na variedade pidginizada. Não se deve deixar de ter em conta, contudo, que haveria níveis muito diferenciados de proficiência de português entre os africanos: desde o pré-pidgin até um bom domínio do português como segunda língua. Mas pode-se imaginar que seriam poucos os africanos em cuja fala não se insinuassem as marcas (um acento, uma entoação) de falante estrangeiro – as poucas exceções seriam de indivíduos que teriam chegado ao Brasil muito jovens, vivendo em condições que lhes possibilitassem alcançar uma proficiência muito próxima ao do falante nativo, mas esses casos seriam raros.

Callou (2015) comenta a afirmação de Barbosa (2005) referente ao fato de Pernambuco, a segunda maior capitania do Brasil, na última fase do período colonial, contar com uma população negra e parda 'livre' maior que as correspondentes de escravos, da mesma forma que, em São Paulo, diferentemente da Bahia e do Maranhão, por exemplo. Segundo o Recenseamento de 1872, a capitania da Bahia já apresentava quadro semelhante ao de Pernambuco, no período focalizado. Isso poderia ser um indício de que haveria uma correspondência desse fato com a situação linguística desses falantes, ao admitir a hipótese de a liberdade de um escravo estar de alguma maneira ligada à sua capacidade de 'falar português' e a uma maior interação com a 'população branca'.

De todo modo, a história de contatos linguísticos nos períodos coloniais e imperiais no Brasil pode ser considerada diferenciada e descontínua, face à não existência de uma história única para todo o país:

> enquanto em um dado local há maioria branca em interação com negros já nascidos no Brasil, noutro há maioria negra de uma dada nação africana convivendo com outras etnias africanas recém-chegadas. (Barbosa, 2015: 88)

Alguns autores, embora não entrem diretamente no debate sobre as origens do português brasileiro, afirmam que a chamada *crioulização prévia* pode não ser descartada para certos pontos no interior rural brasileiro, como defendem alguns estudiosos, mas não se justifica para o geral do Brasil.

Robert Conrad (1978), na pesquisa sobre os últimos anos de escravidão no Brasil, apresenta um quadro da distribuição na população escrava, em 1884, em sete províncias, comparável aos dados do Recenseamento de 1872, reproduzido na Tabela 3. O confronto desses dados mostra que o número de escravos diminui consideravelmente, num período de 12 anos, no Rio de Janeiro, na Bahia, em Pernambuco e no Maranhão, talvez pelo aumento da população livre, a que já nos referimos anteriormente, e pelo fato de a população escrava se ter deslocado para outras províncias.

Tabela 3 – População escrava

Províncias (população escrava)	1872 (IBGE)	1884 (R. Conrad)
Minas Gerais	370.959	310.000
Rio de Janeiro	347.637 →	260.000
São Paulo	161.612	160.000
Bahia	217.824 →	140.000
Pernambuco	149.033 →	80.000
Rio Grande do Sul	67.877	60.000
Maranhão	75.439 →	45.000

Fontes: R. Conrad (1978: 81) e Recenseamento 1872/IBGE – Extraído de Callou (2015).

Outro aspecto a ser reafirmado diz respeito à dinâmica do contingente populacional, inclusive à mobilidade geográfica – relacionada, como se destacou anteriormente, à necessidade de mão de obra, num primeiro momento, para os engenhos de açúcar, num segundo, para a mineração, aos ciclos econômicos, portanto. A 'migração' de escravos, para espaços urbanos e rurais, era ditada, assim, pelo mercado, propiciando aos escravos exercerem ofícios diversos, com maior ou menor integração à população branca. Na época em foco, rural e urbano eram consideradas, em princípio, duas realidades que coexistiam paralelas e independentes uma da outra.

Imigração e etnia

A presença atual de colônias de imigrantes remete, no passado, a outro fator que contribuiu para diluir o caráter étnico da polarização sociolinguística do

Brasil: a imigração, entre a segunda metade do século XIX e as primeiras décadas do século XX, de cerca de três milhões de imigrantes europeus e asiáticos, na sua maioria alemães, italianos e japoneses.

> Esses indivíduos, em sua maioria, ingressaram na base da pirâmide social brasileira, dirigindo-se para o trabalho braçal no campo. Nessas circunstâncias, o modelo mais acessível de que dispunham para a aquisição do português era o proveniente dos capatazes e dos trabalhadores braçais locais, que, em sua maioria, eram ex-escravos africanos e seus descendentes nativos e/ou mestiços; ou seja, o português que esses imigrantes (principalmente os italianos e japoneses) aprenderam, ao chegar ao Brasil, era o português popular [...]. Contudo, em função de seu back-ground cultural, esses imigrantes ascenderam rapidamente na estrutura social, levando para o seio da norma culta algumas das estruturas de matiz popular que haviam adquirido em seu contato inicial com o português. Pode-se perceber, assim, o caminho através do qual certas estruturas da fala popular penetraram nas camadas médias e altas, implementando as mudanças "de baixo para cima" que se observam no português culto. (Lucchesi, 2001a: 109-110)

As condições objetivas para o ingresso desses contingentes de trabalhadores no país foram dadas com o processo que culminou com a abolição da escravatura, em 1888, e que criou a necessidade de substituição da mão de obra escrava pelo trabalho assalariado. As violentas contradições geradas pelo regime escravista e a ideologia dominante na época impediram em grande parte um melhor aproveitamento dos ex-escravos. Ao invés disso, as classes dominantes no Brasil encamparam um projeto de "branqueamento" da sociedade brasileira, estimulando a imigração de trabalhadores europeus e asiáticos e adotando medidas que favorecessem sua inserção no sistema econômico nacional.

Enquanto isso, a população de ex-escravos era entregue à própria sorte, já que a abolição não foi acompanhada de qualquer política governamental de reinserção desse contingente no sistema produtivo do país. A situação dos excativos, após o colapso das empresas escravagistas, teria importantes implicações sociolinguísticas. Sem alternativas para subsistir, muitos retornaram às propriedades dos seus ex-senhores e voltaram ao trabalho em uma situação informal de escravidão. Outros ocuparam terras pouco produtivas e abandonadas com o colapso de grandes propriedades escravagistas, dedicando-se à agricultura de subsistência; situação semelhante à daqueles que abandonaram as grandes fazendas e se deslocaram ainda mais para o interior, em busca de locais ermos, onde pudessem livremente subsistir; confinando estes últimos com a situação em que já se encontravam as comunidades quilombolas, de escravos foragidos.

Se fossem para as cidades, os ex-escravos eram mantidos nas periferias, em situação de miséria e marginalidade, dando origem a um problema urbano que só viria a se agravar ao longo do século seguinte.

Assim, marginalizados do grande processo produtivo e abandonados pelas políticas públicas, os ex-escravos formavam nichos, nos quais se conservariam as variedades de português mais alteradas pelo contato linguístico, podendo-se imaginar que, nos casos mais radicais das comunidades mais isoladas, poderiam subsistir variedades crioulizadas do português, como o "dialeto crioulo" – descoberto, no início da década de 1960, em Helvécia, no extremo sul do estado da Bahia, por Ferreira (1984) –, ou mesmo o uso restrito de línguas francas de base lexical africana, de que derivam as línguas secretas descobertas na década de 1980 nas comunidades de Cafundó, em São Paulo (Vogt e Fry, 2013), e Tabatinga, em Minas Gerais (Queiroz, 1998).

Dessa forma, as condições da polarização sociolinguística do Brasil, ao longo do século XIX, não se teriam alterado significativamente. No plano da composição étnica, o projeto de branqueamento da sociedade brasileira se refletiria no aumento na proporção de brancos, como se pode ver, no cotejo dos números dos censos de 1850 e 1890:

Tabela 4 – População do Brasil por etnia em 1850 e 1890

Grupo étnico	1850		1890	
	N° de Hab.	%	N° de Hab.	%
Brancos	2.482.000	31%	6.302.198	44%
Mestiços	2.732.000	34%	5.934.291	41%
Negros	2.500.000	31%	2.097.426	15%
Índios	302.000	4%	---	---
Total	8.020.000	100%	14.333.915	100%

Fonte: IBGE.

Pelos números do Censo de 1890, os brancos passam a constituir o grupo mais numeroso, aproximando-se da metade do total da população. Contudo, como nele se inserem o expressivo contingente de imigrantes estrangeiros, isso não implica, como argumentamos anteriormente, a difusão do português da elite lusitanizada, mas, ao contrário, a difusão de variantes do português alterado da base social, criando condições para futuras mudanças "de baixo para cima". Por outro lado, deve-se ter em conta que nesse número de brancos também se inserem os mulatos que ascendiam socialmente e "embranqueciam", por assim dizer. Nesse caso, ocorreria a difusão do padrão linguístico dominante, já que a assimilação dos modelos linguísticos da elite seria geralmente condição para a ascensão social. Contudo, o *embranquecimento* dos mestiços que ascendiam não impediu o crescimento desse grupo étnico, que, ainda assim, é o segundo mais numeroso, o que atesta mais uma vez a enorme proporção do fenômeno da miscigenação racial na formação da sociedade brasileira.

Já o grupo dos negros foi o que proporcionalmente mais diminuiu, representando em 1890 menos da metade da sua participação em 1850. Isso se deve ao fim do tráfico negreiro e ao aprofundamento da miscigenação. É certamente nesse último grupo que se localizam as variedades mais alteradas de português, tanto em suas versões nativizadas, quanto nas versões pidginizadas, essas últimas, já francamente minoritárias, em 1890. Já os mestiços representavam o *continuum* que ligava essas variedades profundamente alteradas da língua portuguesa ao português das elites brancas (incluindo-se também, nesse *continuum*, os brancos dos estratos sociais mais baixos). Não se pode precisar a proporção de mestiços que falariam variedades mais próximas do português das elites e aqueles outros que falariam variedades mais alteradas. Considerando-se, porém, os números da urbanização e da escolaridade da época, pode-se inferir, com muita segurança, que certamente os primeiros eram minoritários.

Em 1890, dos 14.333.915 habitantes do Brasil apenas 976.038 viviam nas cidades, o que corresponde a 6,8% do total. Ou seja, mais de 90% da população do país vivia no campo. Além disso, o nível de letramento era baixíssimo. O nível de analfabetismo na população com mais de 5 anos, era superior a 82%; proporção semelhante à do Censo de 1872. Esse percentual subia um pouco entre as mulheres, e praticamente a totalidade dos ex-escravos era analfabeta, já que a educação escolar foi proibida aos cativos até "*a segunda metade do século XIX, em plena desagregação do sistema servil*" (Mattoso, 2003: 113). Como a maior parte dos brancos se concentrava nas cidades, onde também estava o grosso das escolas, pode-se imaginar que, no campo, onde se concentrava a maioria dos negros e mulatos, se falariam variedades de português muito alteradas pelo contato entre línguas, provavelmente em uma intensidade superior àquela retratada pelos textos literários da época. E o abismo que separava essas variedades linguísticas do português da elite urbana só havia se aprofundado ao longo do século XIX.

Como já dissemos anteriormente, a elite colonial seria muito zelosa dos valores linguísticos da metrópole portuguesa, porém a pequena proporção de colonos portugueses nos primeiros séculos – a depender da região – e o estreito contato que esses mantinham com a população autóctone e de escravos africanos teriam produzido alterações significativas, particularmente na fala dos filhos brasileiros desses colonos, tanto que já há registros históricos consistentes de que o antecedente his-

273

tórico da atual norma culta brasileira já exibia uma visível diferenciação em relação à sua congênere europeia, no século XVIII (Lucchesi, 2006b e 2008b; Noll, 2008).

Mas é também, ao longo do século XVIII, com o primeiro surto de urbanização ocorrido no Brasil, com o surgimento das cidades mineiras e o maciço afluxo de portugueses, atraídos pela corrida do ouro e pedras preciosas, que a influência linguística de Portugal volta a se intensificar. Esse processo se aprofunda com a transferência da Corte portuguesa para o Brasil, em 1808. E, ao contrário do que se poderia imaginar, a influência linguística da ex-metrópole não decaiu, com a independência política do país, proclamada por um príncipe português, em 1822. Se a construção de uma nova nação produzia, no plano ideológico, exacerbadas manifestações nativistas, com a criação de símbolos nacionais e a negação de todas as representações que evocassem o passado colonial, predominou, no plano da língua, a visão purista que pregava abertamente a submissão ao cânone gramatical português. A hegemonia alcançada por essa visão purista e discricionária de língua nada mais era do que o reflexo mais notável do projeto racista e de exclusão social das classes dominantes brasileiras.

Quanto à diferenciação regional, pesquisas recentes de Callou e Barbosa (2012) detalham a questão verticalmente e confrontam três municípios, a saber, o Município Neutro, Salvador e São Paulo, a partir de alguns parâmetros, tais como etnia, nacionalidade e grau de instrução, a fim de obter uma imagem projetada que possa nos revelar certas proporções que possibilitem relacionar "mitos" demográficos à real diversidade sociolinguística de final dos oitocentos.

Tabela 5 – Distribuição da população escrava em três municípios, por sexo, etnia, nacionalidade e grau de instrução, segundo o Recenseamento de 1872

LOCAIS	MUNICÍPIO NEUTRO		SALVADOR		SÃO PAULO	
População escrava	Homens	Mulheres	Homens	Mulheres	Homens	Mulheres
Pardos	19.611	18.267	2.805	3.245	476	474
Pretos	5.275	5.786	5.506	5.122	1.560	1.318
Brasileiros	18.099	19.957	6.853	7.092	1.893	1.685
Africanos	6.877	4.096	1.348	1.175	143	107
Sabem ler/escrever	220	109	3	Ø	Ø	Ø
Analfabetos	24.666	23.944	8.198	8297	2.036	1792
Total	24.886	24.053	8.201	8.267	2.036	1.792

Com uma população geral tão pequena (31.385), a população escrava na cidade de São Paulo, em termos absolutos, parece mínima: mais ou menos 1/4 da de Salvador e menos de 1/10 da do Rio. No entanto, em termos relativos, a população escrava de São Paulo (3.828 + 27.557 = 12%) é proporcional à de Salvador (16.468 + 112.641 = 13%) e não tão distante da do Município Neutro (48.939 + 226.033 = 18%). Esses percentuais gerais implicariam dizer que os escravos corresponderiam a um segmento social com similar chance de dispersão nas três cidades. Entretanto, é preciso refletir sobre o fato de que a maioria dos escravos, nas três cidades, é brasileira, e o percentual dos que sabem ler e escrever, ainda que consideravelmente maior na cidade do Rio de Janeiro, não atinge 1%.

Para finalizar, compare-se a situação atual da população do Brasil, que cresceu quase 20 vezes desde o primeiro Recenseamento de 1872. Em relação ao ano de 2000, cresceu 12,3%.

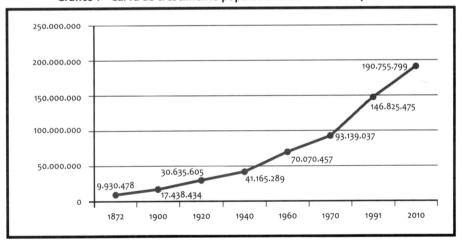

Gráfico 1 – Curva de crescimento populacional do Brasil de 1872 a 2010

Com base no último Censo (2010), é possível verificar ainda que (i) São Paulo e Rio de Janeiro são os municípios mais populosos, com, respectivamente, 11.253.503 e 6.320.446 habitantes; (ii) houve um aumento da urbanização no Brasil, com a diminuição do volume da população rural; (iii) na Bahia, diferentemente do Rio de Janeiro, São Paulo, Rio Grande do Sul, Minas Gerais, a população da capital cresceu mais, de 2000 para 2010, que a dos demais municípios; e (iv) as unidades mais populosas são as que têm maiores populações urbanas, a saber (Tabela 6):

Tabela 6 – Unidades mais populosas

São Paulo	39.585.251
Minas Gerais	16.715.212
Rio de Janeiro	15.464.239
Bahia	10.102.476
Rio Grande do Sul	9.100.291

Fonte: IBGE, 2011.

Segundo o Censo demográfico de 2010, a diminuição da população rural, concomitantemente ao incremento da população urbana, indica uma tendência à urbanização do país, sendo Rio de Janeiro, Distrito Federal e São Paulo as cidades que apresentam maiores graus de urbanização, todas acima de 90%. Por outro lado, a que concentra maior população rural é a Bahia (3.914.430), seguida de Minas Gerais (2.882.114).

CONSIDERAÇÕES FINAIS

Podemos dizer, em linhas gerais, que a polarização sociolinguística do Brasil assume suas feições bem notáveis no final do século XIX, com o modelo de língua socialmente hegemônico renegando até as alterações que se haviam difundido entre a elite branca e eram de uso corrente, mesmo em boa parte dos brasileiros letrados. Do outro lado, a maioria da população do país, no interior, ainda faria uso de variedades de português profundamente alteradas pelo contato entre línguas. E essa situação não se alterou significativamente com a proclamação da República, em 1889, pois, durante a primeira fase do novo regime, conhecida como República Velha, as disposições da infraestrutura socioeconômica e da superestrutura político-ideológica não se alteraram significativamente em relação ao período do Império. O Brasil continuou a ser um país essencialmente rural e agroexportador, cuja economia se caracterizava pela superexploração do trabalho braçal e por um reduzidíssimo mercado consumidor interno. Os números da urbanização e da escolaridade deixam isso bem claro.

Em 1920, a população urbana mal passava de 10% do total (3.287.448 cidadãos em um total de 30.635.605 habitantes), e o analfabetismo alcançava quase três quartos do total da população com mais de 5 anos de idade (18.549.085 de analfabetos em um total de 26.042.442 habitantes, o que equivale a 71,2% do total).[5] As mudanças significativas nesse cenário só começariam a ocorrer efetivamente com a Revolução de 1930, que desbancou do governo federal as elites fundiárias de São Paulo e Minas Gerais. As mudanças que se gestavam na sociedade brasileira nessa época foram anunciadas, de forma vigorosa e visionária, na Semana de Arte Moderna de 1922. Definido como um movimento artístico-literário, fundamentalmente orgânico e engajado, o *Modernismo* não apenas antecipou as mudanças que viriam a constituir a sociedade brasileira contemporânea, mas contribuiu também para sua implementação. Não foi à toa que entre os principais alvos da crítica modernista estavam o *purismo gramatical* e a linguagem artificial da literatura parnasiana.

O processo de industrialização e urbanização da sociedade brasileira, portanto, que se implementa com o final da República Velha, tem efeitos muito amplos e profundos no cenário sociolinguístico brasileiro, determinando uma fase na história sociolinguística do Brasil, que se prolonga até os nossos dias. Dessa forma, se poderia pensar que, no plano da história sociolinguística do Brasil, o século XIX teria início em 1808 e se encerraria em 1930.

Se nosso objetivo é descrever as causas da dinâmica sociolinguística do Brasil no terceiro milênio – a fim de traçar um quadro geral de possíveis consequências linguísticas dos movimentos sociais que marcaram o país no início de sua modernidade –, muitos outros aspectos precisariam ainda ser observados. A grande questão é saber se há diferenças linguísticas sensíveis entre um centro urbano, um sub-urbano, um rural, além de uma diversificação interna em cada um deles. Assim, um levantamento minucioso da realidade linguística do português do Brasil pressupõe, como base prévia indispensável, a investigação dos indivíduos que compõem o país, caracterizado, como se assinalou, como um espaço de contrastes polarizado, tanto no plano geográfico quanto no plano socioeconômico, planos em que os contrastes mais se evidenciam.

NOTAS

[1] A primeira grande onda de lusofonização teria ocorrido no século XVIII, com o enorme afluxo de portugueses atraídos pela descoberta de ouro e pedras preciosas em Minas Gerais (Lucchesi, 2006).

[2] Para uma análise sócio-histórica do impacto linguístico da maciça presença de portugueses na cidade do Rio de Janeiro, no século XIX, veja-se Callou e Avelar (2002).

[3] Nina Rodrigues (2004 [1933]) registra, no final do século XIX, o uso de seis línguas africanas nos bairros populares de Salvador, com predomínio do iorubá. Essa situação deve ter-se prolongado até o início do século XX, quando essas línguas desapareceram na sociedade baiana, conservando-se, na atualidade, apenas um código restrito de base iorubá, que é utilizado como língua ritual nas cerimônias do candomblé.

[4] Não há dados estatísticos oficiais sobre a proporção dos falantes dessas línguas na população total do país.

[5] Fonte: IBGE, Censo de 1940.

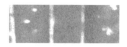

O SISTEMA EDUCACIONAL NO SEMIÁRIDO BAIANO OITOCENTISTA E NOTAS SOBRE A ESCOLARIZAÇÃO NO PERÍODO REPUBLICANO FEIRENSE E DA REGIÃO SISALEIRA

Zenaide de Oliveira Novais Carneiro
Mariana Fagundes de Oliveira Lacerda
Norma Lucia Fernandes de Almeida
Huda da Silva Santiago

SUMÁRIO

INTRODUÇÃO 280

ASPECTOS HISTÓRICO-DEMOGRÁFICOS
DO SEMIÁRIDO BAIANO 280

O SISTEMA EDUCACIONAL NO SEMIÁRIDO BAIANO NO PERÍODO
IMPERIAL (1822-1889) 283
    Escolas públicas de primeiras letras 283
    Consequências linguísticas 301

NOTAS SOBRE A ESCOLARIZAÇÃO NO INTERIOR
DA BAHIA REPUBLICANA (A PARTIR DE 1889) 304
    A estruturação escolar em Feira de Santana 304
        O processo acelerado de urbanização 304
        A democratização da escola 307
    Espaços extraescolares de aprendizagem: Riachão do Jacuípe, Conceição
    do Coité e Ichu (região sisaleira) 308
        Em busca de pistas sobre o processo
        de aprendizagem da escrita 309
        Sobre os processos de letramento:
        a casa, a religião, o processo de migração 310

CONSIDERAÇÕES FINAIS 314

APÊNDICE 321

INTRODUÇÃO

Este capítulo – que segue a proposta de Mattos e Silva (1995, 2002, 2004a) sobre a articulação de aspectos demográficos com o processo de escolarização, para um melhor entendimento da constituição histórica do português brasileiro (PB) –[1] tem por objetivo principal recuar ao século XIX (decisivo para a história da escolarização no Brasil) e descrever o sistema educacional no interior ou semiárido baiano,[2] a partir de documentos não literários. Apresentaremos a implementação das escolas, principalmente as de primeiras letras, no período imperial e suas implicações linguísticas.

As fontes utilizadas neste estudo foram as seguintes:

a. Relatórios e falas de presidentes de província e mapas de alunos, sob a guarda do Arquivo Público da Bahia (APEB);
b. Coleção de leis e resoluções da Assembleia Legislativa da Bahia e os atos do Governo da província, de 1835 a 1889, também do APEB;[3]
c. Relatórios de Governo das províncias do Brasil;[4]
d. Dados demográficos de fontes diversas, incluindo os dados da região do semiárido baiano do Censo de 1872 e o recenseamento de 1875.

Consideramos, ainda, o testemunho de um funcionário da polícia, Durval Vieira de Aguiar, sobre o estado das escolas baianas em 1882, publicado, originalmente, no *Diário da Bahia*.[5]

Para além dos dados sobre a escolarização no interior baiano oitocentista, que é o nosso foco principal – haja vista que a organização da instrução pública, controlada pelo Estado, inicia-se, formalmente, no primeiro quartel do século XIX, com a fundação de escolas de primeiras letras nas localidades mais populosas do Império –,[6] apresentamos notas sobre a escolarização na região, no período republicano: a democratização da escola em Feira de Santana e espaços extraescolares de aprendizagem em Riachão do Jacuípe, Conceição do Coité e Ichu (região sisaleira).

ASPECTOS HISTÓRICO-DEMOGRÁFICOS DO SEMIÁRIDO BAIANO

O semiárido baiano – cujas fronteiras começam a ser estabelecidas a partir de 1640 e englobam, atualmente, 62% dos municípios do estado, a maior parte, portanto, de suas regiões econômicas –[7] apresenta uma ocupação luso-brasileira característica do período colonial, marcado por amplo contato do português com línguas indígenas e africanas.

Na Bahia colonial, o processo de expansão do povoamento e a criação de vilas na Bahia deram-se de modo pouco uniforme. O padrão apresentado por Silva et al. (1993: 94-97) destaca três características desse processo, que ocorreu, inicialmente, a partir das entradas baianas:[8] i) um povoamento no nordeste da capitania, com tendência à linearidade (devido às rotas de boiadas e das tropas); ii) uma grande dispersão, com vilas localizadas em pontos de interseção das estradas que serviam de rotas para o gado, ouro etc.; iii) um grande número de estradas nas áreas de pecuária e mineração, ambas no sertão.

As entradas baianas foram motivadas pela busca de metais preciosos, pela expansão pecuária exigida pela também expansão da economia açucareira e pela expulsão ou extinção dos índios ou o seu aldeamento pelos jesuítas, franciscanos e capuchinhos; tais aldeamentos transformaram-se, posteriormente, em lugares e vilas,[9] aí onde se acha, também, o processo de urbanização do interior da Bahia.

Admitindo-se que, na área de pecuária, havia uma baixa concentração populacional, pergunta-se se tais diferenças não geraram implicações importantes no que concerne ao contato linguístico que ocorreu entre os europeus (principalmente os portugueses) e seus descendentes (indígenas, escravos africanos e brasileiros mestiços de modo geral). Um fato relevante é que o processo de constituição histórico-demográfica da população não autóctone deu-se de forma bastante diferenciada nas áreas de pecuária e mineração; essas diferenças se notam não somente na própria região semiárida, mas entre essa e outras regiões da Bahia, principalmente a região do Recôncavo, onde houve grande concentração de escravos africanos e seus descendentes, em decorrência de ser uma reconhecida área de *plantation*.

Na Chapada Diamantina, houve, por exemplo, durante o século XVIII, um razoável contingente de escravos africanos; na zona de pecuária, por outro lado, esse número era bastante reduzido, apesar da criação de novas vilas nesse período. Atribui-se isso ao fato de que as fazendas de gado, principal atividade econômica dessas regiões, não necessitavam de um grande número de escravos. Tal fato leva a crer que, pelo menos no que se refere ao alto sertão, as condições de contato linguístico não tenham sido propícias à formação de língua crioula. Além disso, o contato interétnico parece ter-se caracterizado por algum grau de intimidade, favorecendo, muitas vezes, a relação de compadrio. Segundo Neves (1996: 38), *"o trabalho compulsório desenvolveu-se no Alto Sertão baiano, simultânea e articuladamente com a meação, confundindo-se choupanas de agregados e casebres de escravos"*.

Para Santos (2010: 403), a ocupação luso-brasileira nos sertões "*foi marcada por reversões, lacunas e descontinuidades*". Sujeita a grupos dominantes, estava a chamada "gente miúda", isto é, curraleiros, pequenos proprietários de lavouras de subsistência, mestiços livres e pobres, escravos índios e escravos negros; nas zonas de indefinição do sistema territorial, no limiar entre o território luso-brasileiro e os espaços exteriores, estavam os chamados "fora da lei", isto é, "quilombolas, índios fugidos e luso-brasileiros perseguidos pela justiça régia". Do outro lado das fronteiras territoriais, mantinham-se "*as dezenas e mesmo centenas de povos indígenas que os documentos coloniais reuniram sob a denominação de gentio bárbaro, uma diversificada população ameríndia milenar*". A ocupação dos sertões – distinta da ocupação do litoral, de domínio português – teria sido feita por brasileiros, na visão de Freire (1998 [1897]).

Esse cenário, em si, representa um contexto que não poderia ser outro senão aquele no qual foi constituído, em longo processo histórico, o português falado em sua origem, como segunda língua e que aí se instalou ou foi gestado, resultante de amplo contato linguístico; parece, portanto, provável considerar que se tenha fixado, nessa região, o chamado português popular, que, "*adquirido na oralidade e em situações de aquisição imperfeita*", seria, para Mattos e Silva (2001: 298-299), difundido pelo Brasil, "*sobretudo pela maciça presença africana e dos afrodescendentes, que perfizeram uma média de mais de 60% da população por todo o período colonial*". Para Carneiro e Almeida (2006), a população de origem africana pode ter exercido um maior papel no sertão baiano, quando parte do contingente de escravos e seus descendentes – tanto a que trabalhou nas minas quanto a que trabalhou no Recôncavo – passa a migrar para a zona de pecuária, no século XIX, período em que o semiárido baiano é mais densamente repovoado.

Carneiro e Almeida (2006) levantaram alguns vetores que nortearam a composição dos *corpora*, tanto orais quanto escritos, refletindo, em linhas gerais, a dinâmica do contato linguístico ocorrido no sertão baiano. Os contextos históricos resumidos pelas autoras são esses:

a. Séculos XVII e XVIII: aldeamentos, vilas e núcleos quilombolas;[10]
b. Séculos XVIII e XIX: criação de novas vilas a partir de aldeamentos e expansão de vilas.
c. Século XX, antes e depois da década de 40: expansão acentuada das nucleações, crescimentos de núcleos urbanos, migração acentuada para zonas urbanas.[11]

Mattos e Silva (2009: 10-11), ao discutir os meios para a reconstrução histórico-diacrônica do PB, a partir de uma visão que inclui, pelo menos, duas origens distintas – português culto *versus* português popular –,[12] defende que os caminhos são distintos; enquanto aquele, para a autora, poderá ser recuperado *"pela via tradicional desse tipo de trabalho para as línguas que estão representadas pela escrita, ou seja, pelo escrutínio das fontes documentais remanescentes"*, o percurso para a reconstrução do passado do *português brasileiro popular/falado* seria um *"percurso análogo, mutatis mutandis e modus in rebus, ao da reconstrução do chamado 'latim vulgar'"* (2009: 14).

O SISTEMA EDUCACIONAL NO SEMIÁRIDO BAIANO NO PERÍODO IMPERIAL (1822-1889)

Escolas públicas de primeiras letras

O interior da Bahia, pode-se afirmar, conheceu a escolarização formal no século XIX,[13] quando foi criada, em 1824, a lei imperial que determinou a fundação de escolas de primeiras letras nas localidades mais populosas do Império; antes disso, a educação nessa região esteve confiada – como no geral do Brasil – ao clero secular (até 1759).[14, 15]

Não havia, em 1828, escolas nacionais no semiárido baiano, segundo Rabello (1929: 149; 153-155)[16] e Nunes (2006: 690); aparecem apenas algumas poucas escolas particulares em algumas vilas, como a Vila de Itapicuru de Cima, Pombal, Soure, Mirandela, Jeremoabo, Monte Santo, Arraial de Santo Antonio das Queimadas, e no julgado de Tucano. E somente as regiões limítrofes – Inhambupe, Aporá, Alagoinhas – possuíam Escola Nacional (Rabello, 1929, 2006). As Aulas Maiores foram criadas em 1831 e aconteciam em cinco comarcas da província, de acordo com Almeida (1889: 63). Desse modo, não se justifica, a princípio, um recuo, para o século XVIII, do estudo de escolas formais na região.[17] Essa realidade nos leva a supor a existência de aulas ministradas pelos chamados professores régios e também nos espaços domésticos em fins do século XVIII, prática ainda encontrada nos fins do século XX, como veremos no subitem "Espaços extraescolares de aprendizagem: Riachão do Jacuípe, Conceição do Coité e Ichu (região sisaleira)". Foi criada, em Rio de Contas, uma cadeira régia de Gramática Latina, em 1799, e de Química e Gabinete Mineralógico, em 1817, uma situação certamente favorecida pela mineração, distinguindo-se da realidade de outras regiões do interior da Bahia.

Há relatos, em Santos Filho (1956: 38), com base no *Livro do gado* e no *Livro de razão* (XVIII-XIX), da entrada na escola de um senhor rural da região de Brumado, próxima a Rio de Contas (Lacerda e Carneiro, 2016),[18] a saber: "*Entrarão na escola de Tomas José da Costa Inocencio e Alexe. em 23 de Janro. De 1802*". Inocêncio, então com 7 anos, estava acompanhado do primo de nome Alexandre de Sousa Pôrto, tendo Antonio Pinheiro Pinto custeado o estudo de ambos.[19]

Podemos dividir o período imperial na Bahia, em duas vias concomitantes, a partir de uma origem comum, a saber:[20]

a. Fundação de colégios para meninos,[21] aulas primárias e avulsas, seminários, cursos superiores de Teologia, Artes e Matemáticas e o envio dos alunos mais abastados para a Universidade de Coimbra;[22]
b. Aldeamentos e aculturação dos indígenas sobreviventes entre os que não conseguiram recuar rumo ao interior do país (Carneiro e Lacerda, 2017).

A partir da relação apresentada por Almeida (1889: 67-69), em que discrimina todas as localidades com escolas de primeiras letras e as cadeiras de Latim em toda a província da Bahia, no período imperial, e da lista de escolas[23] dada por Rabelo (1929, apud Nunes, 2003), fizemos um levantamento das leis e resoluções referentes à criação de escolas nas localidades indicadas, a fim de avaliarmos o desenvolvimento do sistema educacional no interior baiano, no qual ficou evidenciado que houve, de fato, a implantação dessas e de outras escolas durante todo o século XIX; nem todas, entretanto, funcionavam a contento. O próprio Almeida diz que muitas não foram instaladas de imediato, devido, principalmente, à falta de instrutores.[24] Esse problema e outros foram comuns. Em uma consulta assistemática a 4.117 atos do Governo da província (1838-1889) – 30% dos atos arrolados pelo APEB –, vimos que, apesar de haver, posteriormente, um acréscimo das contratações de professores, havia um grande fluxo de transferências, às vezes de um extremo a outro da Bahia, o que demonstra os problemas na fixação dos mesmos nas escolas, conforme exemplificado a seguir:

- Ato de 19 de maio de 1868. Nomeação de Manuel Eloy da Silva Pontes para ensinar primeiras letras nos aprendizes menores do Arsenal de Guerra (APEB. Seção de Arquivo Colonial e Provincial. Maço 985. 1ª Seção, 1868, 18).

- Ato de 28 de julho de 1870. Aprova a nomeação de Teodorico Garcia de Carvalho para substituto da cadeira primária da freguesia do Bom Conselho de Jeremoabo (APEB. Seção de Arquivo Colonial e Provincial. Maço 992. 1ª Seção, 1870, p. 190).
- Ato de 18 de julho de 1873. Remove as professoras: d. Rosa Florencia de Carvalho Mata, da 2ª cadeira de 3ª classe da freguesia da Penha, para a de Santo Antonio além do Carmo; d. Felismina Higina Rosa, da cadeira de 2ª classe da cidade de Nazaré, para a de 3ª da freguesia da Penha; d. Maria Anisia Falcão, da cadeira de 2ª classe da cidade de Caetité, para a da cidade de Nazaré e d. Candida Maria Maineto, da cadeira de 1ª classe da vila do Tucano, para a de 2ª da cidade de Caetité (APEB. Seção de Arquivo Colonial e Provincial. Maço 1003, 1873, 1ª Seção, p. 172).
- Ato de 4 de maio de 1864. Concede a remoção pedida pelo professor primário de Cairu, Domingos Gomes d'Oliveira para a freguesia de Santo Antonio das Queimadas (APEB. Seção de Arquivo Colonial e Provincial. Maço 975. 1ª Seção, 1864, p. 208).
- Ato de 10 de abril de 1874. Concede a d. Ermelina Longuinho de Souza, professora vitalícia da cadeira de 1ª classe da vila de Santa Isabel do Paraguaçu, remoção para a de igual categoria da freguesia da Vila Velha do Rio de Contas, criada pela Lei nº 1.225 de 3 de junho de 1872 (APEB. Seção de Arquivo Colonial e Provincial. Maço 1003, 1873, p. 125)

As leis de criação excedem ao período considerado por Rabelo; por esse motivo, muitas localidades, onde posteriormente foram criadas escolas, ficaram de fora, a exemplo de Barra do Rio Grande:

> Lei nº 1.322 de 18 de junho de 1873 (Criando duas cadeiras de ensino primário para o sexo feminino, uma na vila do Campo Largo, e outra na de Santa Rita do Rio Preto; e cinco para o sexo masculino, sendo uma no arraial do Brejo Grande, outra no do Boqueirão, ambos do município do Campo Largo, outra no arraial do Boqueirão, outra no do Icatu e outra no de Porto Alegre do município da vila da Barra do Rio Grande (p.115/6).

O Quadro 1, a seguir, mostra a criação e funcionamento das escolas públicas de primeiras letras no interior da Bahia:[25]

Quadro 1 – Aulas na província da Bahia na região do semiárido baiano (1808-1840), as resoluções da Assembleia Legislativa da Bahia e os atos dos presidentes da província posteriores a esse período (1835-1889)

Localidades onde foram instaladas escolas primárias	Data da Fundação	APEB. Leis e Resoluções da Assembleia Legislativa da Bahia (1835 e 1889, grifos nossos)
Água Fria		Lei n° 1.490 de 29 de maio de 1875 (Criando uma cadeira de instrução primária para o sexo masculino na povoação d'Água Fria, termo da Purificação, p.60/1).
Arraial Capela de Santana da Serrinha		Lei n° 13 de 2 de junho de 1835 (Criando uma Escola de primeiras letras no Arraial da Capela de Santana da Serrinha, p.36/7). Volume 1. Resolução n° 2.588 de 18 de junho de 1888 (Criando cadeiras nos arraias da Pedra, termo de Serrinha, Boqueirão e Tapera, termo de Amargosa, p.23/4).
Arraial da Gameleira		Lei n° 2.121 de 26 de agosto de 1880 (Criando cadeiras na vila do Riacho de Santana, na povoação de São Francisco do Paraguaçu, no arraial da Jibóia, na povoação da Gameleira, na freguesia de Passé, na povoação da Ponta de Nossa Senhora, na povoação do Brejo da Serra e na povoação de S. José das Canastras, p.302-4).
Arraial da Lagoa Clara		- (Comarca de Jacobina).
Arraial da Saúde		- (Comarca de Jacobina).
Arraial da Volta		- (Comarca de Jacobina).
Arraial de Bom Jesus (Rio de Contas)	16/6/1832	Lei n° 2.686 de 10 de julho de 1889 (Criando uma cadeira mista no arraial do Bom Jesus, p.130/1).
Arraial de Brejinho		Lei n° 1.547 de 22 de junho de 1875 (Criando uma cadeira de instrução primária para o sexo masculino no arraial do Brejinho, termo do Urubu, p. 150/1).
Arraial de Cajueiro		- (Comarca de Jacobina).
Arraial de Catolés		Resolução n° 2.587 de 11 de junho de 1888 (Criando cadeiras do ensino primário nos arraiais de Captou e Bonito, no de Beija-Flor, Boqueirão da Parreira e Boqueirão do Riacho de Santana, comarca de Monte-Alto, nas povoações de Matarandiba, termo de Jaguaripe, e Maragogipinho, termo de Nazaré, p. 21-3).
Arraial de Figuras		- (Comarca de Jacobina)
Arraial de Furna		Lei n° 1.543 de 18 de junho de 1875 (Criando uma cadeira de instrução primária para o sexo feminino no arraial da Furna, de Minas do Rio de Contas, p.144/5).

Arraial [ou Vila] de Juazeiro	16/6/1832	Lei n° 469 de 25 de abril de 1853 (Criando uma cadeira de ensino primário para o sexo feminino na vila do Juazeiro, comarca de Sento Sé, p.27/8). Volume VII. Resolução n° 535 de 30 de abril de 1855 (Criando uma cadeira de primeiras letras para meninos na povoação do Salitre termo de Juazeiro, p.42/3). Volume VIII.
Arraial de Mato Grosso		- (Comarca de Jacobina).
Arraial de Montes Altos		- (Comarca de Jacobina) "Capela de Bom Jesus da Boa Morte".
Arraial de Montes Altos		- (Comarca de Jacobina) "Capela Nossa Senhora Mãe dos Homens".
Arraial de Santa Rita [do Rio Preto?]		Lei n° 1.322 de 18 de junho de 1873 (Criando duas cadeiras de ensino primário para o sexo feminino, uma na vila do Campo Largo, e outra na de Santa Rita do Rio Preto; e cinco para o sexo masculino, sendo uma no arraial do Brejo Grande, outra no do Boqueirão, ambos do município do Campo Largo, outra no arraial do Boqueirão, outra no do Icatu e outra no de Porto Alegre do município da vila da Barra do Rio Grande, p. 115/6).
Arraial do Bom Jesus		- "Comarca de Jacobina".
Arraial do Boqueirão da Parreira		Lei n° 1.341 de 3 de julho de 1873 (Criando uma cadeira de ensino primário para o sexo masculino na povoação de Boqueirão das Parreiras, no termo da vila de Monte Alto, (p. 171/2). Resolução n° 2.587 de 11 de junho de 1888 (Criando cadeiras do ensino primário nos arraiais de Catulé e Bonito, no de Beija-Flor, Boqueirão das Parreiras e Boqueirão do Riacho de Santana, comarca de Monte-Alto, nas povoações de Matarandiba, termo de Jaguaripe, e Maragogipinho, termo de Nazaré, p. 21-3).
Arraial do Morro Fogo		Lei n° 1.488 de 29 de maio de 1875 (Criando duas cadeiras de instrução primária na freguesia do Morro do Fogo, termo de Minas do Rio de Contas e no arraial do Bom Jesus da Lapa, termo de Urubu, p. 57/8).
Arraial dos Remédios		Resolução n° 555 de 5 de junho de 1855 (Criando duas cadeiras de primeiras letras para meninos no Arraial de Nossa Senhora dos Remédios do Campestre da freguesia do Senhor do Bom Jesus da Vila de Rio de Contas, p.84/5). Volume VIII.
Arraial Parateca		- (Comarca de Jacobina)

Arraial S. Antonio Queimadas		Resolução nº 1.855 de 17 de setembro de 1878 restabelecendo a cadeira primária do sexo masculino da freguesia de Santo Antonio das Queimadas (p. 134/5).
		Lei nº 2.260 de 9 de agosto de 1881 (Criando uma cadeira na freguesia de Santo Antonio das Queimadas, da comarca da Vila Nova da Rainha e outra no arraial da Missão do Sahy, p. 233/4).
Camisão	16/6/1832	Resolução nº 571 de 30 de junho de 1855 (Criando uma cadeira de primeiras letras para meninos na povoação de Serra Preta, Freguesia da Comisão, p.117/8). Volume VIII.
		Resolução nº 1.297 de 14 de maio de 1873 (Coordenando que a cadeira de instrução primária, criada na vila do Camisão pelo art. 1º da lei nº 1.263 de 21 de março de 1873, seja para o sexo feminino e não para o masculino, como está na referida lei, p. 68/9).
		Lei nº 1.263 de 21 de março de 1873 (Criando três cadeiras de instrução primária para o sexo masculino, sendo uma na freguesia do Riachão do Jacuípe, outra na vila do Camisão e a terceira na freguesia de Massacará, termo de Monte Santo, p. 15/6).
		Resolução nº 571 de 30 de junho de 1855 (Criando uma cadeira de primeiras letras para meninos na povoação de Serra Preta, Freguesia da Comissão, p. 117/8).
Conde		Lei nº 1.553 de 25 de junho de 1875 (Criando uma cadeira de instrução primária para o sexo masculino no arraial do Timbó, termo do Conde, p. 159/160).
Itapicuru de Cima	1801	Lei nº 1.296 de 14 de maio de 1873 (Criando uma escola primária para o sexo feminino na vila do Itapicuru, p. 67/8).
		Lei nº 1.996 de 6 de julho de 1880 (Criando duas cadeiras para o sexo masculino nos arraiais de Areias, da freguesia do Barracão e dos Nambis, do termo do Itapicuru, p. 70/1).
		Lei nº 2.003 de 14 de julho de 1880 criando uma cadeira para o sexo masculino na povoação denominada Sambaíba, da freguesia do Itapicuru, p. 82/3.
		Lei nº 2.261, de 9 de agosto de 1881 (Criando três cadeiras, sendo uma no arraial de S. Francisco, da freguesia de Nossa Senhora da Oliveira dos Campinhos; outra na povoação de Catingas, termo do Brejo Grande, e a outra no arraial do Mocambo, termo do Itapicuru, p. 234/5).
Jacobina*	Fundação antiga	Resolução nº 259 de 15 de abril de 1847 (Criando uma cadeira de primeiras letras pelo método simultâneo para meninas da Vila de Santo Antonio da Jacobina, p. 329/30). Volume IV.
		Resolução nº 1.289 de 10 de maio de 1873 restabelecendo a cadeira pública de instrução primária do sexo masculino na sede da freguesia de Nossa Sra. da Saúde do município da vila da Jacobina (p. 57/8).

Julgado de Jeremoabo	16/6/1832	Lei n° 1.395 de 04 de maio de 1874 (Criando uma cadeira de primeiras letras para o sexo feminino na freguesia de Nossa Senhora do Patrocínio de Coité, no termo de Jeremoabo, p. 95/6). Lei n° 1.505 de 4 de junho de 1875 (Criando uma cadeira de instrução primária para o sexo feminino na freguesia de Nossa Senhora da Conceição do Coité, p. 77/8). Lei n° 2.127 de 27 de agosto de 1880 (Criando uma cadeira na freguesia de Santo Antonio da Glória, termo de Jeremoabo, p. 311/2).
Julgado de Tiúba		- (Comarca de Jacobina).
Julgado de Tucano	16/6/1832	Lei n° 1.387 de 04 de maio de 1874 (Criando uma cadeira de instrução primária para meninos na Povoação de S. Francisco de Paraguassú, termo de Cachoeira, e outra no Raso, termo de Tucano, p. 79/80).
Mirandela* (particular)	16/6/1832	-
Missão do Saí		Lei n° 2.260 de 9 de agosto de 1881 (Criando uma cadeira na freguesia de Santo Antonio das Queimadas, da comarca da Vila Nova da Rainha e outra no arraial da Missão do Sahy, p. 233/4).
Monte Santo	1838	Lei n° 1.263 de 21 de março de 1873 (Criando três cadeiras de instrução primária para o sexo masculino, sendo uma na freguesia do Riachão do Jacuípe, outra na vila do Camisão e a terceira na freguesia de Massacará, termo de Monte Santo, p. 15/6). Lei n° 1.323 de 18 de junho de 1873 (Criando duas cadeiras de instrução primária para o sexo feminino, sendo uma no curato do Rio Vermelho, município da capital e outra na vila de Monte Santo, p. 117/8). Lei n° 1.608 de 13 de junho de 1876 (Criando uma cadeira de instrução primária para o sexo masculino na Capela do Uauá, pertencente à freguesia do Monte Santo, p. 46/7). Lei n° 1.965 de 11 de junho de 1880 (Criando no arraial do Cumbe uma cadeira de primeiras letras para o sexo masculino, p. 26/7). Resolução n° 2.197 de 8 de julho de 1881 (Suprimindo a cadeira de primeiras letras do arraial de Massacará, p. 102/3). Lei n° 2.238 de 6 de agosto de 1881 (Criando uma cadeira no arraial de Santo Antonio dos Canudos, p. 194/5).
Montes do Boqueirão		Lei n° 1.322 de 18 de junho de 1873 (Criando duas cadeiras de ensino primário para o sexo feminino, uma na vila do Campo Largo, e outra na de Santa Rita do Rio Preto; e cinco para o sexo masculino, sendo uma no arraial do Brejo Grande, outra no do Boqueirão, ambos do município do Campo Largo, outra no arraial do Boqueirão, outra no do Icatu e outra no de Porto Alegre do município da vila da Barra do Rio Grande, p. 115/6).

N. S. do Livramento de Rio de Contas*	16/6/1832	Lei nº 117 de 26 de março de 1840 (Criando cadeiras de primeiras letras na Comarca do Rio de Contas, p.103/4). Volume I.
		Resolução nº 182 de 22 de março de 1843 (Autorizando ao governo a conceder a Jeronymo José das Neves Júnior, professor de Latim na Vila de Minas do Rio de Contas três meses de licença, p.130/1). Volume IV.
		Resolução nº 555 de 5 de junho de 1855 (Criando duas cadeiras de primeiras letras para meninos no Arraial de Nossa Senhora dos Remédios do Campestre freguesia do Senhor do Bom Jesus da Vila de Rio de Contas, p. 84/5).
		Lei nº 1.225 de 3 de junho de 1872 (Criando uma cadeira de instrução pública no arraial da Vila Velha, município do Rio de Contas, p. 103/4).
		Lei nº 1.304 de 15 de maio de 1873 (Criando duas cadeiras do ensino primário para o sexo masculino, sendo uma no arraial de Catolés e outra no do Paramirim no município de Minas do Rio de Contas, p. 79/80).
		Lei nº 1.416 de 07 de maio de 1874 (Criando uma cadeira de primeiras letras para o sexo feminino no Arraial da Chapada Velha do termo dos Lençóis, p. 139/40).
		Lei nº 1.417 de 07 de maio de 1874 (Criando duas cadeiras no lugar denominado Estiva e outra no lugar denominado Campestre do termo de Lençóis, p. 141/2).
		Lei nº 2.068 de 11 de agosto de 1880 (Criando diversas cadeiras, sendo uma para o sexo masculino na povoação das Tabocas e outra na povoação do Cedro, do termo de Minas do Rio de Contas; uma para o sexo masculino e outra para o feminino na povoação de S. Miguel, do termo de Santana do Catu e uma para o sexo feminino na freguesia de N. Sra. do Amparo, do termo de Pombal, p. 183/4).
		Lei nº 2.172 de 18 de junho de 1881 (Criando duas cadeiras na povoação da Tapera do Lima, termo do Itapicuru e na povoação do Gravatá, termo de Minas do Rio de Contas, p. 54/5).
		Resolução nº 2.242 de 6 de agosto de 1881 (Criando uma cadeira de primeiras letras no arraial de Paramirim, em Minas do Rio de Contas, p. 202).
		Resolução nº 2.265 de 9 de agosto de 1881 (Criando uma cadeira na povoação de Bom Sucesso, do termo de Bom Jesus do Rio de Contas, p. 241/2).
		Resolução nº 2.593 de 21 de junho de 1888 (Criando uma cadeira de ensino primário no arraial do Cochó, termo da cidade dos Lençóis, p. 32/3).
Pambu		Lei nº 1.636 de 14 de julho de 1876 (Criando três cadeiras primárias para o sexo masculino, uma na vila do Pambu, outra no arraial do Chorrochó, e outra no lugar denominado Pé da Serra, p. 131/2).

Pombal	16/6/1832	Ato do Governo da Província de 29 de outubro de 1861 restabelecendo a cadeira de primeiras letras da Vila do Pombal (p.93). Coleção de Regulamento, parte II. Lei n° 1.208 de 16 de maio de 1872 (Criando uma escola primária na vila do Pombal, p. 72/3). Lei n° 2.068 de 11 de agosto de 1880 (Criando diversas cadeiras, sendo uma para o sexo masculino na povoação das Tabocas e outra na povoação do Cedro, do termo de Minas do Rio de Contas; uma para o sexo masculino e outra para o feminino na povoação de S. Miguel, do termo de Santana do Catú, e uma para o sexo feminino na freguesia de N. Sra. do Amparo, do termo de Pombal, p. 183/4).
Santo Sé		- (Comarca de Jacobina)
Soure* (particular)	16/6/1832	-
Urubu de Cima* (particular)		Lei n° 793 de 13 de julho de 1859 (Criando diversas cadeiras primárias para meninos, duas nos arraiais do Bom Jesus, Santa Luiza do Barracão, município de Caetité, comarca do mesmo nome, três nos arriais da Malhada, município de Carinhanha e do Bom Jesus da Lapa, termo do Urubu, uma de meninas na comercial vila dos Lençóis da comarca do Rio de Contas, p. 135/6). Volume XIII.
Vila de Feira de Santana*		Resolução n° 486 de 6 de junho de 1853 (Criando uma cadeira de Latim na vila da Feira de Santana, p.62/3). Volume VII. Lei n° 788 de 8 de julho de 1859 (Criando uma cadeira de primeiras letras para meninos no arraial do Bom Despacho, termo da vila da Feira de Santana, p. 125/6). Volume XII. Resolução n° 572 de 30 de junho de 1855 (Igualando o ordenado do professor de primeiras letras da Feira de Santana, ao do professor do mesmo ensino da cidade de Nazaré, p. 119/20). Lei n° 1.498 de 2 de junho de 1875 (Criando uma cadeira de instrução primária para o sexo masculino no arraial do Limoeiro, termo da Feira de Santana, p. 69/70). Lei n° 1.803 de 10 de julho de 1878 (Criando uma cadeira de instrução primária para o sexo feminino na freguesia de N. Sra. dos Humildes do termo da cidade de Feira de Santana, p. 4-6). Resolução n° 2.413, de 29 de julho de 1883 (Concedendo sete loterias para obras de diversas igrejas e fundação de uma biblioteca popular na Feira de Santana, p.178/9).
Vila de Macaúbas		Lei n° 1.529 de 17 de junho de 1875 (Criando uma cadeira de instrução primária para o sexo feminino na sede da Vila de Macaúbas, p. 127/8).
Vila Nova da Rainha (Senhor do Bonfim)	-	Lei n° 1.578 de 30 de junho de 1875 (Criando uma cadeira para o sexo masculino no arraial de Bananeiras, termo da Vila Nova da Rainha, p. 281/2).

Vila Nova do Príncipe (Caitité)*		Resolução nº 474 de 7 de maio de 1853 (Restabelecendo a cadeira de Latim da Vila de Caetité, p. 38/9). Volume VII.
		Resolução nº 528 de 30 de abril de 1855 (Criando uma cadeira de primeiras letras para o sexo masculino no Arraial de Canabrava das Cadeiras termo de Caetité, p. 27/8). Volume VIII.
		Lei nº 1.285 de 6 de maio de 1873 (Criando duas cadeiras para instrução primária do sexo masculino, sendo uma na povoação do Bonito, e outra na povoação de S. Sebastião, ambas no termo de Caetité, p. 50/1).
		Lei nº 1.598 de 30 de maio de 1876 (Criando cadeira de instrução primária para o sexo masculino na povoação das duas Barras, município de Caetité, p. 23/4).
		Lei nº 2.063 de 6 de agosto de 1880 (Criando mais uma cadeira do sexo masculino na cidade de Caetité, p. 175/6).
		Resolução nº 2.586 de 11 de junho de 1888 (Criando desde já duas cadeiras do sexo feminino, sendo uma na freguesia de S. Sebastião do Caetité e outra na de Canabrava, p. 20/1).
Xique-Xique* (particular)	16/6/1832	Lei nº 1.467 de 3 de abril de 1875 (Criando duas cadeiras para o sexo feminino, uma na povoação de Xique-Xique, termo de Santa Isabel do Paraguaçu, e outra na povoação da Ilha do Senhor Bom Jesus dos Passos, da freguesia da Madre de Deus do Boqueirão; e uma para o sexo masculino na referida povoação de Xique-Xique, p. 29/30).
		Lei nº 2.309 de 15 de junho de 1882(Criando três cadeiras de instrução primária do sexo masculino, sendo uma para o povoado do Banco d'Areia, outra no povoado do Bromado, ambas no Xique-Xique, e na povoação do Pau a Pique, no termo do Remanso, p. 47/8).

* = cadeira pública de Latim ou particular

Fonte: Leis e resoluções da Assembleia Legislativa da Bahia; atos do Governo da província (1835-1889); Almeida (2000 [1889]: 68 e 69) e Rabelo (1929: 5-235, apud Nunes, 2003: 276-178).

É interessante dizer que o número de escolas primárias na Bahia cresceu muito nos anos subsequentes. Em 1875, o número de escolas públicas passou para 428, além de mais 26 particulares; um número muito maior do que foi contabilizado, anteriormente, por Almeida (1889: 80), por exemplo, para todo o Império, que tinha, 35 anos antes, apenas 441 escolas. Também o diretor geral da instrução pública da Bahia, Dr. Eduardo Freire de Carvalho, em relatório ao presidente de província, de 1º de março de 1877, diz que a Bahia contava, nesse período, com 460 escolas primárias – 310 para meninos e 150 para meninas – frequentadas por 13.001 meninos e 5.206 meninas (Nunes, 1997: 189).

A despeito do aumento de escolas, o percentual de letrados no Brasil e na Bahia ainda é baixo em fins do século xix, conforme Ferreira (1875, apud Nunes, 2003) e Novais e Alencastro (1997):

Quadro 2 – Distribuição do índice de alfabetizados nas províncias, em fins do século XIX

Províncias	Dados de Ferreira (1892: 15) colhidos em 1874 Índice de Alfabetizados	Dados de Novais e Alencastro (1997: 474-475) da população livre que sabe ler e escrever, com base no censo de 1872 Livres	Instruídos	Índice de Alfabetizados
Alagoas	13,41	312, 268	41,860	13,4
Amazonas	13,44	56.631	7.613	13,4
Bahia	20,19	1.211.792	249.072	20,6
Ceará	11,53	689.773	79.560	11,5
Espírito Santo	16,36	59.478	9.732	16,4
Goiás	15,13	149.743	22.656	15,1
Maranhão	24,14	284.101	68.571	24,1
Mato Grosso	20,31	45.851	9.721	21,2
Minas Gerais	13,51	1.669.276	224.539	13,5
Município Neutro	43,87	-	-	-
Pará	24,55	247.779	60.395	24,4
Paraíba	11,53	354.700	41.212	11,6
Paraná	27,39	116.162	31.816	27,4
Pernambuco	19,58	746.753	146.663	19,6
Piauí	15,56	178.427	27.770	16,5
Rio de Janeiro	32,49	716.120	213.756	29,8
Rio Grande do Norte	18,02	220.959	39.822	18,0
Rio Grande do Sul	25,97	367.022	95.303	26,0
Santa Catarina	15,14	144.818	21.926	15,1
São Paulo	20,72	680.742	141.067	20,7
Sergipe	18,64	153.620	29.138	19,0
Total	18,98			18,82

Fonte: Adaptado de Ferreira (1892: 115) e Novais e Alencastro (1997: 474-475).

Destacam-se, inicialmente, o Rio de Janeiro, Paraná, Rio Grande do Sul, Pará, Maranhão, Mato Grosso e São Paulo, com os maiores índices, e o Ceará, com o menor. A Bahia, com aproximadamente 20%, aparece levemente acima da média nacional, que era de 18,82%. Esses percentuais mostram também o altíssimo percentual de iletrados na população brasileira do período, algo em torno de 81,08%. Esses números estão de acordo com o que é dado por outros autores para fins do século XIX e início do XX (Houaiss, 1985: 137; Fausto, 1994: 237). Mattos e Silva (2002: 452) chama a atenção para o fato de que a discrepância entre o número de letrados *versus* iletrados "*está na raiz da polarização sociolinguística do português brasileiro de hoje*". Essa polarização parece ainda mais acentuada nos vastos sertões baianos, principalmente nas regiões mais adversas ou nas áreas ribeirinhas do vale do São Francisco.

Em fins do período imperial, em 30 de setembro de 1891, o vice-governador Joaquim Leal Ferreira fornece à Assembleia Geral Legislativa os dados estatísticos[26] sobre instrução pública, baseados no recenseamento de 1875 (cf. Quadro 4). Um fato curioso é que, quando tiramos o percentual de alunos nas escolas, houve um grande equilíbrio em toda a província da Bahia, o que deve ser visto com ressalva, uma vez que os censos desse período apresentam problemas na coleta. As impressões de Durval Vieira de Aguiar parecem adequar-se mais à realidade, para o que se espera da região do semiárido baiano. Mesmo as listas enviadas pelas câmaras municipais não são de todo confiáveis,[27] conforme atesta o remetente Augusto da Silva Ribeiro, em carta para Severino Vieira, em 1901 (grifo nosso):

> A criação de mais uma Cadeira na Esplanada| (por enquanto) será apenas objecto de luxo, que só trará| a *vantagem* do sobrecarregar os cofres do estado.| No Timbó tem muito maior numero de crianças do? que tem a Esplanada – isto é que é real.| *Consta-me que o Sr. Intendente segue para ahi*| *munido d'um rescenciamento das crianças de Esplanada*| *no qual figurão muitos, como criados para augmentar o*|*numero e ver se conseguem a criação da almejada ca-*|*deira para collucar a filha de José Ferreira de Souza – aqual*| legalmente já tinha perdido a cadeira de Timbó, por ter-|se auzentado para Entre Rios em 15 de Novembro do Anno| proximo passado de donde voltou em 15 de maio deste anno, 6 mezes| completos; durante os quaes somente de dois mezes te-|ve licença da Intendencia; mas, me consta, que nem des-|tes 2 mezes a secretaria teve sciencia; isto é publico e| notório – creio que o unico que o ignorava (eu creio-| sinceramente) era o Sr. Intendente por que dava os attes-|tados para os pagamentos.? Timbó 20 de agosto de 1901.? *Augusto da Silva Ribeiro*

Para fins comparativos, seguindo o raciocínio de Almeida (2000 [1889]), elaboramos o Quadro 3, com base em informações sobre população geral e escolar, dos recenseamentos de 1875 e 1892, respectivamente, em diversas localidades do interior. Vê-se que, se a média nacional, algo em torno de 2%, dada para 1854 (cf. Apêndice 1), fosse aplicada à Bahia, os 15% obtidos no recenseamento de 1875 demonstrariam que houve um avanço de 12% em trinta anos. No entanto, duas questões precisam ser consideradas: a primeira diz respeito ao próprio índice de 15%, praticamente o mesmo para todas as localidades (regularidade que não deixa de ser curiosa); a segunda refere-se aos problemas qualitativos, uma vez que a situação de grande parte das escolas era bastante precária – como pode ser presumido a partir do testemunho de Aguiar (1979 [1889]) –, sem falar na evasão escolar, um problema que ainda persiste no sertão.

Quadro 3 – População geral e escolar na região de semiárido baiano, com base no recenseamento (1875) e nas impressões de Aguiar (1979)

Cidade e região	Ferreira (1892). Mensagem e relatórios apresentados à Assembléia Geral Legislativa. Bahia (baseado no Recenseamento de 1875)			Impressões de Durval Vieira de Aguiar, 1979 [1889] Obs.: Os dados em geral referem-se às sedes. As informações sobre os distritos parecem ter sido obtidas com base em informações recolhidas na própria sede.
	População	N° de alunos na escola	%	
Feira de Santana	72.320	11.352	15,69	Não há referências.
Serrinha	17.440	2.738	15,69	"Há na vila duas escolas e uma casa ordinária que serve de quartel e cadeia, com um destacamento de 4 a 5 praças" (p. 109).
Camisão (Atual Ipirá)	34.616	5.420	15,65	"Funcionava duas escolas com escassa frequência" (p. 114).
Orobó	17.303	2.710	15,66	"A instrução anda lá muita atrasada, apesar das duas escolas da vila dirigidas por hábeis e zelosos professores, e frequentadas por avultado número de crianças dos dois sexos; ressentindo-se ambas de falta de bons compêndios e mobília, que consiste em toscos bancos arranjados pelos ditos professores. Estas escolas à maioria da população, moradora nas matas e caatingas" (p. 130).

Itapicuru	34.732	5.486	15,79	"Funcionavam também 2 escolas frequentadas com cerca de 30 crianças de cada sexo. No Barracão havia outras duas. No arraial dos *Nambis*, que dista da vila 7 léguas, também uma contratada e outra no *Mocambo*".
Pombal	17.366	2.743	15,79	"Na vila existem 2 escolas de 1ª classe com 50 meninos e 30 meninas, outras duas na Ribeira e mais duas em Mirandela, antigo Saco dos Morcegos, 5 léguas abaixo; povoação formada pelo aldeamento hoje reduzido a cerca de mil índios".
Bom Conselho	15.520	2.436	15,69	Funcionavam duas escolas de 1ª classe dos dois sexos; tendo a de meninos 30 de frequência e a de meninas 26; ressentindo-se essa de mobília, e ambas de compêndios. [...] Na freguesia do Coité existem duas escolas mais ou menos em idênticas condições" (p. 79-80).
Jeremoabo	31.040	4.872	15,69	"A população do termo [...] muito pobre e ignorante, pois que as duas escolas da vila de nada servem à maior parte dos moradores que habitam nas caatingas" (p. 76).
Vila-Nova [da Rainha] atual Senhor do Bonfim	37.183	5.928	15, 94	"Encontramos na vila, perfeitamente regidas duas escolas de ambos os sexos com alguns utensílios angariados pelos respectivos professores, faltando translado e compêndios e frequentada por cerca de 50 alunos cada uma. As duas do sexo masculino de Jaguari e Saí estavam bem frequentadas. Existiam mais uma de meninos na Itiúba, outras nas Bananeiras, 2 dos dois sexos, nas Queimadas e outras duas na Vila Velha" (p. 121).
Jacobina	37.808	5.934	15,69	"Funcionava na cidade duas bem dirigidas escolas primárias com cerca de 80 crianças; tendo a de meninos 47 e a de meninas 30. Ambas precisavam de compêndios e tinha por mobília toscos bancos. Havia mais uma cadeira de meninos no Riachão, outra na Utinga e outra na Saúde" (p. 125).
Monte Santo	26.444	4.151	15,69	Funcionavam na vila duas escoas públicas com 30 meninos e 20 meninas de frequência, ambas sofrivelmente providas de livros e utensílios; bem como uma outra particular. Existiam mais duas contratadas, uma no Uauá e outra no Cumbe, que é um lugar muito habitado" (p. 83).

Juazeiro	22.976	3.601	15,67	"Encontramos duas escolas habilmente dirigidas, bem frequentadas e melhor servidas de bancos e umas toscas carteiras; se bem que tivesse falta de bons livros" (p. 66).
Curaçá	11.488	1.800	15,66	Não há referências.
Lavras da Diamantina	33.618	5.804	17,26	Não há referências.
Andaraí	17.732	2.420	13,64	Não há referências.
Minas do Rio de Contas	72.179	11.331	15,69	"Na Vila Velha existiam três escolas; sendo duas na povoação do alto da Matriz, com poucas meninas e uns 34 meninos e uma, de meninas do bairro de baixo, também com escassa frequência. As duas da cidade tinham melhor aparência, mais frequência e regularidade. As demais escolas achavam-se uma no Paramirim; 2, dos dois sexos, no Carrapato; uma, de meninos, bem regularizadas, na Casa da Telha; outro na Boa Sentença; outra nas Tabocas; outra no Cedro; outra nos Cristais; outra na Canabravinha; outra nas Mamonas; outra no Gravatá; outra no Bom Jesus; outra nos Catolés; outra no Bom Sucesso; duas, de ambos os sexos, na Freguesia d'Água Quente; duas, idem, na Furna e outras duas, idem, nos Remédios; ao todo 25 cadeiras, das quais 17 contratadas, 19 de meninos, com uma matrícula de 521 meninos e 6 de meninas, apenas com a matrículas de 123! Ora, sendo a frequência na razão de metade da matrícula, como presenciamos, calcule-se quão proveitosa não tem sido, para um lugar que já teve aulas públicas de curso secundário, essa instrução pública, falta de livros, mobílias, traslados, etc., etc., para uma população de 60.000 almas!!!" (p. 151-152).
Brejo Grande	22.219	3.488	15,69	"A vila [...] sofrível edificação de perto de 300 casas, onde se abrigam cerca de 1.800 moradores; havendo duas escolas públicas que tinham matriculados 47 meninos e 22 meninas" (p. 159).
Maracás	25.587	3.911	15,28	"No Caldeirão [povoado de Maracás] onde o povoado não é pequeno, lamentavam os pais de família a falta de uma escola" (p. 216).

Caetité	36.334	5.703	15,69	"A instrução pública constava de três cadeiras primárias e uma particular de preparatórios. As públicas eram duas de meninas com 43 matriculadas. Além destas, havia mais: uma com 33 meninos no Barracão, uma S. Sebastião, quase deserta, por desagrados com o professor, que, entretanto apresentava uma matrícula de 56, outra nas Aroeiras, então vaga, outra no Caculé, idem; outra no Gentio com 32 meninos matriculados; outra na Canabrava com 27; outra no Bonito, vaga; duas dos dois sexos nas Umburanas com 34 meninos e 15 meninas" (p. 182).
Urubu	29.473	4.626	15,69	"Existiam no termo as seguintes escolas: duas, de ambos os sexo, na vila que tinham 56 meninos e 30 meninas matriculados, e outras contratadas, sendo duas no Bom Jesus da Lapa, duas no Bom Jardim, que fica 12 léguas abaixo, uma de meninos no sítio do Mato, a 8 léguas, outra no Brejinho, a 12 léguas. Estas escolas eram desprovidas de livros e mobílias apropriadas, e cada qual com uma pequena frequência, aliás muito natural em todas as escolas S. Francisco, onde a par da negação para aprenderam a ler, são os meninos da gente pobre os únicos criados da casa e suprem-na de água e lenha, quando não anda em *viaginha* sou pescando, ou à procura de animais; não sendo raros os pais que ouvimos dizer que *saber ler não enche barriga*" (p. 41-42).
Macaúbas	49.884	7.830	15,69	"É lamentável o estado de ignorância daquelas populações de cerca de 40 mil almas, em 40 léguas quadradas, inclusive Brotas, e onde só existiam seis desprovidas escolas apenas com a matrícula de 223 alunos, dos quais somente 29 meninas em uma das da vila, pois que as demais eram de meninos; sendo uma em Santa Rita – 8 léguas, uma na Lagoa Clara – 8 léguas, lugar de muito frio, onde encontramos no verão, à noite, uma temperatura de 10°, uma em S. Sebastião – 12 léguas, e uma na Vila de Brotas – 30 léguas; escolas estas que a necessidade impõem serem mistas não só por economia e pequena frequência, como para não continuarem sem instrução as pobres meninas" (p. 166-167).

Rio São Francisco [75 ilhas]	20.687	5.251	25,38	Não há referências.
Carinhanha [Comarca?]	61.586	9.730	15,79	"A instrução, educação e civilização estão ali em grande atraso; e a melhor prova é só existirem quatro escolas no termo, sendo uma de meninos na Malhada, outra no Alegre e duas de dois sexos na vila" (p. 19).
Xiquexique	28.406	4.439	15,62	Cidade em conflito: "Quando em 1882 aportamos a este infeliz termo, achamos a vila completamente saqueada" (p. 59).
Remanso [de Santo Sé]	14.204	2.229	15,69	Não há referências.

Fonte: APEB. Seção Colonial e Provincial. Série Polícia. Recenseamento. Doc. 6176 – 1 e Aguiar (1979 [1889]).

Quando comparamos, por outro lado, o percentual não mais de alunos matriculados, mas o índice geral de alfabetizados da Bahia (20,6%)[28] – cf. Quadro 2 – com o geral do interior (17,13%), observamos que esse percentual não é uniforme; ao contrário, há um desequilíbrio muito grande na distribuição: em Juazeiro, por exemplo, o percentual de alfabetizados é de apenas 4%, enquanto, em outras localidades, há índices superiores, inclusive acima da média nacional, como, por exemplo, em Monte Alegre (34%), Lençóis (30%), Morro do Chapéu (28,58%) e Itapicuru (27%), como detalhado no Quadro 4, a seguir. Não sabemos se houve algum interesse governamental em mascarar a realidade, apresentando índices maiores nas localidades mais populosas. Ou, talvez, esses índices se justifiquem, em parte pela história das localidades; por exemplo, cidades que foram urbanizadas a partir de ganhos auríferos, como Lençóis e Morro do Chapéu.

Quadro 4 – Levantamento da população segundo classificação por situação (livre ou escrava), nacionalidade (brasileira ou outras), instrução (alfabetizados ou analfabetos) e localidade (Censo de 1872)

Município	Situação Livre	Situação Escrava	Nacionalidade Brasileira	Nacionalidade Outra	Instrução Alfabetizados	Instrução Analfabetos	Índice de alfabetizados da população livre
Barra do Rio de Contas	3.102	510	3.066	36	440	2.662	14,0
Barra do Rio Grande	10.891	634	10.885	6	1.031	9.860	9,46
Brejo Grande	5.533	1.098	5.528	5	507	5.026	9,16
Caetité	31.346	3.292	31.137	209	4.629	26.717	14,76
Camisão	27.183	3.140	27.166	17	4.743	22.440	17,44
Capim Grosso	8.020	742	8.016	4	544	7.476	6,78
Carinhanha	6.855	656	6.838	17	605	6.250	8,82
Entre Rios	8.773	2.611	8.735	38	1.273	7.500	14,51
Feira de Santana	47.588	4.108	47.312	276	10.360	37.228	21,77
Itapicuru	16.181	1.324	16.124	57	4.486	11.695	27,77
Jacobina	17.327	1.255	17.186	141	1.752	15.575	10,11
Jeremoabo	36.347	1.460	3.6286	61	9.247	27.100	25,44
Juazeiro	6.454	1.409	6.451	3	263	6.191	4,00
Lençóis	22.055	1.858	21.973	82	6.624	15.431	30,00
Macaúbas	34.229	2.921	34.150	79	7.118	27.111	20,79
Maracás	8.185	950	8.156	29	654	7.531	7,99
Minas do Rio de Contas	50.920	8.973	50.841	79	9.680	41.240	19,00
Monte Alegre	5.451	3.909	5.415	-	1.861	3.590	34,0
Monte Alto	16.629	1.698	16.594	35	1.854	14.775	11,14

Monte Santo	9.991	1.787	9.984	7	809	9.182	8,00
Morro do Chapéu	10.892	660	10.884	8	3.114	7.778	28,58
Pilão Arcado	14.260	3.711	14.255	5	1.830	12.430	12,83
Pombal	6.782	624	6.782	-	1.018	5.764	15,00
Rio das Éguas	32.889	3.789	32.705	184	5.342	27.547	16,24
Santa Isabel de Paraguaçu	23.183	3.476	22.969	214	2.601	20.582	11,21
Santo Antônio da Barra	37.773	3.234	37.683	90	5.989	31.784	15,85
Sento Sé	6.137	547	6.137	-	541	5.596	8,80
Soure	5.589	385	5.564	25	925	4.664	16,55
Tucano	6.443	770	6.439	4	553	5.890	8,58
Urubu	17.830	944	17.819	11	4.640	13.190	26,00
Vila Nova da Rainha	21.752	801	21.745	7	1.678	20.074	7,71
Xique-Xique	14.317	1.429	14.239	78	1.298	13.019	9,00
Total	624.077	72.950	622.086	1.991	106.914	517.163	17,13

Cf. Censo de 1872 sobre alfabetizados no interior da Bahia por situação, livre ou escrava, e nacionalidade.

Consequências linguísticas

Talvez não possamos falar de um português culto[29] no interior da Bahia para o período aqui estudado, mas, apenas, de um português semiculto, e, principalmente, de um português popular, se, de fato, o processo de escolarização ocorreu nessa região nos termos evidenciados pelos dados supracitados.

Não acreditamos que o ensino de primeiras letras, que, na maioria das vezes, ocorria de forma precária, pudesse influenciar a variedade linguística usada pelo geral da população, que permanecia excluída do sistema escolar.

Provavelmente por conta dos contatos linguísticos variados e também pelo irregular processo de escolarização que se refletiu na estandardização, o português popular falado pela grande população, em sua maioria mestiça, teve mais "chances" de se desenvolver e se manter nessa região, reinando, praticamente, sozinho até início do século XX. Há alguns indícios de que foram os mestiços os grandes divulgadores desse português pelo semiárido afora, durante todo o século XIX, momento em que esse se firmou, provavelmente, como hegemônico (Carneiro e Almeida, 2002).

Nos dados do Censo de 1872 sobre a população semiárida, há um número de "mestiços" (classificados no censo como de outra cor) muito superior ao número de brancos, algo em torno de 73% do total da população baiana; essa, inclusive, é a população que aparece nas escolas públicas de primeiras letras, conforme documento sobre instrução pública (APEB. Seção Colonial. Série Instrução pública, maço 3971 e maço 3997). A seguir, dados, a título de exemplificação, sobre a população das escolas públicas de primeiras letras nos meados e fins do século XIX, no interior da Bahia:

Quadro 5 – Número de alunos por cor e etnia em localidades do sertão baiano entre 1840-1879

Localidades/Período	Nº de alunos por cor ou etnia
1840	
Nossa Senhora da Saúde	17 (10 pardos e 7 brancos)
Coração de Jesus de Riachão de Jacobina	14 (10 pardos, 3 brancos e 1 cabra)
Santo Antonio de Jacobina	53 (sem distinção de cor)
1842	
São João Batista de Jeremoabo	21 (sem distinção de cor)
1843	
Barra do Rio Grande	62 (35 pardos, 8 brancos, 7 cabras, 5 pardos claros, 1 pardo mestiço, 4 mamelucos e 2 crioulos)
1844	
Pombal	32 (sem distinção de cor)
Barra do Rio Grande	31 (3 crioulos, 27 pardos e 1 branco)
Caetité	28 (sem distinção de cor)

Jequiriça	
Vila Nova da Rainha da Freguesia de Jacobina	34 (17 pardos, 15 brancos e 2 pretos)
Jequiriça	13 (sem distinção de cor)
Vila Velha do Rio de Contas	45 (sem distinção de cor)
1845	
Vila da Barra do Rio São Francisco	80 (62 pardos, 15 cabras e 3 brancos)
Alagoinhas	31 (sem distinção de cor)
Aporá	28 (sem distinção de cor)
Feira de Santana	46 (sem distinção de cor)
1879	
Feira de Santana	106 (sem distinção de cor)

Fonte: APEB. Seção Colonial. Série Instrução Pública, maço 3971 e maço 3997.

Vê-se, pelos dados descritos, que, nas localidades onde se faz a distinção de cor, os mestiços aparecem em maioria.[30] Acreditamos que a população de origem africana pode ter exercido um maior papel na zona de mineração e, a partir do século XIX, na zona de agropecuária, que recebeu, nesse período, parte do contingente de escravos e seus descendentes (Carneiro e Almeida, 2002, 2007).

A implantação da variante do português brasileiro culto[31] no interior da Bahia deve ser um fato recente. Acreditamos que a grande maioria de uma classe média rural que hoje é falante de uma norma, provavelmente, semiculta só teve um contato mais intenso com a escolarização nas primeiras décadas do século XX,[32] quando houve a já tão citada passagem do Brasil de um país rural para um país urbano e quando as vias de comunicação foram abertas, chegando ao interior não somente jornais escritos, mas também os compêndios, dos quais tanto lamentou a falta, nas escolas das localidades do semiárido, Durval Vieira de Aguiar. Mesmo nos locais aos quais muitos dos benefícios da urbanização não chegaram até hoje – as famosas "cidades imaginárias",[33] das quais tratou Veiga (2003) –, o contato com os grandes centros urbanos regionais e o contato com a mídia têm levado essas populações, antes iletradas, a aproximar-se de um português mais ou menos culto.

Em resumo, a respeito das consequências linguísticas da implementação de escolas de primeiras letras no semiárido baiano, no período imperial, inferimos que:

a. O processo de estandardização linguística anterior ao século XX teria sido bastante localizado e pouco uniforme;
b. O português popular, possivelmente a vertente disseminada para o geral do sertão baiano no século XIX, teve, como maiores difusores, os mestiços diversos que reocuparam a atual região semiárida nesse período;
c. A inter-relação dos fatores demográficos tem um papel fundamental para o entendimento das vertentes do português popular falado por parte da população que não chegou às escolas;
d. Dada a forte presença indígena que houve no sertão, principalmente na região nordeste, é de crer, também, que essa tenha contribuído para a formação do português popular, conforme Carneiro, Lacerda e Almeida (no prelo);[34]
e. Contatos interétnicos entre a população pobre branca, mestiça e africana foram mais ou menos íntimos, como conclui Neves (1996), a partir de fundamentada pesquisa arquivista sobre a escravidão no sertão baiano, o que nos leva a crer, também, que é remota a possibilidade de ter-se desenvolvido um crioulo nessa região.

NOTAS SOBRE A ESCOLARIZAÇÃO NO INTERIOR DA BAHIA REPUBLICANA (A PARTIR DE 1889)

Nesta seção,[35] apresentaremos, brevemente, notas sobre a democratização da escola em Feira de Santana e sobre espaços extraescolares na região sisaleira.

A estruturação escolar em Feira de Santana

O entendimento do processo de escolarização de um país é de suma importância para o conhecimento da estandardização linguística (Lobo, 2003). Dentro desta perspectiva, abordamos aqui alguns dados sobre a escolarização no município de Feira de Santana,[36] tanto no início quanto nos meados do século XX.

O PROCESSO ACELERADO DE URBANIZAÇÃO

Antes de tratarmos da democratização da escola na chamada Princesa do Norte ou Princesinha do Sertão Baiano – segunda maior cidade do estado –, descreveremos, em breves linhas, a história do município feirense, que, originalmente rural, sofreu rápido processo de urbanização, dos finais do século XIX a princípios do século XX.

As origens da sede do município de Feira de Santana remontam ao século XVIII e a um passado eminentemente rural, caracterizando-se por ser um lugar de pouso para viajantes, vaqueiros e suas boiadas, que vinham de toda a microrregião, inclusive de outros estados.

Segundo Silva (1989), a partir do último quartel do século XIX até a primeira década do século XX, a região de Feira de Santana era muito procurada, porquanto estava em ascensão econômica, apesar das secas. A cidade já se encontrava interligada a outras regiões do estado, por estradas carroçáveis. Em 1876, foi inaugurada a ligação ferroviária entre Feira e Cachoeira, ficando muito mais fácil a comunicação entre o sertão e o Recôncavo, incluindo a capital.

Um dos grandes impulsionadores do desenvolvimento urbano de Feira de Santana foi a sua feira, que deu origem à própria cidade. Essa feira vai ganhando importância e torna-se conhecida em todo o nordeste brasileiro. Nesse ambiente, pessoas de todas as origens se encontravam. Em 1914, o jesuíta J.S. Tavares, ao relatar sua viagem à Bahia, faz a seguinte descrição da feira do município:

> É dia de feira. O comboio rebocado por duas máchinas sobe a custo as ladeiras empinadas por sobre despenhadeiros horrendos, desde o leito do Paraguassú, em S. Félix, a 16 metros acima do nível do mar, até a altitude de 220 metros na Estação da Serra, donde vai correndo por um extenso taboleiro [...] Lá em baixo, no valle do Paraguassú, ondeia um extenso véo de branca neblina [...]. Gente a cavalo, acompanhada dos pagens e muito gado atulham todas as estradas, em direção àfeira, por entre o ciclo matinal da viração embalsada. [...]. Eis-nos em frente aelegantinha cidade da Feira de Santanna, orgulhosa da sua casaria branca e suas ruas rectilíneas e largas, onde se notam movimentos e borburinhos desusados. [...] muitas milhares de pessoas, com todas as gradações de côr, desde o branco mais alvo até o tabaréo de tés requeimada e ao negro retinto.

A partir da década de 1960, o município começa a crescer, em razão de uma rápida expansão industrial; a cidade passa a receber a população agrícola de outras regiões do estado – que trazem seus filhos para estudar ou vêm em busca de emprego – e um grande número de migrantes de diversos estados do nordeste (geralmente oriundos de cidades do interior), que fogem da seca, principalmente de Pernambuco, Paraíba, Alagoas e Sergipe.

Segundo Silva (1989), a partir de dados do IBGE, Feira de Santana, na década de 1970, tem uma zona de influência que contém 75 cidades; dessas, 33 são centros subordinados a ela (com estradas asfaltadas), quantidade superior a qualquer outra localidade aglutinadora. Nessa década, o desenvolvimento industrial da cidade é impulsionado pela criação do Centro das Indústrias de Feira de Santana (CIFS) e do Centro Industrial Subaé (CIS), que atraíram ainda mais migrantes, de todas as regiões, para o município. Com isso, a cidade, que, até o ano de 1950, apresentava 68,03% de sua população residindo na zona rural, aumentou significativamente o seu contingente populacional, de modo que, em 1996, 87,45% de sua população residia na zona urbana. Atualmente, 91% da população vive na zona urbana, como se vê no Quadro 6 a seguir:

Quadro 6 – Feira de Santana: evolução da população do município (1920-2000)

Anos	População Total	População Urbana	%	População Rural	%
1920	64,514	12,012	18,61	52,012	80,6
1950	107,205	34,277	31,97	72,928	68,03
1970	190,076	134,263	70,63	55,813	29,37
1980	291,504	233,905	80,98	57,599	19,76
1991	405,848	348,973	85,98	56,875	14,02
1996	450,487	393,943	87,45	56,544	12,55
2000	556,756	510,736	91,73	46,020	8,27

Fonte: IBGE. Censo Demográfico – Bahia, 1950 e 1991. Contagem de população – 1996 (extraído de Freitas, 1998), Censo Demográfico – Bahia 2010.

Assim, o crescimento urbano do município dá-se de forma mais acelerada do que em outras regiões do estado e do Brasil como um todo, como mostra o Quadro 7, extraído de Freitas (1998):

Quadro 7 – Taxa geométrica de crescimento anual (1950-1991) –
Feira de Santana, Bahia e Brasil

Localidade	1950-60	1960-70	1970-80	1980-91
Feira	3,80	4,60	4,50	3,05
Bahia	2,04	2,41	2,35	2,06
Brasil	2,99	2,89	2,48	1,93

Fonte: IBGE. Censos democráticos – Bahia, 1950 a 1991 (extraído de Freitas, 1998).

Apesar de Feira de Santana ser um médio centro urbano, pensamos haver uma maior integração entre campo e cidade. Na cidade propriamente dita, hipotetizamos que, tanto em termos culturais como em termos linguísticos, haveria não só traços dos outros dialetos nordestinos, mas muitos traços rurais trazidos por esses migrantes da zona rural do município e das "pequenas cidades rurais" da região, principalmente se pensamos essa variação no século XX; esses traços não seriam mais simplesmente rurais, mas "rurais/urbanos" (Bortoni-Ricardo, 1985), pois sofreram transformações quando da integralização com o urbano.

A DEMOCRATIZAÇÃO DA ESCOLA

Feira de Santana entra no período republicano com dezenove escolas públicas, sendo 5 na sede do município e as restantes distribuídas pelos distritos e povoados, atendendo a uma população de mil alunos (Silva, 1977, apud Oliveira, 2011). O poder municipal não mostrava capacidade em manter as instituições escolares existentes ou em abrir novas, o que passa a acontecer com alguma frequência a partir de 1915, período em que começa a existir uma preocupação com a educação na cidade, o que pode ser vislumbrado no trecho retirado do jornal *A Folha do Norte*:

> [...] Não é novidade o positivar a pouca civilização de Feira, uma vez que ella faz parte dessa região estendida do Maranhão ao Espírito Santo em que, no dizer de Sílvio Romero há "muito atrazo, muita pobreza, muita miséria" – região assolada pelas secas, esquecida dos homens do governo. [...] Esperanças sim...: quem não as tem? Poderemos nós os daqui, dentre um pouco, contemplar [...] – a fundação duma "Academia Feirense de Letras" a semelhança da respeitável "Academia Bahiana de Letras", dessa que é no presente, um dos mais alevantados, dos mais brilhantes attestados da altíssima intrucção pública brasileira [...].

A estrutura escolar feirense, nos primeiros anos do século XX, era muito precária e não respondia sequer aos anseios de difusão das primeiras letras (Silva, 1977, apud Oliveira, 2011). Nesse período, como hoje, a educação era considerada via principal de acesso ao prestígio e integração dos estratos "dominantes", por isso o cuidado das elites para que a escolarização direcionada ao povo não ultrapassasse o ler, o escrever e o contar. A maioria da população feirense, como o resto do país, era analfabeta, e o acesso ao ensino era dificultado pelo seu caráter privado (era pago), o que emperrava o acesso das camadas populares ao mesmo.

Pouco antes do início da década de 30, em 1927, com a administração escolar de Anísio Teixeira, é fundada a Escola Normal em Feira de Santana, que tinha como objetivo formar as professoras para educar a imensa gama de analfabetos da zona rural e também urbana. A intenção era transformar o município num polo educador da microrregião, que à época ficou conhecido como "luz do saber dos sertões".

Devido à grande influência das Escolas Normais – que eram poucas no geral da Bahia – e, posteriormente, do Colégio Santanópolis – que oferecia não só curso primário, ginasial e secundário, mas também cursos técnicos, a exemplo do técnico em Contabilidade, Magistério etc. –, que recebiam pessoas de toda a microrregião, Feira de Santana passou a ser conhecida como um centro formador, antes mesmo da implantação da Faculdade de Educação, como está dito no texto publicado no semanário *A Folha do Norte* (23 de junho de 1934: 1).

> Fadada, como já disse, a ser o mais importante centro de educação e trabalho do interior da Bahia [...] a Feira de Sant'Anna, a Princesa do Norte, cognominada de Cidade Universitária, é o ponto onde convergem, de todo o sertão, a juventude e a inteligência [...].

Os índices educacionais, todavia, são ainda baixos em períodos posteriores à primeira metade do século XX. Vale ressaltar que encontramos dificuldades com esse período por não termos localizado estudos dedicados a escrever essa história. Partimos, então, para a análise dos censos demográficos. Nesse caso, encontramos ainda dificuldades em relação aos números divulgados pelo IBGE. A contagem, por exemplo, de pessoas com ensino primário completo era realizada a partir da idade de 10 anos.

Na década de 1980, os percentuais de indivíduos acima de 17 anos, com o ensino médio completo, é de apenas 9,5% em Feira de Santana e de 13% em Salvador. Com a educação superior não é diferente: menos de 1% da população, tanto na capital quanto na maior cidade do interior do estado. No final do século, ano 2000, na Bahia, os percentuais de escolarização melhoram, pois a taxa de analfabetismo entre jovens de 10 e 15 anos é de 8,30%, mas está longe de ser a ideal, não só em termos numéricos, mas também em termos da qualidade do ensino, como mostraram relatórios de órgãos internacionais, a exemplo da Unesco. Como se vê, é difícil falar em estandardização linguística, mais generalizada, com percentuais de escolarização tão baixos.

Espaços extraescolares de aprendizagem: Riachão do Jacuípe, Conceição do Coité e Ichu (região sisaleira)

É importante deslocarmos o olhar das instituições formais para os espaços extraescolares de aprendizagem da escrita; dos espaços urbanos para os espaços rurais; da história narrada por professores para as memórias daqueles que vivenciaram os processos de letramento, na perspectiva de uma história "vista de baixo", que, segundo Sharpe (1992: 41), é a corrente que explora as experiências históricas das pessoas comuns, *"daqueles homens e mulheres, cuja existência é tão frequentemente ignorada, tacitamente aceita ou mencionada apenas de passagem na principal corrente da história"*.

EM BUSCA DE PISTAS SOBRE O PROCESSO DE APRENDIZAGEM DA ESCRITA

No âmbito das pesquisas na área de educação, há estudos significativos referentes ao processo histórico de educação formal na Bahia. Tais estudos geralmente têm por foco a história da escola como instituição formal de educação, o ponto de vista dos professores e as políticas educacionais. Como exemplo, podemos citar o estudo de Carneiro (2014), sobre os percursos formativos das professoras leigas da região semiárida da Bahia, dos municípios de Riachão do Jacuípe, Ichu e Candeal, entre as décadas de 1950 e 1970; também o conjunto de trabalhos reunidos por Souza e Cruz (2012), sobre as Escolas Normais na Bahia.

Buscamos recuperar informações sobre as práticas de escrita e os processos de letramento dos sertanejos baianos, a partir de suas narrativas orais. A localização e a edição de um *corpus* constituído por cartas pessoais (Santiago, 2012), escritas por redatores oriundos da zona rural dos municípios baianos de Riachão do Jacuípe, Conceição do Coité e Ichu (região sisaleira), entre os anos 1906 e 2000, comprovam que é possível encontrar textos escritos por aqueles que tiveram pouco acesso à escolarização. Essas cartas fornecem pistas de que – mesmo com a ausência ou precariedade das escolas e seu funcionamento irregular, nessa região – alguns sertanejos adquiriram a escrita; no entanto, o afastamento das normas gramaticais e ortográficas percebido nos textos indica que são redatores que tiveram pouco contato com os modelos normativos prescritos pela escola. Como muitos dos remetentes e destinatários dessas cartas ainda estão vivos, torna-se possível, a partir de suas memórias, obter pistas sobre aspectos socioculturais e o processo de aprendizagem da escrita (Santiago, 2019).

Sob a tendência da História Cultural, os estudos da História da Cultura Escrita propõem abordagens que valorizem as práticas cotidianas que evidenciem as produções dos que estão à margem da sociedade – relegados da história oficial –, a partir de investigações em torno das práticas sociais de escrever e de ler, como propõe Castillo Gómez (2003). Nesse sentido, discutimos sobre a existência de espaços extraescolares de aprendizagem, durante o século xx, mais especificamente na primeira metade desse século, a partir das memórias dos sertanejos, com o reconhecimento de um passado envolvendo os processos de letramento que possibilitaram seus textos, evidenciando lembranças sobre *onde*, *quando* e *por que* aprenderam a ler e escrever; *quem* os ensinou a ler e escrever; *como, o que* e *para quem* liam e escreviam; *quais gêneros* de texto escreviam e *quem* aprendeu a ler e escrever.

Nos encontros com os sertanejos, que ocorrem em suas próprias casas, as narrativas são desenvolvidas a partir dos seguintes temas (ou a partir de outros temas, lembrados por eles):

a. A infância/juventude: onde viveu, primeiros aprendizados, relação com os pais, saberes construídos nesse período.
b. A oralidade: contação de histórias, tipos de histórias, quem contava, onde, quando.
c. A aprendizagem da escrita: sobre como se deu esse aprendizado, relação dos pais com a escrita, presença de professores/escolas na região, a escrita das cartas.
d. A leitura: gosto pela leitura, presença de materiais de leitura em casa, maneiras de ler.

Segundo Street (2010: 41), ao tratar das perspectivas etnográficas que ajudam a entender o letramento, deve-se – em vez de falar sobre algo que eles não têm – dizer sobre "o que eles têm", contrapondo-se à maneira dominante de entender Etnografia, em que

> começamos com a premissa de que todos vivemos na nossa própria cultura, nossos próprios contextos com significados e linguagem. Quando vamos a outro lugar, a primeira coisa que tendemos a fazer é perguntar se eles têm as coisas a que estamos acostumados.

E a negação sempre aparece nas possíveis respostas. Para o autor, esse é um problema sério, pois, ao se entrar direto com os termos com os quais se está acostumado, vai-se, provavelmente, distorcer a realidade.

SOBRE OS PROCESSOS DE LETRAMENTO: A CASA, A RELIGIÃO, O PROCESSO DE MIGRAÇÃO

As narrativas fornecem indícios de que, durante o século XX, principalmente na primeira metade – período que corresponde à infância ou adolescência da maior parte dos redatores/destinatários das cartas, na zona rural da Bahia –, o processo de garantia do letramento através da criação e do funcionamento efetivo de escolas ainda ocorria com pouca frequência, embora nesse mesmo período, nas cidades, ocorra um crescimento da preocupação com a escolarização da população. As poucas escolas que existiam funcionavam de modo precário, muitas vezes com professoras itinerantes. Isso se confirma a partir de estudos como o de Cruz (2012), segundo o qual, nesse período,

> a educação primária na zona rural do estado da Bahia estava, em grande medida, nas mãos de leigos. Além do mais, o número de escolas desse nível de instrução não correspondia às necessidades da população baiana em idade escolar [...] (2012: 45).

Nos relatos, a existência de um espaço escolar é sempre associada à dificuldade de acesso, geralmente por causa da distância geográfica e/ou pelas baixas condições financeiras. Uma das narradoras, de Conceição de Coité, após ter mencionado sua ida à escola, explica onde ela era localizada e lembra-se das dificuldades enfrentadas:

(1) *Ah, minha fia, era longe... era como daqui na Barra... a gente ia de pé, os camim den'numas Catinga, passava duas turma de animal carregado, de manhã e de tarde, e a gente ia tudo com as percatinha na mão e a lama atolano [inint] quando chegava na... era Deus que na chegada da escola tinha um tanque... aí agora a gente lavava os pé pra cabar de chegar.* (narrativa de A.F.)

Muitas vezes, a própria casa ou a casa de parentes serviu como espaço de aprendizagem. Ao lembrar-se da presença passageira de uma professora na região, um dos narradores do município de Riachão do Jacuípe descreve o espaço onde as aulas, nas quais suas irmãs "*aprendeu pouquinho assinar o nome*", aconteciam: "*e essa mulé veio, ensinou poucos dia [...]. Era uma casa... a casa de meu avô... era a casa de meu avô, ensinava assim, numa salinha assim, como essa assim, era na roça*". A presença da professora, trazida por um comerciante de gado, foi bastante rápida, o que confirma a ideia da raridade desse espaço: "*Ó... essa mulé, essa professora [inint] que era professora... quem trouxe foi um homem, chamava Antonio do Sobrado... ele era machante de gado... aqui ne Riachão tinha... [...]*". É importante ressaltar a função da escola, de acordo com sua memória, ou seja, o que se aprendia, tendo por base suas irmãs, era "*só assinar o nome... era só assinar o nome a leitura de minhas irmãs foi essa... só de assinar o nome aí leiturinha poca*" (narrativa de A.F.).

Outra narradora, de Conceição do Coité, lembra-se de momentos da infância marcados pela existência de um espaço escolar em uma "casa" construída para esse fim: "*a gente ficô... ah... ah... estudano na goabera mesmo, que meu... meu padrinho fez uma casa grande pra escola e arrumou uma professora*" (narrativa de A.S.). A informalidade que caracterizava a existência desses espaços escolares pode ser notada, por exemplo, na maneira em que eram nomeados:

(2) *O nome da escola, era o mesmo nome que era o nome dela [da professora] que era... aqueles pessoal quando, antigamente, quando vinha uma professora aquele nome que a prof... que a professora viesse, aquele nome ficava dano a gente nos caderno* [...] (narrativa de A.S.).

Uma das narradoras menciona a contribuição dos pais em sua aprendizagem:

(3) *esse tantinho que eu tenho... que eu sei... foi aprendido aqui porque papai ensina boca de noite com aquela letra grande depois xixilô..."* e diz que *"mamãe ensinou o ABC que ela sabia... ela sabia um pinguim de nada (rindo) meu pai também... depois ele se...* [...] *ele não dava muito valor a mulher aprender* (narrativa de J.J.).

Para aqueles que não frequentaram nem mesmo esses espaços de aprendizagem nas casas, o contato com materiais de leitura, como os textos religiosos, pode ter contribuído: "*Assim... eu leio um... como bem... o livrinho que retira o folheto da... que vem da igreja*" (narrativa de A.F.). A presença de um discurso de caráter religioso, nas memórias, é recorrente, associado a contextos de leitura:

(4) *na Bibla diz, Salomão foi o rei mais sábio que existiu na face da terra* [...] *aí eu fiquei nesta aí e leno aquelas passage... procurano ler pa intender e eu sei que... foi por Deus mermo que abriu a minha mente e colocou quilo ali* (narrativa de A.F.).

O processo de migração também colaborou para a aprendizagem da escrita, já que a necessidade de manter comunicação com os familiares e amigos que ficaram no sertão motivou os sertanejos – que viajaram para as grandes cidades em busca de trabalho – a produzirem cartas, de modo que muitas correspondências foram emitidas de São Paulo (centro industrial da época), e algumas de Brasília, durante a construção da cidade. Muitos nordestinos foram trabalhar nas grandes cidades, em outras regiões do país, ao longo do século XX e, principalmente, nas décadas de 50, 60 e 70, quando expressivos movimentos de migração interna ocorreram no Brasil, tendo como principal origem a região Nordeste, em consequência do crescimento industrial e da expansão rodoviária, aliados, no caso dos que saíram do semiárido baiano, às dificuldades com o trabalho agrícola, devido aos longos períodos de estiagem. Nesses casos de migração, a distância dos familiares e amigos que ficaram na terra natal foi decisiva para que, mesmo sem domínio da escrita, os sertanejos enviassem cartas escritas a próprio punho, como é possível perceber na narrativa abaixo transcrita:

(5) *E aí eu escrevi ne São Paulo ne cinquenta e... essas carta aí que eu fiz foi de cinquenta e oito... escrevi pra Bahia... lembrava dos amigos tinha sodade dos amigo... muita sodade... aí os os cara que tinha carta escrevida... olhava olhava [inint] ia fazeno... eles ia me ensinano, e aí escrevia quato, cinco... oito... dez... tinha vez de escrever dez carta pra Bahia... aqueles garrancho, aquelas cartinha* [...] (narrativa de A.F.)

A convivência com amigos que escreviam cartas e que forneciam "modelos" e o contato com outros materiais escritos, como *A Gazeta*, jornal da época, contribuíram para o desenvolvimento da prática de escrever cartas:

(6) *essas carta eu fiz de lá sem saber a ler* [...] *eu via as carta dos outros, eu pegava as carta... olhava pras carta assim e escrevia essas... se eu lhe dizer que eu já tive um dia de escola to lhe contando falso... nunca tive um dia* (narrativa de A.F.).

Na verdade, é o desejo que sempre existiu de aprender a escrever: "*quando eu via os outro ler eu ficava com aquela vontade de aprender...*" (narrativa de A.F.), mas, como não era possível ir à escola, o sertanejo inventou *maneiras de fazer* (Certeau, 2013), em seu cotidiano, não se conformando com a sua realidade. São as táticas usadas para apropriar-se de uma prática, considerada por Certeau (2013: 206) como responsável pela iniciação na sociedade dos últimos três séculos, ao afirmar que "*aprender a escrever define a iniciação por excelência em uma sociedade capitalista e conquistadora. É a sua prática iniciática fundamental*". Prática a que os sertanejos não tiveram acesso quando criança, mas que tentam recuperar na fase adulta, pela necessidade, que sentem, de inserção no mundo letrado. Sobre essa necessidade, Petrucci (1999: 105) afirma:

> Deste modo, cria-se uma relação dinâmica de tensão, em que as categorias e grupos sociais até então excluídos do uso da escrita advertem, por sua vez, sobre sua necessidade e sua carência, também porque a progressiva burocratização das relações sociais e econômicas exige a todos aqueles que desenvolvem qualquer tipo de atividade uma mínima capacidade gráfica. (tradução nossa)[37]

Um dos narradores demonstra ter consciência de sua falta de habilidade com a escrita, quando se refere à própria caligrafia como "garranchos", termo que comumente é atribuído a letras pouco legíveis, também usado para designar gravetos, galhos finos e contorcidos de árvores: *"tinha vez de escrever dez carta pra Bahia... aqueles garrancho aquelas cartinha..."*; no decorrer da narrativa, lembra que *"essas carta fazia assim [...] aquela letra toda garranchada [...] aí fazia aquelas carta tudo doida esgarranchada... sem saber... (risos)"* (narrativa de A.F.). Os "garranchos" a que se refere são o reflexo das suas *mãos inábeis* (Marquilhas, 2000), expressão usada no âmbito da Paleografia, para indicar os produtos gráficos de pessoas pouco familiarizadas com a escrita.

As memórias/narrativas produzidas no sertão baiano revelam o reconhecimento de um passado marcado pelo desejo e pela necessidade de escrever e de ler, por aqueles que ficaram à margem do processo de alfabetização escolar. São pistas de que – durante o século XX, principalmente no período anterior à década de 50, na zona rural da Bahia – o processo de garantia do letramento através da criação e do funcionamento efetivo de escolas ainda ocorria com pouca frequência. A pouca habilidade com a escrita reflete a falta de contato dos redatores com as normas prescritas via escolarização formal; por outro lado, as práticas de escrita, desenvolvidas em espaços como a própria casa ou de outrem, evidenciam a necessidade de estabelecer comunicação. São práticas de resistência, pois, ainda que o contexto social oferecesse dificuldades esses sertanejos desenvolveram processos de letramento diversos, possibilitando a difusão da escrita na região.

CONSIDERAÇÕES FINAIS

Apresentamos, neste capítulo, informações sobre a escolarização no interior baiano oitocentista, sobre o que concluímos o seguinte:

a. O interior baiano conheceu a implantação de escolas de primeiras letras e de outras escolas em meados do século XIX; nem todas, entretanto, funcionavam a contento, também pela falta de instrutores;
b. Em 1877, a Bahia contava com 460 escolas primárias – 310 para meninos e 150 para meninas – frequentadas por 13.001 meninos e 5.206 meninas;
c. O percentual de letrados no Brasil e na Bahia ainda é baixo em fins do século XIX, a despeito do aumento do número de escolas;
d. No Brasil, em fins do século XIX, é altíssimo o percentual de iletrados, algo em torno de 81,08%. A Bahia, com aproximadamente 20% de letrados, aparece levemente acima da média nacional para o período, que era de 18,82%. Quando comparamos, por outro lado, o percentual não mais de alunos matriculados, mas o índice geral de alfabetizados da

Bahia (20,6%) – destacando-se que esse índice na capital da província (Salvador), entre os livres, era de, aproximadamente, 36,32%, conforme dados do Censo de 1872 – com o geral do interior (17,13%), observamos que a situação não é uniforme; tendo em vista o desequilíbrio nos índices, como, por exemplo, em Juazeiro, com apenas 4%, destacando alguns índices elevados em algumas localidades, sobretudo em áreas de mineração como Lençóis (30%), Morro do Chapéu (28,58%), índices acima da média nacional. Há outros índices discrepantes como o de Monte Alegre (34%) e Itapicuru (27%).

e. Para o século XIX, na Bahia, os dados a que tivemos acesso sobre a escolarização nos levam a supor a existência não de um português culto, mas de um português semiculto e, principalmente, de um português popular.

f. O português popular – cujo antecedente histórico, segundo Mattos e Silva (2001), é o *português geral brasileiro*, gestado no início da colonização lusa, em um processo de aquisição imperfeita (Kroch, 2001), provocada pelo contato do português do colonizador com distintas línguas indígenas e com línguas africanas provenientes de diferentes regiões da África – teve mais "chances" de desenvolver-se no interior baiano e aí se manter, reinando praticamente sozinho até início do século XX, haja vista os contatos linguísticos variados e o irregular processo de escolarização, conforme Carneiro e Almeida (2002; 2007).

Carneiro, Lacerda e Almeida (no prelo) apontam indícios da participação indígena na formação do *português geral* referido por Mattos e Silva (2001), especialmente no interior da Bahia colonial, na região do Baixo-Médio e Médio São Francisco, marcada pelo período em que se iniciam os processos de ocupação, seja realizada através de entradas – com o propósito de promover os chamados "descimentos" de indígenas, para fins diversos, inclusive o da escravização –, seja motivada pela busca de riquezas, pelas missões de evangelização, pela expansão pecuária, entre outros. Baseiam-se as autoras, especialmente, nas *Relações* do frei Martinho de Nantes (1979) sobre as línguas faladas nessa região, no século XVII.

Em outro trabalho, Carneiro e Lacerda (2017) apresentam evidências de indígenas alfabetizados em português no litoral baiano setecentista, na nova Vila de Abrantes (antigo aldeamento do Espírito Santo), havendo, em petições reivindicando terras, registros de assinaturas de cinco mamelucos entre os oito alfabetizados que assumiram cargos na administração da referida vila. Segundo elas, é possível encontrar indícios de escolarização de indígenas, a partir do século XVII, na região do semiárido, na área do rio São Francisco e das Jacobinas e em áreas vizinhas, onde houve aldeamentos, nos séculos XVII e XVIII, organizados à maneira dos aldeamentos do litoral.

Sobre as notas apresentadas a respeito da escolarização na região semiárida da Bahia, no período republicano, temos, em resumo:

Sobre a educação formal em Feira de Santana:

a. A estrutura escolar feirense, nos primeiros anos do século XX, era muito precária, com 19 escolas públicas: 5 na sede do município e as restantes distribuídas pelos distritos e povoados, atendendo a uma população de mil alunos.
b. Feira de Santana passou a ser conhecida como um centro formador, antes mesmo da implantação da Faculdade de Educação, devido à grande influência das Escolas Normais e do Colégio Santanópolis, que recebiam pessoas de toda a microrregião.
c. Na segunda metade do século XX, os índices educacionais são ainda baixos em Feira de Santana; na década de 80, os percentuais de indivíduos acima de 17 anos, com o ensino médio completo, é de apenas 9,5%, e menos de 1% da população tem educação superior. O processo de estandardização é mais tardio para a maioria da população, tendo em vista que o crescimento dos índices de escolarização vai, paulatinamente, retirando o país da condição de iletrado, inserindo-o em um contexto de país com baixos índices de letramento, como mostra Lobo (2003).

Sobre a educação não formal na região sisaleira:

a. As poucas escolas que existiam, na região sisaleira, em fins da década de 60, funcionavam de modo precário, muitas vezes com professoras itinerantes; pode-se notar a informalidade que caracterizava esses espaços escolares na maneira como eram nomeados, recebendo o nome da professora.
b. A própria casa ou a casa de parentes serviu, frequentemente, como espaço de aprendizagem.
c. Para aqueles que não frequentaram nem mesmo os espaços de aprendizagem nas casas, o contato com materiais de leitura, como os textos religiosos, pode ter contribuído para a aprendizagem da escrita.
d. O processo de migração também colaborou para a aprendizagem da escrita, tendo em vista a necessidade de manter comunicação com familiares e amigos distantes.
e. A pouca habilidade com a escrita reflete a falta de contato dos redatores com as normas prescritas via escolarização formal.

NOTAS

1. Cf. o trabalho de Mussa (1991), intitulado *Sobre constituição demográfica do português brasileiro e o papel das línguas africanas*.
2. Neste trabalho, interior e semiárido são usados como sinônimos, opondo-se ao Recôncavo e ao litoral. Embora designada de forma geral como uma unidade homogênea, a de região semiárida e seus sertões, possui inúmeras unidades geoambientais, com grande diversidade edafoclimática (Silva, 1993). Essa diversidade, que inclui, por exemplo, áreas extrativistas exploradas durante o período colonial, como a área da Chapada Diamantina, considerada de baixa produtividade para culturas permanentes, contrapõe-se muito fortemente no que diz respeito ao padrão de urbanização.
3. Uma parte desses atos, arrolados por Antonietta de Aguiar Nunes, e cedidos por sua equipe, em 2004.
4. Relatórios analisados por Almeida (1889).
5. Durval Vieira de Aguiar tinha por objetivo inspecionar os destacamentos situados no centro da província e anotar as queixas formuladas sobre problemas relacionados à disciplina, instrução, entre outros.
6. Essa lei foi criada em consonância ao estabelecido na Constituição outorgada por D. Pedro I, em 25 de março de 1824, no já bastante citado artigo 179, título 8°, que determinava a gratuidade da instrução a todos os cidadãos, período em que são criadas várias escolas de primeiras letras sob regulamento imperial. Esse sistema sofreu uma reforma constitucional em 1833, transformada em lei em 12 de agosto de 1834, passando às assembleias provinciais a atribuição de legislar sobre o ensino primário e secundário. Tanto a lei de 1827 quanto a lei de 1834 são importantes para os propósitos deste trabalho, porque exigiram, quando de suas implantações, um levantamento da população em idade escolar nas províncias, a ser feito pelas câmaras municipais. Sabemos que as informações contidas nesses levantamentos não são precisas, mas, ainda assim, constituem-se em importantes pistas sobre o processo de estandardização linguística no Brasil. Segundo testemunho dado em 1829 por Domingos Antonio Rabello, havia, na Bahia de 1928, 59 escolas públicas de primeiras letras, além de 39 escolas particulares, em 127 localidades, dentre as quais 90 eram freguesias, 35 arraiais, julgados e povoações. Nunes (2006) faz uma análise detalhada do texto de Rabello e mostra que, na grande área do atual semiárido baiano, em 1828, havia apenas escolas particulares nas vilas de Itapicuru de Cima, Pombal, Soure, Mirandela, Jeremoabo, Monte Santo, Arraial de Santo Antonio das Queimadas e no julgado de Tucano. Somente as regiões limítrofes – Inhambupe, Aporá, Alagoinhas – possuíam Escola Nacional.
7. As regiões econômicas do semiárido baiano são: nordeste, Paraguaçu, sudoeste, Baixo-Médio São Francisco, Piemonte da Diamantina, Irecê, Chapada Diamantina, Serra Geral e Médio São Francisco (SEI, 2011).
8. Na Bahia, as primeiras entradas datam de meados do século XVI, como, por exemplo, a entrada de Francisco Bruza Espinosa, em 1553, partindo de Porto Seguro e chegando ao Rio São Francisco. No século XVII, as primeiras entradas foram feitas pelos Ávilas e pelos chamados sertanistas de contrato, os bandeirantes paulistas, e, ainda, pelo baiano Pedro Barbosa Leal, que explorou a famosa Serra de Jacobina.
9. Na Bahia, muitos aldeamentos criados no século XVII e no século XVIII foram transformados em vilas e lugares, que são expansões agropecuárias; com os caminhos das boiadas, o processo da agropecuária deve ter sido um fator importante para a difusão e propagação da língua portuguesa pelos sertões da Bahia. Essa difusão inicialmente deve ter-se dado por meio da boca de brancos pobres e descendentes de índios e escravos brasileiros. Muitos índios foram integrados, provavelmente; outros remanescentes vivem, ainda, na região, a despeito dos problemas de demarcação territorial, a saber: os Tumbalalá, Truká, Tuxá, Kantaruré, Xukuru-Kariri, Pankaré, Tocas, Kaimbé, Kiriri, Aricobé, Atikúm e Pankaru. A população, no entanto, é pequena, variando de 50 indivíduos, a exemplo dos Kiriri das terras do Rodeador, em Cícero Dantas, e os Atikúm do Angical, até, no máximo, 1.350, entre os Kiriri do Banzaê. Todos são falantes do português. Aliás, em todo o nordeste brasileiro, somente os fulniôs se expressam em sua própria língua (Puntoni, 2002). Spix e Martius (1916) descrevem um desses lugares: "[...] para visitar os índios da Vila da Pedra Branca, légua e meia a S. S. O. de Tapera, onde havíamos armado o nosso pouso. O dono dessa fazenda acompanhou-nos até lá, por um caminho estreito, entre outeiros cobertos de mato. Encontramos filas de palhoças baixas, de taipa, e, no meio delas, uma igreja da mesma construção, distinguindo-se sòmente [sic] por um altar pobremente ornamentado. Defronte desse templo, avistamos grande parte dos índios e uns poucos colonos de outras raças, reunidos para ouvir missa. Os silvíco-

las, que vivem aqui há uns trinta anos, reunidos sob a direção de um juiz brasileiro e de um escrivão, pertencem às tribos dos cariris e dos sabujás. Moram os primeiros na própria Vila da Pedra Branca; os outros, num povoado, chamado *Caranguejo,* distante meia hora mais ao sul. Antes de se estabelecerem sob o domínio brasileiro, eles viviam dispersos nas matas dos montes vizinhos. Atualmente formam um distrito de umas 600 almas. Ambas estas tribos entretêm relações de recíproca boa harmonia, e não se distinguem uma da outra, nem pela conformação do corpo, nem pelos costumes e hábitos, mas apenas pela diferença das línguas. São de estatura mediana, bastante esbelta, de compleição nada forte, de côr [sic] pardo-clara [...]" (1916: 145).

[10] Os aldeamentos, como já dissemos aqui, tiveram um importante papel para a posterior formação de vilas, lugares e morgados, mas a situação linguística, no que diz respeito ao português, ainda era muito imprecisa, havendo, pelo menos, duas línguas de contato: a do colonizador, uma ou mais línguas gerais de base indígena e línguas indígenas. Sobre os núcleos quilombolas, surgiram a partir de grupos de negros fugidos; esses locais eram propícios para o desenvolvimento de línguas crioulas. O sertão, todavia, apresenta uma situação diferente do Recôncavo e do sul do estado, onde está localizada Helvécia, comunidade de afrodescendentes, alvo de importantes estudos de Baxter e Lucchesi (1993; 1997) e Lucchesi e Baxter (2009), no âmbito do projeto Vestígios de Dialetos Crioulos em Comunidades Afro-brasileiras Isoladas. No semiárido, não há notícias da existência de muitos deles, e, algumas vezes, quando formados, parecem ter sido "dizimados".

[11] Os processos de industrialização, escolarização e urbanização em muito vão contribuir para firmar a dita unidade linguística brasileira.

[12] De acordo com Lucchesi (1994; 2001), que vê o português do Brasil como um sistema não apenas heterogêneo e variável, mas plural, um diassistema formado por dois subsistemas, por sua vez, igualmente heterogêneos e variáveis, definidos como "normas".

[13] Parte deste capítulo é uma versão do trabalho publicado por Carneiro e Almeida (2006), nas *Atas* do Projeto Para a História do Português Brasileiro/PHPB, do Seminário ocorrido em 2003, em Itaparica.

[14] O período entre 1759, iniciado com a expulsão dos jesuítas do Brasil, até 1822 é considerado, na historiografia, como período pombalino.

[15] Basicamente formado pelos jesuítas e, em menor proporção, por carmelitas, franciscanos e capuchinhos.

[16] Trata-se de um documento editado em 1829, intitulado *Corografia ou abreviada história geográfica do império do Brasil* – de autoria do negociante e director da Companhia de Seguro e Comércio Marítimo, cujo nome completo é Domingos José Antonio Rebello –, dedicada à Casa Pia e Colégio dos Órfãos de São Joaquim, da cidade do Salvador, Bahia. Esse texto apresenta dados que supostamente foram colhidos entre 1827 e 1828, período que precede a criação de outras cadeiras, seguindo a determinação imperial (Nunes, 2006).

[17] Sobre a situação linguística do semiárido baiano no século XVII, cf. Carneiro, Lacerda e Almeida (no prelo).

[18] Trata-se dos livros *do Gado* e *de Razão* do Brejo do Campo Seco, escritos por três gerações, do último quartel do século XVIII ao terceiro quartel do século XIX. O *Livro do Gado* foi inaugurado pelo português Miguel Lourenço de Almeida, primeiro senhor do Brejo do Campo Seco, em 1755, que escreveu, no livro, até 1785; de 1794 a 1822, escreveu, no livro, o brasileiro Antônio Pinheiro Pinto, genro do português Miguel Lourenço de Almeida e segundo senhor do Brejo, homem de negócio e familiar do Santo Ofício, proprietário, em 1755, da fazenda do Campo Seco, uma das últimas fazendas. De 1822 a 1832, Inocêncio José Pinheiro ou Inocêncio Pinheiro Canguçu – terceiro senhor do Brejo, filho de Antônio Pinheiro Pinto e neto de Miguel Lourenço – fez seus registros no *Livro do Gado*. Expério Pinheiro Canguçu, último senhor do Brejo do Campo Seco, filho de Inocêncio Pinheiro Canguçu, não escreveu nem no *Livro do Gado* nem no *Livro de Razão*. Em 1795, Antônio Pinheiro Pinto inaugurou o *Livro de Razão* do Brejo do Campo Seco. Escreveu Antônio Pinheiro Pinto até 1821 no *Livro de Razão*. A partir de 1822, após o falecimento de Antônio Pinheiro Pinto, passou a escrever no livro Inocêncio Pinheiro Canguçu; de acordo com Santos Filho (1956: 114-115), data de 1838 seu último assentamento (Lacerda e Carneiro, 2016).

[19] Santos Filho (1956) destaca outras anotações de entrada do mesmo Inocêncio, em aulas de outro mestre, em Bom Jesus dos Meiras, em 18 de maio de 1810. Para Santos Filho (1956), Antônio Pinheiro Pinto e Inocêncio Pinheiro Canguçu seriam pouco instruídos, considerando a análise da grafia nos livros referidos, mas não só; também questões linguísticas: demonstram os escreventes ausência de conhecimentos linguísticos elementares, segundo o autor. Em 1873, há registros do filho de Inocêncio Pinheiro Pinto,

Exupério Pinheiro Pinto, aquele "que lia latim e não errava um tiro". Segundo Santos Filho (1956: 56-59), ele teria transformado um dos quartos do andar térreo do sobrado do Brejo Seco em uma sala de estudo para os nove filhos, incluindo as meninas; a sala tinha mesinhas e bancos. Contratou para as aulas um sacerdote e professor português de Bom Jesus dos Meiras. Durante nove anos, esse espaço de ensino funcionou no sobrado.

[20] Inicialmente, havia, na costa, escolas de indígenas, onde estudavam, também, filhos de colonos portugueses (inclusive os órfãos), conforme está fartamente documentado na Historiografia.

[21] O colégio de meninas conservou o nome de convento (Almeida, 2000 [1889]: 25).

[22] Durante o período jesuítico (1529-1759), foram criados 17 colégios cujo público compunha-se de filhos de funcionários públicos, de senhores de engenho, de pecuaristas, de artesãos e, no século XVIII, de mineradores. Além de cursos superiores, também, no Rio de Janeiro, São Paulo, Pernambuco, no Maranhão e no Pará (Cunha, 2000).

[23] A primeira lista solicitada pelo presidente de província às câmaras municipais na Bahia, atendendo à Lei Imperial de 15 de outubro de 1827, data de 1830. Há, nessa lista, uma relação das vilas mais populosas com crianças em idade escolar na época e uma indicação para que fossem criadas 160 escolas, sendo 30 somente na capital. Mesmo antes do Ato Adicional, ou seja, quando a criação de escolas não estava a cargo do Governo da província, a Bahia contava com 61 cadeiras de primeiras letras, 9 de aulas maiores e 26 de Gramática Latina (Rabello, 1929: 219). O Brasil como um todo tinha, por volta de 1854, segundo Almeida (200 [1889]: 80), 441 escolas primárias e 59 cadeiras de Latim. O autor dá, também, uma estimativa da população e do número de meninos e meninas matriculados nas escolas. As crianças escravas não estão incluídas, porque não tinham direito à educação regular. Há, na legislação da província da Bahia (1835-1888), uma resolução e quatro regulamentos que tratam da proibição do acesso dos escravos à escola, no final do século XIX, a saber: "que os escravos não são admitidos à matrícula, pois não poderiam frequentar as escolas primárias" (cf. Resolução n° 1.561 de 28 de junho de 1875, Art. 86, § 4°, Regulamento de 22 de abril de 1862, art. 46, § 3° e Regulamento de 27 de setembro de 1873, art. 83, § 3°). O Regulamento de 5 de janeiro de 1871, art. 10, estabelece que "a matrícula do aluno seria feita pelo professor mediante a guia do pai, tutor ou protetor, em que se declararia, além da naturalidade e filiação, sua condição de não escravo, ter de 5 a 15 anos, estar vacinado e não sofrer de doença contagiosa".

[24] O autor usa esse termo para designar o professor ou mestre de escolas primárias.

[25] Constam em destaque (*) as localidades onde existiam as poucas cadeiras de Latim da época.

[26] Esse relatório foi publicado em 1892.

[27] Sobre o nível de escolarização dos professores de primeiras letras e sobre a forma de preenchimento de vagas nas escolas públicas, há um dado bastante interessante em Farias e Menezes (1937: 14-15), conforme trecho abaixo (sem grifo no original): "Logo que uma dellas se vagava, o Juiz de Fora punha-a, por edital, em concurso, ao que succedia o exame dos candidatos, feito perante dois professores, que lhe apresentavam um livro com os "Elementos de Civilidade", do qual aquelles liam alguns periodos. Em seguida, eram-llhes dictadas algumas phrases muitos communs, para serem escriptas; eram-llhes dadas diversas contas de sommar, diminuir, multiplicar e dividir, para serem feitas, e, finalmente, eram arguidos em grammatica portuguesa e doutrina christã. Prestado este exame, por tal forma, eram as provas enviadas ao arcebispo ou a quem suas vezes fizesse, para opinar acerca de qual dos candidatos ser o preferido, mandando então a Camara Municipal passar o titulo de nomeação". Há, ainda, um outro dado sobre o nível de escolarização desses professores em um documento do Arquivo Público da Bahia, que se refere à dispensa dos professores de primeiras letras de frequentar a Escola Normal e a fazer novo exame (cf. Resolução n° 155 de 18 de março de 1842, p.5/6, volume IV).

[28] Vale destacar, ainda, que esse índice na capital da província (Salvador), entre os livres, era de, aproximadamente, 36,32% (cf. Censo de 1872).

[29] Definido aqui como o falado ou escrito por diplomados no nível superior.

[30] A presença africana (vide "negros" nas escolas) é pequena, porque, como já dito, os escravos não tinham acesso à escola regular. São raros, inclusive, os registros de africanos, mesmo livres, e indígenas nos quadros da instrução pública. Almeida (2000 [1889]: 200), por exemplo, quando relaciona a nacionalidade e a etnia dos alunos inscritos no Liceu de Artes e Ofícios do Rio de Janeiro (1858-1887), aponta apenas1 africano e 4 indígenas.

[31] Sobre as faces do português culto, cf. Ilza Ribeiro (2002).

[32] Claro que, por exemplo, entre os estudantes que foram enviados para a Universidade de Coimbra durante todo o século XIX e, posteriormente, para a Faculdade de Direito de Olinda/Recife e de Medicina, na Bahia, entre outras, havia interioranos. No entanto, pensamos que, se parte desses baianos para lá voltaram, e se voltaram, não era em número suficiente para que o português falado por eles se constituísse em uma variante suficientemente forte para exercer uma pressão de cima para baixo, nos termos definidos por Labov (1975).

[33] O conceito de "cidades imaginárias" do autor refere-se àquelas que mesmo tendo tamanho irrisório foram classificadas como cidades pelo censo. Essas são, na verdade, simples aglomerações de agricultores. Esse equívoco acontece porque no Brasil "considera-se urbana toda sede de município (cidade) e de distrito (vilas), alimentando esse disparate segundo o qual o grau de urbanização do Brasil teria atingido 81,2% em 2000" (2003: 32). Foi considerada urbana, por exemplo, uma sede municipal, no estado do Rio Grande do Sul, que tinha apenas 18 moradores, no Censo demográfico de 2000. Na verdade, segundo o autor, no Brasil só 57% da população é, inequivocadamente, urbana.

[34] Trabalho intitulado O *português geral brasileiro* nos sertões baianos seiscentistas: indícios sobre a participação indígena

[35] Na história da Educação, esse período é dividido em fases, a saber: Fase Vargas (1930-1945); Fase Nacional (1946-1964); Fase Militar (1964-1984) e Fase da Transição Democrática (a partir de 1984).

[36] Versão do trabalho apresentado no "DIA II - Les variations diasystémiques et leurs interdépendences", 2012, Copenhague, sendo parte publicada em Almeida (2012).

[37] "De este modo se crea una situación dinámica de tensión, en la que categorías y grupos sociales hasta entonces excluidos del uso de la escritura advierten a la vez su necesidad y su carencia, también porque la progresiva burocratización de las relaciones sociales y económicas requiere a todos aquellos que desarrollan cualquier tipo de actividad una mínima capacidad gráfica".

APÊNDICES

Apêndice 1 – Estimativa da população e do número de alunos em 1854 em algumas províncias

Províncias	População	Primário Público Menino	Primário Público Menina	Primário Privado Menino	Primário Privado Menina	Secundário Público Menino	Secundário Público Menina	Secundário Privado Menino	Secundário Privado Menina	TOTAL	%
Amazonas	-	409	49	46	18	54	-	-	-	576	?
Ceará	468.278	3.648	1.323	204	32	156	-	283	-	5.648	1,20
Goiás	117.219	1.176	364	-	25	132	-	-	-	1.697	1,44
Maranhão	384.577	2.607	662	392	254	166	-	135	-	4.216	1,09
Minas Gerais	1.619.535	14.705	2.204	-	-	787	-	-	-	17.696	1,09
Pará	185.292	3.261	805	567	271	142	280	52	-	4.990	**2,69**
Paraíba	-	1.404	396	147	29	226	-	-	-	2.202	?
Paraná	72.198	1.101	504	874	22	38	-	-	-	2.539	**3,51**
Pernambuco	-	3.807	918	842	438	99	-	516	20	6.640	?
Piauí	-	772	192	18	3	62	-	32	-	1.679	?
Rio G. do Norte	-	914	173	67	-	114	-	-	-	1.268	?
Rio G. do Sul	-	3.834	2.178	1.600	813	850	-	-	184	6.459	?
Rio de Janeiro	-	4.821	1.711	1.193	714	50	575	-	157	9.158	?
Santa Catarina	-	-	-	-	-	39	-	-	-	39	?
São Paulo	606.588	4.376	2.333	3.146	1.982	127	-	500	-	12.824	**2,11**

Fonte: adaptado de Almeida (2000 [1889]: 112).

PARA UMA SÓCIO-HISTÓRIA DA LÍNGUA PORTUGUESA NO RIO DE JANEIRO: DEMOGRAFIA, ESCOLARIZAÇÃO E CONSTRUÇÃO DA NORMA

Dinah Callou
Juanito Avelar
Afranio Barbosa
Carolina Serra

SUMÁRIO

INTRODUÇÃO	324
DO PRESENTE PARA O PASSADO	326
DIVERSIFICAÇÃO SOCIOCULTURAL	332
ALGUNS DADOS DEMOGRÁFICOS E SOCIAIS	339
MOBILIDADE SOCIAL NO SÉCULO XIX	345
FOCALIZANDO A MIGRAÇÃO PORTUGUESA	353
A CONSTRUÇÃO DE UMA NORMA	358
FOCALIZANDO A ESCOLARIZAÇÃO	360
DO ENSINO ESCOLAR	369
CONSIDERAÇÕES FINAIS	379
ANEXO	380

INTRODUÇÃO

Este capítulo[1] é parte integrante, mínima talvez, de um projeto mais ambicioso de interpretar o processo de constituição do português carioca, marcadamente heterogêneo, numa perspectiva sócio-histórica, e contribuir para a descrição da história social do português brasileiro. O objetivo é correlacionar instâncias que parecem ter sido fundamentais para a formação do atual quadro linguístico da cidade do Rio de Janeiro, cidade-Estado até meados do século XX, Município Neutro no Império brasileiro, capital do Império português durante as guerras napoleônicas, ou seja, um espaço de contatos para atores oitocentistas sempre com função simbólica de modelo no conjunto nacional. Segue-se o proposto por Mattos e Silva (1999: 18), o de promover uma compreensão interpretativa para identificar fatores da história social brasileira que terão tido efeito na constituição histórica do português brasileiro. A proposta aqui é tentar correlacionar fatores da história da capital fluminense à configuração atual do falar carioca.

Para Mattos e Silva (2004b: 20), uma construção efetiva da história social do português brasileiro deve considerar "*muitas histórias de contactos linguísticos*". Se o resultado dessas muitas histórias é um "português heterogêneo e polarizado", cabe, para o caso específico do Rio de Janeiro, estabelecer de que forma essas heterogeneidade e polarização se organizam no espaço da cidade, num intervalo que se inicia nos primeiros anos do século XIX e se estende até os dias atuais. A autora caracteriza o quadro linguístico do Brasil colonial como uma situação babélica e argumenta que, para essa época, "*se pode configurar, como principais atores no cenário do Brasil colonial, por uma filtragem necessária à intercomunicação, o português europeu, as línguas gerais indígenas e o português geral brasileiro em formação*" (2004b: 32). Este último teria dado origem ao que hoje é designado pela Sociolinguística como português popular brasileiro.

Para o caso do Rio de Janeiro, no século XIX, esse quadro apresenta, certamente, uma outra configuração. Não se poderiam considerar aqui as línguas gerais indígenas e, talvez, o que se possa chamar de português geral brasileiro não seja mais – pelo menos já na metade do século – algo em formação. O que tentaremos, por meio da análise dos contatos resultantes do processo de mobilidade social, é depreender quais seriam esses principais "atores linguísticos" no Rio de Janeiro ao longo dos oitocentos.

Nas próximas seções, levantam-se algumas hipóteses que possam explicar a resultante sociogeográfica e linguística, ao longo daquele século. Entende-se que a análise do processo de mobilidade social se apresenta como um ponto de partida "lucrativo", uma vez que permitirá observar, para todo o período em questão, a dinâmica dos contatos sociais que marcaram o início da urbanização e da modernidade carioca. Se partirmos do pressuposto de que o linguístico reflete o social, esperamos que a depreensão e caracterização dos contatos sociais possam também fornecer hipóteses sobre a dinâmica dos contatos linguísticos. Ressalte-se que, neste trabalho, o processo de mobilidade social ainda é visto em linhas gerais, e nosso foco se concentra apenas em apontar possíveis resultantes sociolinguísticas oriundas de fatos sociais que nos pareceram mais relevantes, sem, contudo, discuti-las de forma mais sistemática. Um aspecto a considerar, portanto, diz respeito à metodologia da pesquisa, mais especificamente, à forma de implementar estudos em História Social que tenham a língua como seu objeto.

O estabelecimento de uma metodologia tem sido exatamente um dos principais debates entre os estudiosos de uma história da língua portuguesa no Brasil, já que o que existe, até onde sabemos, para a interpretação sócio-histórica do português brasileiro, são apenas tentativas. Pode-se tomar o proposto por Castilho (2001) como pontapé inicial na busca de uma metodologia consistente. Dentro do que o autor define como "programa discursivo-computacional", de natureza funcionalista, que teria um papel crucial para desencadear uma mudança gramatical, considera-se que "*contactos intralinguísticos e interlinguísticos são o gatilho discursivo da mudança*" que podem acelerar ou 'ralentar' uma deriva. Para o caso do Rio de Janeiro, parece caber, em princípio, o que o linguista aponta como uma situação de contato intralinguístico:

> [...] situações de contato intralinguístico caracterizam o ponto máximo da proximidade discursiva, não impeditiva da interação. Alterações demográficas decorrentes de migrações internas levam falantes de variedades socioculturais e de variedades geográficas da mesma língua a interagir no mesmo espaço. Discretas adaptações têm lugar, vencendo a variedade. (Castilho, 2001: 341)

Defende-se a ideia de uma *ars interpretandi* (Lass, 1997: 5), no sentido de que as histórias das línguas, como objetos disponíveis ou criados pelos linguistas – como todas as histórias – apresentam-se como *mitos*, por não haver documentos das várias fases da nossa história e, consequentemente, da língua que supostamente refletem. Ao mesmo tempo, não há condições de se dimensionar exatamente nem a difusão espaço, tampouco o que significam todos os fatos evidenciados por esses documentos, a não ser indiretamente, através de uma interpretação. Além disso, o estabelecimento de áreas ou fases de uma língua, no seu processo de constituição histórica, será sempre, por sua própria natureza, arbitrário, uma vez que dependerá dos critérios adotados pelo analista. É no curso de uma *ars interpretandi*, portanto, que se busca estabelecer uma história dos contatos linguísticos para atingir o perfil histórico sociolinguístico que caracteriza a cidade do Rio de Janeiro.

Levar em conta, nessa *ars*, apenas o processo de mobilidade social está longe, porém, de ser o bastante. Será preciso considerar como integrar fatores externos que influenciaram e/ou estariam influenciando a diferenciação sociolinguística, a saber, o processo de escolarização, a migração portuguesa, a presença de contingentes populacionais de outros estados, a chegada de novos africanos, os diferentes contextos de aquisição da linguagem, entre tantos outros aspectos.

DO PRESENTE PARA O PASSADO

Não se pode compreender o Rio de Janeiro atual sem antes analisar o modo pelo qual cresceu e se diversificou a pequena povoação de 150 habitantes, fundada por Mem de Sá no morro do Castelo, ao que parece, por imperativos de ordem estratégico-militar. Não há, contudo, dados históricos que permitam estabelecer as circunstâncias precisas da chegada dos portugueses à baía do Rio, nem o número exato de habitantes da cidade do Rio de Janeiro no final do século XVI. A primeira estimativa feita se baseia no quadro do barão do Rio Branco, que, por sua vez, se inspirou na *Informação...*, no ano de 1585, do padre José de Anchieta.

Tabela 1 – Distribuição da população por "raça"

BRANCOS	ÍNDIOS	NEGROS
750	3.000	100 escravos

Entre 1585 e 1600, pode-se pensar que a população branca do Rio de Janeiro já contava com 1.000 almas, em decorrência do incremento comercial da cidade. Esse número de habitantes já impunha uma estratificação social em função de ofícios diversos desempenharem um papel importante na relação entre os habitantes (Linhares e Lévy, 1971). A mestiçagem está presente desde a sua fundação, mas sua valorização é muito mais tardia e nem sempre reflete, como esperado, a realidade social. Segundo Enders (2002: 6),

Não se pode negar [...] que a antiga capital do Brasil foi de fato o cadinho de uma nação mestiça [...]. Em vários domínios, como a escravidão, a imigração, a industrialização, [...] o Rio de Janeiro apresenta uma trajetória singular e se distingue especialmente de São Paulo.

E de muitos outros estados. No século XVII, o Rio de Janeiro passou a desempenhar o papel de porto de mar para o escoamento da produção açucareira e serviu, também, como ponto forte para a conquista e defesa do sul. A partir dos últimos anos do século XVII, com a descoberta do ouro, o Rio de Janeiro torna-se o intermediário entre a área de mineração e a metrópole. Durante o ciclo do ouro, a cidade adquire projeção sem precedentes, expressa em sua expansão urbana: (i) desenvolvimento de novas áreas, (ii) subdivisão das freguesias urbanas, entre outros fatores.

Em relação ao país como um todo, em 1763, ocorreu a transferência da capital do Império para o Rio de Janeiro e, ao longo do século XVIII, o centro de gravidade da América portuguesa passa do Nordeste para o Sudeste, com o Rio de Janeiro se tornando a principal cidade brasileira. De todo modo, em 1799, 34,6% dos habitantes da cidade do Rio de Janeiro são escravos; em 1821, 45,6%; e, até meados do século, o número de escravos não é inferior a 40%: entre 55% a 66% homens (IBGE).[2] Com o declínio do ouro, o café afirma-se como novo produto básico de exportação, entre 1830 e 1840, e é por essa época que se dá o empobrecimento de largas camadas da população urbana e a urbanização das áreas suburbanas.

No caso específico da cidade do Rio de Janeiro, se o processo social é ao mesmo tempo temporal e espacial (Davidovich, 1986), deve-se analisar o processo de urbanização a partir das principais transformações históricas sofridas pela cidade. O início do processo de urbanização do Rio de Janeiro dá-se na segunda metade do século XIX, mas, no decorrer dos séculos, já se observam modificações significativas tanto na aparência – como é possível observar através das fotos do Largo da Carioca – quanto no conteúdo da cidade. A vinda da família real impõe ao Rio uma classe social até então inexistente, impondo também novas necessidades materiais que atendam não só aos anseios dessa classe como facilitem o desempenho das atividades econômicas, políticas e ideológicas que a cidade passa a exercer. Pouco a pouco, a cidade passa a ser movida por duas lógicas distintas, a escravista e a capitalista, com reflexos no seu espaço urbano e a separação de usos e classes sociais que se amontoavam no antigo espaço colonial.

Para dar uma ideia da expansão urbana do Rio de Janeiro, comparem-se fotos de um mesmo local, o Largo da Carioca, referência da cidade, até hoje, de 1608 a 1999.³ Mesmo com as mudanças que sofreu ao longo desses quatro séculos, o Largo da Carioca nunca perdeu sua natureza popular, de modo que acompanhar sua história permite uma análise do desenvolvimento da cidade.

Na Foto 1, pode-se observar uma extensa área pantanosa, cercada por morros. Na 2, vê-se que se iniciou a construção da nova ladeira do Convento de Santo Antônio, já concluída a construção do muro que cercava o Convento. Esse era o limite ao fundo da cidade de então, que tinha como corredor urbanizado a faixa entre a baía da Guanabara, os arcos da Lapa, frente e fundo, respectivamente, e o Mosteiro de São Bento e o Outeiro da Glória como limites laterais. Esse era o espaço em que viviam 17,94% da população de toda a capitania do Rio de Janeiro (38.707 na cidade do Rio de Janeiro dentre as 215.678 pessoas da capitania (Barbosa, 1999: 75), e onde se travava a disputa de poder entre portugueses e nascidos no Brasil ao fim do século XVIII (Barbosa, 1999). Um ambiente polarizado que se desfaria em 1808 com a chegada da família real portuguesa, mas que deve ter deixado suas marcas de estratificação do português de nascidos no Brasil (o português do Brasil) nas cercanias da cidade para onde foram as famílias que se interiorizam para dar espaço aos cerca de 15 mil portugueses que passam a ocupar o quadrilátero urbano anteriormente descrito. O que hoje são subúrbios ao longo da linha férrea e metroviária, como Irajá, Cascadura, Engenho da Rainha e Tijuca (especialmente o Engenho Velho – estação metroviária São Francisco Xavier), e toda zona oeste não litorânea, eram áreas de produção de subsistência da cidade para onde se espalharam muitas daquelas 38.707 pessoas do quadrilátero urbano, formando a base do Município Neutro do século XIX. Conforme Barbosa (1999: 75, grifo nosso):

> O documento que anuncia, em 1808, os novos limites para a cidade do Rio de Janeiro não deixa qualquer dúvida quanto a isso: décadas depois, a cidade, partindo da circunferência formada pela Baía de Guanabara, não passava do início da Zona Sul e do bairro limite entre o Centro e a Zona Norte da atualidade. [4]

> [...] para O mesmo Senado proceder / a huma nova demarcação do termo dezta Cidade / tomando-se ezta materia em deliberação, con / cideran-se os limites athé Onde se estendem, / *estão estendendo as ruas da Cidade assentou / o Senado que sevião limites racionavey / segundo O estado actual das Cousas, por hum / lado O Ryo das Larangeiras, por outro o Ryo / Cumprido, e por Outro o Mâr em toda a sua / circonferencia*; ...

De qualquer modo, a definição desses espaços *urbano* e *rural* coincide com a estrutura geral de produção colonial: parte voltada para a subsistência interna que garantiria a manutenção da outra, aquela parcela voltada para o mercado externo, própria razão de ser dos grandes centros de escoamento de riquezas. Essa configuração de uma dinâmica de interação entre área urbana *neutralizadora* dos falares aloglotas, em função do português, cercada de uma área rural imediata para a produção de subsistência – a partir da qual avança, interior adentro, a grande área agrícola para exportação – parece ter se prolongado no decorrer de todo o século XIX.

Certamente um estrato humano em diferente interação aloglótica do que o contato entre portugueses, e súditos nascidos no Brasil que ocorria no resto da capitania do Rio de Janeiro, para onde iam vários escravos africanos que passaram pelo cais carioca, lugar por onde passou o maior número de seres humanos escravizados na história. Nas fazendas nas regiões como Macacu, Volta Redonda, enfim, o interior do hoje estado do Rio de Janeiro, a interação e exposição dos aqui nascidos, chamados negros nacionais nos censos do século XIX, ao português nunca poderia ter sido igual à ocorrida nas cercanias do centro urbano, muito menos dentro dele.

Foto 1 – Largo da Carioca no começo do século XVII

Foto 2 – Largo da Carioca no século XVIII

Em 1824, o aspecto arquitetônico da área já muda consideravelmente e, em 1910, a cidade sofre uma profunda transformação, assumindo uma nova visão urbanística.

Foto 3 – Largo da Carioca no século XIX

Foto 4 – Largo da Carioca no começo do século XX

Finalmente, no final do século XX, o Largo da Carioca sofre nova transformação, inclusive com a construção do metrô, responsável pela maior mobilidade social. As construções antigas em torno do Largo são recuperadas pelo Patrimônio Histórico e assumem o aspecto que têm ainda hoje.

Foto 5 – Largo da Carioca em 1999

Essa ilustração icônica remete aos possíveis efeitos de mudança na língua, mas, se pensamos na construção de uma abstração "português carioca" criada pela percepção social de regularidades, de constâncias, de normas objetivas dentre a variedade de usos, podemos supor na cidade espaços de regularidades identitárias para processos de mudanças mesmo posteriores. São espaços que vão se estabelecendo nessa oposição centro-margem na distribuição humana que se realimentou até hoje na cidade do Rio de janeiro.

DIVERSIFICAÇÃO SOCIOCULTURAL

A cidade do Rio de Janeiro pode ser caracterizada como um espaço de contrastes polarizado, seja no plano geográfico, seja nos planos social e econômico. A existência de um Rio localizado entre as montanhas e o mar, ao lado de outro Rio, que se estende por uma extensa área de baixada, "depois" da montanha, justifica o primeiro plano, mas é nos âmbitos social e econômico que o contraste mais se evidencia.

Conforme o relatório divulgado pelo PNUD (Programa das Nações Unidas para o Desenvolvimento) no início do milênio, entre as montanhas e o mar, abençoada pelo Cristo, a cidade apresenta um dos maiores índices de desenvolvimento humano do mundo, comparáveis aos da Suíça e da Itália e, contrariamente, no lado da extensa baixada, longe do mar, algumas regiões chegam a apresentar um desenvolvimento igual ou pior que o de países como Argélia e Moçambique. O título da reportagem publicada no jornal *O Globo* é ilustrativo das diferenças entre esses dois mundos, reunidos num mesmo espaço político: "A África é aqui. E a Europa também".

> É raro encontrar no mundo uma cidade com tanta diversidade quanto o Rio de Janeiro. Por seus contrastes, a capital fluminense foi escolhida pelo Programa das Nações Unidas para o Desenvolvimento (PNUD) para ser o primeiro município a ter seu próprio Relatório de Desenvolvimento Humano [...]. Na análise por bairros, o relatório aponta a Lagoa como a área de maior desenvolvimento humano da cidade. Seu IDH, de 0,902, é semelhante ao da Itália [...]. No outro extremo – com 96 anos de atraso em relação à Lagoa – está Acari (IDH de 0,558), bairro do subúrbio que tem condições de vida comparáveis às da Argélia, no continente africano. [...] Outros 90 bairros, onde vivem 60% da população, têm desempenho inferior à média do Rio – desigualdade tão grande quanto a que separa a África da Ásia. (*O Globo*, 24/03/2001)

A pergunta – cuja resposta todo sociolinguista conhece – é a de se esse contraste socioeconômico implica um contraste linguístico. Mais concretamente, poderíamos reformulá-la, partindo do documento extraído do jornal citado, indagando se haveria uma distinção entre a Lagoa ou o Jardim Botânico, em termos linguísticos, de Acari ou de Santa Cruz. Ou, de forma mais geral, se o Rio que amanhece abraçado pelo Cristo é, em função dessas diferenças sociais, linguisticamente outro que o Rio da extensa baixada. Embora não haja um número expressivo de dados sobre os quais apoiar as diferenças, qualquer observador mais atento é capaz de verificar que elas existem e talvez até permitam identificar a que região da cidade um carioca pertence.

Ressalte-se que essas diferenças não se apoiam apenas na geografia da cidade. Parece caber, para o caso do Rio de Janeiro, a afirmação de Teyssier (2007: 98) sobre a heterogeneidade do português brasileiro.

> [...] as divisões dialetais no Brasil são menos geográficas que socioculturais. As diferenças nas maneiras de falar são maiores, num determinado lugar, entre um homem culto e o vizinho analfabeto, que entre dois brasileiros do mesmo nível cultural originários de duas regiões distantes uma da outra.

É inegável, contudo, que a disposição espacial dos habitantes cariocas reflete as condições econômicas: as diferenças sociais parecem estar numa quase correspondência biunívoca com as diferenças geográficas. De um lado, a Zona Sul, região que concentra a maior parte dos bairros com alto IDH, segundo o relatório do PNUD; de outro, as demais zonas, abarcando as localidades, em sua maioria, com os menores IDH. Essa biunivocidade se explica pelo processo de mobilidade social que vai se desenvolver ao longo do século XIX, com diferentes classes sociais ocupando pontos urbanos diferenciados da cidade que começava a se expandir.

É com a chegada da Corte portuguesa, no início do século XIX, que esse Rio de contrastes, *"bem resolvido"* em termos geográficos, começa a se delinear. Para que possamos então descrever as causas da dinâmica sociolinguística na capital fluminense do terceiro milênio, será preciso retornar dois séculos, a fim de detectar as possíveis consequências linguísticas dos movimentos sociais que marcaram o Rio de Janeiro no início de sua modernidade. Conforme Abreu (1987: 36),

[...] as contradições da cidade só serão resolvidas no início do século XX. Tal resolução, entretanto, só será possível porque, no decorrer do século XIX, são lançados no espaço os elementos que a possibilitam, dentre eles a separação, gradual a princípio, e acelerada depois, dos usos e classes sociais que se amontoavam no antigo espaço colonial.

No que se refere à divisão administrativa, a cidade do Rio de Janeiro, de início, dividia-se em diversas freguesias ou paróquias, que passaram a abranger, mais tarde, os territórios de jurisdição administrativa. Ao final da monarquia, havia 21 freguesias, distribuídas como se pode ver no mapa (apud Abreu, 1987: 38) a seguir:

Mapa 1 – Município do Rio de Janeiro: as freguesias do Rio de Janeiro no século XIX

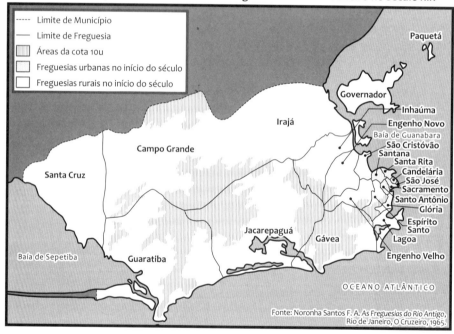

Fonte: Noronha Santos F. A. *As Freguesias do Rio Antigo*, Rio de Janeiro, O Cruzeiro, 1965.

Havia uma diferença social entre as cinco freguesias urbanas – Candelária, São José, Sacramento, Santa Rita e Santana –, que correspondem *grosso modo* às atuais regiões administrativas do centro e portuária: as freguesias da Candelária e São José transformaram-se em local preferencial de residência das classes dirigentes, que ocupavam os sobrados das ruas, hoje, dos Inválidos, do Lavradio e do Resende, ou então as chácaras dos atuais bairros da Glória e Catete. As demais classes, de baixa renda, com reduzido poder de mobilidade, concentravam-se nas outras freguesias urbanas, especialmente as de Santa Rita e Santana, hoje correspondentes aos bairros da Saúde, Santo Cristo e Gamboa. Pelo fato de abrigar a residência da família real, o bairro de São Cristóvão passou também a ser procurado pelos que tinham poder de mobilidade.

O crescimento da população escrava acompanha, de todo modo, o crescimento da cidade. Em algumas freguesias urbanas, a população escrava, em 1821, chega a ultrapassar a livre, como no caso da freguesia da Candelária. O grande volume de escravos deu à Corte características de uma cidade quase negra e, a partir de 1840, de uma cidade meio africana. Essa composição étnica e social vem a modificar-se em consequência da imigração portuguesa. Em 1872, tomando ainda como ponto de referência a freguesia da Candelária, já há uma inversão, segundo o recenseamento realizado no chamado Município Neutro: do total de 10.005 almas que viviam nessa freguesia, 8.116 são livres, havendo uma predominância da população branca: 7.504.

Como se vê, sem conhecer o passado, não se podem compreender o Rio de Janeiro atual e as diferenças linguísticas que existem hoje na fala de moradores das tradicionais áreas da cidade: Zona Norte, oposta à Zona Sul e Zona Suburbana – esta com resquícios de características rurais –, que corresponde a toda a área residencial e industrial constituída a partir das últimas décadas do século XIX ao longo das linhas férreas.

No século XX, no início da década de 70, em algumas escolas municipais do Rio de Janeiro, o material didático de geografia do antigo Estado da Guanabara, hoje a própria cidade do Rio de Janeiro, ainda classificava toda a Zona Oeste (as antigas freguesias coloniais, como Jacarepaguá e Santa Cruz), por exemplo, de *zona rural – subúrbios*. Três noções bem antigas se ligam ao conceito carioca de 'subúrbio': a) o trem como meio básico de transporte; b) predomínio de população menos favorecida economicamente; c) dependência e relações frequentes com o centro da cidade. Observe-se, porém, que Jacarepaguá, embora não servido por trem, está hoje incorporado à Zona Suburbana, e Méier, Cascadura e Madureira, servidos por trem embora totalmente urbanizados, também continuam sendo chamados de subúrbios.

A distinção entre urbano (Zona Norte e Zona Sul) e suburbano era marcada predominantemente pela presença ou ausência de melhoramentos (abastecimento de água, iluminação pública, pavimentação, rede de esgotos sanitários e pluviais etc.), além da densidade e continuidade ou não das construções. Baseando-se em divisão oficial do IBGE, Callou (1987) estabelece uma subdivisão da cidade do Rio de Janeiro em três áreas: Zona Sul,

Zona Norte e Zona Suburbana, sendo esta última composta pelas regiões administrativas de Méier (XII), Engenho Novo (XIII), Irajá (XIV), Madureira (XV), Bangu (XVII) e Jacarepaguá (XVI). *Grosso modo*, essa grande região suburbana da cidade, na década de 70, equivale à área rural de subsistência em torno do Rio de Janeiro, nas últimas décadas do século XVIII. É o que apontava Barbosa (1999: 76-77) ao dizer:

> Essa configuração de uma dinâmica de interação entre área urbana neutralizadora dos falares aloglotas, em função do português, cercada de uma área rural imediata para a produção de subsistência - a partir da qual avança, interior adentro, a grande área agrícola para exportação - parece ter se prolongado no decorrer de todo o século XIX.

Em síntese, pode-se estabelecer uma oposição entre as tradicionais áreas da cidade (ZN, ZS e SUB), a partir da conjugação de vários fatores, resumidos na Tabela 2 a seguir:

Tabela 2 – Aspectos das áreas tradicionais da cidade do Rio de Janeiro (ZN, ZS e SUB)

ZONA NORTE (ZN)	ZONA SUL (ZS)	ZONA SUBURBANA (SUB)
Área de ocupação mais antiga e tradicional	Área de ocupação mais recente; centro de irradiação de inovações	População de classe média, que se diferencia da mesma classe da Zona Norte e da Zona Sul mais por padrões estéticos e de comportamentos
Pouca mobilidade populacional	Imenso grau de cosmopolitismo; extrema mobilidade populacional	Nenhum planejamento de conjunto; caráter mais popular dos loteamentos; expansão irregular
Menor diferenciação sociocultural	Acentuada diferenciação sociocultural	Presença da maioria dos melhoramentos urbanos

Para exemplificar uma possível influência do ambiente espacial em que vive o falante carioca, toma-se como ponto de referência a distribuição de possíveis realizações do R (Callou, 1987) na década de 70 do século XX.

Figura 1 – Taxa de ocorrência da fricativa velar
(Peso Relativo) por área de residência e contexto

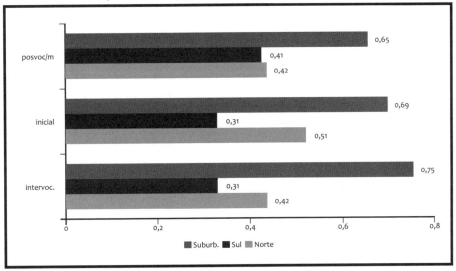

Pode-se observar que a Zona Suburbana se revela mais inovadora e estável; a Zona Sul se mostra mais instável em comparação às outras áreas, apresentando as realizações mais conservadoras, mas, ao mesmo tempo, as de maior prestígio e, por vezes, as mais inovadoras; a Zona Norte ora se aproxima de uma, ora de outra, e apresenta as formas mais conservadoras, talvez por ser uma área de ocupação mais antiga e tradicional da cidade. Afirma Callou (1987: 144) que "*a mudança da norma de pronúncia do /R/ – de vibrante para fricativa e de anterior para posterior – se insere no espaço multidimencional por sua vez histórico, social e linguístico*" e, nesse sentido, demonstra que a variável extralinguística *área geográfica de residência* atua como fator de condicionamento nesse fenômeno de variação. Através da Figura 1, pode-se comprovar o predomínio da realização fricativa posterior, mais inovadora, em todos os contextos de ocorrência da chamada 'vibrante'.

Em relação à pronúncia chiada do *S* em posição de coda silábica interna (no meio da palavra, em *casca,* por exemplo,), estereótipo da fala carioca, a mesma atuação da variável área de residência pode ser observada. Callou e Marques (1975) puderam constatar, utilizando uma classificação mais detalhada de locais de residência, que áreas como Zona Sul e Madureira (localizada na Zona Suburbana), regiões em que há maior interação sociocultural e espacial, apresentam maior grau de oscilação na realização do segmento fônico como palatal ou alveolar (Tabela 3), apesar de a realização palatalizada ser sempre predominante.

Tabela 3 – Realização do S por área de residência

Realização do S em coda interna	Palatal	Alveolar
Zona Sul	70%	30%
Centro	95%	5%
Zona Norte	92%	8%
Madureira	90%	10%
Jacarepaguá	98%	2%
Campo Grande	99%	1%

Fonte: adaptada de Callou e Marques, 1975: 134.

O Rio de Janeiro sofre um considerável aumento demográfico, no decorrer dos tempos, multiplicando-se a população da cidade – o número de nascimentos superando o de óbitos – em decorrência da imigração constante e da chegada de indivíduos de outras províncias. De fato, a cidade, principal metrópole importadora e exportadora do país, torna-se um polo de atração, nela concentrando-se grandes oportunidades de ascensão profissional e social. Entre 1835 e 1850, 70% dos imigrantes portugueses eram alfabetizados, mas, a partir de 1850, com a imigração em massa, esse quadro se modifica, chegando ao Rio de Janeiro pessoas de todas as classes.

A expansão urbana não foi acompanhada, no entanto, de uma preocupação social igualitária, uma vez que não beneficiou as áreas em que residiam as camadas mais pobres da população. Havia, algumas vezes, o encontro de grupos pertencentes às classes mais baixas da população com outros provenientes de setores mais ricos da sociedade, mas nunca a interação total entre eles. O conceito de hierarquia social estava demasiadamente infiltrado na sociedade.

No que se refere ao espaço público da mulher, por exemplo, Nizza da Silva (2007: 103) registra o seguinte: *"uma inovação resultante do cosmopolitismo da cidade foi a abertura de colégios e aulas destinados a meninas de todos os grupos sociais, dado que elas tinham sido excluídas das aulas régias durante o ministério pombalino"*.

ALGUNS DADOS DEMOGRÁFICOS E SOCIAIS

As transformações do Rio de Janeiro estão relacionadas ao crescimento espacial e demográfico. Cria-se, em 1824, o Município Neutro da Corte, destacado da província do Rio de Janeiro, e os cariocas são separados dos fluminenses. Entre 1838 e 1920, o número de cariocas passa de 137.000 a 1.150.000, a urbanização atinge regiões rurais e subúrbios se tornam bairros. A urbanização avança sobretudo em direção ao norte e à baixada fluminense. São Cristóvão não é mais considerado uma paróquia rural por volta de 1870 e perde seu cunho aristocrático para o balneário de Botafogo, ligado ao Largo do Paço em 1844 por um serviço de barcos. Em 1890, o recenseamento indica que 54% dos habitantes da capital nela nasceram, 1/4 é de imigrados estrangeiros e 1/5 de outras províncias.

Os resultados dos censos estatísticos revelam o retrato do país e podem ser considerados como a principal fonte de informações para a análise e o aprofundamento do conhecimento sobre a realidade nacional. Até um determinado momento de nossa história, contudo, só podem ser feitas aproximações, gerais e específicas, para cada estado e cidade.

Tabela 4 – Quadro geral do total da população no Rio de Janeiro até a chegada da Corte portuguesa

Total da população (RJ)	
1585	3.850
1710	12.000
1799	43.376
1808	50.144

Tabela 5 – Aumento progressivo de habitantes do Rio de Janeiro

Total da população (RJ)		
1872	1890	1900
819.604	876.884	926.035

Em 1900, já se estabelece uma diferença entre o estado do Rio de Janeiro e o Distrito Federal, que correspondia antes ao chamado Município Neutro.

Tabela 6 – População do Distrito Federal em 1900

Distrito Federal (1900)		
Homens	Mulheres	Total
419.569	327.180	766.749

É relevante, do ponto de vista sociolinguístico, observar as sucessivas distribuições demográfico-linguísticas ocorridas no território fluminense no período em questão.

Segundo Alencastro (1997: 16), "*a vida privada brasileira confunde-se, no Império, com a vida familiar*". Mais especificamente, essa ordem privada correspondia à escravista, e é essa mesma ordem que vai marcar o cotidiano, a sociabilidade, a vida familiar e a vida pública brasileira. É nessa esteira de condições que se pode pensar a leitura no século XIX: como se dava o ler nessa sociedade de ordem escravista, ou, em outras palavras, o que era a leitura no Império, considerando-se que se tratava de uma época marcada por tal ordem. Retomando Alencastro (1997: 18), "*o escravismo entranhava nos lares, no âmago da vida privada, um elemento de instabilidade que carecia ser estritamente controlado*".

A leitura pode ser pensada em um âmbito ainda mais particular, que poderia definir – e definiu –, ao que parece, o seu futuro na nação recém-independente: se pensarmos, conforme Alencastro (1997), que o escravismo não se configura, no Império, como um vínculo com o passado colonial, mas como um "compromisso para o futuro", para o qual a escravidão é reconstruída como um projeto sobre a contemporaneidade, então poderíamos considerar que a produção do texto no século XIX teve por impulso esse projeto, ou seja, conduzir o país para o futuro, conduzi-lo ao patamar das grandes nações europeias, mas com vistas, ainda, à manutenção do escravismo.

A mudança por que passaria o Brasil já era entrevista, quando da chegada de D. João VI, pelo padre Perereca,[5] que afirmou já "*sentir os saudáveis efeitos da paternal presença de tão ótimo príncipe*" (em: *Memórias para servir à História do reino do Brasil*, Rio de Janeiro, 1821). Mas seria ainda preciso mover mundos para que o Rio se tornasse o centro ideal do tão sonhado Novo Império. Um deles seria, conforme se verá adiante, implementar um projeto educacional que viabilizasse os serviços do reino e fosse de encontro à já citada ordem escravista, lembrando que tal ordem, no Rio, ganharia a maior oposição do reino na segunda metade do século.

Já antes da chegada de D. João VI, o Rio ocupava uma posição privilegiada na vida econômica brasileira. Constituindo-se como principal porto do Brasil, promovia a articulação da metrópole com o litoral nordestino, o sul e a região do Prata. Para o interior, comunicava-se com as regiões mineiras; para o norte, com as tradicionais regiões açucareiras do litoral nordestino. Com isso, devia, também, já se configurar como um polo de mistura linguística, conforme Alencastro prevê para os meados do século XVIII.

Mas, conforme assinalam Neves e Machado (1999: 30), apesar dessa posição de destaque, "*a cidade ainda se mostrava tipicamente colonial*". Com menos de 60 mil habitantes, espremidos entre quatro freguesias – Sé, Candelária, Santa Rita e São José –, a cidade assistiu ao transtorno, em meio ao deslumbramento, causado pela chegada da comitiva real.

É dessa época que se originam as profundas diferenças sociais que marcam o espaço urbano da cidade dos dias atuais: a diferença entre Zona Sul e as demais áreas. A nobreza abarcou os chamados "novos subúrbios", como as áreas do Catete, do Botafogo e da Lagoa, regiões comparadas aos mais belos sítios da Itália ou da Suíça. No centro, concentraram-se os comerciantes miúdos, os artesãos e os pequenos funcionários régios. A população mais carente ia ocupando as áreas mais ao norte, próximas ao mercado de escravos, ou aquelas ainda cobertas de manguezais, mais a oeste.

Em números, a transformação sofrida pelo Rio de Janeiro, nos últimos séculos, pode ser assim ilustrada: entre 1799 e 1821, desconsiderando as freguesias rurais, a população urbana do município subiu de 43 mil para 79 mil habitantes. Entre os habitantes livres, o contingente salta de 20 mil para 46 mil indivíduos. Quanto à percentagem de cativos, o número salta de 35% para 46%, de uma para outra data, já que o Rio se torna, no período, o maior terminal negreiro da América.

Tabela 7 – Aumento médio da população (%)

Período	Urbana (%)	Suburbana (%)	Total (%)
1821-1838	13,23	11,53	12,73
1838-1872	40,35	3,39	29,59
1872-1890	48,04	60,38	50,04
1890-1906	29,35	61,97	35,15

Tabela 8 – Aumento percentual da população em zonas urbanas entre 1890 e 1906

Região	%
Candelária	54,09
Santa Rita	4,85
Sacramento	19,73
São José	12,16
Glória	34,0
Lagoa/ Gávea	81,5
São Cristóvão	88,3
Engenho Velho/Andaraí/Tijuca	147,3
Engenho Novo/Méier	125,3

Tabela 9 – População das áreas suburbanas entre 1821 e 1906

ANO	TOTAL
1821	112.695
1838	137.078
1849	266.466
1856	151.766
1870	235.381
1872	274.972
1890	522.651
1906	811.443

Callou (2002) lembra que, segundo o relatório da Directoria Geral de Estatística de 1873 (IBGE), o chamado município neutro contava com uma população de 226.033 homens livres e 48.939 escravos, num total de 274.972 habitantes. Pelo Recenseamento do estado do Rio de Janeiro feito em 30 de agosto de 1892, a população do Rio de Janeiro, não incluída aí a do Distrito Federal, era de 490.087 homens livres e 292.637 escravos.

No que se refere à instrução, 65.164 homens e 33.992 mulheres sabiam ler e escrever e 68.716 homens e 58.161 mulheres eram analfabetos. Os homens que sabem ler e escrever estão para os analfabetos na razão de 95%, enquanto essa relação no sexo feminino é de 58%.

Em 1872, o primeiro recenseamento oficial aponta a seguinte distribuição na paróquia urbana de São José (parte da área que corresponde hoje ao centro), criada em 1751:

Tabela 10 – Distribuição da população na Paróquia de São José no município do Rio de Janeiro (Recenseamento do Brasil em 1872/IBGE): 17.378 livres em um total de 20.282 almas

Sexo/ Condição	Almas	Branco	Pardo	Preto	Caboclo	Bras.	Estr.	Lê/esc.	Analfabeto
H livre	10.953	8.875	1.517	499	62	5.290	5.663	7.064	3.889
H esc.	1.504		244	1.260		938	566	13	1.491
M livre	6.425	4.591	1.200	620	14	4.699	1.726	2.574	3.851
M esc.	1.400		317	1.083		1.132	268	4	1.396

Comparando as Tabelas 10 e 11, que correspondem às paróquias urbanas de São José e a não urbana de São Cristóvão (cf. mapa), podemos observar que a população se reduz à metade, o número de brasileiros sendo praticamente o dobro em relação ao de estrangeiros (na maioria, portugueses). Na paróquia de São José há praticamente a mesma distribuição.

Tabela 11 – Distribuição da população na Paróquia de São Cristóvão no município do Rio de Janeiro (Recenseamento do Brasil em 1872/IBGE): 8.787 livres num total de 10.961 almas

Sexo/ Condição	Almas	Branco	Pardo	Preto	Caboclo	Bras.	Estr.	Lê/esc.	Analfabeto
H livre	4.631	3.742	570	305	14	3.192	1.439	2.594	2.037
H esc.	947		208	739		689	258	10	937
M livre	4.156	2.903	728	514	11	3.660	436	2.006	2.150
M esc.	1.227		288	939		1.009	218	6	1.221

Outro aspecto que vale ser observado é o de haver um número maior de analfabetos na paróquia de São Cristóvão: 50% na paróquia urbana de São José *versus* 66% na não urbana de São Cristóvão.

A relativa proletarização de São Cristóvão e da Zona Norte vai acentuar-se com a proclamação da República, que expulsa dali a família real, e sua crescente industrialização. Os "barões do café" e as elites sociais da capital passam a residir nas proximidades da baía da Guanabara. O Palácio do Catete, por exemplo, foi construído por um desses "barões" para sua residência. A rua São Clemente, em que ainda se pode visitar a casa de Rui Barbosa, palacete neoclássico erguido em 1850, conserva até hoje vestígios do gosto da alta sociedade carioca. Em 1865, a princesa Isabel e família mudam-se para o "Palácio Isabel", entre Flamengo e Botafogo. Em 1892 é aberto um túnel entre Botafogo e a praia deserta de Copacabana.

O mundo social carioca tende a tornar-se, na primeira metade do século XIX, cada vez mais heterogêneo. Às diferenças culturais, ligadas às origens variadas dos escravos, vêm juntar-se as funções que lhes são atribuídas, o estatuto social de seus donos e o conhecimento da língua portuguesa.

Conforme mostram as plantas da cidade, até o início do século XIX, o Campo de Santana era o limite norte urbano do Rio. No decorrer do século, tornou-se a unidade espacial em torno da qual caminhou a expansão urbana norte, abrindo novos caminhos através da Estrada de Ferro D. Pedro II. Foi a partir de 1850, com a proibição do tráfico negreiro, que surgiu o projeto de implantação de estradas de ferro no Brasil. Até então, os únicos caminhos para se chegar ao Engenho Velho ou a São Cristóvão eram por mar ou pelo morro de Santa Teresa, mas com a instalação da família real portuguesa em São Cristóvão foi construída uma estrada aterrada.

A mobilidade espacial e populacional, sendo privilégio de poucos, talvez possa explicar, em parte, as diferenças linguísticas que existem hoje na fala de moradores das tradicionais áreas da cidade: Zona Norte, oposta à Zona Sul e Zona Suburbana (com resquícios de características rurais), que corresponde a toda a área residencial e industrial constituída a partir das últimas décadas do século XIX ao longo das linhas férreas. Essa divisão espacial corresponde a dois grandes cortes e obedece às distâncias e meios de comunicação existentes entre as diversas áreas geográficas.

MOBILIDADE SOCIAL NO SÉCULO XIX

O processo de mobilidade social que tem início no século XIX na cidade do Rio de Janeiro vai estabelecer uma diferenciação sociocultural, com a definição do que hoje permite opor a Zona Sul às demais regiões da cidade. Esse processo de mobilidade vai confluir numa dinâmica de contatos de modo a dispor, num primeiro momento, os integrantes das classes mais abastadas pelas áreas próximas à orla atlântica e, num segundo, a fazer interagir os que viviam nas regiões mais rurais com os membros das classes mais populares da região urbana.

Até o início do século XIX, a área em que se circunscreve a cidade é bem reduzida. Num espaço limitado pelos morros do Castelo, de São Bento, de Santo Antônio e da Conceição, vão conviver cerca de 23 mil escravos, 20 mil trabalhadores livres e uma elite reduzidíssima. Conforme Abreu (1987), todos moravam próximos uns dos outros, com a elite se distinguindo das demais classes mais pela aparência de suas residências do que pela sua localização. Deve-se perguntar de que forma essa configuração teria marcado o jogo de interações que vão delinear a configuração sociolinguística até aquela época. Se, diante do exposto por Abreu, levarmos em conta que o contato entre as diferentes classes era intenso, será plausível considerar que o que marcava a situação linguística nesse período era uma discreta diferenciação entre as diversas classes sociais. Essa pode ser, contudo, uma observação precipitada, já que não dispomos, por exemplo, do percentual de escravos nativos, para contrapô-lo ao de escravos africanos, bem como não temos acesso a qualquer informação acerca da origem dos trabalhadores livres (se a maioria era de indivíduos nascidos na cidade ou não).

A cidade do Rio de Janeiro, por se caracterizar como uma região portuária, consistia num ponto de atração para indivíduos de outras regiões. Para quaisquer conclusões linguísticas acerca desse período, portanto, vamos precisar recorrer a mais informações demográficas.

Com a vinda da Corte portuguesa, em 1808, o quadro populacional, que pouco se alterara ao longo de três séculos, sofre uma transformação profunda com a entrada na cidade de cerca de 15 mil portugueses. Se até então o espaço de abrangência urbana não permitia, em seu interior, uma divisão de classes, passada uma década da chegada de D. João VI já era visível a tendência a uma polarização social no espaço. Enquanto as freguesias da Candelária e São José transformam-se em local preferencial das classes dirigentes, as demais classes passam a ocupar as freguesias de Santa Rita e Santana.

Essa polarização, obviamente, vai ter um efeito linguístico: se considerarmos, por um lado, que as classes mais abastadas vão ter um percentual maior de indivíduos com acesso ao letramento e, por outro, que esses milhares de portugueses vão ocupar preferencialmente as regiões dessas classes mais abastadas, pode-se sugerir que a polarização geográfico-social refletirá uma oposição linguística, com a presença, em lados opostos, de dois possíveis personagens da história do falar carioca: uma modalidade mais popular, originária dos contatos estabelecidos ao longo de três séculos, e uma modalidade mais próxima à portuguesa, esta tendo origem no novo contingente populacional aqui chegado.

Já na segunda década do século XIX, a Glória – porta de entrada para o que futuramente vai se configurar como a Zona Sul – se torna ponto de atração das classes dirigentes, passando a comportar o mesmo quadro social que o das freguesias de Candelária e São José. Com o seu adensamento populacional, a região é alçada, em 1834, à condição de freguesia. Em termos de mobilidade social, isso significa que o falar das classes de maior prestígio é o que se vai espraiar primeiro pelas novas regiões de expansão da cidade. A essa altura, as classes menos favorecidas continuam a adensar as freguesias de Santa Rita e Santana.

O quadro de mobilidade social não se altera até o final da primeira metade do século, apenas as classes mais abastadas continuando a se espalhar. Nessa fase, a Lapa, o Catete e a Glória já se constituem em uma extensão do espaço urbano, e sofrem melhorias para receber essas classes mais abastadas, que fogem das regiões mais centrais, já congestionadas. Também a essa altura o centro urbano torna-se a única opção de moradia para as populações de baixa renda, como os trabalhadores livres e "escravos de ganho", que não possuíam poder de mobilidade. A hipótese sociolinguística mais forte, portanto, é a de que, na primeira metade do século XIX, apenas o falar das classes mais abastadas teria tido oportunidade de avançar pelo território, permanecendo o português mais popular circunscrito às regiões nucleares centrais, especificamente as de Santa Rita e Santana.

A intensificação dos trabalhos de aterro do Saco de São Diogo, a partir de 1850, é o primeiro fato que permitirá uma mudança significativa nesse quadro. Novas regiões passam a constituir polos de atração dos setores menos favorecidos, setores esses que dão então início à mobilidade em direção às freguesias mais rurais – o que só se consolidará com o incremento das linhas férreas –, isoladas da confluência urbana. Já na década de 60, como resultado dos trabalhos no aterro, as freguesias de Santo Antônio e Espírito Santo vão ser adensadas por tais setores. Por outro lado, o Engenho Velho, local que até então não havia adquirido função residencial urbana, passa a ser procurado pelas classes mais abastadas.

A consequência linguística do aterramento do Saco de São Diogo é o surgimento de condições para que, pela primeira vez, o falar das classes mais populares se estenda para além daquele espaço em que a cidade se circunscrevera durante três séculos. E mais: dá-se na direção das freguesias mais rurais, que possivelmente se tornam o *locus* de contato entre uma fala mais conservadora e a fala dessas classes mais populares, supostamente mais inovadora. Uma outra consequência é a de que o centro administrativo, composto pelas freguesias de Candelária e São José – durante a primeira década, o espaço preferencial das classes mais favorecidas – passasse a abrigar também as populações mais miseráveis, que dependiam, tanto quanto os mais abastados, de uma localização central para sobreviver. Em termos linguísticos, à época, o centro deveria se configurar como uma babel de variantes linguísticas.

Com a inauguração das linhas férreas e das redes de bondes, o processo de mobilidade social consolida a tendência de ocupação do espaço, que se verificava até então com a polarização geográfico-econômica se acentuando. Duas serão as consequências mais imediatas: (a) as freguesias da Lagoa e do Engenho Velho passam a constituir, em definitivo, uma extensão residencial do centro urbano e (b) as freguesias que se mantinham exclusivamente rurais passam a constituir "núcleos dormitórios", ligados ao centro. São as freguesias mais rurais que se tornam definitivamente, com o incremento das linhas férreas, o polo de atração das classes menos favorecidas, que passam então a ter poder de mobilidade. É a partir desse processo que, nas duas últimas décadas do século XIX, começam a se definir os principais subúrbios do Rio de Janeiro atual, bem como a malha urbana dos municípios que irão compor a chamada Baixada Fluminense.

Ativado o processo de mobilidade, vai-se operar uma confluência, no espaço das antigas freguesias rurais, dos falares urbano e rural, dando origem provavelmente a uma modalidade linguística que vai marcar não só essa região da cidade, mas também os pontos mais longínquos da Baixada Fluminense. O Quadro 1, a seguir, representa uma hipótese de trabalho, uma tentativa de correlacionar os fatos sócio-históricos aos linguísticos.

Para uma sócio-história da língua portuguesa no Rio de Janeiro

Quadro 1 – Mobilidade social e configuração sociolinguística na cidade do Rio de Janeiro no século XIX: uma hipótese

FATO / ANO OU ÉPOCA	ESPAÇO	QUEM OCUPA?	QUEM CHEGA?	CONFIGURAÇÃO SOCIAL	CONFIGURAÇÃO LINGUÍSTICA
Início do século XIX (período colonial)	O Rio de Janeiro limita-se pelos morros do Castelo, de São Bento, de Santo Antonio e da Conceição.	Escravos (em torno de 23 mil habitantes), poucos trabalhadores livres (em torno de 20 mil), elite reduzidíssima.		Todos moravam próximos uns dos outros, com a elite local diferenciando-se do restante da população mais pela aparência de suas residências do que pela sua localização.	Discreta diferenciação; (?) contato intenso.
Chegada de D. João VI (1808)	O principal espaço de ocupação restringe-se às freguesias da Candelária, São José, Sacramento Santa Rita e Santana.		15 mil pessoas transferem-se de Portugal para o Rio de Janeiro. Chegam pessoas de outras regiões, sobretudo do interior da província do Rio de Janeiro e das Minas Gerais. Chegam mais africanos. A população urbana sobe de 43 mil para 79 mil habitantes. A percentagem de cativos no município salta de 35% para 46%.	As freguesias da Candelária e São José transformam-se em local preferencial das classes dirigentes. As demais classes passam a ocupar as freguesias de Santa Rita e Santana.	Início da polarização sociolinguística.

Criação da freguesia da Glória (1834)	As áreas mais próximas das freguesias urbanas têm suas fazendas retalhadas em chácaras, que foram aos poucos transformando-se em local de residência permanente. Dá-se o adensamento populacional urbano do Catete e da Glória. O mesmo ocorre em Botafogo.	As classes dirigentes ocupavam as chácaras e fazendas, para descanso nos fins de semana.	Membros da classe dirigente e outros da camada mais abastada.		As freguesias de Candelária e São José passam a dividir com a da Glória a preferência das classes mais abastadas. As classes menos favorecidas continuam a ocupar as freguesias de Santa Rita e Santana.	Intensificação da polarização sociolinguística (?).
Final da primeira metade do século	A Lapa, o Catete e a Glória já se constituem como uma extensão do espaço urbano.				As classes de renda mais alta, as únicas com poder de mobilidade, se deslocam do antigo e congestionado centro urbano em direção a Lapa, Catete e Glória. As freguesias de Santana e de Santa Rita encontram-se densamente povoadas, abrigando populações de baixa renda, sem poder de mobilidade, como trabalhadores livres e escravos de ganho que precisavam estar próximos ao centro.	↓

Intensificação dos trabalhos de aterro do Saco de São Diogo (1850)	Criação da Cidade Nova, que compreende os atuais bairros da Cidade Nova, do Estácio, do Catumbi e de parte do Rio Comprido. Ocupação de grande parte dos terrenos situados no antigo Caminho de Mata Porcos (Estácio). Início do processo de retalhamento das antigas fazendas e sítios da freguesia do Engenho Velho, local que ainda não havia adquirido função residencial urbana.		As classes sociais menos favorecidas, com baixo poder de mobilidade	Já na década de 60, as freguesias de Santo Antonio e Espírito Santo, criadas em 1854 e 1865, respectivamente, vão se constituir como polos de atração das classes menos favorecidas. Do outro lado, as da Glória e do Engenho Velho continuam a ser as mais procuradas pelas classes mais favorecidas. O centro (Candelária e São José) abriga tanto as populações mais miseráveis, que dependiam de uma localização central para sobreviver, quanto as mais favorecidas.	↓

| Inauguração do primeiro trecho da Estrada de Ferro Dom Pedro II (1858) Inauguração da primeira linha de bondes do Rio de Janeiro (1868) | As freguesias da Lagoa e do Engenho Velho passam a se constituir, em definitivo, como uma extensão residencial do centro urbano. As freguesias que se mantinham exclusivamente rurais passam a se constituir como "núcleos dormitórios" ligados ao Centro. | | Imigrantes portugueses, em número considerável, que passam a ocupar principalmente as freguesias urbanas. Membros da população não aristocrática, mas com poder de mobilidade, dirigem-se para as freguesias da Lagoa e do Engenho Velho. As freguesias rurais tornam-se polo de atração das classes menos favorecidas, que passam agora, com o desenvolvimento das linhas ferroviárias, a ter poder de mobilidade. Nas duas últimas décadas do século XIX, começam a se definir os principais subúrbios do Rio de Janeiro atual. | Já é possível, a partir da década de 80, estabelecer um contraste social nítido entre as freguesias da Lagoa, da Gávea (fundada em 1873), do Engenho Velho e da Glória, por um lado, e as freguesias que até a década de 70 eram exclusivamente rurais: estas vão se tornando o "núcleo dormitório" das classes menos favorecidas, aquelas continuam a receber, cada vez mais, membros dos setores mais favorecidos. | Novo contato facilitado pelo surgimento de novos meios de transporte (confluência dos falares rural e urbano) e pela chegada de portugueses de classes e regiões distintas (?) |

Obs.: "(?)" indica uma indagação, uma hipótese.

O processo de mobilidade, que culminou numa série de contatos interlinguísticos, no sentido proposto por Castilho (2001), sugere que, ao final do século XIX, o português carioca seja marcado, pelo menos, por quatro grandes resultantes: (i) um falar de maior prestígio, mais próximo ao veiculado pela norma, que vai marcar as classes mais altas, ocupando principalmente uma boa parte do que hoje é conhecida como Zona Sul; (ii) um falar de caráter mais popular, característico das classes menos favorecidas que ainda permaneciam nas freguesias mais centrais, sobretudo as de Santa Rita, Espírito Santo e Santana; (iii) um falar rural, o daquelas freguesias mais afastadas do centro, como Guaratiba, Jacarepaguá e Campo Grande, que até os dias atuais mantém um perfil "mais rural" que as demais regiões da cidade; e (iv) um falar oriundo da confluência entre os habitantes das regiões rurais e das regiões centrais, principalmente nas freguesias de Inhaúma e Engenho Novo.

Reconhecemos que se trata de uma divisão simplificada, uma primeira hipótese a ser explorada, um ponto de partida que nos parece razoável diante da escassez dos dados demográficos e da inexistência de quaisquer dados linguísticos que permitam caracterizar a malha sociolinguística daquele período.

FOCALIZANDO A MIGRAÇÃO PORTUGUESA

Uma história dos contatos linguísticos no decorrer do século XIX deve, inevitavelmente, se debruçar também sobre a imigração portuguesa para o Rio de Janeiro, que foi contínua ao longo de todo o período imperial. Os dados demográficos dos censos de 1872 e 1890 sugerem que a imigração foi relevante para a configuração de diferenças entre as regiões da cidade, tendo provavelmente contribuído para a oposição entre uma fala urbana e uma fala rural, com os portugueses marcando a primeira, numa intensidade que ainda não é possível precisar. Não há, contudo, indícios suficientes para argumentar em favor de que essa imigração tenha sido a base para a composição de características que teriam permitido diferençar o falar carioca de outros falares brasileiros, ideia defendida por autores como Castro (1991) e Alencastro (1997). Ou seja, ainda não é possível tratar a fala carioca como mais aportuguesada que as outras – ainda que possa ser um fato – em função da chegada maciça de portugueses, ao longo de todo o período imperial.

Focalizamos o caso da imigração portuguesa exatamente por se apresentar como um fato polêmico para a interpretação sócio-histórica do falar carioca. Além disso, a ocupação do espaço pelos portugueses e sua distribuição pelas diversas regiões da cidade acompanham o processo de mobilidade social, o que faz com que se tornem o fator de mais fácil associação à dinâmica da mobilidade. Reiterando, deixamos de lado, neste trabalho, outros pontos que nos parecem também relevantes, como a chegada de um número considerável de negros africanos e a migração de pessoas de outros estados, fatores dos quais nos ocuparemos nas próximas etapas.

A primeira leva de portugueses no século XIX se deu, como já referido, com a vinda da Corte portuguesa, quando, pelo menos, milhares de pessoas se transferiram para cá. Essa primeira grande leva abriu espaço para uma vinda contínua de novos imigrantes que perdurou durante toda a primeira metade do século. Conforme destacam Trindade e Caeiro (2000: 6), *"ao cerne original de portugueses já residentes no Brasil à época da independência, vieram a juntar-se, segundo fontes brasileiras, cerca de 50.000 imigrantes portugueses, entre 1822 e 1850"*.

Um ponto a se destacar é o de saber, em termos linguísticos, qual teria sido a repercussão dessa chegada. Três questões merecem nossa atenção: (1) se essa leva vai caracterizar uma disposição em termos geográficos, permitindo uma diferenciação entre as diferentes regiões da cidade; (2) de que forma essa leva vai interagir, em termos sociolinguísticos, com os que já se encontravam na

353

cidade, e as repercussões dessa interação para uma possível nova configuração linguística e (3) qual (ou quais) modalidade(s) do português de Portugal chegou junto com esses imigrantes.

Um primeiro passo para resolver essas questões seria definir a "funcionalidade" social e/ou profissional dos novos moradores. Os que chegaram com D. João VI pertenciam, em boa parte, ao aparato administrativo português. Eram, segundo Alencastro (1997: 12), "personalidades diversas":

> [...] funcionários régios continuaram embarcando para o Brasil atrás da corte, dos seus empregos e dos seus parentes, após o ano de 1808. Concretamente, além da família real, 276 fidalgos e dignitários régios recebiam verba anual de custeio e representação, paga em moeda de ouro e prata retirada do Tesouro Real do Rio de Janeiro. Luccock calculava em 2 mil o número de funcionários régios e de indivíduos exercendo funções relacionadas com a Coroa. Juntem-se ainda os setecentos padres, os quinhentos advogados e os duzentos "praticantes" de medicina residentes na cidade. Terminadas as guerras napoleônicas, oficiais e tropas lusas vêm da Europa para a corte fluminense. Segundo o almirante russo Vassili Golovin, que fez duas estadias na cidade, em 1817 havia no Rio de Janeiro de 4 mil a 5 mil militares.

Para a terceira e última das questões, um complicador é evidente: supõe-se que, com a família real, o uso linguístico predominante não foi o do português popular, se considerarmos que a maioria dos imigrantes fazia parte do "aparato administrativo português". Trata-se de uma aproximação "arriscada": os portugueses continuaram chegando pelo menos até 1821, e não sabemos quase nada dessa massa que foi atraída para o Rio de Janeiro, depois da avalancha de 1808. Uma hipótese seria admitir marcas linguísticas comuns tanto ao português popular quanto ao português padrão que pudessem ter deixado, por sua vez, suas marcas no falar carioca, já naquele período. Um exemplo seria o do "chiamento" do S, como já referido por Callou (2002) e citado anteriormente.

Além disso, será preciso estabelecer uma "sociologia" dos contatos. Qual seria a relação entre esses portugueses e os locais? Como se daria a interação entre ambos? Essa interação culminou num novo quadro em termos de configuração linguística? Partir para as outras duas questões pode nos fornecer pistas acerca disso.

Quanto à disposição geográfica de ocupação dessa primeira leva de portugueses, surge um primeiro fator de diferenciação entre as freguesias mais urbanas e aquelas rurais. O enxerto burocrático suscitou modificações apenas nas freguesias centrais, não tendo maiores efeitos nas demais regiões. Só interessava a essa nova camada ocupar os locais que proporcionassem uma facilidade à ocupação dos cargos administrativos em que atuavam, bem como aos serviços e bens diversos. Dessa forma, em termos linguísticos, pode-se antever uma primeira instância de diferenciação entre o urbano e o rural dentro da futura capital fluminense: no urbano, uma configuração linguística marcada pelo contato entre os locais e os novos moradores; no rural, a ausência desse contato.

Uma dificuldade é a de restringir o sentido do urbano para aquela época, que, diante da expansão da cidade, vai abarcando, pouco a pouco, regiões que antes eram consideradas marcadamente rurais. Não sabemos a forma como esses novos moradores foram contribuindo para essa extensão do urbano, e outra questão se põe: dentre as freguesias urbanas, quais teriam sido as de preferência dos portugueses?

Se o local preferencial das classes dirigentes foi o das freguesias da Candelária e São José, seria possível pressupor que essas teriam sido também as de preferência dos portugueses, enquanto as freguesias de Santa Rita e Santana foram ocupadas pelas demais classes. Isso nos leva a crer que, dentro do próprio espaço urbano, tenha havido contatos diferenciados. De um lado, as freguesias de Candelária e São José mostram uma interação entre os antigos locais e os novos moradores; de outro, as freguesias de Santa Rita e Santana permanecem em suas antigas relações. Mas esse quadro ainda é simplificador, pois falta uma análise do poder e da exigência de mobilidade das populações menos abastadas, que ocupavam essas duas últimas freguesias. É preciso considerar que uma história de contatos nessas regiões tenha de partir de fatores que não dizem respeito somente à fixação das diferentes classes em regiões distintas, mas também às formas de contato e influência desses contatos para uma configuração sociolinguística determinada.

Nesse primeiro momento, o que surge como certo é o fato de que, nas freguesias de São José e Candelária, houve um contato entre portugueses e locais. Isso adquire maior relevância se considerarmos que a partir da população dessas duas freguesias é que se dá a criação da freguesia da Glória, em 1834, e o adensamento populacional do Catete. Daí que a Glória, a nova freguesia que passa a dividir com São José e Candelária a preferência das classes mais abastadas, pode ter sido marcada por uma configuração linguística oriunda dos contatos estabelecidos entre os locais e os imigrantes. E mais: uma primeira base para a configuração sociolinguística da atual Zona Sul carioca estaria aí, já que a Glória foi o portal de entrada para essa região da cidade.

Encontrar uma resposta para a influência dessa primeira leva de portugueses seria bem mais simples se não houvesse ocorrido, na segunda metade do século, uma nova avalancha de imigração portuguesa, agora não só oriunda, predominantemente, dos setores mais burocráticos, mas também, talvez em sua maioria, das classes mais populares de Portugal.

Acerca das características socioculturais do imigrante português que chegou ao Brasil nesse segundo momento, Trindade e Caeiro (2000: 7) ressaltam que

> [...] a imagem dos portugueses no Brasil do fim do século XIX ocupava um espectro contínuo, que ia do retrato muito negativo do homem pobre, inculto e oportunista tal como foi descrito no primeiro grande romance social brasileiro (*O Cortiço,* de Aluísio Azevedo, 1890), até ao respeito que inspiravam as personagens de elite responsáveis pelas grandes criações culturais e sociais dessa época, como os Gabinetes Portugueses de Leitura e as Beneficências Portuguesas.

O que temos de concreto, observando os números dos censos de 1872 e 1890, é que, em termos de disposição regional, esses novos portugueses vão ocupar de forma diferenciada as freguesias da cidade, preferindo, como na primeira metade do século, aquelas mais centrais. Os casos extremos são os de Candelária e Guaratiba, com percentuais de 45% e 1%, respectivamente, de imigrantes portugueses. Aspecto interessante nesses números é que, tanto no censo de 1872 quanto no de 1890, em algumas freguesias, o percentual de homens livres portugueses, dentro do total de homens brancos livres, será maior que o percentual de homens livres brasileiros.

Os dados, *per se*, não permitem ainda apontar com precisão qual teria sido a dimensão da influência dessa nova leva de portugueses para a atual configuração do falar carioca, bem como para distinção desse mesmo falar em relação ao restante do país. Existem observações bem gerais acerca da relação entre a imigração e a configuração de um falar carioca, mas nenhuma delas calcada em uma metodologia sistemática que venha a permitir a confirmação de um suposto aportuguesamento do falar carioca em função dessa imigração. Alencastro (1997: 31-35), por exemplo, cita algumas observações de escritores do século XIX, acerca de vários dialetos do Império, para justificar uma "supremacia da fala carioca". Partindo da ideia de uma suposta influência portuguesa sobre o falar carioca, o autor justifica diferenças entre o sotaque paulista e o carioca, destacando que

[...] o corte bem distinto entre o r curto do interior paulista e o r bem rolado do falarrr carioca só se acentuou na segunda metade do século XIX, quando desembarcou no Rio de Janeiro a imigração portuguesa. [...] Na corte, a presença mais densa de portugueses – donos da língua –, e a presença igualmente densa de africanos e de seus descendentes – deformadores da língua oficial – levou a população alfabetizada a moldar sua fala àquela do primeiro grupo.

Nos anos de 1870, metade da população masculina da corte era estrangeira, vinda principalmente de Portugal. Poucos anos antes, por volta de 1860, Ana Bittencourt registrava que os baianos podiam distinguir a fala "bastante aportuguesada" do sotaque fluminense. (Alencastro, 1997: 34)

Observações como essas merecem cautela. Apesar de os números sugerirem uma espécie de "aportuguesamento" da fala carioca, não existe qualquer estudo mais sistemático, de caráter tanto comparativo – com relação a outras cidades do país – quanto demográfico-linguístico, que permita concluir que essas observações não passam de impressões primárias. Parece-nos simplificado afirmar que a imigração portuguesa maciça para o Rio de Janeiro, ao longo de todo o século XIX, tenha sido a pedra angular para a definição de um falar carioca, em relação a outros falares do país.

O ponto de partida para qualquer conclusão nesse nível talvez seja o de considerar o papel do imigrante português no processo de aquisição da linguagem pelas crianças da Corte, ou, em outras palavras, em que medida a gramática internalizada pela criança do século XIX vai abarcar as marcas dessa grande leva populacional. O ponto não é simples, mas há alguns elementos que podem servir de marco referencial. Se considerarmos, a título de hipótese, que as mulheres desempenham um papel mais efetivo que os homes no processo de aquisição da linguagem e que a grande maioria dos portugueses residentes eram homens, pelo menos na segunda metade do século, não haveria razões para acreditar que a chegada maciça de portugueses no século XIX tenha sido tão relevante para a constituição do falar carioca.

Não há, no momento, espaço para discussões que abarquem essa instância, mas fica como proposta uma agenda de pesquisas que considere, para a história sociolinguística do Rio de Janeiro, as condições "socioculturais" para a aquisição da linguagem e em que medida o homem português vai interferir nesse processo.

Quanto à distribuição dos portugueses pelas diversas freguesias, os dados dos censos de 1872 e 1890 sugerem uma diferenciação entre freguesias urbanas e rurais: quanto mais centrais as freguesias, maior a incidência de portugueses. Em termos linguísticos, a conclusão parece óbvia: as freguesias mais centrais teriam tido a oportunidade de absorver uma quantidade maior de marcas do português europeu que as demais, uma vez que abrigavam um número maior de imigrantes

Se essa hipótese estiver no caminho correto, o ponto nevrálgico será identificar quais foram essas marcas e para que regiões da cidade foram levadas. A única chance de a hipótese não estar no caminho correto se situa na ideia de os portugueses terem tido as marcas dos seus falares absorvidas pelas marcas do falar local, o que não se descarta, uma vez que o percentual de portugueses não correspondia à maioria da população em nenhuma das freguesias. Ainda que tenha havido uma tendência à absorção, porém, é lícito acreditar que o contato interlinguístico entre portugueses e locais tenha gerado uma influência mútua, cabendo, no caso, precisar como e em que dimensão essa absorção teria sido efetuada.

A CONSTRUÇÃO DE UMA NORMA

Mattos e Silva (2001b: 278) estabelecem a segunda metade do século XVIII como o momento a partir do qual o português brasileiro culto começa a definir-se, uma vez que a constituição dessa variante passa necessariamente por questões relativas à escolarização, ao uso escrito e sua normatização.

A discussão aqui diz respeito à normatização dessa variante culta brasileira, em final dos oitocentos, a partir de três vetores que se articulam entre si: descrições de manuais de gramáticas, identificação dos textos-modelo para a sociedade da época (jornais) e cobrança de conteúdos de provas de concurso para o magistério público.

Dados relativos à normatização linguística posta em prática no século XIX só começaram a ser divulgados de 1870 em diante, com a publicação de estatísticas referentes ao ensino público, primário e secundário em todo o Império, mas até 1907 não se dispunha de números mais sistemáticos sobre o estado de instrução no país. De todo modo, já desde 1500 é a língua de Portugal que vai gerar um efeito de legitimidade e unidade, pois são os textos escritos nessa língua que criam discursivamente o Brasil. É desse efeito que parece surgir, como já se vem afirmando, uma relação paradoxal, no século XIX, quando da instituição do ensino de língua materna, entre norma e nacionalidade: o princípio de que quanto mais próximo à lusofonia (PE) e distante da *alofonia* (PB), em competição, mais brasileiro. A Corte parece ter sido o carro-chefe desse paradoxo, pelo menos no Rio de Janeiro, local em que o governo fixou suas amarras sobre a educação e oficializou mais fortemente que nas outras regiões do país essa identidade nacional. A democratização do ensino jamais poderia ser uma ameaça à ordem estabelecida, sob o risco de danos irreparáveis.

Não é novidade que a vinda da família real promoveu uma espécie de revolução no processo da prática de leitura. Isso porque, socialmente, também houve uma revolução. Ampliou-se o público leitor, não necessariamente o leitor literatizado, mas o leitor de uma forma geral, o leitor de documentos, de notícias, de leis, o leitor forjado na burocracia da metrópole, que aqui chegou inserido no aparato administrativo de D. João VI.

Como se sabe, a disseminação de uma prática de leitura teve grandes obstáculos, por inexistir ainda a imprensa, e não bastou a chegada da família real e a instalação da Imprensa Régia para que os obstáculos caíssem por terra. As oportunidades de leitura crescem a partir de 1821, quando, por decorrência da Constituição imposta a D. João, após a Revolução do Porto, em 1820, abole-se a censura e termina o monopólio estatal. A indústria da imprensa e dos livros, a partir daí, dá um salto de alcance.

De 1822 em diante, depois da independência, a educação passa a ser encarada pelas elites como indispensável para que o país alcance a civilização e o progresso. Neves e Machado (1999: 227) assinalam que a *"aprendizagem de ler e escrever, escolas primárias, ensino gratuito constituíam elementos indispensáveis para alcançar o nível de desenvolvimento econômico das nações civilizadas"*, o que, para o estado, firmava-se como algo decisivo, correspondente a uma 'fonte de patriotismo', representando a possibilidade de 'fabricar o cidadão'. Neves e Machado apontam o poder desses bacharéis e, ao comentar a criação dos cursos de Direito, os autores afirmam:

> [...] os eclesiásticos, representantes majoritários dos brasilienses, formavam 23% nas legislaturas de 1826 e 1834, mas reduziram-se a menos de 3,5% naquelas de 1869, 1878 e 1886; em compensação, os advogados, inicialmente limitados a menos de 3%, cresceram, ao final do Império, para algo entre 10 a 20%, mas devem ser acrescidos dos magistrados e bacharéis, que somavam então aproximadamente outros 23%, em média. (1999: 228)

Essa elite vai corresponder, num primeiro momento, ao público "mais" leitor do Império do Brasil. Conforme assinala Tobias Barreto, em 1879, *"a instrução é quase nula, à medida que também é quase nulo o gosto de instruir-se [...]; ainda entre nós há uma certa má suspeita contra a arte diabólica de ler e escrever"* (Barreto, 1990: 229).

FOCALIZANDO A ESCOLARIZAÇÃO

A taxa de alfabetização é um indicador utilizado não só para caracterizar a situação educacional do país, mas também suas condições sociais. Se não é tarefa simples caracterizar a instituição do ensino de língua portuguesa nos dias atuais, que dirá no século XIX, porque essa atividade abarca, além da linguística, outras dimensões: a social, a cultural, a histórica, a econômica. A instituição de ensino da língua materna gera a ilusão, para a época, de uma unidade linguística inexistente, ilusão essa justificada pelo fato de a língua portuguesa, no período pós-independência, apresentar-se como '*nacional*' e ao mesmo tempo '*normativa*'. A identidade nacional se fixa linguisticamente sobre a portuguesa, ocorre uma normatização, por vezes contrária ao sistema linguístico local, e o surgimento de uma relação paradoxal, que perdura até nossos dias: quanto mais de acordo com as normas da língua disciplinar, a portuguesa, mais brasileiro.

Parece que o Rio de Janeiro, por ter sido a sede da Corte, veio a ser o carro-chefe desse paradoxo, já que aqui o governo fixou suas amarras sobre a educação e oficializou mais fortemente que nas outras regiões do país essa identidade nacional. No que se refere à instrução, 65.164 homens (de um total de 173.880) e 33.992 mulheres (de um total de 92.153) sabiam ler e escrever, o que equivale a dizer que a metade da população masculina e mais de 60% da feminina eram analfabetas, embora a escolarização apresente uma distribuição irregular pelas freguesias existentes, urbanas e não urbanas, na primeira metade do século XIX. A questão de haver uma ordem escravista no período do Brasil Império é crucial para a compreensão do contexto familiar e, de certa forma, do contexto de fomento da leitura.

No século XIX, já existe uma produção brasileira escrita em língua portuguesa, produzida, normalmente, por indivíduos nascidos aqui, mas formados nas academias europeias. No ensino, é essa produção que será apresentada como modelo, e as aulas de língua materna serão entendidas como reprodução desse modelo. O que vai reforçar o referido paradoxo é o fato de, a partir da segunda metade do século XIX, os estudos serem implementados na direção de *demonstrar que o português que aqui se falava e escrevia era diferente do português de Portugal*. Muitas gramáticas, sobretudo, a partir de 1880, estão atentas a essa diferença.

> [...] parece todavia incrível que a nossa Independência ainda conserve essa algema nos pulsos, e que a personalidade de americanos pague tributo à submissão das palavras [...]. Estamos, assim, caminhando [...] entre duas forças que nos solicitam para rumos diversos: o 'americanismo', espontâneo, incoercível, natural e o 'portuguesismo' afetado e artificioso. Em tempo, o povo que é o maior de todos os clássicos [...] dirá a última palavra (Ribeiro, 1933:15).

Levar em conta a escolarização no Rio de Janeiro do século XIX se justifica na medida em que se poderá observar a constituição de uma norma linguística, padrão, no âmbito escolar daquele período. Contudo, é necessário insistir, não se trata de tarefa simples, mesmo porque não há garantias de que a observação da escolarização e da norma nos levaria a um perfil próximo do que seria o Rio linguístico no século XIX. Daí, talvez, a necessidade de esboçar a ideologia pedagógica e, no interior dessa ideologia, a questão da gramaticização e da norma linguística, no século XIX, no contexto da Corte.

Além disso, se pensarmos em definir ou dividir realidades linguísticas mais ou menos próximas à norma, teremos de caracterizar a instituição do ensino de língua portuguesa nos planos ideológico e cultural, filosófico-histórico e político, sob o risco de a caracterização não ser completa e não apontar resultados que se aproximem da verdade, dentro da *ars interpretandi* que vimos esboçando nos trabalhos anteriores.

Arno e Maria José Wehling (1994: 225) chegam a afirmar que

> [...] a vinda para o Brasil, atraídos pelas minas, de cerca de 800 mil portugueses certamente contribuiu para consolidar a língua do colonizador. [...] Mas o fator decisivo parece ter sido a firme determinação do governo pombalino de impor o português como língua falada no país, extinguindo o bilinguismo existente até então.

Essa supervalorização dos efeitos das leis pombalinas merece ser revista e avaliada à parte. Há uma grande distância entre o ato da lei e os atos que a implementam. É preciso considerar a estrutura educacional, no Brasil colônia, para compreender seu real peso na substituição das línguas gerais indígena e *de preto* das quais, na prática, não vingaram línguas crioulas autônomas como em outras ex-colônias de Portugal. De todo modo, para observar mais claramente a formação das normas brasileiras e portuguesas, é preciso remontar, como já se disse, à estrutura educacional do Brasil colônia.

Como demonstrou Barbosa (1999), a sobreposição da língua portuguesa sobre as demais línguas faladas no Brasil oitocentista está ligada a fatores demográficos, à aculturação e genocídio de negros e ameríndios, de quase nada tendo valido as leis de ensino pombalinas. De fato, o ensino das primeiras letras se fez na colônia graças às aulas particulares e à rede semipública, ou seja, aos seminários e colégios religiosos e ao ensino militar. Note-se que, geralmente, vem sendo localizada a criação não só de uma primeira academia militar, mas também de outras instituições de ensino profissional, em torno da chegada da família real portuguesa ao Brasil, no início do século XIX.

Com a vinda da Corte para o Brasil e a instituição das *Aulas de Comércio*, uma no Rio de Janeiro em 1810 e outra na Bahia em 1811, os negociantes e seus caixeiros passaram a dispor de uma formação profissional até então inexistente.

Décadas após a época pombalina, o sistema de ensino criado no Brasil ainda não era capaz de cumprir a determinação régia de ensinar a língua portuguesa de maneira a extinguir as línguas gerais de índios e de pretos.

Não se pode negar a importância da política pombalina para a educação na América portuguesa. Deve-se, contudo, entender a exata dimensão e o alcance de sua ação. As aulas de língua portuguesa, fossem públicas ou semipúblicas, somente atingiram um percentual mínimo de homens brancos e pardos socialmente aceitos. A grande maioria de mestiços sofreria de uma forte resistência das autoridades em aceitá-los nas aulas. De qualquer maneira, o alcance da estrutura de ensino do português, entre os habitantes brancos e pardos, se comparado ao total de população encerrado nesse grupo social, foi mínimo. É certo que, àquela altura, a exemplo de Portugal, a maior parte dos habitantes tenha permanecido analfabeta.

Para compreender a política de Pombal como um fator da hegemonia do português no Brasil, é preciso fazê-lo na medida em que ela definiu uma mudança na opção linguística da minoria branca e parda livre que falava uma das línguas gerais daquela época. Com o passar das gerações, a língua geral, usada na intimidade, é substituída pela língua portuguesa, primeiro na vida pública, depois na familiar.

Para a análise do movimento contínuo das mudanças que a permanência da Corte portuguesa promoveu, ressalte-se ainda a criação de outras cátedras de ensino além da ampliação da Academia Militar, que constituem, sem dúvida, um passo cultural decisivo que culmina com o processo de implantação da imprensa, tornando possível a circulação, de 1808 a 1821, do primeiro periódico, a *Gazeta do Rio de Janeiro*. Nizza da Silva (2007: 103) registra, em relação ao tema: "*Uma inovação resultante do cosmopolitismo da cidade foi a abertura de colégios e aulas destinados a meninas de todos os grupos sociais, dado que elas tinham sido excluídas das aulas régias durante o ministério pombalino*".

Vale relembrar que, até meados do século XX, autores como Serafim da Silva Neto (1988) defenderam a unidade da língua portuguesa no Brasil, afirmando ter sido isto possível pelo fato de todos aqueles que "puderam adquirir uma cultura escolar" e "possuíam o prestígio da literatura e da tradição" terem reagido à "linguagem adulterada de negros e índios", visão preconceituosa, do ponto de vista linguístico e social, vigente àquela época.

Desde o descobrimento, a língua portuguesa entra em nosso território sob o cunho da legitimidade e da unidade. Tanto que, até o século XVII, a relação entre o tupi jesuítico e o português se deu no sentido de permitir – o que se fez com sucesso – a domesticação de um conflito social que estava latente. Consistiu, portanto, num instrumento do colonizador para facilitar o domínio sobre a terra.

Na criação da Academia Militar, por exemplo, em dezembro de 1810, está patente a restrição dos que deveriam entrar na escola: *"nestas escolas militares não deve ser admitido aluno algum de duas outras cores; porque eles não devem passar além de saberem bem obedecer e bem executar o que lhes for ordenado pelos homens brancos seus oficiais"*. Assim, o distanciamento das classes menos favorecidas e "de cor" do que se pode chamar de norma-padrão já se prenuncia.

Se partirmos do pressuposto de que é possível, para o século XIX, estabelecer um falar carioca mais próximo à norma e, outro, mais distante – e, ainda, de que tais falares distribuem-se de forma diversa em termos sociais e geográficos em função de sua própria história –, será necessário caracterizar o processo de normatização da língua materna, no Brasil, mais especificamente, naquele século, e, por outro lado, relacionar esse processo à mobilidade social. Para validar essa proposta, em trabalho anterior, apresenta-se um esboço do que poderia ser a configuração sociolinguística do Rio de Janeiro, com base em dados referentes ao processo de mobilidade, ao longo de todo o século XIX, conforme já apontado anteriormente.

Existem inegavelmente questões de fundo que merecem atenção redobrada, pois as respostas concorrerão para a validade do trabalho. Em que sentido a depreensão de processo de normatização da língua, em conjunto com a observação da mobilidade social, nos permitiria conduzir ou, pelo menos, facilitar uma visão do Rio linguístico-geográfico no século XIX? Em que sentido há garantias de que isso seja viável numa observação do século retrasado, se nem mesmo para o Rio do século XIX existe uma análise mais sistemática que permita caracterizar a capital fluminense em tal instância? Partindo do pressuposto de que tais assertivas sejam possíveis, faltaria apenas o "como" da resposta, ou seja, de que forma comunidades com mais acesso à norma veiculada pelo sistema educacional teriam um falar mais próximo do português europeu, no século XIX.

Com a independência, a educação passa a ser vista como um elemento indispensável para que a nova nação alcance mais rapidamente a civilização e o progresso. Antevia-se, ainda que implicitamente, um projeto linguístico que permitisse individualizar ainda mais o Brasil como nação, sobretudo em relação a Portugal. O que vai ser marcante para esse projeto é o fato de ter sido forjado dentro de um projeto educacional pensado pelas elites, cujo objetivo era promover a "homogeneização futura da própria elite". Disso vem a ser a maior prova a fundação, em 1837, e sua posterior organização, do Imperial Colégio de Pedro II, que, sempre atendendo às necessidades dos futuros bacharéis, constituiu-se como garantia à ascensão social para aqueles que, em geral, já a possuíam.

O projeto linguístico, embutido nesse contexto maior de um projeto educacional, era, em si, um projeto de normativização. É daí que abrimos espaço para unir o ideológico ao eminentemente social, já que a constituição de uma norma nacional vai se dar, paradoxalmente, como já referido, no sentido de negar o uso linguístico da maior parte da população brasileira.

Na apresentação do texto *Estatística da instrução*, publicada no Rio de Janeiro pela Typographia de Estatística, em 1916, lê-se:

> Na monografia que serve de prefácio ao inquérito censitário sobre o ensino, está comprovada por algarismos irrefutáveis a precária situação da maioria dos habitantes do Brasil quanto ao grau de instrução, tornando-se evidente a necessidade da interferência dos poderes públicos nacionais no provimento do ensino elementar. [...] Só de 1870 em diante, com a subsequente criação da Directoria Geral de Estatística em janeiro de 1871, começaram a ser divulgados, com mais ordem, clareza e uniformidade, embora incompletos e muito deficientes, os algarismos relativos ao ensino público, primário e secundário em todo o Império. [...] Até 1907, não se obtém o desejado êxito, isto é, apreender de modo aproximado o estado de instrução no país.

Tabela 12 – Ensino público primário e jardins de infância,
médias annuaes da matrícula e da frequência entre 1916 e 1930

ANOS	Total	Escolas diurnas	Escolas noturnas	Jardins de infância	Frequência total
1916	72.423	64.199	7.753	471	44.635
1918	76.615	69.087	7.051	477	48.510
1921	81.696	73.688	7.616	392	51.598
1923	80.988	73.404	7.175	409	51.010
1926	69.169	64.331	4.407	431	54.759
1928	76.959	71.820	4726	413	59.332
1930	85.022	78.104	6.187	731	64.900

A publicação da Diretoria Geral de Estatística sobre *sexo, raça e estado civil, nacionalidade, filiação, culto, analphabetismo,* da população recenseada em 31 de dezembro de 1890, publicada em 1898, apresenta a seguinte distribuição da população do Distrito Federal, isto é, da cidade do Rio de Janeiro:

Tabela 13 – Distribuição da população do Distrito Federal
(Recenseamento em 1890/Directoria Geral de Estatística)

HOMENS					MULHERES				
Branco	Preto	Caboclo	Mestiço	Total	Branco	Preto	Caboclo	Mestiço	Total
300.049	29.530	8.830	55.248	293.657	127.740	35.008	8.615	57.631	228.994

O total de habitantes, sem levar em conta a variável gênero, é de 5.226.51 habitantes. O percentual de homens brancos é de 10%, no universo dos homens, e o de mulheres brancas é de 56%, no universo das mulheres. Essa distribuição pode ser analisada internamente, em cada uma das paróquias/freguesias, para que se possa verificar em que locais há maior concentração de brancos e negros: na Candelária, freguesia mais antiga, criada em 1634, a proporção é de 7.342 homens brancos para 185 homens negros (3%), distribuição que se inverteu, como se pode ver, se compararmos com a situação vigente em 1821, quando a população escrava chegava a ultrapassar a livre. Nas freguesias de Santa Rita, criada em 1731, e na de Sant'Anna, criada em 1814, freguesias urbanas que concentravam uma população de baixa renda, com reduzido poder

365

de mobilidade, a relação é de 17.395 para 3.707 (18%) e de 27.413 para 3.806 (12%), respectivamente. Em relação às mulheres, o quadro é também diferenciado. Se compararmos, por exemplo, o total de homens e mulheres, brancos e negros, na paróquia de Sant'Anna, é possível concluir que o percentual de homens negros é menor que o de mulheres negras: a relação para as mulheres é de 17.348 brancos para 4.162 negros, o que corresponde a 19%, enquanto a de homens é de 12%, como se viu anteriormente.

No que se refere à distribuição de brasileiros e estrangeiros, o quadro é o que segue:

Tabela 14 – População recenseada no Distrito Federal quanto à nacionalidade em 1890

NACIONALIDADE				População Total
Brasileiros		Estrangeiros		
Homens	Mulheres	Homens	Mulheres	
204.996	193.536	88.661	35.458	522.651

No correr dos séculos XIX e XX, o número de brancos e pardos cresce em todo o país, sendo quase equivalentes hoje, como se pode ver na tabela a seguir, retirada de Reis (2000), a partir de dados do IBGE, indicando alta miscigenação.

Tabela 15 – Evolução da população brasileira segundo a cor – período de 1872/1991

Cor/Época	1872	1890	1940	1950	1960	1980	1991
Brancos	3.787.289	6.302.198	26.171.778	32.027.661	42.838.639	64.540.467	75.704.927
Pretos	1.954.452	2.097.426	6.035.869	5.692.657	6.116.848	7.046.906	7.335.136
Pardos	4.188.737	5.934.291	8.744.365	13.786.742	20.706.431	46.233.531	62.316.064
Amarelos	...	...	242.320	329.082	482.848	672.251	630.656
Sem declaração	...	...	41.983	108.255	46.604	517.897	534.878
Total	9.930.478	14.333.915	41.236.315	51.944.397	70.191.370	119.011.052	146.521.661

Esse quadro, é necessário ressaltar, é diferenciado de região para região e, pelo Censo de 1991, a maior concentração de negros está na região Sudeste, e a de pardos, no Nordeste. Não se pode desvincular a questão racial e de sexo da do analfabetismo, já que negros e mulheres foram, durante muito tempo, excluídos do sistema educacional brasileiro. Segundo Ribeiro (2000: 79), "*tan-*

to as mulheres brancas, ricas ou empobrecidas, como as negras escravas e as indígenas não tinham acesso à arte de ler e escrever", pelo menos até 1822. A esse propósito, que extrapola o Rio de Janeiro, leia-se uma carta de redator, publicada, em 1833 no *Jornal da Sociedade de Agricultura, Comércio e Indústria da Província da Bahia* (apud Leite e Callou 2002: 35):

> [...] O destino das mulheres [...] he differente do dos homens, quer na Ordem Social, quer na da natureza. Seja qual for sua pozição, e o lugar, que tenhão de occupar um dia, a sua condicção na Sociedade não he a de comparecer em publico, exercer empregos, prehencher cargos, tomar assento nas Assembleas, marchar contra o inimigo, cultivar as Artes mecanicas, exercitar trabalhos exteriores: mas o viver na familia, o cuidar do arranjo domestico, por que ahi he que as mulheres se fazem estimaveis. Sendo pois a sua educação de deveres a cumprir no interior, deve a sua instrucção conformar-se toda á este fim; e portanto a instrucção recebida na casa paterna he a que mais lhes convem; pois que tem a vantagem de formal-as logo da infancia ás minuciosas circunstancias da economia domestica, e de lhes imprimir o espirito de modestia, de paciencia, de ordem, e a doçura de caracter, principios fecundos de todas as suas boas qualidades, bem como de sua felicidade [...].

Enfocando a cidade do Rio de janeiro, o quadro referente à instrução é o seguinte, sempre segundo dados do IBGE:

Tabela 16 – Distribuição da população quanto à instrução (Distrito Federal/1890)

Sabem ler e escrever			
Brasileiros			Total
Homens	Mulheres		
109.318	80.625		189.943
Estrangeiros			Total
Homens	Mulheres		
60.642	19.745		80.387
Não sabem ler e escrever			
Brasileiros e estrangeiros			Total
Homens	Mulheres		
123.697	128.624		252.321
Total Geral: 522.651			

Se compararmos esses dados do Distrito Federal com os relativos aos do estado do Rio de Janeiro, Minas Gerais, Bahia e Ceará, pode-se verificar que o Distrito Federal, que corresponde hoje à cidade do Rio de Janeiro, apresenta um índice de analfabetismo muito mais baixo que o dos outros municípios. É possível observar, por sua vez, que a cidade de Salvador apresenta um índice mais baixo que o do resto do estado da Bahia.

Tabela 17 – Índice de analfabetismo: o Distrito Federal em cotejo com outros municípios

Estado	Total de habitantes	Total de habitantes que não sabem ler e escrever (brasileiros e estrangeiros)	%
RJ	876.884	743.425	85
DF	522.651	252.321	48
BA	1.919.802	1.752.921	91
SSA	174.412	132.170	76
MG	3.184.099	2.852.695	90
CE	805.687	697.561	87

Essas diferenças regionais ainda permanecem, mas são menos flagrantes, pelo menos nas capitais. Pelo Censo Demográfico de 2000, a taxa de alfabetização da população do município do Rio de Janeiro é de 95,8% e de Salvador de 93,8%. As proporções de pessoas não alfabetizadas continuam sendo mais significativas nas regiões Nordeste e Norte: o Nordeste apresentou o pior desempenho, com apenas 75,4% de pessoas de 10 anos ou mais se considerando alfabetizadas. Significativo é o fato de as mulheres apresentarem hoje uma taxa ligeiramente superior à dos homens, tendo em conta a posição que ocuparam na sociedade durante muitos séculos.

A evolução demográfica da cidade do Rio de Janeiro, do final do século XIX até hoje, exposta na Figura 2, é digna de nota e permite supor que a diversidade linguística hoje existente cresceu na mesma medida. Estabelecer correlações entre o Rio de Janeiro do século XIX e o contemporâneo parece ser um caminho a seguir.

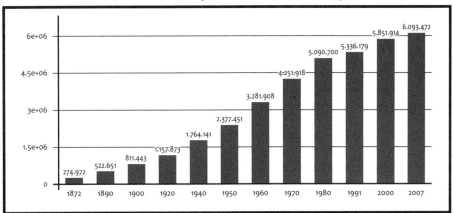

Figura 2 – Evolução demográfica da cidade do Rio de Janeiro (final do século XIX até 2007)

DO ENSINO ESCOLAR

Não é segredo para ninguém que as grandes mudanças nos contextos históricos das sociedades humanas apresentam reflexos no plano sócio-histórico-linguístico, seja em transformações no uso, seja nas obras metalinguísticas, seja nas políticas linguísticas. Não deveria ser diferente na história brasileira. Quando, por simplificação didática, fazemos análises para o século XIX, não perdemos de vista que dentro desse recorte convencionado de dez décadas há vários séculos, pois há várias continuidades de séculos anteriores, e há várias rupturas dentro do intervalo de cem anos.

Contudo, para que se possa delimitar, para cada fenômeno social e/ou linguístico, as fases de mudança e de consolidação, são necessários indícios para a especulação e/ou dados objetivos para a construção de nossos objetos de análise segundo um dado recorte teórico. No caso da história da normatização no português brasileiro, começamos a recolher esses indícios e esses dados em relação à prática escolar por intermédio do levantamento de materiais didáticos, e de dados da política escolar oficial. De fato, dentro do século XIX, se podemos dizer que até um pouco além das suas duas primeiras décadas, em muitos sentidos, ainda se vivia no século XVIII, inclusive no tocante aos modelos objetivos de escrita, podemos também supor que as profundas estruturações sociais posteriores à Guerra do Paraguai e os esforços de industrialização promovidos por figuras como o barão de Mauá não deixariam de coexistir com transformações sócio-histórico-linguísticas. Veja-se que, nessa fase de *avanços*, a necessidade de mão de obra especializada promovia esforços independentes de ensino gratuito na esfera privada. É o que encontramos no anúncio publicado no *Jornal do Commercio*, em 1875:

> **Escola Industrial da Sociedade Auxiliadora da Industria Nacional**, ensino secundario gratuito, á noite, para adultos nacionaes e estrangeiros. – Abrem-se, hoje, ás 6 horas da tarde, as aulas de allemão, historia e desenho linear, e ás 7, as de portuguez, inglez, physica e chimica. (21 de fevereiro de 1875)

Transformações na sociedade oitocentista já se faziam refletir com clareza na expansão da imprensa jornalística em todo o Império. Partindo do Rio de Janeiro, chegou-se a um sem-número de jornais, ainda na metade do século, em todas as regiões do Brasil. Nas zonas de maior público, atingiu-se o requinte de contar leitores em número suficiente para sustentar periódicos exclusivos para o entretenimento. É o caso das publicações semanais especializados em folhetins novos e consagrados, nacionais e estrangeiros. Se havia demanda e resposta financeira para tal, não se pode deixar de perceber que, diferentemente do que ocorria para os leitores de periódicos até a terceira década, um segmento social oitocentista dos últimos vinte e cinco anos do século apresentava relações mais complexas em sua prática de leitura com diferentes bens de serviço à sua disposição.

Quando nos voltamos ao plano pedagógico-linguístico, a mesma impressão de novos e mais complexos fatores se faz presente. Baseados, principalmente, nas mudanças nas práticas de escritura em manuscritos de homens de reconhecida formação (opções de grafação, sistemas de pontuação, certas variantes linguísticas), percebemos ter havido forte influência de modelos nas últimas décadas do século.

Desta feita, ao encontrar, em um sebo paulista, um livro de exercícios que acompanhava uma gramática escolar publicada no Rio de Janeiro, em 1890, com primeira edição de 1883, passamos a contar com uma fonte primária não só da prática normatizadora, mas também da prática de formação das habilidades em leitura e escrita. Nomeadamente falamos da 3ª edição de *Exercicios da lingua portugueza correspondentes a Grammatica Elementar por Felisberto Rodrigues Pereira de Carvalho*. De fato, a correspondência é ponto a ponto ensinada, havendo indicação, entre parêntesis, no livro de exercícios a que itens cada exercício da *Gramática Elementar* (o livro texto) corresponde. Assim, por exemplo: Exercicio theorico 168 (grammatica – de n. 42 a 45). Como se vê, temos em mãos um exemplar real da normatização subjetiva escolar para cotejo com a normatização objetiva dos jornais.

Vale dizer que, ao menos pelo catálogo de obras didáticas dentro da obra, observamos não se tratar de um caso isolado: esse era um dentre vários outros materiais didáticos que circulavam no último quartel do século XIX na, denominada pelo autor em 1883, *"phase nova"* para o ensino da língua portuguesa no Brasil, fase essa marcada não só pelo *"apparecimento de compedios, que comprehendem exercicios de applicação das"* regras, mas também por mudanças governamentais (11 de junho de 1983) nas feições dos exames para *"á matricula nas Academias do Paiz"*. Para ele, esses dois fatores, palavras suas, *"estabelecem uma transição que [...] virá influir de modo altamente benefico para a instrucção popular"*. Em outras palavras, o volume de produção de materiais didáticos de normatizações e de habilidades de escrita e leitura identifica uma fase no século XIX, fase de maior demanda escolar de um público alvo diferenciado nos títulos dos instrumentos didáticos.

É o reflexo de toda uma geração de professores lembrada por Villela (2004):

> Felisberto Rodrigues Pereira de Carvalho formou-se professor em 1870. Integrou uma geração de normalistas que vivenciou mudanças profundas tanto na forma quanto no conteúdo e finalidades do curso de formação de professores no século XIX.

Assim, por exemplo, temos os títulos *Exercicio de Estylo e redacção, Diccionario Gramatical, Primeiro Livro de Leitura (Syllabario), Segundo Livro de Leitura (Contos e dialogos), Terceiro Livro de Leitura (Conhecimentos uteis), Scenario infantil (novo segundo livro de leitura), Cartilha Nacional, ensino simultaneo de leitura e escrita* e *Grammatica Portugueza* em volumes distintos pelos níveis *da infância (curso primario 1º anno), elementar curso médio (2º anno)* e *curso superior (3º anno)*.

Do mesmo autor, em 1880, foram publicados tanto livros de leitura e interpretação quanto outro manual de gramática, os *Elementos da Grammatica Portugueza*, que se encontrava na sua 5ª edição à altura desta 3ª edição do manual de exercícios aqui exposto e que, sobretudo, havia-lhe servido de ponto de partida. O próprio autor anuncia em texto introdutório o caráter complementar do livro de exercícios, revelando, interessantemente, a típica postura da corrente não especulativa de obras gramaticais, a corrente com fins pedagógicos: uma "consciência" do vazio de sentido no ensino de nomenclaturas sintáticas como um objetivo em si. Nessa introdução, intitulada "Aos nossos collegas", ele afirma que

O conhecimento das regras, em abstracto, nenhuma utilidade póde ter para o discipulo, attendendo-se ao fim que se deve ter em vista no ensino da Grammatica. A analyse, como unico objectivo d'essa leccionação, tal qual tem sido feita, – é absurdo: como exclusivo meio do ensino, é um meio illusorio, dezarroado e impossivel. [...] E na verdade, que importa para bem fallar ou escrever uma lingua, que tal complemento seja por esta ou aquella fórma denominado; – ou discutir se lhe cabe a classificação de **terminativo**, ou de **circunstancial de causa efficiente**, por exemplo?

O comentário soa bem próximo às críticas atuais ao ensino de gramática na escola brasileira, quando enfatiza demais a memorização de nomenclaturas como fim em si do aprendizado de categorias. Interessante que essa postura de Felisberto Carvalho foi traduzida em sucesso editorial. Segundo Oliveira e Souza (2000), referindo-se aos livros de leitura desse autor, largamente utilizados em São Paulo, de 1892 a 1934, o primeiro livro de leitura dessa coleção chega à 119ª edição, o que confirma a sua grande utilização nas escolas públicas.

No âmbito deste trabalho, o exercício de *invenção* que interessa especialmente é o da página 85, que trata do uso de pronome objeto. Observemos seu comando: "[...] *Dizer: Eu **comprei-os**, em vez de Eu comprei (elles). Tu não **as fizeste**, em vez de Tu não fizeste (ellas)* [...]".

De modo quase categórico, verbalizando uma proibição, o autor, de forma indireta, contraindica a presença de *elle* no lugar de complemento de verbo. Ao dizer em um exercício estrutural *use tal forma*, está-se dizendo não use outras. Isso, para quem apresenta em seu vernáculo a variante *ele(a)*, a "coincidência" de ela estar na indicação neutra *elle* entre parêntesis não é simples sugestão, é uma firme indicação. Enfim, há aqui um claro comando escolar fixando um modelo de escrita.

Ao que nos parece, trata-se de uma comprovação do que só supúnhamos por conjectura: a situação de haver prescrição escolar sobre o uso de *ele(s/a/as)* na função de *objeto* que viria a reforçar a norma objetiva já praticada nos jornais. Lembremos de que só achamos um único dado de *elle* como complemento verbal direto em uma única carta dentre as 568 editadas pelas equipes regionais do PHPB. Trata-se de um espaço amostral significativo dessas modalidades textuais em veículo de circulação extremamente conservador dos oitocentos. Talvez não por acaso, o "cochilo" do revisor tenha se dado na modalidade, no contraste com a voz oficial dos periódicos, mais aberta a escrevedores externos, e, consequentemente, com maior chance da perda de um estado de vigília sobre o próprio discurso: o dado ocorre numa carta de leitor.

Senhor Redactor. – Tenho visto varias correspondencias | desta villa, e tenho lido ellas afim de ver se deparo em al- | gumas dellas a noticia de um grande pagode que houve ha | dias na fazenda do senhor Victoriano José Lemes [...] (*Correio Paulistano*, São Paulo, 26 de março de 1859. Arquivo do Estado de São Paulo)

Tínhamos essa hipótese delineada pela exclusão sistemática desse uso nos jornais oitocentistas, os textos referenciados como modelares à época para a sociedade com pequena circulação de livros, mas com grande alcance dos periódicos país adentro. Com o achado dos *Exercícios da Língua Portugueza*, contamos com uma comprovação, quer dizer, com um dado positivo da prescrição objetiva no fim dos oitocentos, nosso vetor prescrição subjetivo-escolar. Ao que parece, podemos, nesse caso, observar um momento de contato na dinâmica relação entre esses vetores de modelação da escrita pessoal.

Callou e Serra (2006) afirmam que, em geral, o ensino de língua portuguesa continua sendo baseado nos ditames da gramática tradicional, na insistência de incutir uma norma lusitana cristalizada, malgrado as tentativas de diversas correntes linguísticas em descrever e apresentar aspectos da norma-padrão e não padrão. Como o ensino vem-se tornando cada vez mais deficiente e, de geração em geração, os professores de língua portuguesa têm deixado de *seguir os rumos* da normativização excessiva – inclusive pelo fato de uma norma brasileira já vir se fixando até mesmo na escrita padrão –, o que se espera é que, gradualmente, como se tem visto, alguns aspectos típicos do português do Brasil, há muito consagrados na fala, migrem cada vez mais para a escrita. Os textos jornalísticos, crônicas, editoriais, entre outros, atestam essa mudança em direção à fixação de uma norma brasileira.

Não obstante, a concepção de cobrança, não só de alunos, mas também de professores em concursos para o magistério, não se afasta tanto da de hoje, em alguns aspectos, a julgar pelos materiais de que dispomos. E condizente com o que as gramáticas e outros livros da época apregoam, como vimos.

A título de exemplificação, observe-se cópia de uma prova a que eram submetidos os candidatos, em 1870, aos exames preparatórios do ensino público – Prefeitura do Distrito Federal – para provimento de cadeiras.

Figura 3 – Prova para provimento de cadeiras, em 1870.
Exames preparatórios do ensino público, Prefeitura do Distrito Federal (Capa)

Para uma sócio-história da língua portuguesa no Rio de Janeiro

**Figura 4 – Prova para provimento de cadeiras, em 1870.
Exames preparatórios do ensino público, Prefeitura do Distrito Federal**

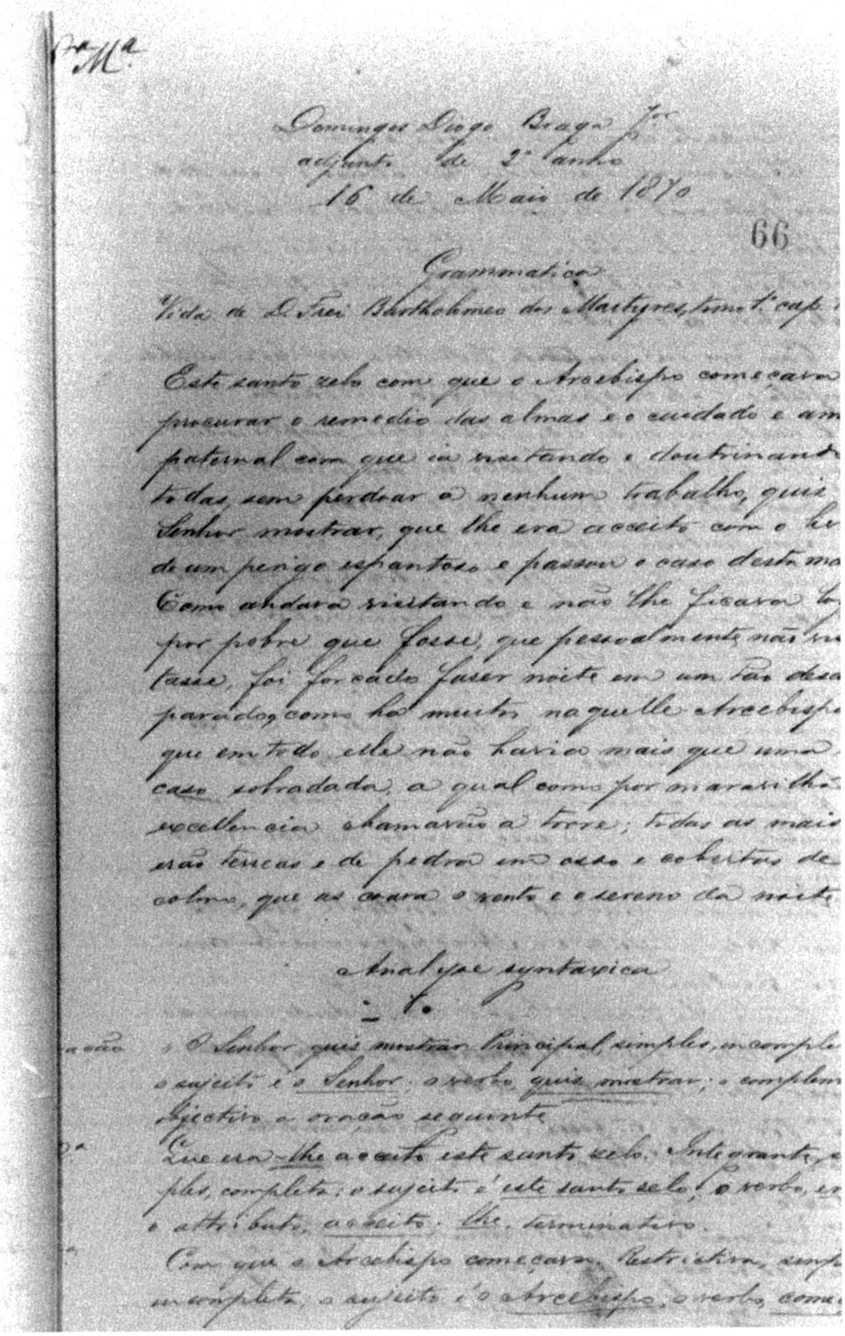

A prova constava da '*analyse sintaxica e lexicologica*' de um texto religioso, em que se cobrava classificação de períodos e orações, funções sintáticas e classes de vocábulos. Ao final, havia observações do avaliador sobre a prova, que deviam levar à aprovação ou não do candidato, em função do número de erros: "*Esta prova tem muitos erros que vão marcados com traços azues. Pelo que nos parece que não é satisfatorio*".

A nomenclatura gramatical utilizada não era rígida e ora, por exemplo, aparece complemento *objectivo* ora *complemento objecto*. E as confusões sobre função sintática mostram que o candidato por vezes tinha uma formação deficiente, ao apontar na oração '*não havia mais que uma só casa*', a forma *mais* como sujeito. O clítico *lhe* é interpretado como '*variação do pronome pessoal elle*'.

Pagotto (1998: 50) afirma que, a partir das análises do português do Brasil, "*mais e mais se constata a distância entre as formas usuais no nosso vernáculo e o português exigido na escrita e prescrito nos manuais de gramática*" e argumenta que, durante o século XIX, uma norma culta escrita foi codificada. Para confirmar essa hipótese, o autor tomou por base duas versões da Constituição brasileira, a do Império, de 1824, e a da República, de 1892, e comparou certos usos linguísticos emblemáticos, como o da posição do clítico, chegando à conclusão de que a primeira versão foi escrita no que ficou conhecido como português clássico e a segunda, no que se tem considerado como a atual norma culta. O resultado desse confronto – a constituição do Império é essencialmente proclítica e, a da República, enclítica – permite inferir que a norma brasileira teria sido construída, paradoxalmente, a partir do modelo europeu, ainda que em um momento de afirmação nacional. Um componente ainda mais interessante na construção desse paradoxo mais amplo é o fato de que a própria construção da normatização no Brasil, ainda que voltada a referências lusas, foi referendada na visão de brasileiros sobre o que seria uma norma lusa: as gramáticas escolares aqui usadas a partir do fim do século XIX espelhadas nos programas do Colégio Pedro II eram obras de brasileiros que foram articulando o ensino da metalinguagem para a promoção da língua de escola com textos seletos de clássicos lusos e nacionais por vezes mais preocupados com o aprendizado da escrita não vernácula, lusa ou nacional, que com um modelo em si. Conforme dizia Barbosa (2015):

> [...] quando nos voltamos para o exame de obras gramaticais escolares no Brasil ao longo do tempo, desde o último quartel do século XIX até a década de 80, fase esta em que o ensino prescritivo ainda predominava no universo escolar brasileiro de modo quase categórico, percebemos que existem fases

distintas de posturas muito, pouco ou nada descritivas dos autores de gramáticas normativas escolares. Se por um lado existe pleno conhecimento de que a própria natureza das gramáticas escolares de todas as fases definia seu objetivo compartilhado de promoção de um padrão culto da língua referenciado em obras literárias, no entanto, por outro, não se tem muito bem sabido que o caráter descritivo de estruturas da escrita tida como padrão, literária ou não literária foi diferenciado em qualidade técnica e apuro de fase a fase em sessenta ou setenta anos de prática pedagógica nas escolas brasileiras.

Nesse sentido, sempre se estará fadado a confundir a tradição gramatical discritivo-normativa no Brasil com a gramática tradicional escolar que se configura após ser fixada a Nomenclatura Gramatical Brasileira (NGB), fixação terminológica que acaba por restringir sobremaneira o componente descritivo conjunto ao normativo. Evidente que é verificada a convivência dessa tensão pendular ora mais descritivo-normativo, ora exclusivamente normativo nas gramáticas escolares desde sempre.

Nos períodos de maiores concentrações de posturas também descritivas dos textos clássicos, especialmente do fim do século XIX à década de 30 do século XX, conexas ao papel normativo das aulas de gramática, as melhores escolas públicas e privadas do Rio de Janeiro, espelhadas nos programas do Colégio Pedro II, parecem não ter promovido uma simples decoreba de regras. As práticas pedagógicas do ensino aliado ao estudo da língua dos textos escritos parecem ter ido além da normatização e alcançado a construção de uma norma projetada no imaginário social, uma norma ainda mais afastada da língua falada que os modelos decorados na escola. Como as escolas de elite contavam com profissionais mais bem qualificados para essa articulação entre norma abstrata construída pelo acesso não apenas às regras sistematizadas nas gramáticas escolares, mas também à norma objetiva encontrada nas seletas de textos usadas, aumentou o fosso mesmo entre os escolarizados. Para a maioria das escolas da cidade, a memorização simples de regras foi a tônica.

Dessa realidade diferenciada, foram criadas diferentes concepções de norma-padrão no alunado ao longo da história escolar brasileira. Investigar um leque variado e controlado historicamente de obras gramaticais escolares é a base de uma recuperação dessas abstrações de norma a partir do contato com a normatização na escola. Para tal, é necessário incorporar à pesquisa a constituição de *corpora* metalinguísticos e de seletas de textos com o devido controle externo das escolas onde foram utilizados, e do caráter apenas normativo ou normativo-descritivo. O que predominou em cada lugar da cidade e por quanto tempo? Esse também é um fator diferenciador na escola do Rio de Janeiro entre quem aprendeu a apreender a norma escrita pela leitura e quem aprendeu a repetir verdadeiros *flags* linguísticos de normatização, como regras de posição do clítico ou uso do *haver* impessoal.

> [...] se hoje dispomos de diferentes materiais publicados em jornais coevos, não dispomos de forma sistemática de *corpora* de gramáticas e outras obras gramaticais usadas nas escolas na predicação de uma normatização direta dos usos dos redatores escolarizados. Contamos com várias e várias gramáticas estudadas para a recuperação e análise das concepções gramaticais no passado, mas nem sempre essas obras tiveram repercussão nas salas de aula, ou nas aulas do ensino familiar. Contamos com diversas gramáticas estudadas, mas não como um *corpus* de gramáticas, ou seja, como conjuntos de gramáticas reunidos por recortes externos que evidenciem a representatividade e significância na sociedade de cada fase. Era uma gramática publicada à época com significância como obra em si para a historiografia linguística ou, de fato, representou uma prática pedagógica mais geral nos segmentos escolares? E representou a prática de que grupo em contraste a que outros grupos?
>
> Para começar a enfrentar essas questões, é preciso passar por todas as fases e problemas metodológicos que a construção de *corpora* envolve: estabelecer os critérios de seleção de materiais por representatividade social ou significância individual, proceder à pesquisa de campo em arquivos públicos e privados, levantar as fontes primárias, sistematizá-las conforme os critérios estabelecidos e sistematizar seu acesso em forma de catálogos ou edições conservadoras. (Barbosa, 2015: 2)[6]

De qualquer modo, os padrões vigentes, calcados na tradição dos clássicos, impostos de cima para baixo aos brasileiros, já não são bem aceitos. A língua é infinitamente variada, e os ideais linguísticos do final do século XIX e começo do século XX não podem permanecer os mesmos, uma vez que a sociedade atual se estrutura de modo totalmente diverso: as relações que se estabelecem entre os diversos níveis da pirâmide social são hoje muito mais intensas e profundas, graças aos meios de comunicação de massa. A respeito dessa questão, destaque-se a afirmação de Castro (2003: 12), que confirma a sua própria convicção de que uma norma está destinada a vigorar por algum tempo – sofre mudanças – em determinado espaço – e não pode ser estendida a todos os pontos.

> podiam os gramáticos do século XVI dizer que a norma emanava da Corte e os do XIX que ela emanava de Coimbra porque tinha a Universidade, mas hoje teriam de reconhecer que a norma portuguesa [europeia][7] dotada de maior vitalidade e capacidade de fazer adeptos é a que transmitem os jornais, a rádio e a televisão.

CONSIDERAÇÕES FINAIS

É importante ressaltar que a diferenciação de uso da língua pelas classes sociais pressupõe um denominador comum e que o quadro atual da língua portuguesa no Brasil, segundo Houaiss (1979), tem suas raízes em séculos anteriores. Juntar todos esses elementos e caracterizar um "linguajar carioca", dentro do conjunto do português brasileiro, é um dos desafios que temos à nossa frente.

Possuindo todas as condições para ser o centro unificador, condições geográficas, históricas, políticas, entre outras, o Rio de Janeiro vem, há muito tempo, exercendo o papel unificador deste conjunto heterogêneo que é o português brasileiro. A cidade-metrópole absorve, de todos os cantos do país, as características locais, amalgamando-as, misturando-as e fundindo-as neste denominador comum que é a linguagem do Rio de Janeiro: uma soma de variedades regionais, inclusive as suas próprias, pois há um regionalismo intrínseco, formado a partir das diversas áreas e classes sociais que dividem a cidade. Mais uma vez, simples conjecturas, é sempre bom relembrar.

Essas e outras questões têm que ser aprofundadas e, de todo modo, a sócio-história do Rio de Janeiro representa apenas um capítulo da história do país.

ANEXO[8]

CATÁLOGO LOCALIZADOR DE EXEMPLARES DE GRAMÁTICAS DO COLÉGIO PEDRO II
– Rio de Janeiro / Brasil –
INSERIDOS NOS PROGRAMAS DE ENSINO DE 1856 A 1929

1. LISTA CRONOLÓGICA DAS OBRAS GRAMATICAIS NOS PROGRAMAS DO COLÉGIO PEDRO II

1856
- *Grammatica da Língua Portugueza*, de Cyrillo Dilermando.
- *Synonimos*. Fr. Francisco de S. Luiz.

1858
- *Grammatica da Língua Portugueza*, de Cyrillo Dilermando.
- *Synonimos*. Fr. Francisco de S. Luiz.

1862
- *Grammatica da Língua Portugueza*, de Cyrillo Dilermando.
- *Synonimos*. Fr. Francisco de S. Luiz.

1877
- *Grammatica Portugueza*, de Manoel Olympio Rodrigues da Costa.
- *Grammatica*, de Theophilo Braga.

1882
- *Grammatica Portugueza*, de Manoel Olympio Rodrigues da Costa.
- *Grammatica Portugueza*, Julio Ribeiro.

1892
- *Grammatica de João Ribeiro*, curso médio.
- *Grammatica de João Ribeiro*, curso superior.
- *Lições de Grammatica Portugueza*, João Ribeiro.
- *Grammatica analytica* por Maximino de Araujo Maciel.
- *Noções de grammatica portugueza*, por Pacheco da Silva Junior e Lameira de Andrade.
- *Estudinhos da língua patria*, por A. da Silva Tulio.

1893
- *Grammatica portugueza* de João Ribeiro (Curso Médio).
- *Grammatica* de João Ribeiro (curso superior).
- *Noções de grammatica portugueza*, por Pacheco da Silva Junior e Lameira de Andrade.
- *Grammatica analytica*, por Maximino de Araujo Maciel.
- *Estudinhos da língua patria*, por A. da Silva Tulio.

1895
- *Grammatica*, Alfredo Gomes (5ª edição).
- *Noções de grammatica portugueza*, Pacheco Junior e Lameira de Andrade (2ª edição).

1898
- *Elementos da grammatica portugueza*, por Felisberto de Carvalho, (14ª edição) e *Exercícios de lingua Portugueza*, correspondentes à *Grammatica elementar* (4ª edição) pelo mesmo autor.

- *Grammatica Portugueza*, pelo Dr. Alfredo Gomes, 7ª edição.
- *Grammatica Portugueza*, por M. Pacheco da Silva Junior e Lameira de Andrade (2ª edição).

1926
- *Analyse grammatical e logica. O idioma nacional.* – 1º Volume, Antenor Nascentes.
- *Manual de analiyse*, José Oiticica.
- *Verbos*, Othelo Reis.
- *Grammatica elementar*, Said Ali.
- *Grammatica secundária da língua portuguesa*, Said Ali.
- *O meu idioma*, Othoniel Motta.
- *O exame de Portuguez*, Julio Nogueira.

1929
- *Analyse grammatical e logica*, Antenor Nascentes.
- *O idioma nacional* – 1º Volume, Antenor Nascentes.
- *Manual de analiyse*, José Oiticica.
- *Verbos*,[9] Othelo Reis.
- *Guia para algumas difficuldades de analyse lexica. Textos para corrigir.*[10]
- *Grammatica elementar*, Said Ali.
- *Lições elementares de língua portugueza*, Maximino Maciel.
- *Grammatica secundaria da linguaportugueza*, Said Ali.
- *O idioma nacional* – 2º volume, Antenor Nascentes.
- *O Idioma Nacional* – 3ª volume, Antenor Nascentes.
- *O meu idioma*, Othoniel Motta.
- *O exame de portuguez*, Julio Nogueira.
- *O Idioma Nacional – vol. IV*, Antenor Nascentes.
- *Lexiologia do portuguez historico*, Said Ali.

2. LISTA CRONOLÓGICA DOS AUTORES DAS OBRAS GRAMATICAIS NOS PROGRAMAS DO COLÉGIO PEDRO II

- Cyrillo Dilermando.
- Manoel Olympio Rodrigues da Costa.
- Theophilo Braga.
- Julio Ribeiro (professor do Colégio Pedro II).
- João Ribeiro (professor do Colégio Pedro II).
- Maximino de Araújo Maciel (professor do Colégio Militar do Rio de Janeiro).
- Manuel Pacheco da Silva Junior (1843-1899)[11] – professor do Colégio Pedro II e do Gymnasio Nacional do Rio de Janeiro.
- Boaventura Plácido Lameira de Andrade (-1897)[12] – professor da Escola Normal do Rio de Janeiro, prof. substituto do Colégio Pedro II.
- Alfredo Gomes – professor do Colégio Pedro II / Escola Normal /Colégio Militar / Colégio Abílio / Liceu Literário Português de Artes e Ofícios, Ginásio Mineiro.[13]

- Felisberto de Carvalho (formado em Niterói, RJ, atuação em São Paulo)
- Antenor Vera Nascentes (1886-1972) – professor Colégio Pedro II, de Espanhol.
- José Rodrigues Leite e Oiticica – professor do Colégio Pedro II (1882-1957)
- Manuel Said Ali (1861-1953) – professor do Colégio Pedro II, de Alemão, Francês, Inglês e Geografia.

3. LISTA CRONOLÓGICA DOS AUTORES DAS OBRAS GRAMATICAIS COMPLEMENTARES NOS PROGRAMAS DO COLÉGIO PEDRO II

- Fr. Francisco de S. Luiz (*Synonimos*)
- A. da Silva Tulio (*Estudinhos*).[14]
- Othelo de Souza Reis (1890-1948) – Professor do Colégio Pedro II e Escola Normal. (1890-1948). (*Conjugação de verbos*; *Guia para algumas dificuldades de analyse lexica* e *Textos para corrigir*)
- Othoniel Motta (*O meu idioma*)
- Julio Nogueira (*Exames*)

4. CATÁLOGO LOCALIZADOR DE EXEMPLARES DE GRAMÁTICAS DO COLÉGIO PEDRO II (1856-1929)

Programas de Ensino de 1856 / 1858 / 1862

Título no Programa: *Grammatica da Língua Portugueza*

Autor: Cyrillo Dilermando

Exemplar localizado (provável): *Compêndio de Grammatica Portugueza da Primeira Idade*. 5ª ed. 1869.

Acervo(s): Biblioteca da Faculdade de Letras da UFRJ.

Outra obra do autor:

No Real Gabinete Português de Leitura – Rio de Janeiro: *Exerciciosde analyselexicographa ou grammatical e de analysesyntaxica e logica*. Rio de Janeiro. Typ. de Quirino & Irmão, editores, 1870.

Até onde alcançou nossa investigação, o exato título da obra não foi encontrado. Contudo, há, em outros programas de ensino, casos de menções a títulos de materiais escolares de forma mais resumida ou mais genérica. É provável que seja a obra localizada na Faculdade de Letras da UFRJ em função do cruzamento entre a informação, no título, de ser uma gramática *para a primeira idade*, e a informação, no programa de 1856, de ser livro indicado para o "Primeiro anno":

Primeiro anno

No "primeiro anno, o alumno, depois de algumas preleções de Grammatica Geral, aperfeiçoa-se na Grammatica da Lingua Portugueza, e começa a estudar latim, francez e arithmetica." (Vechia e Lorenz, 1998: 28)

Programas de Ensino de 1877/1882

Título no Programa: *Grammatica Portugueza*

Autor: Manoel Olympio Rodrigues da Costa

Exemplar localizado: *Grammatica Portugueza*. 3.ª ed. Rio de Janeiro, Tip. da Escola, 1887.

Acervo(s): Biblioteca Nacional do Rio de Janeiro.

Observação:

1) 1ª edição a ser localizada – Costa, Manuel Olímpio Rodrigues da: Grammatica portugueza destinada ao curso do 1.º anno do Imperial Collegio de Pedro Segundo. Rio de Janeiro, 1876.

2) 2ª edição disponível na Biblioteca Nacional de Lisboa.

Programas de Ensino de 1877

Título no Programa: *Grammatica*

Autor: Theophilo Braga (1843-1924)

Exemplar localizado (provável): *Grammatica portugueza elementar, fundada sobre o methodo histórico-comparativo*. Porto, Editora Livraria Portugueza e Estrangeira de João E. da Cruz Coutinho, 1876.

Acervo(s): Biblioteca Histórica do Colégio Pedro II – Rio de Janeiro (Unidade Centro).

Biblioteca da Faculdade de Letras da UFRJ.

Real Gabinete Português de Leitura – Rio de Janeiro.

> Programas de Ensino de 1877/1892
> Título no Programa: *Aprendei a lingua vermacula*
> Autor: A. da Silva Tullio
> Exemplar localizado: *Aprendei a língua vernacula: selecta compreendendo os "estudinhos da língua patria"*. Rio de Janeiro: Livraria classica de alves & comp., 1893.
> Acervo(s): Real Gabinete Português de Leitura – Rio de Janeiro.
> Biblioteca Histórica – Coleção Jucá Filho. Colégio Pedro II – Rio de Janeiro (Unidade Centro).

Não há indicação de gramática para o ano de 1878, apenas do conteúdo programático:

Programa de Ensino do Imperial Collegio de Pedro II – sete anos.

> Programas de Ensino de 1882
> Título: *Grammatica portugueza*
> Autor: Julio Ribeiro (1845-1890)
> Exemplar localizado: *Grammatica Portugueza*. São Paulo: Typographia de Jorge Secler, 1881. 299 (1ª ed.).
> Acervo(s): Biblioteca da Faculdade de Letras da UFRJ. Sala Celso Cunha (1ª ed.).
> Biblioteca da Faculdade de Letras da UFRJ. Acervo Geral (3ª ed.).
> Real Gabinete Português de Leitura – Rio de Janeiro. (3ª ed., 1891, Revista por João Vieira de Almeida, Teixeira e Irmão editores).
> Biblioteca Histórica – Coleção Jucá Filho. Colégio Pedro II – Unidade Centro – Rio de Janeiro /RJ (7ª edição, s/d).

> Programas de Ensino de 1892 / 1893
> Título: *Grammatica de João Ribeiro, curso medio*
> Autor: João Ribeiro (1860-1934)
> Exemplar localizado: *Grammatica Portugueza: curso medio* – 2º anno de portuguez. 24ª ed. corr. aum. Rio de Janeiro: Livraria Francisco Alves, 1911.
> Acervo(s): Real Gabinete Português de Leitura – Rio de Janeiro (24ª edição, 1911).
> Biblioteca da Faculdade de Letras da UFRJ. Acervo Geral (34ª edição, corr. e melh. 1920).
> Biblioteca do nudom do Colégio Pedro II –Unidade Centro – Rio de Janeiro (s/ed., s/d – década de 20).
> Outra obra do autor:
> *Grammatica Portuguêsa: curso primario* – 1º anno de portuguez. 89ª ed. novamente corrigida e muito aumentada. Rio de Janeiro: Livraria Francisco Alves, 1926.
> Biblioteca do nudom do Colégio Pedro II – Unidade Centro – Rio de Janeiro. (s/ed., s/d – década de 20).

> Programas de Ensino de 1892 / 1893
> Título: *Grammatica de João Ribeiro, curso superior*
> Autor: João Ribeiro (1860-1934)
> Exemplar localizado: *Grammatica Portugueza: curso superior* – adoptada nos gymnasios e escolas normaes do paiz e no "pedagogium". 16ª ed. Rio de Janeiro: Livraria Francisco Alves, 1911.
> Acervo(s): Real Gabinete Português de Leitura – Rio de Janeiro (16ª edição, 1911).
> Biblioteca da Faculdade de Letras da UFRJ. Acervo Geral (20ª ed., 1923).
> Biblioteca da Faculdade de Letras da UFRJ. Acervo Geral (21ª ed., 1930).
> Biblioteca da Faculdade de Letras da UFRJ. Acervo Geral (22ª ed., 1933).
> Biblioteca Histórica do Colégio Pedro II – Coleção Jucá Filho – Rio de Janeiro (Unidade Centro). (21ª ed. 1930).
> Biblioteca do nudom do Colégio Pedro II – Rio de Janeiro (Unidade Centro) (década de 20).

> Programas de Ensino de 1892
> Título: *Lições de grammatica portugueza, por João Ribeiro*
> Autor: João Ribeiro (1860-1934)
> Exemplar localizado: *Lições de grammatica portugueza*. Rio de Janeiro: Livraria Clássica de Alves & Comp. 296 p., 1887.
> Acervo(s): Biblioteca Nacional do Rio de Janeiro.

João Ribeiro predomina no programa de 1892. Apesar de sua gramática elementar não ter sido incluída no programa da escola, suas *Lições de Grammatica Portugueza* foram indicadas para o terceiro ano do curso. Interessante que um exemplar da 39ª edição (1926) de sua gramática para o curso primário encontra-se no Biblioteca do NUDOM do Colégio Pedro II, em encadernação que a reúne as gramáticas para os cursos médio e superior. Nada impossível que esse material de ensino elementar tenha circulado desde quando seu autor/professor da casa iniciara suas atividades no Pedro II, como materiais de apoio para recém-chegados na escola ou nos preparatórios para os exames de ingresso, ou, ainda, nos estudos pessoais na biblioteca do Colégio.

> Programas de Ensino de 1892 / 1893
> Título: *Grammaticaanalytica por Maximino de Araujo Maciel*
> Autor: Maximino de Araujo Maciel
> Exemplar localizado: *Grammatica analytica* baseada nas doutrinas modernas satisfazendo as condições do actualprogramma / Maximino de Araujo Maciel. Rio de Janeiro: Typ. Central, de Evaristo Rodrigues da Costa, 1887.
> Acervo(s): Real Gabinete Português de Leitura – Rio de Janeiro (1887).
> Biblioteca Nacional do Rio de Janeiro (1887).

> Programas de Ensino de 1892 / 1893 / 1895 / 1898
>
> Título: *Noções de grammatica portugueza*, por Pacheco da Silva Junior e Lameira de Andrade (2ª ed.)
>
> Autor(es): Pacheco da Silva Junior (1843-1899) e Lameira de Andrade
>
> Exemplar localizado: SILVA JUNIOR, Pacheco da & ANDRADE, Lameira de. *Noções de grammatica portugueza de accordo com o programma official.* 2ª ed. Rio de Janeiro: J. G. de Azevedo, 1887.
>
> Acervo: Biblioteca do Museu Nacional da Quinta da Boa Vista – Rio de Janeiro (Unidade da Universidade Federal do Rio de Janeiro – UFRJ).
>
> Obs.: É indicada a 2ª edição das *Noções de grammatica* no Programas de 1895.
>
> Outra obra do autor: *Grammatica da Lingua Portugueza, para uso dos Gynasios, Lyceus e escolas normais.* 3ª ed., 1907. É indicada sua 2ª edição, de 1894, no Programa de 1898.
>
> Acervo(s): Biblioteca da Faculdade de Letras da UFRJ.

Apesar de trabalhos como o de Caetano (2003) apontar a *Grammatica da Lingua Portugueza* como tendo sua primeira edição em 1887, pela descrição das seções da mesma gramática vista na própria tese de Caetano (2003: 15), as *Noções da Grammatica Portugueza* é uma obra estruturada de modo totalmente diferente, em 46 lições que não correspondem aos capítulos descritos por Caetano (2003). Como a segunda edição da chamada *Grammatica da Língua Portugueza* é noticiada no jornal carioca *A Semana*, em 1894, pode-se tratar de uma segunda edição que reformulou totalmente a obra de 1887.

> Programas de Ensino de 1892/1893
>
> Título: *Estudinhos da lingu apatria*, por A. da Silva Tulio
>
> Autor: A. da Silva Tulio.
>
> Exemplar localizado: *Aprendei a Lingua vernácula: selecta compreendendo os "Estudinhos da Lingua Patria".* Rio de Janeiro: Livraria Classica de Alves & Comp., 1893.
>
> Acervo(s): Real Gabinete Português de Leitura – Rio de Janeiro (1893).
>
> Biblioteca Histórica do Colégio Pedro II – Coleção Jucá Filho – Rio de Janeiro (Unidade Centro). s.d. / s. ed.
>
> Biblioteca do NUDOM do Colégio Pedro II – Rio de Janeiro (Unidade Centro). s.d. / s. ed.

O ano de 1893 repete cinco dos seis livros do Porgramma de 1892. O único título retirado foi o *Lições de grammatica portugueza, por João Ribeiro*. Dessa forma, o Programa para ginásio contava com ensino gramatical de língua portuguesa em 5 dos 7 anos do curso.

Programas de Ensino de 1895 / 1898

Título: *Grammatica. Alfredo Gomes* (1895)

Grammatica Portugueza, pelo Dr. Alfredo Gomes (1898)

Autor: Alfredo Gomes

Exemplar localizado: GOMES, Alfredo. *Grammatica Portugueza*. Alfredo Gomes. 6ª ed. Corrr. Aum. Rio de Janeiro: Livraria de J.G. de Azevedo, Editor. 1895.

Acervo(s): Real Gabinete Português de Leitura – Rio de Janeiro (6ª ed., 1895, e 15ª ed., 1813).

Biblioteca Histórica do Colégio Pedro II – Coleção Jucá Filho– Rio de Janeiro (Unidade Centro) (10ª ed.).

Biblioteca Nacional do Rio de Janeiro (13ª ed., 1910).

Biblioteca da Faculdade de Letras da UFRJ (16ª ed., 1915).

Obs.: Em 1895 foi indicada a 5ª edição e em 1898, a 7ª edição.

Alfredo Gomes foi professor nas principais escolas de sua época e suas edições parecem acompanhar sua atuação: dois anos de intervalo entre a 15ª e a 16ª edições de sua gramática.

Programas de Ensino de 1898

Título: *Elementos da grammatica portugueza*, por Felisberto de Carvalho, (14ª edição)

Autor: Felisberto Rodrigues Pereira de Carvalho (1850-1898)

Exemplar localizado: CARVALHO, Felisberto de. *Elementos de grammatica portugueza para uso dos alumnos de instrucção primaria*. 22ª ed. aum. Rio de Janeiro: Livraria Francisco Alves, [1880] 1911.

Acervo(s): Real Gabinete Português de Leitura – Rio de Janeiro.

Outra obra do autor: CARVALHO, Felisberto de. *Exercicios da lingua Portugueza, correspondentes à Grammatica elementar*. 3ª ed. Rio de Janeiro: B. L. Garnier, Livreiro-editor, 1890.

> Programas de Ensino de 1898
>
> Título: *Exercicios de língua Portugueza, correspondentes à Grammatica elementar* (4ª edição)
>
> Autor: Felisberto Rodrigues Pereira de Carvalho.
>
> Exemplar localizado: CARVALHO, Felisberto de. *Exercícios da lingua Portugueza, correspondentes à Grammatica elementar*. 3ª ed. Rio de Janeiro: B. L. Garnier, Livreiro-editor, 1890.
>
> Acervo(s): Acervo Privado. Disponibilizado via contato por: afraniogb@gmail.com
>
> Obs.:
>
> 1) A obra será doada ao acervo do Real Gabinete Português de Leitura – Rio de Janeiro.
>
> 2) Esse livro complementar de exercícios foi publicado à época da 5ª edição [<1883] do livro principal, *Elementos de grammatica portugueza*. *Exercicios de Lingua Portugueza* vem organizado com indicação de cada seção do *Elementos de grammatica portugueza* a que corresponde cada exercício proposto.
>
> Outra obra do autor: CaRVALHO, Felisberto de. *Elementos de grammatica portugueza para uso dos alumnos de instrucção primaria*. 22ª ed. aum. Rio de Janeiro: Livraria Francisco Alves, [1880] 1911.
>
> Acervo(s): Real Gabinete Português de Leitura – Rio de Janeiro.

> Programas de Ensino de 1898
>
> Título: *Grammatica Portugueza*, por M. Pacheco da Silva Junior e Lameira de Andrade (2ª ed.)
>
> Autores: Manuel Pacheco da Silva Junior & Boaventura Plácido Lameira de Andrade
>
> Exemplar localizado: SILVA JUNIOR, Manuel Pacheco & Andrade, Lameira. *Grammatica da Lingua Portugueza, para uso dos Gynasios, Lyceus e escolas normais*. 3ª ed. Rio de Janeiro: Francisco Alves, 1907.
>
> Acervo(s): Biblioteca da Faculdade de Letras da UFRJ.
>
> Obs.: Há referência a uma 2ª edição (1894) na Biblioteca Nacional do Rio de Janeiro (II-223,3,17), mas nada foi encontrado.

Não há indicação de gramática para o ano de 1912, apenas do conteúdo programático (português nos quatro primeiros de seis).

Não há indicação de gramática também para o ano de 1915, apenas do conteúdo programático (português nos três primeiros e literatura no sexto ano).

Programas de Ensino de 1926 / 1929

Título: *Analyse grammatical e logica. O idioma nacional*. Antenor Nascentes (1º Volume)

Autor: Antenor Vera Nascentes (1886-1972)

Exemplar localizado: NASCENTES, Antenor. *O idioma nacional*. 3ª ed. Rio de Janeiro: Machado / Alves, 1929.

Acervo(s): Biblioteca da Faculdade de Letras da UFRJ. (3ª ed., 1929).

Real Gabinete Português de Leitura – Rio de Janeiro.

Programas de Ensino de 1926 / 1929

Título: *Manual de analiyse*. José Oiticica.

Autor: José Rodrigues Leite e Oiticica (1882-1957)

Exemplar localizado: OITICICA, José de. *Manual de Analyse: lexica e sintatica*. Rio de Janeiro, Typographia Baptista de Souza, [1919] 1923.

Acervo(s): Biblioteca Nacional do Rio de Janeiro (2ª ed., 1923).

Biblioteca Histórica do Colégio Pedro II (1940) – Coleção Jucá Filho – Rio de Janeiro (Unidade Centro).

Real Gabinete Português de Leitura – Rio de Janeiro (10ª ed. rev. 1953).

Obs.: 10ª ed., 1955 disponível na rede mundial de computadores em: https://archive.org/details/ManualDeAnaliseLexicaESintaticaPorJoseOiticica

> Programas de Ensino de 1926 / 1929
> Título: *Verbos.* Othelo Reis
> Autor: Othelo Reis (1890-1948)
> Exemplar localizado: REIS, Otelo. *Breviário da Conjugação dos verbos da língua portuguesa.* 13ª ed. Rio de Janeiro: F. Alves, 1941.
> Acervo(s): Biblioteca da Faculdade de Letras da UFRJ (13ª ed.).
> Biblioteca Histórica do Colégio Pedro II (5ª ed., 1928) – Coleção Jucá Filho – Rio de Janeiro (Unidade Centro).

> Programas de Ensino de 1926 / 1929
> Título: *Grammatica elementar.* Said Ali
> Autor: Manuel Said Ali (1861-1953)
> Exemplar localizado: ALI, Manuel Said. *Grammatica elementar da lingua portugueza.* 2ª ed. São Paulo: Melhoramentos, [s.d.].
> Acervo(s): Biblioteca Nacional do Rio de Janeiro (2ª ed.).
> Biblioteca da Faculdade de Letras da UFRJ (7ª ed.).

> Programas de Ensino de 1926 / 1929
> Título: *Grammatica secundária da língua portuguesa.* Said Ali
> Autor: Manuel Said Ali (1861-1953)
> Exemplar localizado: Ali, Manuel Said. *Grammatica secundária da lingua portuguesa.* adoptada no Collegio Pedro II e gymnasios equiparados. 4ª ed. São Paulo: Melhoramentos, s./d.
> Acervo(s): Biblioteca da Faculdade de Letras da UFRJ.
> Biblioteca Nacional do Rio de Janeiro (1935?).
> Biblioteca Histórica do Colégio Pedro II– Coleção Jucá Filho (1924) – Rio de Janeiro (Unidade Centro).
> Real Gabinete Português de Leitura – Rio de Janeiro.

> Programas de Ensino de 1926 / 1929
> Título: *O meu idioma.* Othoniel Motta
> Autor: Othoniel Motta
> Exemplar localizado: MOTTA, Othoniel. *O meu idioma.* 2ª ed. São Paulo/Rio de Janeiro: Weiszflog Irmãos, 1917.
> Acervo(s): Biblioteca do NUDOM do Colégio Pedro II –Unidade Centro – Rio de Janeiro.
> Obs.: Na capa da obra informa-se que foi adotada no "Gymnasio Pedro II".

> Programas de Ensino de 1926 / 1929
> Título: *O exame de Portuguez.* Julio Nogueira
> Autor: Julio Nogueira
> Exemplar localizado: NOGUEIRA, Julio. *O exame de Portuguez.* 4ª ed. Rio de Janeiro: Freitas Bastos, 1930.
> Acervo(s): Biblioteca da Faculdade de Letras da UFRJ.
> Biblioteca Histórica do Colégio Pedro II– Coleção Jucá Filho (3ª ed., 1925) – Rio de Janeiro (Unidade Centro).

> Programas de Ensino de 1926 / 1929
> Título: *Guia para algumas difficuldades de analyse lexica. Textos para corrigir.*
> Autor: Othelo de Souza Reis (1890-1948)
> Exemplar localizado: REIS, O. de Souza. *Guia para algumas difficuldades de analyse lexica.* VI. Rio de Janeiro: Typ. Litho-Fluminense, 1921.
> Acervo(s): Biblioteca da Faculdade de Letras da UFRJ.
> Obs.: o Programa do Colégio Pedro II indicou dois livros, sem mencionar o autor, na mesma linha.

Programas de Ensino de 1926 / 1929

Título: *Guia para algumas difficuldades de analyse lexica. Textos para corrigir*

Autor: Othelo de Souza Reis (1890-1948)

Exemplar localizado: REIS, O. de Souza. *Textos para Corrigir*. Rio de Janeiro: Francisco Alves, 1950.

Acervo(s): Biblioteca da Faculdade de Letras da UFRJ.

Biblioteca Nacional do Rio de Janeiro (16ª ed., 1956).

Obs.: o Programa do Colégio Pedro II indicou dois livros, sem mencionar o autor, na mesma linha.

Programas de Ensino de 1929

Título: *Lições elementares de língua portugueza*. Maximino Maciel

Autor: Maximino Maciel

Exemplar localizado: MACIEL, Maximino. *Lições elementares de lingua portugueza*. [s./l.], [s./n.], 1917.

Acervo(s): Real Gabinete Português de Leitura – Rio de Janeiro.

Programas de Ensino de 1929

Título: *Idioma nacional* – 2º volume. Antenor Nascentes.

Autor: Antenor Vera Nascentes (1886-1972)

Exemplar localizado:

Acervo(s): Acervo Privado. Distribuição em afraniogb@gmail.com

---

Programas de Ensino de 1929

Título: *Manual de Estilo*. J. de Oiticica

Autor: José Rodrigues Leite e Oiticica (1882-1957)

Exemplar localizado: OITICICA, José de. *Manual de Estilo*. 6ª ed. Rio de Janeiro: Francisco Alves, 1949.

Acervo(s): Biblioteca Nacional do Rio de Janeiro (6ª ed.).

Biblioteca Histórica do Colégio Pedro II– Coleção Jucá Filho (1926) – Rio de Janeiro (Unidade Centro).

Real Gabinete Português de Leitura – Rio de Janeiro.

> Programas de Ensino de 1929
> Título: *O Idioma Nacional.* Volume III. Antenor Nascentes
> Autor: Antenor Vera Nascentes (1886-1972)
> Exemplar localizado:
> Acervo(s): Acervo Privado. Distribuição em afraniogb@gmail.com

> Programas de Ensino de 1929
> Título: *O Idioma Nacional.* Volume IV. Antenor Nascentes
> Autor: Antenor Vera Nascentes (1886-1972)
> Exemplar localizado: NASCENTES, Antenor. *O idioma nacional, 4: gramatica histórica.* 3ª ed. São Paulo: Nacional, 1942.
> Acervo(s): Biblioteca da Faculdade de Letras da UFRJ. (1942).
> Biblioteca Histórica do Colégio Pedro II– Coleção Jucá Filho – Rio de Janeiro (Unidade Centro).

> Programas de Ensino de 1929
> Título: *Lexiologia do portuguez historico.* Said Ali
> Autor: Manuel Said Ali (1861-1953)
> Exemplar localizado: ALI, Manuel Said. *Lexeologia do portuguez historico.* São Paulo: Melhoramentos, [s./n.], 1921.
> Acervo(s): Biblioteca Nacional do Rio de Janeiro.
> Biblioteca Histórica do Colégio Pedro II – Coleção Jucá Filho (1921) – Rio de Janeiro (Unidade Centro).

Não há indicação de gramática para o ano de 1931, apenas do conteúdo programático (curso fundamental do ensino secundário em cinco séries)

Não há indicação de gramática para o ano de 1942, apenas do conteúdo programático (curso ginasial do ensino secundário – 4 séries)

Existe na Biblioteca do CPII exemplar doado por um ex-aluno:

Manual de Análise (Léxica e Sintática), 6ª edição, 1942, de José de Oiticica. Livraria Francisco Alves.

Portaria de 1943 com programa para os cursos Clássico e Científico do ensino médio (em três anos), que complementa o Programa ginasial de 1942.

Não há indicação de gramática, apenas do conteúdo programático.

No Programa dos cursos Clássico e Científico (em três séries do colegial), encontra-se, nas seções sobre o tópico LEITURA, menção a comentários filológicos ou gramaticais com recordação de generalidades da gramática expositiva e histórica ministradas no curso ginasial (em quatro séries).

Não há indicação de gramática para o ano de 1952, apenas do conteúdo programático.

NOTAS

[1] Este texto vem a ser uma edição revista e ampliada de vários trabalhos, publicados e/ou inéditos, elaborados pelos autores, desde finais da década de 90 do século XX, durante o desenvolvimento do Projeto Para uma História do Português Brasileiro.

[2] Os "africanos" do Rio de Janeiro têm as mais variadas origens e, no início do século XIX, 2/3 dos escravos são originários da África central e austral. Depois de 1830, a costa oriental da África fornece 1/4 dos escravos que recebem o nome genérico de "moçambiques". A maioria pertence ao grupo linguístico banto (Fonte IBGE).

[3] *Largo da Carioca, 1608 a 1999: um passeio no tempo*, Rio de Janeiro, Fundação Pereira Passos.

[4] Documento original de 15 de outubro de 1808. BNRJ - Seção de Manuscritos - II-34,32,17.

[5] Nome por que era conhecido popularmente Luiz Gonçalves dos Santos (1767-1844).

[6] Em anexo, fica já aqui disponibilizado um catálogo não apenas com a lista de obras gramaticais usadas no Colégio Pedro II (desde o século XIX até a terceira década do século XX), mas também a localização de exemplares em acervos cariocas. Conhecido o perfil de ensino humanista do colégio, e sua importância de referência na cidade e no país, o contraste com esse conjunto controlado, exatamente por isso um *corpus*, pode revelar outras linhas de trabalho de obras avulsas que os pesquisadores venham a encontrar.

[7] Inserção nossa.

[8] Em relatório Pós-doc de A. Barbosa (inédito). Cf. nota 8.

[9] Trata-se da obra *Breviário da conjugação dos verbos da língua portuguesa*, de Othelo de Souza Reis.

[10] Trata-se das obras *Guia para algumas difficuldades de analyse lexica* e *Textos para corrigir* de Othelo de Souza Reis.

[11] Em alguns registros o nascimento é indicado em 1842.

[12] Data da morte calculada pela informação de que seu filho, que nascera em 1880, perdera o pai aos 17 anos.

[13] Locais de trabalho indicados, nessa ordem, no subtítulo da 15ª edição de sua *Gammatica Portugueza* (1913).

[14] Trata-se do "*Estudinhos da lingua patria*", que aparece nos programas de 1892 e de 1893.

PORTA, JANELA E ALPENDRE: O ENSINO ESCOLARIZADO E A CONSTITUIÇÃO DA NORMA NO BRASIL

Emilio Pagotto
Dinah Callou

SUMÁRIO

PONDO O PROBLEMA – OU ENTRANDO NO BAILE 398

A CRISE NORMATIVA NO SÉCULO XIX
E OS PROJETOS DE NACIONALIDADE 399

A PRODUÇÃO DAS GRAMÁTICAS
BRASILEIRAS A PARTIR DE 1870 402

A ESCOLARIZAÇÃO INTERFERINDO
NO CONJUNTO DE PRÁTICAS NORMATIVAS 406

FIM DE FESTA 413

PONDO O PROBLEMA – OU ENTRANDO NO BAILE

Senso comum é destacar a clivagem normativa que vivemos, quase diglossia, gelosia saborosa de maquiavélicos prescritivistas bastardos! Comecemos por ela, pondo em destaque nossa esquizofrenia em termos claros: norma idealizada dos gramáticos *versus* o resto. Nas práticas dos eruditos letrados, a manifestação mais ou menos próxima deste português clássico, como que em Roma de Cícero o latim de Cícero, ainda assim, apesar de ciceroniano, desfeito em nuances variáveis, segundo a intimidade ou o púlpito, a carta ou o tratado.

Já de algum tempo, destaca-se nos estudos de história da língua a própria mudança nos padrões normativos que experimentou o século XIX, tendo culminado numa crise normativa cujo sintoma mais expressivo talvez tenha sido a polêmica em torno do código civil, nos começos do século XX, que legou à posteridade Rui Barbosa travestido em Cícero, cultor da língua e inventor de modelos linguísticos que no fim não se perpetuaram tanto assim.

Indo mais além no lodo todo: os falantes letrados no século XIX teriam operado a incorporação de padrões portugueses que lá se implementavam especialmente pela literatura. A alteração de tais padrões criou uma instabilidade normativa, quando se tratou de pôr em pratos limpos a formação dos brasileiros, na produção gramatical brasileira incipiente: qual era o cânone, afinal?

Assim, de um lado, padrão que de prática linguística vai à idealização do tratado, higienizado e domesticado segundo as modernas teorias de linguagem; de outro lado, a língua da massa de analfabetos, párias sociais que a República sente a premência de civilizar para tornar possível a nação impossível: o inferno de gente no paraíso tropical. A significá-los um hino nacional com versos de cuja nacionalidade só se poderia participar mediante muita prática de análise sintática, leitura de clássicos e vocabulário erudito.

Se pensamos na correlação histórica entre o ensino escolarizado e a constituição da norma no Brasil, temos ao menos duas portas por onde entrar na festa, de penetras. A primeira nos abre a sala onde se observa o papel da escolarização formal na difusão de formas linguísticas (com o consequente retrocesso de formas variantes que portem valores sociais conflitantes com os valores normativos). A segunda nos põe no salão em que é gestada e urdida a própria produção de valores e conhecimento metalinguístico que passam a sustentar o funcionamento das formas linguísticas. No âmbito da concepção clássica de língua, a produção de conhecimento sempre esteve fortemente ancorada na finalidade do ensino da língua às novas gerações.

Assim, pensar a escolaridade constituindo a norma é pensar diretamente na produção de gramáticas que, no período em que se estava, tiveram que lidar com a invenção da nação brasileira e a instabilidade do cânone normativo. Não é pouca coisa para acomodar, e as consequências se fazem sentir até os dias de hoje.

A CRISE NORMATIVA NO SÉCULO XIX E OS PROJETOS DE NACIONALIDADE

Em Pagotto (1998) e Pagotto (2012), a construção normativa no século XIX é tematizada colocando em foco os projetos de nacionalidade do Império e da República nascente. No primeiro texto se elabora a ideia de que a elite intelectual brasileira teria tendido a incorporar as mudanças havidas em Portugal, em detrimento das mudanças em curso no português do Brasil. No segundo texto, essa hipótese é desdobrada de maneira muito mais interessante, operando-se com uma cronologia mais precisa e uma distinção importante que o primeiro texto não fizera. Explorando a polêmica em torno da redação do Código Civil, o texto coloca em relevo a crise normativa pela qual enveredou a elite erudita no final do século XIX: ou seja, se de um lado havia a incorporação de padrões normativos recentes oriundos em Portugal, de outro, quando se tratou de codificar esses novos padrões, se produziu um choque entre os padrões modernos encontrados na literatura e os padrões do português clássico. A crise se instaura quando se toma consciência das diferenças entre um e outro padrão. Um cronista do período – José Veríssimo –, que participou da polêmica, traduz muito bem essa tomada de consciência:

> [...] Se, com a do café, a do câmbio, e quejandas há uma questão nacional no Brasil, é esta da colocação dos pronomes oblíquos. Tal colocação entrou a ser aqui a pedra de toque do escritor correto, o que é talvez um disparate porque a forma normal, necessária e, portanto, legítima de colocar esses pronomes no Brasil é justamente essa que os nossos gramáticos, de 20 anos para cá, entraram a condenar. (José Veríssimo, *Briga de Gramáticos*, 1969: 117)

A colocação pronominal parece ser o lugar da gramática que mais claramente vai expressar a crise normativa a que se refere Pagotto (2012). O mesmo autor, José Veríssimo, vai dar vazão a um enunciado fundador que inaugura o modo como vamos nos relacionar com a língua no século seguinte: nós não sabemos a língua.

> Nós (parece-me escusado declarar que neste plural, sem afetação de modéstia, me incluo também) não sabemos a nossa língua. Este fato, não desconhecido dos que se ocupam da vida espiritual brasileira, que ainda os menos sabedores, como eu, tinham a cada passo ensejo de verificar, acaba o sr. Rui Barbosa, com a sua alta competência, de pôr de manifesto no seu luminoso parecer sobre o aspecto vernáculo do projeto do nosso futuro Código Civil. (José Veríssimo, *Uma lição de português*, 1969: 106)

Essa ideia – tão entranhada no modo como exercemos a nossa voz nos mais diferentes contextos – continua encontrando eco mesmo nos dias de hoje. É possível afirmar que o enunciado constitui o eixo básico por meio do qual constituímos nossa relação com a língua no Brasil. O mais interessante é que o lugar em que é enunciado – a posição da elite letrada – diz muito da clivagem instaurada: se até mesmo essa elite letrada se declara ignorante, que se dirá do resto da população? Cremos que essa forma de enunciar a ignorância, sendo por quem a enuncia, é uma maneira de reforçar o processo de exclusão pela língua, como se se dissesse: "*Ó plebe ignara, mantende-vos em vosso lugar, porque o buraco é mais em cima*". O enunciado de José Veríssimo é importante também por nos permitir aqui trazer um ponto importante do texto em questão: a crise normativa de que trata é uma crise intraelites. Não se trata de uma tensão entre o saber normativo e letrado e as práticas linguísticas não letradas, ou, dito de outro modo, entre o dialeto dos mais escolarizados e as variedades não escolarizadas. Não se trata disso. O português brasileiro, com seus processos de mudança em marcha, sequer é chamado a participar da brincadeira. Trata-se, de fato, de um momento de indefinição, quando se toma consciência do problema quanto ao cânone normativo a seguir, e é preciso produzir material que guie o processo de ensino.

Esse aspecto da polêmica e da crise normativa tem íntima relação com o mundo político e social – mais especificamente com a grande crise política envolvendo a geração de 1870 que desembocará na derrocada do sistema monárquico e na instalação da República. Segundo Alonso (2002), a geração de 1870, constituída de intelectuais, políticos e jornalistas, vai forçar a sua entrada no jogo político, procurando alterar a correlação de forças operante no assim chamado Projeto Saquarema, que sustentava o Império. Basicamente, trata-se da entrada em cena de uma geração que não possui o lastro na grande propriedade rural, mas que tem ou o cabedal do conhecimento (jurídico ou científico) ou o nome de família, ainda que sem o correlato em termos de riqueza. Essa geração quer, em princípio, reformar o país, à luz das modernas teorias de ciência, de política e de cultura. Assim, enquanto que no projeto anterior, segundo o qual trilhou o imperador Pedro II, havia uma certa solução de conciliação entre o mundo civilizado e o mundo brasileiro (materializado no romantismo indigenista de que Alencar será o representante máximo), para a geração de 1870, o mais importante é colocar de vez o Brasil no rumo das nações civilizadas (leia-se europeias), abandonando assim o projeto romântico. Isso implica a superação do grande obstáculo que a limitada formação intelectual da maior parte da população constitui. Em termos linguísticos, podemos traduzir esse projeto como a retomada explícita da matriz europeia do português brasileiro. Alonso (2002) chama a atenção para o fato de as comemorações do tricentenário do nascimento de Camões terem sido amplificadas no Brasil, com direito a ciclo de palestras e declamações. A formulação de projetos educacionais visando à alfabetização da população e à melhoria do sistema de ensino também decorre do projeto maior de colocar o Brasil no rumo das nações civilizadas.

Seguindo Pagotto (2012), é possível então desdobrar o processo de mudança nos padrões normativos no Brasil em dois períodos distintos: um que compreenderia apenas o exercício das formas, a assimilação de padrões nas práticas de escrita e de fala, que iria até os anos de 1870; o segundo, daí em diante, no qual haveria uma tomada de consciência do problema normativo, que coincidiria com o surgimento da produção gramatical brasileira e com a crise política que desembocará na instauração do sistema republicano de governo.

Em mais de um lugar do funcionamento gramatical, é possível observar a passagem de um estágio a outro. Em Pagotto (2012) se mostra como os contendores na polêmica em torno da elaboração do código civil – Rui Barbosa e Carneiro Ribeiro – trocam acusações mútuas por erros cometidos no passado, no campo da colocação pronominal. E de fato, em textos de ambos os autores, produzidos cerca de 15 ou 20 anos antes, contêm em profusão construções de ênclises em contextos de próclise obrigatória. Mais interessante é que Carneiro Ribeiro já havia reconhecido isso em uma de suas gramáticas, tendo chamado, inclusive a construção de brasileirismo:

> Nos meos primeiros trabalhos há essas faltas, que confesso e reconheço. É este um brasileirismo tão arraigado no fallar e no escrever, que ainda aquelles que mais se esforçam por evital-o, uma vez ou outra o comettem, falando ou escrevendo. (Carneiro Ribeiro, *Serões Grammaticais*, apud Pagotto, 2012: 131).

Em Pagotto (2012), essas informações permitem rever as fases por que passou a elaboração normativa no Brasil:

É possível entrever, com alguma precisão, o período de tempo relativamente curto em que a crise de consciência se instaura. Senão vejamos: Carneiro Ribeiro publica em 1882 a sua *Grammatica Philosophica*, aquela de onde Rui Barbosa extrai os casos de ênclises inadequadas. É de 1890 a obra seguinte, *Serões Gramaticais*, na qual reconhece os erros anteriores. Por outro lado, no caso de Rui Barbosa, a obra de onde retira Carneiro Ribeiro tantas ênclises, a tradução (com uma extensa introdução) de *O Papa e o Concílio*, é de 1877. Carneiro Ribeiro, na resposta à *Réplica*, escancara a questão: Rui Barbosa teria encontrado muito mais ocorrências, se as obras consultadas fossem as primeiras que Carneiro escreveu. Como ele próprio faz questão de frisar, se Rui Barbosa tivesse procurado: "a minha these de concurso de portuguez, em 1871, e a minha these inaugural para obter o grau de doutor em Medicina [...] a messe não seria tão misera quanto a que recolhi nas minhas observações ás suas emendas ao *Projecto do Código*, mas abundantes, copiosas, copiosíssimas". (Carneiro Ribeiro, "Tréplica", 1950: 450; grifos do original)

Se colocarmos, como indica Pagotto (2012), a partir de Guimarães (1996), esses fatos na contraluz do desenvolvimento dos estudos linguísticos no Brasil, podemos perceber como entre 1870 e 1880 se dá a instauração da fase de tomada de consciência:

Cronologia dos Estudos Gramaticais no Brasil

1870   Polêmica entre Alencar e Pinheiro Chagas
1881   *Gramática Portuguesa* – Julio Ribeiro (2ª ed. 1884)
1884   *Estudos Filológicos* – João Ribeiro
1887   *Programa de Português para os exames preparatórios* – Fausto Barreto
1887   *Grammatica da Língua Portugueza* – Pacheco Silva e Lameira de Andrade
1887   *Grammatica Analytica* – Maximino Maciel
1894   *Grammatica Descriptiva* – Maximino Maciel

A PRODUÇÃO DAS GRAMÁTICAS BRASILEIRAS A PARTIR DE 1870

Como se destacou na seção anterior, a instauração da crise normativa vai coincidir com a produção das primeiras gramáticas brasileiras. Assim, o processo de consolidação da norma-padrão tem íntima relação com o ensino escolarizado, que por sua vez está inserido no jogo de tensões em torno dos projetos de nacionalidade, no modo como se pensava a nação como projeto de futuro.

Ao longo do século XIX e posteriormente, no período republicano, serão inúmeras as tentativas de reformar o ensino, seja no nível primário e ginasial, seja no nível colegial. Não cabe aqui resenhar todas as idas e vindas nesse processo. O mais importante é chamar a atenção para o fato de que havia percepção de que era preciso fazer algo para melhorar o sistema de ensino, do contrário perderíamos o bonde da história, com perdão do anacronismo. O próprio Rui Barbosa recebeu, ainda no regime imperial, o título honorífico de Conselheiro do Império, pelo alentado projeto que apresentou, em 1882, na Câmara dos Deputados visando à reforma do ensino, seja no nível primário seja no secundário. Trata-se de um trabalho imprescindível para quem deseje entender as ideias em voga sobre educação, bem como a situação do ensino no Brasil. Rui Barbosa, nesse trabalho, desce a detalhes da prática de sala de aula e o campo do ensino da língua, e suas palavras soam ainda bastante apropriadas.

A preocupação com a alfabetização levará não somente a pensar as possíveis alternativas de métodos que produzam mais resultados, como também constituirá um dos argumentos centrais para a implantação da ortografia oficial, que retirou de circulação a profusão de formas etimológicas – falsas ou verdadeiras – que davam ao sistema ortográfico do século XIX um certo sabor de anarquia que desafiava o aprendizado dos menos atentos. No despacho do burocrata que a autoriza em Portugal, bem como nos debates acalorados sobre o tema, seja em Portugal seja no Brasil, havia uma lógica irretocável que vinculava o sistema ortográfico ao desenvolvimento das respectivas nações: o sistema ortográfico dificulta a alfabetização; o analfabetismo impede o desenvolvimento, portanto, o sistema ortográfico impede o desenvolvimento econômico do país (cf. Pagotto, 2007). Portanto, a produção de cartilhas que fossem mais eficazes no desenvolvimento da alfabetização integra o conjunto de instrumentos responsáveis por colocar o sujeito falante sob o domínio da interpelação normativa. A alfabetização, se não é por si só a responsável pela disseminação de padrões normativos (ainda que a submissão ao processo de alfabetizar-se já implique a submissão a uma certa concepção de como a língua funciona, especialmente no plano fonológico – a queda de um fonema, por exemplo, passa a ser algo de que se deve prestar contas, uma transgressão à língua), tem o principal papel de trazer para a órbita da escrita o sujeito falante. Nesse caso, coloca o sujeito naquela porção do mundo que passa a responder diretamente pelo que diz ou escreve (cf. a próxima seção).

É numa outra frente de produção de materiais para o ensino, a de gramáticas, que se operará a consolidação dos novos padrões normativos. Aqui, o campo da história das ideias linguísticas se junta ao campo da história social da língua, porque a produção de gramáticas – sempre voltadas para o objetivo mais imediato que é o seu propósito educacional – é o lugar em que se articula o conjunto de pressupostos teóricos sustentados por um campo de conhecimento e a sua aplicação mais imediata visando ao fim prático que é agir sobre os sujeitos falantes. É claro que não se pode fazer uma relação direta entre aquilo que é preconizado como norma e aquilo que é de fato incorporado como prática linguística dos falantes, seja falando, seja escrevendo. O exame das gramáticas do período é importante porque elas traduziriam os vetores que são postos em funcionamento, na forma de chancela ou condenação desta ou daquela construção. No período em questão, isso é de fundamental importância, uma vez que:

a. inaugura-se uma produção gramatical (e lexicográfica) brasileira;
b. o que era praticado como "língua boa" havia mudado em Portugal e no Brasil;
c. a existência de uma produção literária brasileira, com alguma vinculação com a língua falada aqui, levava a um tensionamento muito grande com respeito ao que seria e ao que não seria possível admitir.

Em Pagotto (2009), no exame de algumas passagens de Maximino Maciel, se demonstra como a então moderna ciência da linguagem permitiu que se acomodassem, no mesmo lugar, a marca de brasilidade tão cara ao movimento romântico, anterior, e a preservação da norma gramatical que então se codificava. Como se sabe, as gramáticas brasileiras vão surgir sob a égide da Linguística Histórica, incorporando novos paradigmas no processo descritivo e normatizador. Isso tem íntima relação com a reformulação que então se processava nos programas do Colégio Pedro II, os quais, por sua vez, serviam de parâmetro para a educação brasileira em geral. Há uma clara rejeição ao paradigma gramatical anterior, calcado na gramática filosófica, tomado, pela geração de 1870 como obscurantista, idealizado e não pautado pela observação sistemática dos fatos. Maximino Maciel materializa os novos tempos, em sua gramática do final do século, dizendo textualmente na introdução:

> No estudo da língua não nos advem outra missão que observar os factos, annotal-os, registral-os e o systematisar, afim de que seja ella o que o uso e os escriptores a tornam, laborando-a, açacalando-a e adaptando-a como vehiculo das nossas idéas e orgam primacial da nossa nacionalidade. (Maciel, 1921: 457)

Pois bem, na seção em que discute os brasileirismos, construída sobre a noção de dialeto, Maximino Maciel elabora o que seria quase um mantra – explícito ou implícito – das gramáticas posteriores: a vernaculidade do nosso vocabulário, em contraste com a corrupção da gramática. Por etapas:

> Assim como assim, assignala-se a differenciação dialectal entre os dois povos [português e brasileiro] graças aos caracteres orgânicos seguintes: a coexistência de vocábulos autocthones nossos; modificações quasi definitivas, populares ou literárias, da estructura de vocábulos portuguezes; alterações semanticas, isto é acquisição de significações novas, genuinamente nossas, patrioticamente brasileiras. (Maciel, 1921: 451)

Vejam como parece tolerante e permissivo nosso gramático de final de século. E vejam a preocupação de inserir o funcionamento da língua na construção da nacionalidade. Porém é uma inclusão pela metade. A teoria gramatical na qual se insere permite que elabore a nacionalidade que se deseja – nos rumos da civilização europeia:

> Toleram-se, admittem-se, são por vezes até graciosos os brasileirismos **vocabulares** (grifo do original), reflectem a elaboração mental do nosso povo, attestam nos termos indígenas e africanos os fatores ethnograficos, immanentes à nossa nacionalidade.
>
> Entretanto, se não desculpam os **brasileirismos de construção**, as expressões dyssyntacticas que não passam de inacceitaveis deslises, por isso que a liberdade, no exprimir os nossos juízos, as nossas idéas, se tem de mover dentro da ordem e das normas da língua; do contrário será anarchia, licença, indisciplina, de feitio que ninguém se entenderá porfim, principalmente no Brasil, com dez milhões de kilometros quadrados: (Maciel, 1921: 451)

Mas até que ponto toda essa idealização gramatical fortemente vinculada aos projetos de nacionalidade ganhará operacionalização na escola, no comezinho do dia a dia, nos exercícios e recomendações escolares? Esta é a pergunta que se fazem Callou e Barbosa (2009). Partindo de um estudo anterior de Barbosa (2006), no qual o autor apresenta a possibilidade de usar o emprego de grafia latinizadas como índice de erudição e apropriação de saberes escolares por parte de escreventes no século XIX, Callou e Barbosa (2009; 2012) investigam um manual de gramática, mais especificamente a 3ª edição do caderno de exercícios relativo a uma gramática de Felisberto Rodrigues Pereira de Carvalho *Exercicios da lingua portugueza correspondentes a Grammatica Elementar*. Nesse exercício que os autores fazem, é possível perceber como havia na prática escolar dos manuais uma preocupação que ressoa nas práticas de escrita que se materializam nos jornais, por exemplo. Tendo investigado em textos jornalísticos do século XIX a ocorrência do pronome *ele* como complemento direto e encontrado apenas duas ocorrências, num *corpus* bastante extenso, os autores se perguntam se a esta norma objetiva dos jornais corresponderia uma preocupação explícita na prática escolar de reprimir um emprego como esse. Ou seja, o que se busca é saber até que ponto a prática escolar refletiria as preocupações dos grandes pensadores e, sobretudo, se haveria correlação entre a norma praticada nos textos escritos de circulação na imprensa e o cotidiano da norma recomendada na escola. O que os autores percebem é que há uma preocupação explícita na prática escolar com o emprego do pronome reto *ele* na função de objeto, que se percebe nos exercícios recomendados para os estudantes.

Aqui, já se está diante da outra porta, por onde entramos sorrateiramente na festa da língua culta e bela. Passemos ao outro salão.

A ESCOLARIZAÇÃO INTERFERINDO NO CONJUNTO DE PRÁTICAS NORMATIVAS

Abrindo agora a outra porta, nos perguntamos até que ponto, no período de consolidação da norma brasileira, o ensino escolarizado terá de fato contribuído para disseminação de padrões normativos.

No começo do século XIX, a taxa de alfabetização da população brasileira era de 0,5%, segundo nos informa Houaiss (1985). No ano de 1872, quando é feito um recenseamento confiável, temos uma taxa de alfabetização de 17,7%. Ou seja, há uma grande expansão na população alfabetizada, que decorre da instalação de um sistema de ensino no Brasil, seja privado seja público, e também da imigração portuguesa (ainda que Portugal apresentasse ao período taxas de analfabetismo muito elevadas, tinha mais gente escolarizada). Assim, o período que compreende ao de D. João VI e do Brasil independente monárquico terá sido aquele em que é constituída a sociedade letrada pela qual circularão os bens de letramento – livros e jornais – e as práticas de fala pública, nas quais o cuidado com a forma linguística passará a ser sinal de civilidade, urbanidade e posição social. O que estamos chamando de fala pública é o conjunto de eventos de comunicação nos quais a interação é regrada por condutas sociais monitoradas: eventos religiosos, festas em casas de particulares, solenidades públicas de cunho cultural ou científico, solenidades públicas de cunho político etc. Esse conjunto de práticas sociais se opõe àquelas de caráter mais privado (não necessariamente desprovidas de regras de conduta mais ou menos rígidas): conversas entre amigos, conversas íntimas familiares etc.

É preciso pensar, então, a disseminação dos padrões normativos no interior das práticas linguísticas e, obviamente, das práticas de leitura que vão se multiplicar com alguma rapidez no século XIX, mas que assistirão, queremos crer, uma certa estagnação no final do século. Lajolo (1996) chama a atenção para o fato de que Alencar teria moldado sua prosa com vistas a operar na formação de leitores. Como se sabe, era comum o evento de cunho familiar em que se liam em voz alta os capítulos dos romances, que circulavam nos jornais, semana após semana. Na interpretação dessa autora, Alencar escrevia visando à leitura em voz, operando pela fala o letramento do iletrado, que podia assim formar-se como leitor e partir do mundo da escrita.

O estudo já referido de Barbosa (2006) traz contribuições muito interessantes sobre a disseminação de padrões eruditos na sociedade. Investigando a ocorrência de formas ortográficas latinizadas em textos de circulação pública – como os jornais – e privada – como cartas pessoais –, o autor consegue estabelecer um índice muito interessante para, de certa maneira, medir a consistência "erudita" dos textos que circulam, bem como ranquear os autores em pelo menos três categorias distintas: um informante erudito, um informante culto e um informante de cultura mediana, segundo uma taxa geral de uso respectivamente de 3%, 2% e 1%. Um fato que chama a atenção no estudo do autor é que, embora a taxa geral de uso possa ser considerada baixa, nos textos considerados eruditos, a taxa de acerto (isto é, o emprego de uma grafia etimológica que corresponda corretamente à grafia latina original) é bastante elevada (em torno dos 90% no caso do texto jornalístico). As evidências que o autor coleta apontam para um conjunto de práticas de escrita muito consistentes, em termos normativos, especialmente se considerarmos o principal veículo de difusão normativa que é o texto jornalístico. Ao mesmo tempo, permite que se entreveja, no processo de expansão da norma no século XIX, pelo menos três diferentes perfis de personagens que participam do mesmo mundo erudito, espelhando, em graus diferentes, o modo de apreensão das formas em circulação.

Se abrimos mais a nossa janela, e olhamos de longe panorama, podemos observar, mesmo na frieza dos números sobre a alfabetização, a efervescência do funcionamento social. Mais de um autor tem se dedicado ao exame das estatísticas sobre os índices de analfabetismo no Brasil. Elas aqui nos interessam para demonstrar o modo como a escolarização teria operado no período em que estamos nos concentrando – aquele da consolidação na norma-padrão. Ferraro (1985; 2002), trabalhando com as séries estatísticas do IBGE sobre alfabetização, nos mostra a evolução do quadro de alfabetizados no Brasil:

Gráfico 1 – Tendência secular das taxas de analfabetismo entre a população de 5 anos ou mais, 10 anos ou mais e 15 anos ou mais, segundo os censos demográficos (Brasil, 1872 a 2000)

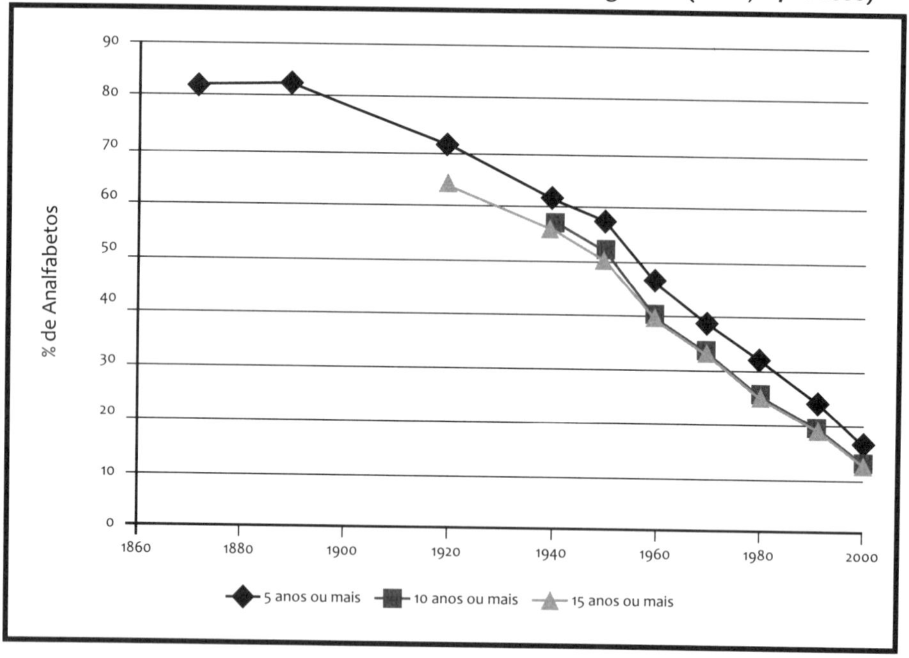

Fonte: Ferraro, 2002: 35

Podemos perceber que entre os anos de 1872 e 1920 não há um decréscimo significativo na taxa de analfabetismo: era de 82,3% em 1872, ficou no mesmo patamar 10 anos depois e em 1920 está na casa dos 70% da população. Assim, em contraste com o significativo aumento dos alfabetizados até os anos de 1870 (ou seja, vai-se de 1% a por volta de 18% da população), a partir desta data, como dissemos, parece haver uma certa estabilização na taxa de analfabetismo. Isso não quer dizer que mais pessoas não tenham sido alfabetizadas, mas que as políticas públicas não são suficientes para dar conta do aumento da população, que vai engrossar os índices de analfabetos. Ferraro (2002) chama a atenção para esse aspecto. No gráfico 2, a seguir, podemos ver o número de analfabetos, em termos absolutos. Veja-se que ele não para de crescer, mesmo quando as políticas de alfabetização operam na diminuição da taxa geral:

Gráfico 2 – Tendência secular das taxas de analfabetismo entre a população de 5 anos ou mais, 10 anos ou mais e 15 anos ou mais, segundo os censos demográficos (Brasil, 1872 a 2000)

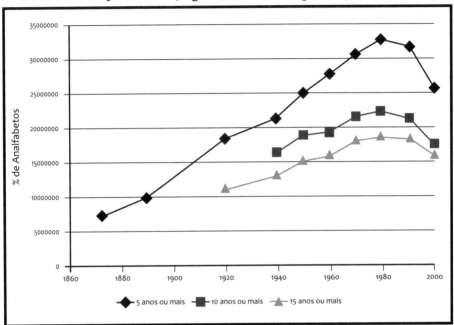

Fonte: Ferraro, 2002: 35

Para o período que nos interessa – que cobre os últimos trinta anos do século XIX e os primeiros anos do século XX – podemos então formular a hipótese de que na primeira metade do século XIX a escolarização teve o papel de formar o público consumidor de leitura e aquele pelo qual as formas normatizadas vão circular. A escolarização, nesse sentido, teria operado apenas sobre os falantes pertencentes à elite econômica e aqueles nos estratos mais altos da sociedade, que vão constituir uma incipiente classe média que vai se expandir muito lentamente. A partir daí, a circulação das formas eruditas vai ficar relativamente restrita à população urbana dos estratos mais altos da sociedade.

A escolarização representou uma ferramenta importante na estabilização de práticas normatizadas, juntamente com outros mecanismos, especialmente a imprensa. Porém, mais pelo fato de habilitar o sujeito ao mundo letrado, do que propriamente pelo desenvolvimento que viesse a impor aos aprendizes. Além disso, é preciso lembrar que a escolarização aumenta muito lentamente na população como um todo. Assim, a principal hipótese é a de que o conjunto de práticas linguísticas da população escolarizada vai estar muito próximo dos padrões idealizados, estando fortemente submetido a eles, porque não provinha de estratos muito distantes do funcionamento normativo (com as exceções de praxe). O próprio mundo em que se inseria o letrado já era um mundo de práticas muito voltado para esse funcionamento, o que facilitava tudo. Um exemplo interessante disso são as solenidades em que apenas se fazem discursos. Ou seja, há um conjunto de práticas da modalidade falada que constitui um palco interessante para o exercício dos padrões normativos e que produz não só o efeito de disseminação desses padrões linguísticos, como também reforça a própria relação com a língua, isto é, *"se queres ser realmente importante e dizer algo que valha a pena ser ouvido, é preciso que fales assim, desta maneira"*. E esta maneira se caracteriza por um maneirismo linguístico de que nos livraremos só muito tempo mais tarde.

Assim, pode-se dizer que até mais ou menos os anos 20 do século XX a circulação dos padrões normativos ainda operava numa espécie de circuito fechado, ou seja, entre a elite econômica e cultural e no interior de uma classe média emergente, separada do restante da população por um grande fosso cultural e social. Nesse sentido, a escolarização trabalhou de fato na operacionalização da norma no nível dos falantes, funcionando com relativa eficácia, já que era sustentada por outro conjunto de práticas, sejam escritas, sejam faladas. O advento da comunicação de massa, no final dos anos 20, com o rádio, vai de certa maneira transplantar essas práticas para o veículo, especialmente se considerarmos o papel de locutores, atores sérios, composições "sérias". Esse modo de operação só seria quebrado mais para frente, nos anos 60, quando a grande mídia vai assumir padrões mais relaxados de norma e de pronúncia, especialmente nas obras de ficção, como as novelas.

O que se pode hipotetizar, a partir de números gerais, se reforça quando se tomam números mais específicos. Primeiramente, o aspecto regional. A expansão da base letrada pela qual circulam os padrões normativos não vai se dar de maneira igual nas diversas partes do país. É ainda Ferraro (1985) quem nos mostra.

Destaquemos a situação de São Paulo em comparação com a de Pernambuco: ambos os estados partem de índices de analfabetismos semelhantes à média nacional – 82%, em 1872. Mas observe-se como, no Censo de 1920, o estado de São Paulo apresenta uma queda acentuada em tais índices, ao contrário de Pernambuco e do restante do país. Em São Paulo, a industrialização e a implementação das políticas republicanas alargam mais precocemente a base letrada e, por conseguinte, daqueles que são interpelados pelo funcionamento da norma-padrão que a escola veicula. Mas observe-se que entre o Censo de 1872 e o de 1890 não há diferença significativa no mesmo estado.

Observem-se agora a evolução dos estados do Rio de Janeiro e Rio Grande do Sul. Ambos já partem, em 1872, de um índice de analfabetismo inferior à média nacional e experimentam, no período aqui destacado, uma queda acentuada dos índices de analfabetismo. De um lado, o Rio de Janeiro, como capital do Império e da República, concentraria, obviamente, a implementação do processo civilizatório, e isto incluiria a escolarização e a disseminação da norma-padrão. Assim, no Rio de Janeiro, a base dos sujeitos falantes submetidos ao funcionamento normativo é maior e, ao mesmo tempo, se expande mais rapidamente para além do fosso social que aventamos anteriormente como hipótese. Quanto ao Rio Grande do Sul, Ferraro (1985) atribui os índices de alfabetização à presença maior da imigração europeia no século XIX. Essa hipótese é interessante (e pode ser estendida a outras regiões, como São Paulo), porque colocaria o imigrante europeu como um agente da difusão dos padrões normativos, via escolarização. Por já provir de sociedades letradas, portanto já submetido ao modo de funcionamento das padronizações linguísticas, teriam os imigrantes passado mais rapidamente a fazer parte dos modos e meios de circulação da língua padrão emanada da formulação gramatical, sustentada empiricamente no jornal e na literatura e ensinada na escola. É claro que essa hipótese não pode ser tomada em termos absolutos, e que situações regionais específicas (ou mesmo de imigrantes específicos) podem constituir casos que contrariem a hipótese.

Gráfico 3 – Declínio secular dos índices de analfabetismo no Brasil entre as pessoas de 5 anos e mais, no período de 1872 e 1980: contrastes regionais

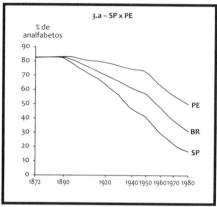
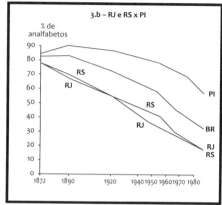
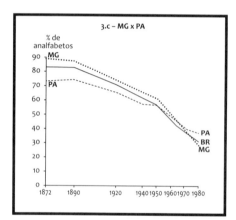
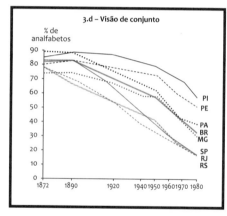

Mas a hipótese de que os imigrantes não só tenham contribuído para o projeto eugenista do Império, de branqueamento do país, como também para a circulação dos padrões normativos, via escolarização, nos leva a pensar a composição da sociedade brasileira e o modo como respondeu ao processo de normatização. Reforçam nossa hipótese mais geral os estudos sobre alfabetização e raça. A título de exemplo, num estudo muito interessante de Menezes (2003) sobre as políticas de inclusão de negros livres libertos logo após a abolição da escravatura, podemos ver como a estatística geral do Brasil, de 82% de analfabetismo, se refaz, quando confrontada com a distinção entre brancos e não brancos:

Tabela 1 – Percentagem de alfabetizados segundo a cor de pele. Brasil, São Paulo e Bahia nos censos em que são estudadas. Cálculos a partir da população de 5 anos e mais. Brasil, 1890-1980

ANOS	BRASIL			SÃO PAULO			BAHIA		
	Brancos	Pretos	Pardos	Brancos	Pretos	Pardos	Brancos	Pretos	Pardos
1890	43,83	10,85	15,85	44,02	15,31	18,08	40,33	9,16	14,60
1940	46,87	18,46	22,60	54,22	33,54	35,03	37,90	13,53	18,03
1950	55,97	23,50	25,50	61,10	41,36	41,09	40,18	15,97	21,83
1980	74,85	52,65	52,45	80,00	59,20	69,00	51,76	36,31	40,24

Fonte: Menezes, 2003: 39.

Se destacarmos o ano de 1890, que nos interessa mais de perto, podemos ver que, em termos gerais, o Brasil apresentaria, em 1890, 43,83% de brancos alfabetizados, enquanto apenas 10,85% de negros e 15,85% de pardos seriam alfabetizados. E vejam que no Censo de 1940 a situação não é muito diferente. Ou seja, reforçamos assim a hipótese de que os saberes normativos, como tiveram uma circulação muito restrita, teriam tendido a estar mais próximos daquilo que era disseminado pela escola. Não que a escola tivesse tanta força assim, mas foi o conjunto de práticas linguísticas – faladas e escritas – circunscrito a uma parcela relativamente pequena da sociedade, que tornou a sua circulação mais ampla e mais produtiva, o que contribuiu para a perenidade de tal conjunto de formas artificialmente urdido, intensificando a clivagem linguística com a qual temos que lidar nos dias de hoje.

FIM DE FESTA

Assim se poderia entender por que foi possível ter um hino nacional com uma letra tão esdrúxula ou uma polêmica linguística com tal vulto como foi aquela envolvendo a elaboração do Código Civil: as formas do novo padrão não rodavam no vazio. Elas tiveram sustentação empírica no seleto grupo daqueles com direito a entrada e assento no baile da Ilha Fiscal linguística. Ou dos que podiam, ao menos, ter a ilusão de desfrutá-lo das janelas do salão, quando se lhes permitia chegar ao alpendre.

REFERÊNCIAS BIBLIOGRÁFICAS

Critérios de indexação:

(1) As entradas vêm pelo sobrenome, em sequência alfabética e cronológica, do texto mais antigo para o texto mais recente.
(2) Em caso de mais de um autor, um ponto e vírgula separa os nomes.
(3) A data de publicação aparece no final do verbete. Sempre que possível, indica-se entre colchetes a data da primeira edição.
(4) Nos textos publicados em coletâneas, remete-se apenas aos organizadores, data e páginas, entre parênteses. Para a obtenção dos dados bibliográficos completos, procure pelo sobrenome do organizador e data da publicação.

ABAURRE, Maria Bernadete; PFEIFFER, Cláudia; AVELAR, Juanito (Orgs.). *Fernão de Oliveira:* um gramático na história. Campinas: Pontes, 2009.

ABREU, Maurício. *Evolução urbana do Rio de Janeiro*. Rio de Janeiro: Zahar, 1987.

AGUIAR, Durval Vieira de. *Descrições práticas da província da Bahia*. Rio de Janeiro: Cátedra/ Brasília: MEC/INL, 1979 [1889].

AGUILERA, Vanderci (Org.). *Para a história do português brasileiro*, v. VII, 2 tomos, Vozes, veredas, voragens. Londrina: Editora da Universidade Estadual de Londrina, 2009.

ALENCASTRO, Luiz Felipe de (Org.). *História da vida privada no Brasil*, v. 2, Império: a corte e a modernidade nacional. São Paulo: Companhia das Letras, 1997.

ALKMIM, Tania (Org.). *Para a história do português brasileiro*: novos estudos. São Paulo: Humanitas, v. III, 2002.

ALKMIM, Tania. "Hipótese Crioulista" de Mattoso para o português do Brasil. *Estudos da Linguagem*, n. 2, Vitória da Conquista, p. 105-114, 2005.

ALKMIM, Tania. Falas e cores: um estudo sobre o português de negros e escravos no Brasil do século XIX. In: I. S. Lima; L. do Carmo (Orgs. 2008: 247-263), 2008.

ALKMIM, Tania; PETTER, Margarida. Palavras da África no Brasil de ontem e de hoje. In: J. L. Fiorin; M. Petter (Orgs. 2008: 145-177), 2008.

ALMEIDA, José Ricardo Pires de. *Instrução pública no Brasil*: 1500-1889. Tradução de Antonio Chizzotti, ed. Crítica de Maria do Carmo Guedes, 2. ed. rev. São Paulo: Educ, 2000 [1889].

ALMEIDA, Norma Lúcia F. de. Urbanização, escolarização e variação linguística em Feira de Santana-Bahia (século XX). *Tabuleiro de Letras*, v. 4, p. 71-85, 2012.

ALONSO, Ângela. *Ideias em movimento*: a geração de 1870 na crise do Brasil-Império. São Paulo: ANPOCS/ Paz e Terra, 2002.

ÁLVAREZ, Rosario; MARTINS, Ana Maria; MONTEAGUDO, Henrique; RAMOS, Maria Ana (Org.). *Ao sabor do texto*: estudos dedicados a Ivo Castro. Santiago de Compostela: Universidade de Santiago de Compostela, Servizo de Publicacións e Intercambio Científico, 2013.

ÁLVAREZ-LÓPEZ, Laura. Quem eram os *minas?* Notas sobre a "nação" mina ao sul do Brasil e do Prata no século XIX. In: J. Avelar; L. Álvarez-López (Orgs. 2015: 43-70), 2015.
AMARAL, Braz do. *Anais do 1º Congresso de História Nacional.* Rio de Janeiro, 1915, pp. 676-7.
ANCHIETA, José de. *Arte de gramática da língua mais usada na costa do Brasil.* Coimbra: Oficina de Antônio de Mariz, 1595. Edição fac-similada: Salvador: Universidade Federal da Bahia, 1980.
ANCHIETA, José de. *Cartas*: informações, fragmentos históricos e sermões do padre José de Anchieta (1554-1594). Rio de Janeiro: Officina Industrial Graphica, 1933. Disponível em: <http://www.etnolinguistica.org/biblio:anchieta-1933-cartas>. Acesso em: 20 abr. 2013.
ANDRADE, Manuel Correia. A pecuária e a produção de alimentos no período colonial. In: T. Szmrecsányi (Org. 2002: 99-108), 2002.
ANDRADE, Maria José de Souza. *A mão de obra escrava em Salvador, 1811-1860.* São Paulo/Brasília: Corrupio/CNPq, 1998.
ANDREAZZA, Maria Luíza; NADALIN, Sérgio Odilon. *História da ocupação do Brasil.* In: H. Mello; Cléo Altenhofen; T. Raso (Orgs. 2011: 57-62), 2011.
ANTONIL, André João. *Cultura e opulência do Brasil.* Salvador: Progresso Editora, 1955.
ARGOLO, Wagner. Transmissão geracional irregular na história do português brasileiro: divergências nas vertentes afro-brasileiras. *Revista Internacional de Língua Portuguesa,* v. 14, 72-90, 1995.
ARGOLO, Wagner. *Introdução à história das línguas gerais no Brasil*: processos distintos de formação no período colonial. Dissertação de Mestrado – Universidade Federal da Bahia, 2011a.
ARGOLO, Wagner. Língua geral na Bahia: comarcas de Ilhéus e Porto Seguro. In: CARVALHO, Cristina dos Santos; ROCHA, Flávia Aninger de Barros; PARCERO, Lúcia Maria de Jesus (Orgs. 2011: 99-109), 2011b.
ARGOLO, Wagner. A língua geral da Amazônia como um sistema historicamente novo: jesuítas e tapuias na origem do contexto com interrupção de transmissão linguística entre gerações. In: R. V. Mattos e Silva; K. Oliveira; J. Amarante (Orgs. 2012: 79-51), 2012a.
ARGOLO, Wagner. História linguística do sul da Bahia: levantando hipóteses e iluminando caminhos. *Entre palavras,* Fortaleza, v. 2, n. 1, 270-292, 2012b.
ARGOLO, Wagner. Colonização e língua geral: o caso do sul da Bahia. *PAPIA,* v. 23, n.1, 75-96, 2013.
ARGOLO, Wagner. *História linguística do sul da Bahia (1534-1940).* Tese de Doutorado. Salvador: Universidade Federal da Bahia, 2015.
ARGOLO, Wagner. As línguas gerais na história social-linguística do Brasil. *PAPIA,* v. 26, n.1, p. 7-52, 2016.
ARIÈS, Philippe; CHARTIER, Roger (Orgs.). *História da vida privada:* da renascença ao século das luzes. São Paulo: Companhia das Letras, 1991.
ATHAYDE, Johildo. *La ville de Salvador au XIXème siècle*: aspects démographiques d´après les registres paroissiaux. Tese de Doutorado. Paris: Université de Paris X, 1975.
AVELAR, Juanito; GALVES, Charlotte. Concordância locativa no português brasileiro: questões para a hipótese do contato. In: M. D. Moura; M. A. Sibaldo (Eds. 2013: 103-132), 2013.
AVELAR, Juanito; GALVES, Charlotte. O papel das línguas africanas na emergência da gramática do português brasileiro. *Linguística* – Revista da ALFAL, n. 30, p. 241-288, 2014.
AVELAR, Juanito; ÁLVAREZ-LÓPEZ, Laura (Orgs.). *Dinâmicas afro-latinas*: língua(s) e história(s). Frankfurt am Main: Peter Lang, 2015.
AZEREDO, José Carlos de (Org.). *Língua portuguesa em debate*: conhecimento e ensino. Petrópolis: Vozes, 2000.
BACELLAR, Carlos de Almeida Prado. *Os senhores da terra*: família e sistema sucessório entre os senhores de engenho do oeste paulista, 1765-1855. Dissertação de Mestrado. São Paulo: Universidade de São Paulo, 1987.
BACELLAR, Carlos de Almeida Prado. *Família e sociedade numa economia de abastecimento interno:* Sorocaba, séculos XVIII e XIX. Tese de Doutorado – Universidade de São Paulo, 1994.
BACELLAR, Carlos de Almeida Prado. A criança exposta nos domicílios de Sorocaba, séculos XVIII e XIX. Comunicação apresentada no *X Encontro Nacional de Estudos Populacionais da ABEP*, 1996.
BACELLAR, Carlos de Almeida Prado. *Viver e sobreviver em uma vila colonial:* Sorocaba, séculos XVIII e XIX. São Paulo: Annablume, 2003.
BACELLAR, Carlos de Almeida Prado; SCOTT, Ana Silvia Volpi. Sobreviver na senzala: estudo da composição e continuidade das grandes escravarias paulistas, 1798-1818. In: Maria Luiza Marcílio et al. (Org. 1990: 213-217), 1990.

BAGNO, Marcos (Org.). *A linguística da norma*. São Paulo: Loyola, 2002 [1998].
BAKER, Mark C. *The Polysynthesis Parameter*. Oxford: Oxford University Press, 1995.
BALTIN, M.; COLLINS, C. (Eds.). *The Handbook of Contemporary Syntactic Theory*. Oxford: Blackwell Publishers Inc., 2001.
BARBOSA RODRIGUES, João. *Poranduba amazonense ou Kochiyma-uara Porandub*, 1872-1887. Rio de Janeiro: Typographia de G. Leuzinger, 1890.
BARBOSA, Afranio Gonçalves. *Para uma história do português colonial:* questões morfossintáticas em Cartas de Comércio. Tese de Doutorado. Rio de Janeiro: Universidade Federal do Rio de Janeiro, 1999.
BARBOSA, Afranio. Demografia Histórica e história da língua portuguesa no Brasil colônia: reflexões sobre o fim de setecentos. *Linguística*, n.17, p. 75-94, 2005.
BARBOSA, Afranio Gonçalves. Tratamento de *corpora* de sincronias passadas da língua portuguesa no Brasil: recortes grafológicos e linguísticos. In: T. Lobo, I. Ribeiro, Z. Carneiro, N. Almeida (Orgs. 2006: 61-780), 2006.
BARBOSA, Afranio Gonçalves. Variação linguística no curso de Letras: práticas de ensino. In: A. Zilles; C.A. Faraco (Orgs. 2015: 249-286), 2015.
BARBOSA, Pilar; DUARTE, Maria Eugênia L.; KATO, Mary A. Null Subjects in European and Brazilian Portuguese, *Journal of Portuguese Linguistics*, v. 4, n. 2, p. 11-52. 2005.
BARBUDA, Gordilho de. *Fala à assembleia provincial*. 1º de dezembro de 1828. Bahia.
BARRETO, Tobias. *Crítica política e social*. Edição comemorativa, organização e notas de Luiz Antônio Barreto. Rio de Janeiro, Record; Brasília/INL (Obras completas / Tobias Barreto), 1990.
BARROS, Maria Cândida. Notas sobre a política jesuítica da língua geral na Amazônia (séculos XVII-XVIII). In: J. R. Bessa Freire; M. C. Rosa (Orgs. 2003: 85-112), 2003.
BARROS, Maria Cândida. O uso do tupi na capitania de São Paulo no século XVII: indícios na vida de um jesuíta "língua". In: V. Noll; W. Dietrich (Orgs. 2010: 141-153), 2010.
BARROS, Cândida Maria; BORGES, Luiz C.; MEIRA, Márcio. A língua geral como identidade construída. *Revista de Antropologia*, São Paulo, v. 39, n. 1, p. 191- 219, 1996.
BASSANEZI, Maria Silvia C. Beozzo. A família na fazenda de café: tamanho e força de trabalho. *Anais do 4o. Encontro Nacional de Estudos Populacionais*. São Paulo: ABEP, v. 4, p. 2197-2219, 1984.
BAXTER, Alan. A contribuição das comunidades afro-brasileiras isoladas para o debate sobre a crioulização prévia: um exemplo do Estado da Bahia. In: E. D'Andrade; A. Khim (Orgs. 1992: 7-36), 1992.
BAXTER, Alan. Transmissão geracional irregular na história do português brasileiro: divergências nas vertentes afro-brasileiras. *Revista Internacional de Língua Portuguesa*, n. 14, p. 72-90, 1995.
BAXTER, Alan. O português vernáculo do Brasil – Morfossintaxe. In: M. Persl; A. Schwgler (Eds. 1998: 97-134), 1998.
BAXTER, Alan; LUCCHESI, Dante. Processos de descrioulização no sistema verbal de um dialeto rural brasileiro. *Papia*, v. 2, n. 2, p. 59-71, 1993.
BAXTER, Alan; LUCCHESI, Dante. A relevância dos processos de pidginização e crioulização na formação da língua portuguesa no Brasil. *Estudos Linguisticos e Literários*, Salvador, v. 19, p. 65-83, 1997.
BAXTER, Alan; LUCCHESI, Dante. A transmissão linguística irregular. In: D. Lucchesi; A. Baxter; I. Ribeiro (Orgs. 2009: 101-124), 2009.
BESSA FREIRE, José Ribamar. As relações históricas entre o português e o nheengatu nos universos urbano e rural da Amazônia. In: V. Noll; W. Dietrich (Orgs. 2010: 183-209), 2010.
BESSA FREIRE, José Ribamar. Língua geral amazônica: a história de um esquecimento. In: J. R. Bessa Freire; M. C. Rosa (Orgs. 2003: 195-207), 2003.
BESSA FREIRE, José Ribamar. *Rio Babel*: a história das línguas na Amazônia. Rio de Janeiro: Atlântica, 2004.
BESSA FREIRE, José Ribamar. Nheengatu: a outra língua brasileira. In: I. S. Lima; L. do Carmo (Orgs. 2008: 119-149), 2008.
BESSA FREIRE, José Ribamar; ROSA, Maria Carlota (Orgs.). *Línguas gerais:* política linguística e catequese na América do Sul no período colonial. Rio de Janeiro: EDUERJ, 2003.
BETHELL, Leslie (Org.). *História da América Latina, v.* 2: A América Latina colonial. São Paulo: Edusp; Brasília: Fundação Alexandre de Gusmão, 1999.
BITTENCOURT, Circe Maria Fernandes. Autores e editores de compêndios e livros de leitura 1810-1910. *Revista da Faculdade de Educação da USP*, São Paulo, v. 30, n. 3, p. 475-491, 2004.

BONVINI, Emilio. Línguas africanas e o português falado no Brasil. In: J. L. Fiorin; M. Petter (Orgs. 2008: 15-62), 2008a.

BONVINI, Emilio. Os vocábulos de origem africana na constituição do português falado no Brasil. In: J. L. Fiorin; M. Petter (Orgs. 2008a: 101-144), 2008b.

BONVINI, Emilio. Repères pour une histoire des connaissances linguistiques des langues africaines. I. Du XVIe au XVIIIe siècle: dans le sillage des explorations. *Histoire Épistémologie Langage*, t. 18, fascicule 2, p. 127-148, 1996.

BONVINI, Emilio; PETTER, Margarida. Portugais du Brésil e langues africaines. *Langages*, n.130, p. 68-83, 1998.

BORGES, Luiz Carlos. *A língua geral amazônica*: aspectos de sua fonêmica. Dissertação de Mestrado. Brasília: Universidade de Brasília, 1991.

BORGES, Patrícia Souza. *Línguas africanas e português brasileiro*: análise historiográfica de fontes e métodos de estudos no Brasil (séc. XIX-XX). Dissertação de Mestrado. São Paulo: Universidade de São Paulo, 2015.

BORTONI-RICARDO, Stella Maris. *The Urbanization of Rural Dialect Speakers*: A Sociolinguistic Study in Brazil. Cambridge: Cambridge University Press, 1985.

BORTONI-RICARDO, Stella Maris. Um modelo para a análise sociolinguística do português do Brasil. In: M. Bagno (Ed. 2002: 333-346), 2002 [1998].

BOTTÉRO, Jean; MORRISON, Ken et al. (Orgs.). *Cultura, pensamento e escrita*. São Paulo: Ática, 1995

BOXER, Charles. *A Idade de Ouro do Brasil*. 2. ed. São Paulo: Companhia Editora Nacional, 1969.

BRIOSCHI, Lucila Reis. *Família e genealogia*: quatro gerações de uma grande família do sudoeste brasileiro (1758-1850). Dissertação de Mestrado. São Paulo: Universidade de São Paulo, 1984.

BRÜGGER, Sílvia; OLIVEIRA, Anderson. Os benguelas de São João del Rei: tráfico atlântico, religiosidade e identidades étnicas (séculos XVIII e XIX). *Tempo,* Niterói, v.13, n. 26, p. 177-204, 2009.

BUARQUE DE HOLANDA, Sérgio. *Raízes do Brasil*. Rio de Janeiro: José Olympio, 1988; Rio de Janeiro: Nova Aguilar, 2002 [1936].

BURKE, Peter (Org.). *A escrita da história*: novas perspectivas. Tradução de Magda Lopes. São Paulo: Editora da Universidade Estadual Paulista, 1992.

CALLOU, Dinah. *Variação e distribuição da vibrante na fala urbana culta do Rio de Janeiro*. Rio de Janeiro: PROED/ Universidade Federal do Rio de Janeiro, 1987.

CALLOU, Dinah. Da história social à história linguística: o Rio de Janeiro no século XIX. In: T. Alkmim (Org. 2002: 281-292), 2002.

CALLOU, Dinah. Sobre a história do português *no* e *do* Brasil: levantando questões. In: J. Avelar; L. Álvares López (Orgs. 2015: 71-89), 2015.

CALLOU, Dinah; AVELAR, Juanito. Subsídios para uma história do falar carioca: mobilidade social no Rio de Janeiro do século XIX. In: M. E. L. Duarte; D. Callou (Orgs. 2002: 95-112), 2002.

CALLOU, Dinah; BARBOSA, Afranio. Normatização e ensino em final dos oitocentos. In: V. Aguilera (Org. 2009: 631- 654), 2009.

CALLOU, Dinah; BARBOSA, Afranio. *Demografia Histórica e inferências sobre a difusão da língua portuguesa:* o Brasil no imaginário do Censo de 1872. Comunicação apresentada no II *Congresso Internacional de Linguística Histórica* da USP, em homenagem a Ataliba Teixeira de Castilho, Universidade de São Paulo, 7 a 12 de fevereiro de 2012.

CALLOU, Dinah; BARBOSA, Afrânio; LOPES, Célia. O português do Brasil: polarização sociolinguística. In: S. Cardoso; J. Mota; R.V. Mattos e Silva (Orgs. 2006: 259-292), 2006.

CALLOU, Dinah; MARQUES, Maria Helena. O –s implosivo na linguagem do Rio de Janeiro. *Littera*, Rio de Janeiro, n. 14, p. 9-137, 1975.

CALLOU, Dinah; SERRA, Carolina. Norma e escolarização no Rio de Janeiro: a nova realidade social como reflexo de antigos problemas In: T. Lobo; I. Ribeiro; Z. Carneiro; N. Almeida (Orgs. 2006: 675-688), 2006.

CALMON, Pedro. *História da Casa da Torre:* uma dinastia de pioneiros. Rio de Janeiro: José Olympio, 1939.

CÂMARA Jr., Joaquim Mattoso. Línguas europeias de ultramar: o português do Brasil. In: C. E. F. Uchôa (Sel. e introdução 1972), 1972.

CÂMARA Jr., Joaquim Mattoso. *História e estrutura da língua portuguesa*. Rio de Janeiro: Padrão, 1979.

CÂNDIDO, Antônio. *Formação da literatura brasileira*. 8. ed. Belo Horizonte: Itatiaia, 1997.
CAPISTRANO DE ABREU, João. *Capítulos de história colonial:* 1500-1800 e os antigos povoamentos do Brasil. 5. ed. Brasília: UnB, 1963.
CARDEIRA, Esperança. *Entre o português antigo e o português clássico*. Lisboa: Imprensa Nacional-Casa da Moeda, 2005.
CARDIM, Fernão. *Tratados da terra e gente do Brasil*. 2. ed. São Paulo: Hedra, 2009 [1925].
CARDOSO, Ciro Flamarion Santana. *Economia e sociedade em áreas coloniais periféricas:* Guiana Francesa e Pará (1750-1817). Rio de Janeiro: Graal, 1984.
CARDOSO, Suzana A. M.; MOTA, Jacyra A.; MATTOS E SILVA, Rosa Virgínia (Org.). *Quinhentos anos de história linguística do Brasil*. Salvador: Secretaria da Cultura e Turismo do Estado da Bahia, 2006.
CARENO, Mary Francisca. *Vale do Ribeira:* a voz e a vez das comunidades negras. São Paulo: Arte & Ciência/ Unip, 1997.
CARNEIRO, Rita de Cássia Oliveira. História de vida e trajetória de professoras leigas no sertão da Bahia. VI Congresso Internacional de Pesquisa (Auto)biográficas: modos de viver, narrar e guardar. Rio de Janeiro: *Anais...* BIOgraph, 2014.
CARNEIRO, Zenaide de Oliveira Novais. *Cartas brasileiras (1809-1907)*: um estudo filológico-linguístico. Tese de Doutorado – Universidade Estadual de Campinas, 2005.
CARNEIRO, Zenaide de Oliveira Novais. Estudo de escolarização de aldeados no Brasil do século XVII: um caminho para a compilação de possíveis fontes escrita em português por "Tapuia"/Projeto 3 - História do português brasileiro – desde a Europa até a América. Comunicação apresentada no XV *Congreso Internacional de la Asociación de Lingüística y Filología de América Latina*. Montevideo: ALFAL, 2008a.
CARNEIRO, Zenaide de Oliveira Novais. Vozes do sertão em dados: história, povos e formação do português brasileiro. Comunicação apresentada no VI *Feira do Semiárido:* desertificação, perspectivas de autonomia produtiva frente aos desafios socioambientais. v.1, Feira de Santana, 2008b.
CARNEIRO, Zenaide de Oliveira Novais. Escolarização de aldeados no Brasil dos séculos XVII e XVIII: um espaço de gestação de uma produção escrita indígena? Comunicação apresentada no VI *Congresso Internacional da Associação Brasileira de Linguística – Abralin*. João Pessoa: UFPB, 2009.
CARNEIRO, Zenaide de Oliveira Novais. Sobre a produção escrita atribuída aos indígenas na Vila de Abrantes em 1758. Disponível em: <http://abralin.org/site/publicacao-em-anais/abralin-curitiba-2011/>. Acesso em: 14 de dezembro de 2012.
CARNEIRO, Zenaide de Oliveira Novais. Escolarização de aldeados no Brasil dos séculos XVII e XVIII: um espaço de gestação de uma produção escrita indígena? In: R.V. Mattos e Silva; K. Oliveira; J. Amarante (Orgs. 2013: 55-76), 2013.
CARNEIRO, Zenaide de Oliveira Novais; ALMEIDA, Norma Lucia Fernandes de. Elementos para uma sócio-história do semiárido baiano. Comunicação apresentada no VI Seminário do Projeto Para a História do Português Brasileiro, Ouro Preto, 2002.
CARNEIRO, Zenaide de Oliveira Novais; ALMEIDA, Norma Lucia Fernandes de. A criação de escolas a partir de critérios demográficos na Bahia do século XIX: uma viagem ao interior. In: T. Lobo; I. Ribeiro; Z. Carneiro; N. Almeida (Orgs. 2006: 649-674), 2006.
CARNEIRO, Zenaide de Oliveira Novais; ALMEIDA, Norma Lucia Fernandes de. Elementos para uma sócio-história do semiárido baiano. In: J. M. Ramos; M. A. Alkmim (Orgs. 2007: 423-442), 2007.
CARNEIRO, Zenaide de Oliveira Novais; LACERDA, Mariana. Indígenas alfabetizados em português no litoral baiano setecentista: o caso de Vila de Abrantes. *A Cor das Letras*, v. 18, 144-166, 2017.
CARNEIRO, Zenaide de Oliveira Novais; LACERDA, Mariana Fagundes de Oliveira; ALMEIDA, Norma Lucia Fernandes de. Indícios sobre a participação dos povos tapuias no contato com o português nos sertões baianos setecentistas. In: D. Callou; T. Lobo (Orgs.). *História Social do Português Brasileiro: da história social para a história linguística*. São Paulo: Contexto, no prelo.
CARTA DO GOVERNADOR da Capitania do Rio de Janeiro ao Rei, dando as informações determinadas pela provisão de 18 de junho de 1725, relativa aos negros que mais conviriam às Minas, de 5 de julho de 1726. In: *Documentos interessantes*, v. 50, Biblioteca Nacional, p. 60-61, 1929.
CARTA RÉGIA estabelecendo novas providências sobre a venda e remessa de escravos Africanos para as Minas, datada aos 27 de fevereiro de 1711. In: *Documentos interessantes*, n. 49, Arquivo do Estado de São Paulo, 1929.

CARVALHO, Cristina dos Santos; ROCHA, Flávia Aninger de Barros; PARCERO, Lúcia Maria de Jesus (Orgs. 2011b). *Discurso e cultura*: diálogos interdisciplinares. Salvador: EDUNEB, 2011b.

CARVALHO, G. T.; MARILDES, M. (Orgs.). *Cultura escrita e letramento*. Belo Horizonte: Editora da UFMG, 2010.

CASTILHO, Ataliba T. de. Para um programa de pesquisas sobre a história social do português de São Paulo. In: R. V. Mattos e Silva (Org. 2001: 337–369), 2001.

CASTILHO, Ataliba T. de (Org.). *História do português paulista*, v. I. São Paulo: Campinas: Unicamp/Publicações IEL, 2009.

CASTILHO, A. T. de; TORRES MORAIS, M. A.; LOPES, R. E. V.; CYRINO, S. M. L. (Orgs.). *Descrição, história e aquisição do português brasileiro*. Homenagem a Mary Kato. São Paulo: Fapesp; Campinas: Pontes, 2007.

GÓMEZ, Antonio Castillo. Historia de la cultura escrita: ideas para el debate. *Revista Brasileira de História da Educação*, Maringá, n. 5, p. 93-124, jan./jun. 2003.

CASTRO, Ivo. *Curso de história da língua portuguesa*. Lisboa: Universidade Aberta, 1991.

CASTRO, Ivo. O linguista e a fixação da norma. *Actas do XVIII Encontro Nacional da Associação Portuguesa de Linguística* (Porto, 2002). Lisboa: APL, p. 11-24, 2003.

CASTRO, Yeda Pessoa de. *Os falares africanos na interação social do Brasil colônia*. Salvador, Centro de Estudos Baianos/UFBA, n. 89, 1980.

CASTRO, Yeda Pessoa de. Os falares africanos na interação social dos primeiros séculos. In: L. A. Mello (Org. 1990: 91-113), 1990.

CASTRO, Yeda Pessoa de. *A língua mina-jeje no Brasil:* um falar africano em Ouro Preto do século XVIII. Belo Horizonte: Fundação João Pinheiro/Secretaria de Estado da Cultura, 2002.

CASTRO, Ivo; DUARTE, Inês (Orgs.). *Razões e emoção:* miscelânea de estudos em homenagem a Maria Helena Mira Matheus. Lisboa: Imprensa Nacional-Casa da Moeda, 2003.

CERTEAU, Michel de. *A invenção do cotidiano*: 1. Artes de fazer. Tradução de Ephraim Ferreira Alves. Petrópolis: Vozes, 2013.

CHALLOUB, Sidney. Ladinos ou boçais? A política da linguagem no cotidiano da escravização ilegal (Brasil, décadas de 1830 a 1850). In: J. Avelar; L. Álvarez-López (Orgs. 2015: 13-29), 2015.

CHARTIER, Roger. As práticas da escrita. In: P. Ariès; R. Chartier (Orgs. 1991: 113-161), 1991.

COELHO, Lucinda Coutinho de Mello. Mão de obra escrava na mineração e tráfico negreiro no Rio de Janeiro. *Anais do VI Simpósio Nacional dos Professores Universitários de História (Trabalho Livre e Trabalho Escravo)*. São Paulo: FFLCH-USP, v. I, p. 449-489, 1973.

CONRAD, Robert: *Os últimos anos da escravatura no Brasil: 1850-1880*. 2. ed. Rio de Janeiro: Civilização Brasileira, 1978.

COSTA, Iraci del Nero da. Vila Rica: mortalidade e morbidade (1799-1801). In: C. M Peláerz; M. Buescu (Coords. 1976: 115-127), 1976.

COSTA, Iraci del Nero da. *Vila Rica*: população (1719-1826). São Paulo: IPE-USP. (Ensaios Econômicos, 1), 1979.

COSTA, Iraci del Nero da. Algumas características dos proprietários de escravos de Vila Rica. *Revista Estudos Econômicos*, São Paulo, v. 11, n. 3, p. 151-157, 1981.

COSTA, Iraci del Nero da. (Org.). *Brasil:* história econômica e demográfica. São Paulo: IPE-USP, 1986.

COSTA, Iraci del Nero da. *Arraia-miúda:* um estudo sobre os não proprietários de escravos no Brasil. São Paulo: MGSP, 1992.

COSTA, Iraci del Nero da. Contribuições da Demografia Histórica para o conhecimento da mobilidade socioeconômica e geográfica: uma aproximação ao tema. *Revista História* (São Paulo). Campus Assis/Franca, Unesp, v. 30, n. 2, p. 381-400, ago./dez. 2011.

COSTA, Iraci del Nero da; GUTIÉRREZ, Horacio. Nota sobre casamentos de escravos em São Paulo e no Paraná (1830). *História: Questões e Debates*, Curitiba, APAH, v. 5, n. 9, p. 313-321, 1984.

COSTA, Iraci del Nero da; SLENES, Robert W.; SCHWARTZ, Stuart B. A família escrava em Lorena (1801). *Revista Estudos Econômicos*, São Paulo, v. 17, n. 2, p. 245-295, 1987.

COSTA, S. B. B.; MACHADO FILHO, A. V. L. (Orgs.). *Do português arcaico ao português brasileiro*. Salvador: EDUFBA, 2004.

COUTO DE MAGALHÃES, José Vieira de. *O selvagem*. 1. ed. Rio de Janeiro: Typographia da Reforma, 1876; 2. ed. Editora Itatiaia/Editora da Universidade de São Paulo, 1975.

COUTO, Jorge. *A construção do Brasil*: ameríndios, portugueses e africanos, do início do povoamento a finais de Quinhentos. Lisboa: Cosmos, 1998.

CRUZ, Antônio Roberto Seixas da. Mestras para o sertão: criação e funcionamento da Escola Normal de Feira de Santana. In: I. C. J. de Sousa; A. R. S. da Cruz (Orgs. 2012: 43-65), 2012.

CUNHA, Luiz Antonio. Ensino superior e universidade no Brasil. In. Lopes et al. (Org. 2000: 151-204), 2000.

CUNHA, Manuela Carneiro da (Org.). *História dos índios no Brasil.* São Paulo: Companhia das Letras/Secretaria Municipal de Cultura/Fapesp, 1992.

CYRINO, S. M. L.; DUARTE, M. E. L.; KATO, M. A. Visible Subjects and Invisible Clitics in Brazilian Portuguese. In: M. Kato; E.V. Negrão (Eds. 2000: 55-104), 2000.

D'ANDRADE, E.; KHIM, A. (Orgs. 1992). *Actas do Colóquio sobre Crioulos de Base Lexical Portuguesa.* Lisboa: Colibri, 1992.

DANTAS, Beatriz. Os povos indígenas no Nordeste brasileiro: um esboço histórico. In: M. C. da Cunha (Org. 1992: 431-456), 1992.

DAVIDOVICH, Fany. Um foco sobre o processo de urbanização do estado do Rio de Janeiro. *Revista brasileira de geografia.* Rio de Janeiro: IBGE, ano 48, n. 3: p. 336-371, 1986.

DE PAULA, João Antônio. O processo de urbanização nas Américas no século XVIII. In: T. Szmrecsányi (Org. 2002: 77-98), 2002.

DIETRICH, Wolf. O conceito de "língua geral" à luz dos dicionários de língua geral existentes. *DELTA 30 especial*, p. 591-622, 2014.

DIXON, Robert Malcolm. Ergativity. *Language*, v. 55, n. 1, p. 59-138, 1979.

DIXON, R. M. W.; AIKHENVALD, A. Y. (Orgs. 1999). *The Amazonian Languages*. Cambridge: Cambridge University Press, 1999.

DUARTE, Maria Eugênia Lamoglia; CALLOU, Dinah (Orgs.). *Para a história do português brasileiro*, vol. IV, Notícias de *corpora* e outros estudos. Rio de Janeiro: UFRJ / Faperj, 2002.

EDELWEISS, Frederico. As missões dos quiriris e de outros tapuias ao tempo de Frei Martinho de Nantes. *Revista do Instituto Histórico e Geográfico Brasileiro*, n.77, p. 373-377, Rio de Janeiro, 1952.

EDELWEISS, Frederico. *Frei Martinho de Nantes:* capuchinho bretão, missionário e cronista em terras baianas. Salvador: Centro de Estudos Baianos, 1979.

EISENBERG, Peter L. Sugar and Social Change in Brazil. Campinas, São Paulo, 1767-1830. *Anais da 5ª Reunião Anual da SBPH.* São Paulo: SBPH, p. 203-215, 1986.

EISENBERG, Peter L. Transformações na agricultura paulista. *Arquivo: Boletim Histórico e Informativo.* São Paulo, Arquivo do Estado de São Paulo, 4(2), p. 63-66, abr./jun., 1983.

ELIA, Sílvio. *A unidade linguística do Brasil.* Rio de Janeiro: Padrão, 1979.

ELTIS, David. *The rise of African Slavery in the Americas.* Cambridge: Cambridge Press, 2000.

EMMERICH, Charlotte. *A língua de contato no Alto Xingu*: origem, forma e função. Tese de Doutorado – Universidade Federal do Rio de Janeiro, 1984.

ENDERS, Armelle. *A história do Rio de Janeiro.* Rio de Janeiro: Gryphus, 2002.

ESTATÍSTICA DA INSTRUÇÃO. Rio de Janeiro: Typographia de Estatística, 1916.

FARIAS, Gelasio de Abreu; MENEZES, Francisco de Conceição. *Memória histórica*: ensino secundário official na Bahia (1837-1937). Salvador: Imprensa Oficial do Estado, 1937.

FARIA, Sheila de Castro. *Sinhás pretas, damas mercadoras:* as pretas minas nas cidades do Rio de Janeiro e São João del Rei (1700-1850). Tese para Professor Titular. Niterói: Universidade Federal Fluminense, 2004.

FAUSTO, Boris. *História do Brasil.* Rio de Janeiro: Unibrade/Unesco, 1994; São Paulo: Edusp, 2012 [2006].

FERLINI, Vera Lúcia Amaral. *A civilização do açúcar*: séculos XVI a XVIII. 3. ed. São Paulo: Brasiliense, 1986.

FERLINI, Vera Lúcia. Pobres do açúcar: estruturas produtivas e relações de poder no nordeste colonial. In: T. Szmresány (Org. 2002: 21-34), 2002.

FERLINI, Vera Lúcia Amaral. *Terra, trabalho e poder*: o mundo dos engenhos no Nordeste colonial. São Paulo: Brasiliense, 1988.

FERNÁNDEZ, Ramón Vicente García. *Transformações econômicas no litoral norte paulista, 1778-1836.* Tese de Doutorado. São Paulo: Universidade de São Paulo, 1992.

FERRARO, Alceu R. Analfabetismo no Brasil – tendência secular e avanços recentes. *Cadernos de Pesquisa*, São Paulo, n. 52, p. 34-49, fev. 1985.

FERRARO, Alceu R. Analfabetismo e níveis de letramento no Brasil: o que dizem os censos? *Educação e sociedade*, Campinas, v. 23, n. 81, p. 21-47, 2002.

FERRARO, Alceu R. Gênero, raça e escolarização na Bahia e no Rio de Janeiro. *Cadernos de Pesquisa*, São Paulo, v. 39, n. 138, p. 813-835, set./dez. 2009.

FERRARO, Alceu R. Escolarização no Brasil: articulando as perspectivas de gênero, raça e classe social. *Educação e Pesquisa*, v. 36, n. 2, p. 505-526, maio/ago. 2010.

FERREIRA, Carlota et al. (Orgs.). *Diversidade do português do Brasil*. Salvador: EDUFBA, 1984.

FERREIRA, Carlota. Remanescentes de um falar crioulo brasileiro. In: C. Ferreira et al. (Orgs. 1984: 21-32), 1984.

FERREIRA, Joaquim Leal. *Mensagem e relatórios apresentados à Assembleia Geral Legislativa*. Bahia: Tipografia e Encadernação do *Diário da Bahia*, 1892.

FIGUEIRA, Luis. *Arte de gramática da língua brasílica*. 2. ed. Lisboa: Oficina de Miguel Deslandes, 1687 [1621].

FIORIN, José Luiz; PETTER, Margarida (Orgs.). *África no Brasil*: a formação da língua portuguesa. São Paulo: Contexto, 2008.

FLEXOR, Maria Helena Ochi et al. *Autos da devassa da conspiração dos alfaiates*. Salvador: Secretaria de Cultura e Turismo/Arquivo Público do Estado da Bahia, 2 v, 1998.

FRAENKEL, Béatrice. A assinatura contra a corrupção do escrito. In: J. Bottéro; K. Morrison et al. (Orgs. 1995: 81-100), 1995.

FRAGOSO, João Luís Ribeiro; FLORENTINO, Manolo Garcia. Marcelino, filho de Inocência Crioula, neto de Joana Cabinda: um estudo sobre famílias escrava em Paraíba do Sul (1835-1872). *Estudos Econômicos*, São Paulo, v. 17, n. 2, p.151-173, maio/ago. 1987.

FRANÇA, Maria de Souza. *Povoamento do sul de Goiás (1872-1900)*: estudo da dinâmica da ocupação espacial. Dissertação de Mestrado. Universidade Federal de Goiás, 1975.

FREIRE, Felisbello. *História territorial do Brasil*. Salvador: Secretaria de Cultura e Turismo/Instituto Geográfico e Histórico da Bahia, 1998 [1897].

FREITAS, José Luiz de. O mito da família extensa: domicílio e estrutura fundiária em Jundiaí, 1818. In: I. Costa (Org. 1986: 205-22), 1986.

FREITAS, Nacelice Barbosa. *Urbanização em Feira de Santana*: influência da industrialização (1970-1996). Salvador: Faculdade de Arquitetura/UFBA, 1998, inédito.

FREYRE, Gilberto. *Casa grande & senzala*: formação da família brasileira sob o regime de economia patriarcal. Rio de Janeiro: Maia & Schmidt, 1933; Rio de Janeiro: Nova Aguilar, 2002 [1933]

FREYRE, Gilberto. *Sobrados e mocambos*. São Paulo: Editora Nacional, 1936.

FUNES, Eurípedes Antônio. *Goiás 1800-1850: um período de transição da mineração à agropecuária*. Goiânia: Editora da Universidade Federal de Goiás, Coleção Teses Universitárias, 40, 1986.

FURTADO, Celso. *Formação econômica do Brasil*. 8. ed. São Paulo: Editora Nacional,1968.

GALINDO, Marcos. *O governo das almas*: a expansão colonial no país dos tapuia (1651-1798). PhD Thesis. Leiden: Universidade de Leiden, 2004.

GALLIZA, Diana Soares de. *O declínio da escravidão na Paraíba: 1850-1888*. João Pessoa: Editora Universitária/UFPB, 1979.

GALVÃO, Ana Maria de Oliveira. Histórias das culturas do escrito: tendências e possibilidades de pesquisa. In: G.T. Carvalho; M. Marinho (Orgs. 2010: 218-248), 2010.

GANDAVO, Pero de Magalhães. *Tratado da terra do Brasil*: história da província Santa Cruz a que vulgarmente chamamos Brasil. Brasília: Senado Federal, Conselho Editorial, 2008.

GANDRA, Ana Sartori. *Cartas de amor da Bahia do século XX:* normas linguísticas, práticas de letramento e tradições do discurso epistolar. Dissertação de Mestrado. Salvador: Universidade Federal da Bahia, 2010.

GILBERT, G. (Ed.). *Pidgin and creole languages*. Honolulu: University of Hawaii Press, 1987.

GINZBURG, Carlo. *Mitos, emblemas, sinais*: morfologia e história. São Paulo: Companhia das Letras, 1989.

GINZBURG, Carlo. *O queijo e os vermes*: o cotidiano e as ideias de um moleiro perseguido pela Inquisição. São Paulo: Companhia das Letras, 2006 [1976].

GIVÓN, Talmy. *Bio-linguistics*: The Santa Barbara Lectures. Amsterdam: John Benjamins Publishing, 2002.

GOLDSCHMIDT, Eliana Maria Réa. *Casamentos mistos de escravos em São Paulo colonial*. Dissertação de Mestrado. São Paulo: Universidade de São Paulo, 1986. Publicado como *Casamentos mistos, liberdade e escravidão em São Paulo Colonial*. São Paulo: Annablume/Fapesp, 2004.

GOMES, Flávio dos Santos. Um recôncavo, dois sertões e vários mocambos: quilombos na Capitania da Bahia (1575-1808). *História Social*, n. 2. Disponível em: <https://www.ifch.unicamp.br/ojs/index.php/rhs/article/view/74/70>. Acesso em: 5 ago. 2016.

GOMES, Mércio Pereira. *Os índios e o Brasil*. Rio de Janeiro: Vozes, 1988.

GRAHAM, Richard. Slave Families on a Rural Estate in Colonial Brazil. *Journal of Social History*, Pittsburgh, v. 9, n. 3, p. 382-402, spring 1976.

GREENBERG, Joseph Harold. Some Universals of Language with Particular Reference to the Order of Meaningful Elements. In: J. H. Greenberg (Ed. 1963: 73-113), 1963a.

GREENBERG, Joseph Harold (Ed.). *Universals of Language*. Cambridge: The MIT Press, 1963b.

GREENBERG, Joseph Harold. Classification of American Indian Languages: A Reply to Campbell. *Language*, Washington D.C., v. 65, n.1, p. 107-114, 1989.

GUERZONI FILHO, Gilberto; NETTO, Luiz Roberto. Minas Gerais: índices de casamento da população livre e escrava na Comarca do Rio das Mortes. *Estudos Econômicos*, São Paulo, v. 18, n. 3, p. 497-507, set./dez. 1988.

GUIMARÃES, Eduardo. Sinopse dos estudos do português no Brasil: a gramatização brasileira. In: E. Guimarães; E. Orlandi (Orgs. 1996: 127-138), 1996.

GUIMARÃES, E.; ORLANDI, E. (Orgs.). *Língua e cidadania:* o português do Brasil. Campinas: Pontes/HIL, 1996.

GUTHRIE, Malcolm. *The Classification of Bantu languages*. London: International African Institute, 1948.

GUTIÉRREZ, Horacio. Demografia escrava em economias não-exportadoras: Paraná, 1800-1830. *Estudos Econômicos*, São Paulo, v. 17, n. 2, p. 297-314, 1987.

GUTIÉRREZ, Horacio; COSTA, Iraci del Nero da. Nota sobre casamentos de escravos em São Paulo e no Paraná (1830). *História: Questões e Debates*, Curitiba, APAH, v. 5, n. 9, p. 313-321, 1984.

GUTIÉRREZ, Horacio. *Senhores e escravos no Paraná, 1800-1830*. Dissertação de Mestrado. São Paulo: Universidade de São Paulo, 1989.

GUY, Gregory. *Linguistic Variation in Brazilian Portuguese*: Aspects of Phonology, Syntax and Language History. Doctoral Dissertation. Pennsylvania: University of Pennsylvania, 1981.

GUY, Gregory. On the Nature and Origins of Popular Brazilian Portuguese. *Estudios sobre español de América y linguística afroamericana*, Bogotá: Instituto Caro y Cuervo, p. 227-245, 1989.

HAGEMEIJER, Tjerk; ALEXANDRE, Nélia. Os crioulos da Alta Guiné e do Golfo da Guiné: uma comparação sintática. *Papia*, São Paulo, v. 22, n. 2, p. 233-251, 2012.

HALE, Kenneth. Warlpiri and the Grammar of Non-configurational Languages. *Natural languages and Linguistic Theory*, v. 1, n.1, p. 5-47, 1983.

HARRIS, Marvin. *Town and Country in Brazil*. New York: Columbia University Press, 1956

HARRISON, Carl. The Phonemics of Asurini: Language of Brazil. [ms. s.d.].

HEINE, Bernd; NURSE, Derek. (Eds.) *African Languages*: An Introduction. Cambridge/New York: Cambridge University Press, 2000.

HEMMING, John. *Ouro vermelho:* a conquista dos índios brasileiros. Tradução de Carlos Eugênio Marcondes de Moura (*Redgold*: The Conquest of the Brazilian Indians, 1978). São Paulo: Edusp, 2007.

HERRMANN, Lucila. Evolução e estrutura social de Guaratinguetá num período de trezentos anos. *Revista de Administração*, São Paulo, ano II, n. 5-6, p. 1-326, mar./jun. 1948.

HOLANDA, Sérgio Buarque de. *Raízes do Brasil*. In: S. Santiago (Coord. 2002 [1936]: 899-1102), 2002.

HOLM, John. Creole Influence on Popular Brazilian Portuguese. In: G. Gilbert (Ed. 1987: 406-429), 1987.

HOLM, John. Popular Brazilian Portuguese: A Semi-creole. In: E. D'Andrade; A. Kihm (Eds. 1992: 37-66), 1992.

HOLM, John. *An Introduction to Pidgins and Creoles*. Cambridge: Cambridge University Press, 2000.

HOLM, John. *Languages in Contact*: The Partial Restructuring of Vernaculars. Cambridge/New York: Cambridge University Press, 2004.

HOPPER, J. (Ed.). *Indians of Brazil in the Twentieth Century*. Washington: Institute for Cross-Cultural Research, 1967.

HORNAERT, Eduardo et al. *História da igreja no Brasil:* Primeira Época – Período Colonial. 5. ed. Rio de Janeiro: Vozes, 2008.

HOUAISS, Antônio. Língua e realidade social. *Revista do Instituto de Estudos Brasileiros*, n. 22, p. 52-58, dez. 1980. Disponível em: <https://www.revistas.usp.br/rieb/article/view/69601>. Texto publicado originalmente no jornal *O Globo*, 1965.

HOUAISS, Antônio. *O português do Brasil*. Rio de Janeiro: Unibrade, 1985.
HOUSTON, Rab. Alfabetismo e società in Occidente, 1500-1850. In: A. B. Langeli; X, Toscani (Orgs. 1992), 1992.
ISICHEI, Elizabeth. *A History of Igbo People*. Michigan: Editora Macmillan, 1976.
IVO, Isnara Pereira. *Homens de caminho*: trânsitos, comércio e cores nos sertões da América portuguesa, século XVIII. Tese de Doutorado. Belo Horizonte: Universidade Federal de Minas Gerais, 2009.
JELINEK, Eloise. Empty Categories, Case, and Configurationality. *Natural Language and Linguistic Theory*, n. 2, p. 39-76, 1984.
KABATEK, J.; WALL, A. (Eds.). *Manual of Brazilian Portuguese Linguistics*. Berlin: De Gruyter, no prelo.
KARASCH, Mary Catherine. *Slave life in Rio de Janeiro, 1808-1850*. Princenton: Princenton University Press, 1987. Traduzido para o português: *A vida dos escravos no Rio de Janeiro, 1808-1850*. São Paulo: Companhia das Letras, 2000.
KATO, M. A.; NEGRÃO, E. V. (Eds.). *Brazilian Portuguese and the Null Subject Parameter*. Frankfurt: Vervuert-Iberoamericana, 2000.
KEY, Mary Ritchie (Ed.). *Language Change in South American Indian Languages*. Philadelphia: University of Pennsylvania Press,1991.
KIETZAMAN, D. Indians and Culture areas of Twentieth Century Brazil. In: J. Hopper (Ed. 1967), 1967.
KLEIN, Herbert S. *The Middle Passage*: Comparative Studies in the Atlantic Slave Trade. Princeton: Princeton University Press, 1978.
KLIMOV, Giorgii Anton. On the Character of Languages of Active Typology. *Linguistics*, n. 131, p. 11-25, 1974.
KNOX, Miridan Brito. *O Piauí na segunda metade do século XIX*. Dissertação de Mestrado. Rio de Janeiro: Universidade Federal do Rio de Janeiro, 1982.
KROCH, Anthony. Syntactic Change. In: M. Baltin; C. Collihs (Eds. 2001: 699-729), 2001.
KUZNESOF, Elizabeth Anne. An Analysis of Household Composition and Headship Rates as Related to Changes in Mode of Production: São Paulo, 1765 to 1836. Comunicação apresentada na *Conferência sobre o Progresso da Pesquisa Demográfica no Brasil*. Rio de Janeiro: Fundação Ford, 1976.
LABOV, William. *Sociolinguistic Patterns*. Philadelphia: Universityof Pennsylvania Press, 1974.
LABOV, William. The Study of Language in its Social Context. In: W. Labov. *Sociolinguistic Patterns*. 3. ed. Philadelphia: University of Pensylvania Press, 1975.
LABOV, William. Transmission and Diffusion. *Language*, n. 83, p. 344-387, 2007.
LACERDA, Mariana Fagundes de Oliveira; ARAÚJO, Silvana Silva de Farias; CARNEIRO, Zenaide de Oliveira Novais. Para uma história social linguística nos sertões baianos: elementos para uma proposta de periodização regional. In: GELNE 40 anos: vivências teóricas e práticas nas pesquisas em linguística e literatura. São Paulo: Pá de Palavra, v. 2, p. 87-106, 2018.
LACERDA, Mariana Fagundes de; CARNEIRO, Zenaide de Oliveira Novais. Edição filológica e digital do Livro do Gado e do Livro de Razão do arquivo do Sobrado do Brejo (Bahia setecentista e oitocentista). *Labor Histórico*, Rio de Janeiro, v. 2, n. 1, p. 151-163, 2016.
LAJOLO, Marisa. Oralidade, um passaporte para a cidadania literária brasileira. In: E. Guimarães; E. Orlandi (Orgs. 1996: 107-123), 1996.
LANGELI, Bartoli. Historia del alfabetismo y método cuantitativo. *SIGNO, Revista de Historia de la Cultura Escrita*, Alcalá de Henares, n. 3, p. 87-106, 1996.
LANGELI, Bartoli; TOSCANI, Xenio (Org.). *Istruzione, alfabetismo, scrittura*. Saggi di storia dell'alfabetizzazione in Italia (sec. XV-XIX). Milão: FrancoAngeli, 1991.
LASS, Roger. *Historical Linguistics and Linguistic Change*. Cambridge: Cambridge University Press, 1997.
LEITE, Serafim. *Cartas do Brasil e mais escritos do P. Manuel da Nóbrega (opera omnia)*. Coimbra: Universidade de Coimbra, 1955 [1551].
LEITE, Yonne. Para uma tipologia ativa do Tapirapé: os clíticos referenciais de pessoa. *Cadernos de estudos linguísticos*, Campinas, n.18, p. 37-56, 1990.
LEITE, Yonne. O estatuto dos sintagmas nominais de sujeito e objeto em tapirapé (família tupi-guarani). In: F. Queixalós (Ed. 2001: 87-101), 2001.
LEITE, Yonne. Arte de gramática da língua mais usada na costa do Brasil: A Criterion for Evaluation. In: O. Zwartjes; C. Altman (Eds. 2005), 2005.

LEITE, Yonne. O português brasileiro, uma língua crioula? Considerações em torno da hipótese de um substrato indígena. *Anales del XV Congreso Internacional de ALFAL*, Montevideo, p. 18-21, ago. 2008. Publicação em CD-rom, 2009.

LEITE, Yonne; CALLOU, Dinah. *Como falam os brasileiros*. Rio de Janeiro: Zahar, 2002.

LEWIN, Linda. *Politics and Parentela in Paraíba*: A Case Study of Family Based Oligarchy in Brazil. Princeton/New Jersey: Princeton University Press, 1987.

LIMA, Ivana Stolze. Diz que é forro: práticas de comunicação escrava em anúncios de jornal. In: J. Avelar; L. Álvarez-López (Orgs. 2015: 21- 41), 2015.

LIMA, Ivana Stolze; CARMO, Laura do (Orgs.). *História social da língua nacional*. Rio de Janeiro: Edições Casa de Rui Barbosa, 2008.

LIMA SOBRINHO, Barbosa. Introdução. In: M. Nantes (1979, p. XI-XXV),1979.

LINHARES, Maria Yedda (Org.). *História geral do Brasil*. 9. ed. Rio de Janeiro: Campus, 1990.

LINHARES, Maria Yedda; LÉVY, Maria Bárbara. Aspectos da história demográfica e social do Rio de Janeiro (1808-1889). Colloques Internationaux du Centre National de la Recherche Scientifique. Paris, 11-15 de outubro de 1971. In: *L'histoire quantitative du Brésil de 1800 a 1930*. Paris: Éditions du Centre National de la Recherche Scientifique, 1973.

LIPINER, Elias. *Terror e linguagem*: um dicionário da Santa Inquisição. Lisboa: Contexto, 1998.

LOBO, Eulália Maria Lahmeyer. População e estrutura fundiária no Rio de Janeiro, 1568-1920. In: *Anais do IV Encontro Nacional de Estudos Populacionais*, São Paulo, APEB, v. 4, p. 2.221-2237, 1984.

LOBO, Tânia. Variantes nacionais do português: sobre a questão da definição do português do Brasil. *Revista Internacional de Língua Portuguesa*, Lisboa, v. 12, p. 9-15, dez. 1994.

LOBO, Tânia. *Para uma sociolinguística histórica do português do Brasil:* edição filológica e análise linguística de cartas particulares do Recôncavo da Bahia, século XIX. Tese de Doutorado. São Paulo: Universidade de São Paulo, 2001.

LOBO, Tânia. A questão da periodização da história linguística do Brasil. In: I. Castro; I. Duarte (Orgs. 2003: 395-410), 2003.

LOBO, Tânia. Arquivos, acervos e a reconstrução histórica do português brasileiro. In: K. Oliveira; H. F. Cunha e Souza; J. Soledade (Orgs. 2009: 305-327), 2009.

LOBO, Tânia. The social history of Brazilian Portuguese. In: J. Kabatek; A. Wall (Eds. no prelo).

LOBO, Tânia; ZENAIDE, Carneiro; SOLEDADE, Juliana; ALMEIDA, Ariadne; RIBEIRO, Silvana. (Orgs.). *ROSAE*: linguística histórica, história das línguas e outras histórias. Salvador: EDUFBA, 2012.

LOBO, Tânia; MACHADO FILHO, Américo Venâncio Lopes; MATTOS E SILVA, Rosa Virgínia. Indícios de língua geral no Sul da Bahia na segunda metade do século XVIII. In: T. Lobo; I. Ribeiro; Z. Carneiro; N. Almeida (Orgs. 2006: 609-630), 2006.

LOBO, Tânia; OLIVEIRA, Klebson. Aos olhos da Inquisição: níveis de alfabetismo na Bahia em finais de quinhentos. In: R. V. Mattos e Silva; K. Oliveira; J. Amarante (Orgs. 2012: 36-53), 2012.

LOBO, Tânia; OLIVEIRA, Klebson. Ainda aos olhos da Inquisição: novos dados sobre níveis de alfabetismo na Bahia em finais de quinhentos. In: R. Álvarez; A. M. Martins; H. Monteagudo; M. A. Ramos (Orgs. 2013: 10-25), 2013.

LOBO, Tânia; OLIVEIRA, Klebson. *Programa HISCULTE*: História da Cultura Escrita no Brasil. Coord. Tânia Lobo. Disponível em: <www.PROHPOR.org>. Acesso em: 18 mar. 2015.

LOBO, Tânia; OLIVEIRA, Klebson. Escrita liberta: letramento de negros na Bahia do século XIX. In: A. T. de Castilho; M. A. T. Morais; R.E.V. Lopes; S.M. L. Cyrino (Orgs. 2007: 437-460), 2007.

LOBO, Tânia; RIBEIRO, Ilza; CARNEIRO, Zenaide; ALMEIDA, Norma (Orgs.). *Para a história do português brasileiro*, vol. VI, Novos dados, novas análises, 2 tomos. Salvador: EDUFBA, 2006.

LOPES, Eliana Marta Teixeira; FARIA FILHO, Luciano Mendes; VEIGA, Cynthia Greive. (Orgs.). *500 anos de educação no Brasil*. 2. ed. Belo Horizonte: Autêntica, 2000.

LOPES, Célia Regina dos Santos (Org.). *A norma brasileira em construção:* fatos linguísticos em cartas pessoais do século 19. Rio de Janeiro: UFRJ, Pós-Graduação em Letras Vernáculas/Faperj, 2005.

LOVEJOY, P. (Ed.). *Studies in Slavery and the Slave Trade*. Madison: African Studies Program, University of Wiscosin-Madison, 1986.

LUCCHESI, Dante. Variação e norma: elementos para uma caracterização sociolinguística do português do Brasil. *Revista Internacional de Língua Portuguesa*, Lisboa, v. 12, p. 17-28, 1994.

LUCCHESI, Dante. A variação da concordância e gênero em dialetos despidginizantes e descrioulizantes do português do Brasil. In: K. Zimmerman (Org. 1999: 477-502), 1999.

LUCCHESI, Dante. *A variação da concordância de gênero em uma comunidade de fala afro-brasileira:* novos elementos sobre a formação do português popular do Brasil. Tese de Doutorado – Universidade Federal do Rio de Janeiro, 2000.

LUCCHESI, Dante. As duas grandes vertentes da história sociolinguística do Brasil (1500-2000). *DELTA,* São Paulo, v.17, n.1, p. 97-132, 2001.

LUCCHESI, Dante. O conceito de 'transmissão linguística irregular' e o processo de formação do português do Brasil. In: C. Roncarati; J. Abraçado (Orgs. 2003: 272-284), 2003.

LUCCHESI, Dante. Século XVIII, o século da lusofonização do Brasil. In: W. Thielemann (Ed. 2006: 351-370), 2006.

LUCCHESI, Dante. Africanos, crioulos e a língua portuguesa. In: I. S. Lima; L. do Carmo (Orgs. 2008: 151-180), 2008.

LUCCHESI, Dante. História do contato entre línguas no Brasil. In: D. Lucchesi; A. Baxter; I. Ribeiro. (Orgs. 2009: p. 41-73), 2009.

LUCCHESI, Dante. A diferenciação da língua portuguesa no Brasil e o contato entre línguas. *Estudos de lingüística galega*, Santiago de Compostela, n. 4, p. 5-65, julho de 2012.

LUCCHESI, Dante. *Língua e sociedade partidas:* a polarização sociolinguística do Brasil. São Paulo: Contexto, 2015.

LUCCHESI, Dante. A periodização da história sociolinguística do Brasil. *DELTA,* v. 33, p. 347-382, 2017.

LUCCHESI, Dante. *Línguas em contato*. Manuscrito, s.d.

LUCCHESI, Dante; BAXTER, Alan. A transmissão linguística irregular. In: D. Lucchesi; A. Baxter; I. Ribeiro (Orgs. 2009: 101-124), 2009.

LUCHESI, Dante; BAXTER, A.; RIBEIRO, I. (Orgs.). *O português afro brasileiro*. Salvador: EDUFBA, 2009.

LUNA, Francisco Vidal. Observações sobre casamentos de escravos em treze localidades de São Paulo (1776,1804 e 1829). In: *Anais do Congresso sobre História da População da América Latina.* Ouro Preto: ABEP/IUSSP/CELADE, p. 1-13, 1989.

LUNA, Francisco Vidal; COSTA, Iraci del Nero da. Posse de escravos em São Paulo no início do século XIX. *Revista estudos econômicos*, São Paulo, v. 13, n. 1, p. 211-221, 1983.

LUNA, Francisco Vidal; COSTA, Iraci del Nero da. Vila Rica: nota sobre casamentos de escravos (1727-1826). *África*, São Paulo, n. 4, p. 105-109, 1981.

LUNA, Francisco Vidal; COSTA, Iraci del Nero; KLEIN, Herbert. *Escravismo em São Paulo e Minas Gerais.* São Paulo: Edusp, 2009.

MACIEL, Maximino. *Grammatica descriptiva baseada nas doutrinas modernas.* Rio de Janeiro: Francisco Alves, 1921 [1894].

MAGALHÃES, Beatriz Ricardina de. *La societé Ouropretaine selon les inventaires* post-mortem (1740-1770). Thèse de Doctorat. Paris: École des Hautes Études en Sciences Sociales, Paris VI, 1985.

MAMIANI, Luis Vincencio. *Arte de grammatica da língua brasílica da naçam Kiriri.* Lisboa. Com notas introdutórias de Batista Caetano de Almeida Nogueira). Rio de Janeiro: Bibliotheca Nacional. 1877 [1699].

MAMIANI, Luis Vincencio. *Catecismo da doutrina christãa na lingua brasilica da nação Kariri.* Lisboa: Oficina de Miguel Deslandes,1698; 2. ed. Lisboa: Oficina de Miguel Deslandes; Rio de Janeiro: Bibliotheca Nacional, 1942. (Edição fac-similar).

MARCÍLIO, Maria Luiza. A população do Brasil colonial. In: L. Bethell (Org. 1999: 311-338), 1999.

MARCÍLIO, Maria Luiza. *Caiçara: terra e população.* Estudo de Demografia Histórica e da história social de Ubatuba. São Paulo: Edições Paulinas/CEDHAL, 1986.

MARCÍLIO, Maria Luiza et al. (Org.). *História e população*: estudos sobre a América Latina. São Paulo: Fundação SEADE/ABEP/IUSSP/CELADE, 1990.

MARCÍLIO, Maria-Luisa; FLEURY, Michel; HENRY, Louis. La ville de São Paulo: peuplement et population (1750-1850), d'après les registres provinciaux et les recensements anciens. In: *École pratique des hautes études. 4e section, Sciences historiques et philologiques. Annuaire 1967-1968*, 1968, pp. 647-51.

MARINHO, M.; CARVALHO, G. T. (Orgs.). *Cultura escrita e letramento*. Belo Horizonte: Editora da UFMG, 2010.

MARQUESE, Rafael de Bivar. A dinâmica da escravidão no Brasil: resistência, tráfico negreiro e alforria, séculos XVII a XIX. *Novos estudos*, São Paulo, n. 74, p. 107-123, 2006.

MARQUILHAS, Rita. *A faculdade das letras:* leitura e escrita em Portugal no século XVII. Lisboa: Imprensa Nacional-Casa da Moeda, 2000.

MARTINS, Lucas Moraes. Uma genealogia das devassas na história do Brasil. In: *Anais do XIX Encontro Nacional do CONPEDI*. Fortaleza-CE. 09-12 de junho, 2010. Disponível em: <http://www.conpedi.org.br/manaus/arquivos/anais/fortaleza/3245.pdf>. Acesso em: 15 mar. 2012.

MATHIAS, Herculano Gomes. *Um recenseamento na capitania de Minas Gerais (Vila Rica - 1804)*. Rio de Janeiro: Arquivo Nacional, 1969.

MATTOS E SILVA, Rosa Virgínia. Português brasileiro: raízes e trajetórias (Para a construção de uma história). *Discursos*, Lisboa, n. 3, p. 75-92, 1993.

MATTOS E SILVA, Rosa Virgínia. A sócio-história do Brasil e a heterogeneidade do português brasileiro: algumas reflexões. *Boletim da Associação Brasileira de Linguística*, Recife, n. 17, p. 73-86, 1995.

MATTOS E SILVA, Rosa Virgínia. Ideias para a história do português brasileiro: fragmentos para uma composição posterior. In: A. T. de Castilho (Org. 1998: 21-52), 1998.

MATTOS E SILVA, Rosa Virgínia. *Uma compreensão histórica do português brasileiro:* velhos problemas revisitados. Conferência para Professor Titular do Departamento de Letras Vernáculas da UFBA, 1999.

MATTOS E SILVA, Rosa Virgínia. Da sócio-história do português brasileiro para o ensino do português no Brasil hoje. In: J. C. Azeredo (Org. 2000: 19-33), 2000a.

MATTOS E SILVA, Rosa Virgínia. Uma interpretação para a generalizada difusão da língua portuguesa no território brasileiro. *Gragoatá*, n. 9, p. 11-27, 2000b.

MATTOS E SILVA, R.V. (Org.). *Para a história do português brasileiro*, vol. II, 2 tomos. São Paulo: Humanitas/FAPESP, 2001a.

MATTOS E SILVA, Rosa Virgínia. De fontes sócio-históricas para a história social linguística do Brasil: em busca de indícios. In: R. V. Mattos e Silva (Org. 2001: 275-301), 2001b.

MATTOS E SILVA, Rosa Virgínia. Para a história do português culto e popular brasileiro: sugestões para uma pauta de pesquisa. In: T. M. Alkmim (Org. 2002: 443-464), 2002.

MATTOS E SILVA, Rosa Virgínia. A generalizada difusão da língua portuguesa no território brasileiro. In: R. V. Mattos e Silva (Org. 2004: 91-108), 2004a.

MATTOS E SILVA, Rosa Virgínia (Org.). *Ensaios para uma sócio-história do português brasileiro*. São Paulo: Parábola, 2004b.

MATTOS E SILVA, Rosa Virgínia. *O português são dois...*: novas fronteiras, velhos problemas. São Paulo: Parábola, 2004c.

MATTOS E SILVA, Rosa Virgínia. Para a história do português culto e popular brasileiro: sugestões para uma pauta de pesquisa. *Cadernos de letras da UFF*, v. 34, p. 11-30, 2009.

MATTOS E SILVA, R. V.; OLIVEIRA, K.; AMARANTE, J. (Orgs.). *Várias navegações*: português arcaico, português brasileiro, cultura escrita no Brasil, outros estudos. Em homenagem a Therezinha Barreto. Salvador: EDUFBA, 2012.

MATTOSO, Katia. *Être esclave au Brésil: XVe-XIXe siècle*. Paris: Hachette, 1979. *Ser escravo no Brasil*. 3. ed. Tradução de James Amado. São Paulo: Brasiliense, 2001; São Paulo: Brasiliense, 2003.

MATTOSO, Katia Maria de Queirós. *Família e sociedade na Bahia do século XIX*. São Paulo, Corrupio, 1988.

MATTOSO, Katia Maria de Queirós. *Da Revolução dos Alfaiates à riqueza dos baianos no século XIX*: itinerário de uma historiadora. Salvador: Corrupio, 2004.

MATTOSO, Kátia M. de Queirós; ATHAYDE, Johildo Lopes de. Epidemias e flutuações de preços na Bahia no século XIX. *L'Histoire Quantitative du Brésil de 1800 à 1930*. Paris, CNRS, 1973, p. 183-198.

MAXIMILIANO. *Viagem ao Brasil*. Belo Horizonte: Itatiaia; São Paulo: Edusp, 1989.

MELLO, H.; ALTENHOFEN, C.; RASO, T. (Eds.). *Os contatos linguísticos no Brasil*. Belo Horizonte: Editora da UFMG, 2011.

MELLO, L. A. (Org.). *Sociedade, cultura e língua*. João Pessoa: Shorin, 1990.

MELLO, Pedro Carvalho de. *The Economics of Labor in Brazilian Coffee Plantations, 1850-1888*. PhD Thesis – University of Chicago, 1977.

MELO, Gladstone Chaves de. *A língua do Brasil*. Rio de Janeiro: Padrão, 1981 [1946].

MELO, Suzy de. *Barroco mineiro*. São Paulo: Brasiliense, 1985.

MENDONÇA, Renato. *A influência africana no português do Brasil*. Rio de Janeiro: Sauer, 1933.

MENEZES, Jaci Maria Ferraz de. A República e a educação: analfabetismo e exclusão. *Revista da FAEEBA – Educação e Contemporaneidade*. Salvador, v. 12, n. 19, 19-40, 2003.

METCALF, Alida Christine. *Household and Family Structures in Late Eighteenth Century Ubatuba*, Brazil. M.A. Dissertation – The University of Texas at Austin, 1978.

METCALF, Alida Christine. *Families of Planters, Peasants, and Slaves:* Strategies for Survival in Santana de Parnaíba, Brazil, 1720-1820. Ph. D. Dissertation. Austin: The University of Texas at Austin, 1983.

MÉTRAUX, Alfred. The Tupinamba. In: J. Stweard (Org. 1948: 95-139), 1948.

MILLER, Joseph. Slave Prices in the Portuguese Southern Atlantic. 1600-1830. In: P. Lovejoy (Ed. 1986: 43-77), 1986.

MONADEOSI, Iya. Línguas africanas no candomblé. In: M. Petter (Org. 2015: 251), 2015.

MONSERRATO, Ruth; BARROS, Cândida. Língua geral como código secreto de comunicação entre jesuítas. DELTA, 30 especial, p. 624-643, 2014.

MONTEIRO, John Manuel. *Guia de fontes para história indígena e do indigenismo*. São Paulo: USP/Núcleo da história indígena e do indigenismo/Fapesp, 1994a.

MONTEIRO, John Manuel. *Negros da terra*: índios e bandeirantes nas origens de São Paulo. São Paulo: Companhia das Letras, 1994b.

MONTEIRO, John Manuel. A dança dos números: a população indígena do Brasil desde 1500. *Tempo e Presença*, Rio de Janeiro, n. 271, p.17-18, 1995.

MONTEIRO, John Manuel. *Tupis, tapuias e historiadores:* estudos de história indígena e do indigenismo. Tese de Livre Docência. Campinas: IFCH/Unicamp, 2001. Disponível em <http://venus.ifch.unicamp.br/ihb/estudos/TupiTapuia.pdf>. Acesso em: 15 dez. 2010.

MORENO, André. *Escrita (in)surgente*: distribuição social da escrita nos movimentos sediciosos do Brasil de finais do período colonial. Tese de Doutorado – Universidade Federal da Bahia, Salvador, 2019.

MOTT, Luiz R. B. Fazendas de gado no Piauí (1697-1762). In: *Anais do VIII Simpósio Nacional dos Professores Universitários de História*. Aracaju: ANPUH, p. 343-369, set. 1975.

MOTT, Luiz R. B. Estatísticas e estimativas da população de Sergipe (livre e escrava) de 1707 a 1888. *Mensário do Arquivo Nacional*, Rio de Janeiro, Arquivo Nacional, ano VII, n. 12, p. 19-23, 1976a.

MOTT, Luiz R. B. Nordeste: população, economia e sociedade. *Mensário do Arquivo Nacional*, Rio de Janeiro, Arquivo Nacional, ano VII, n, 6, p. 3-8, 1976b.

MOTT, Luiz R. B. A etnodemografia histórica e o problema das fontes documentais para o estudo da população de Sergipe na primeira metade do século XIX. *Ciência e Cultura*, São Paulo, v. 29, n. 1, p. 3-24, jan. 1977a.

MOTT, Luiz R. B. Uma estatística inédita para a história demográfica de Sergipe del Rey: mapa demonstrativo da população da Freguesia da Vila de Santa Luzia e Estância em 1825. *Mensário do Arquivo Nacional*, Rio de Janeiro, Arquivo Nacional, ano VIII, n. 11, p. 3-9, 1977b.

MOTT, Luiz R. B. A população sergipana do Rio São Francisco no primeiro quartel do século XIX. *Mensário do Arquivo Nacional*, Rio de Janeiro, ano IX, n. 12, p. 3-15, 1978a.

MOTT, Luiz R. B. Estrutura demográfica das fazendas de gado do Piauí colonial: um caso de povoamento rural centrífugo. *Ciência e Cultura*, São Paulo, v. 30, n. 10, p. 1.196-1.210, out. 1978b.

MOTT, Luiz R. B. Os índios e a pecuária nas fazendas de gado do Piauí colonial. *Revista de Antropologia*, São Paulo, v. XXII, p. 61-78, 1979.

MOTT, Luiz. *Bahia*: inquisição e sociedade. Salvador: EDUFBA, 2010.

MOTTA, José Flávio. *Corpos escravos, vontades livres*: estrutura da posse de cativos e família escrava em um núcleo cafeeiro (Bananal, 1801-1829). Tese de Doutorado. São Paulo: Universidade de São Paulo, 1990.

MOURA Maria Denilda; SIBALDO, Marcelo A. (Orgs.). *Para a história do português brasileiro*. Maceió: EDUFAL, 2013.

MUFWENE, Salikoko. *Language Evolution:* Contact, Competition and Change. London: Continuum International Publishing Group, 2008.

MUNANGA, Kabengele. *Origens africanas do Brasil contemporâneo:* histórias, línguas, culturas e civilizações. São Paulo: Global, 2009.

MUSSA, Alberto. *O papel das línguas africanas na história do português do Brasil*. Dissertação de Mestrado. Rio de Janeiro: Universidade Federal do Rio de Janeiro, 1991.

MCWHORTER, John (Ed.). *Change and language contact in pidgins and creoles*. Amsterdam/Philadelphia: John Benjamins, 2000.

NANTES, Bernardo de. *Relation de la mission des indiens Kariris du Brezil situés sur le grand fleuve de S. François du costé du sud a 7 degrés de la ligne equinotiale*. Le 12 septembre 1702, pour F. Bernard de Nantes, capucin predicateur missionnaire apliqué. In: POMPA, Cristina. Cartas do Sertão: catequese entre os Kariri no século XVII. *Revista Anthropológica*, ano 7, v. 14, P. 7-33, 2003.

NANTES, Bernardo de. *Catecismo da lingua Kariri, acrescentado de várias praticas doutrinaes e Moraes, adaptadas ao gentio e capacidade dos Indios do Brasil*. Publicado por Julio Platzman, edição fac-similar. Leipzig, 1896.

NANTES, Martinho de. *Relação de uma missão no rio São Francisco*: relação sucinta e sincera da missão do padre Martinho de Nantes, pregador capuchinho, missionário apostólico no Brasil entre os índios chamados cariris. 2. ed. Tradução e comentários de Barbosa Lima Sobrinho. São Paulo: Companhia Editora Nacional, 1979 [1706]. Disponível em: <http://www.brasiliana.com.br/obras/relacao-de-uma-missao-no-rio-sao-francisco>. Acesso em: 7 jun. 2017.

NARO, Anthony; SCHERRE, Maria Marta. Duas dimensões do paralelismo formal na concordância de número no português popular do Brasil. *DELTA*, v. 3, n. 1, p. 1-14, 1993.

NARO, Anthony; SCHERRE, Marta. Variable Concord in Portuguese: The Situation in Brazil and Portugal. In: John McWhorter (Ed. 2000: 235-255), 2000.

NARO, Anthony; SCHERRE, Maria Marta. *Origens do português brasileiro*. São Paulo: Parábola, 2007.

NASCIMENTO, Anna Amélia Vieira Nascimento. *Patriarcado e religião*: as enclausuradas clarissas do Convento do Desterro da Bahia, 1677-1890. Salvador: Conselho Estadual de Cultura, 1994.

NASCIMENTO, Anna Amélia Vieira. *Dez freguesias da cidade do Salvador:* aspectos sociais e urbanos do século XIX. Salvador: EDUFBA, 2007.

NEGRÃO, Esmeralda; VIOTTI, Evani. Estratégias de impessoalização no português brasileiro. In: J. Fiorin; M. Petter (Orgs. 2008: 179-203), 2008.

NEGRÃO, Esmeralda; VIOTTI, Evani. Epistemological Aspects of The Study of the Participation of African languages in Brazilian Portuguese. In: M. Petter; M. Vanhove (Eds. 2011: 13-44), 2011.

NEVES, Erivaldo Fagundes. Escravismo policultor e meação. In: *Anais da 4ª reunião especial da SBPC*: Semi-árido: no terceiro milênio, ainda um desafio. Feira de Santana, p. 36-41, 1996.

NEVES, Erivaldo Fagundes. *Posseiros, rendeiros e proprietários*: estrutura fundiária e dinâmica agro-mercantil no Alto Sertão da Bahia (1750-1850). Tese de Doutorado. Recife: Universidade Federal de Pernambuco, 2003.

NEVES, Lúcia Maria; MACHADO, Humberto. *O império do Brasil*. Rio de Janeiro: Nova Fronteira, 1999.

NIZZA DA SILVA, Maria Beatriz. Sistema de casamento no Brasil colonial. *Ciência e cultura*, São Paulo, SBPC, v. 28, n. 11, p. 1250-1263, nov. 1976.

NIZZA DA SILVA, Maria Beatriz. *Escravidão e casamento no Brasil colonial*. Estudos de História de Portugal – séculos XVI-XX. Lisboa: Estampa, 1983.

NIZZA DA SILVA, Maria Beatriz. *Sistema de casamento no Brasil colonial*. São Paulo: Edusp, 1984.

NIZZA DA SILVA, Maria Beatriz. *História da família no Brasil colonial*. Rio de Janeiro: Nova Fronteira, 1998.

NÓBREGA, Manuel da. Carta do P. Manuel da Nóbrega a D. João III, rei de Portugal (Olinda, setembro de 1551). In: S. Leite 1955 [1551].

NIZZA DA SILVA, Maria Beatriz. *A Gazeta do Rio de Janeiro (1808-1822):* cultura e sociedade. Rio de Janeiro: EDUERJ, 2007.

NÓBREGA, Manuel da. Carta do P. Manuel da Nóbrega ao P. Simão Rodrigues (Porto Seguro, janeiro de 1550). In: S. Leite 1955 [1551].

NOLL, Volker. *O português brasileiro*: formação e contrastes. Tradução de Mário Eduardo Viaro. São Paulo: Globo, 2008.

NOLL, Volker; DIETRICH, Wolf (Orgs.). *O português e o tupi no Brasil*. São Paulo: Contexto, 2010.

NOVAIS, Fernando A. (Coord. 1997). *História da vida privada no Brasil*. São Paulo: Companhia das Letras, 1997.

NOZOE, Nelson; BASSANEZI, Maria Sílvia C. Beozzo; SAMARA, Eni de Mesquita (Orgs. 2003). *Os refugiados da seca*: emigrantes cearenses, 1888-1889. São Paulo: NEHD/CEDHAL; Campinas, NEPO, 2003.

NOZOE, Nelson H.; COSTA, Iraci del Nero da. Economia colonial brasileira: classificação das ocupações segundo ramos e setores. *Revista Estudos Econômicos*, São Paulo, v. 17, n. 1, p. 69-87, 1987.

NOZOE, Nelson H.; COSTA, Iraci del Nero da. Elementos da estrutura de posse de escravos em Lorena no alvorecer do século XIX. *Revista Estudos Econômicos*, São Paulo, v. 19, n. 2, p. 319-345, 1989.

NUNES, Antonietta de Aguiar. Educação na Bahia no século XIX: algumas considerações. *Revista do Instituto Geográfico e Histórico da Bahia*, Salvador, n. 93, jan/dez 1997.

NUNES, Antonietta de Aguiar. A situação educacional baiana no final do 1º Império brasileiro (1828-1832). *Revista do Instituto Histórico e Geográfico Brasileiro*, Salvador, Ano 167, n. 431, p. 223-256, abr/jun 2006. Disponível em: <http://www2.faced.ufu.br/colubhe06/anais/arquivos/550AntoniettaNunues.pdf>. Acesso em: 15 jan. 2015.

NUNES, Antonietta de Aguiar. *Política educacional no início da república da Bahia:* duas versões do projeto liberal. Tese de Doutorado. Salvador: Universidade Federal da Bahia, 2003.

NUNES DE CARVALHO, Filipe; JOHNSON, Harold; NIZZA DA SILVA, Maria Beatriz. O império luso-brasileiro (1500-1620). In: *Nova história da expansão portuguesa*. Lisboa: Estampa, 1992.

OLIVEIRA, Cátia Regina; SOUZA, Rosa Fátima de. As faces do livro de leitura. *Cad. CEDES*. Campinas, v. 20, n. 52, 2000. Disponível em: <http://www.scielo.br/scielo.php.>

OLIVEIRA, Clóvis F. R. M. *Canções da cidade amanhecente*: urbanização, memórias e silenciamentos em Feira de Santana, 1920-1960. Tese de Doutorado – Universidade de Brasília, 2011.

OLIVEIRA, Daiane Silva. *Instruir para civilizar*: a escolarização como instrumento de civilização em Feira de Santana (1918-1935). Trabalho de Conclusão de Curso. Feira de Santana: Universidade Estadual de Feira de Santana, 2011.

OLIVEIRA, Elza Régis de. *A Paraíba na crise do século XVIII:* subordinação e autonomia, 1755-1799. Fortaleza: BNB, 1985.

OLIVEIRA, Fernão. Gramática da Língua Portuguesa, 1536. In: TORRES, Amadeu; ASSUNÇÃO, Carlos (Orgs.). Gramática da Língua Portuguesa: edição crítica, semidiplomática e Anastática. Lisboa: Academia de Ciências de Lisboa, 2000.

OLIVEIRA, Klebson. E agora, com a escrita, os escravos! In: S. B. B. Costa; A.V. L. Machado Filho (Orgs. 2004: 139-162), 2004.

OLIVEIRA, Klebson. *Negros e escrita na Bahia do século XIX:* sócio-história, edição filológica de documentos e estudo linguístico. Tese de Doutorado – Universidade Federal da Bahia, 2006.

OLIVEIRA, Klebson; LOBO, Tânia. O nome dela era Rosa: epistolografia de uma ex-escrava no Brasil do século XVIII. In: T. Lobo et al. (Org. 2012: 623-665), 2012.

OLIVEIRA, Klebson; SOUZA, Hirão F. C.; SOLEDADE, Juliana (Orgs.). *Do português arcaico ao português brasileiro:* outras histórias. Salvador: EDUFBA, 2009.

OLIVEIRA, Marilza. Para a história social da língua portuguesa em São Paulo: séculos XVI-XVIII. In: A. Castilho (Org. 2009:185-208), 2009.

PAGOTTO, Emílio Gozze. Norma e condescendência, ciência e pureza. *Línguas e instrumentos linguísticos*, Campinas, nº 2, p. 49-68, 1998.

PAGOTTO, Emílio Gozze. O linguista e o burocrata: a universalização dos direitos e os processos normativos. In: E. Orlandi (Org. 2007: 35-51), 2007.

PAGOTTO, Emílio Gozze. A nobreza da língua e da nação: o trabalho e Fernão de Oliveira e a constituição da gramática no Brasil. In: M. B. Abaurre; C. Pffeifer; J. Avelar (Orgs. 2009: 129-144), 2009.

PAGOTTO, Emílio Gozze. Rui Barbosa e a crise normativa brasileira. In: D. Callou; A. Barbosa (Orgs. 2012: 105-166), 2012.

PAIVA, Clotilde A. Minas Gerais no século XIX: aspectos demográficos de alguns núcleos populacionais. In: I. Costa (Org. 1986: 173-187), 1986.

PAIVA, Clotilde A. Notas sobre a população de Minas Gerais no período provincial. Trabalho apresentado no *Colóquio Internacional "População no mundo de expressão portuguesa"*, Recife, out. de 1988. Belo Horizonte, 1988.

PALMIÉ, Stephan. *The Cooking of History*: How not to Study the Afro-Cuban Religion. Chicago: University of Chicago Press, 2013.

PARREIRA, Nilce Rodrigues. *Comércio de homens em Ouro Preto no século XIX*. Dissertação de Mestrado. Curitiba: Universidade Federal do Paraná, 1990.

PELÁEZ, C. M.; BUESCU, M. (Coords.). *A moderna história econômica*. Rio de Janeiro: APEC, 1976.

PERL, M.; SCHWGLER, A. (Eds.). *América negra*: panorâmica actual de los estudios linguísticos sobre variedades hispanas, portuguesas y cryollas. Frankfurt am Main: Vervuert; Madrid: Iberoamericana, 1998.

PESSOA, Marlos de Barros. *Formação de uma variedade urbana e semi-oralidade na primeira metade do século XIX:* o caso do Recife, Brasil. Tübigen: Max Niemeyer Verlag, 2003.

PETRUCCI, Armando. *Alfabetismo, escritura, sociedad.* Barcelona: Gedisa, 1999.

PETRUCCI, Armando. *La ciencia de la escritura:* primera lección de paleografía. Buenos Aires: Fondo de Cultura Económica de Argentina, 2003.

PETRUCCI, Armando. Scrittura, alfabetismo ed educazione gráfica nella Roma del primo cinquecento: da um libretto di conti di Maddalena Pizzicarola in Trastevere. *Scrittura e civilità,* n. 2, p.163-207, 1978.

PETTER, Margarida. Línguas africanas no Brasil. In: S. A. M. Cardoso; J. A. Mota; R. V. Mattos e Silva (Orgs. 2006: 117-142), 2006.

PETTER, Margarida. *Variedades linguísticas em contato:* português angolano, português brasileiro e português moçambicano. Tese de Livre Docência em Linguística – Universidade de São Paulo, 2008.

PETTER, Margarida (Org. 2015). *Introdução à linguística africana.* São Paulo: Contexto, 2015.

PETTER, Margarida; CUNHA, Ana Stela. Línguas africanas no Brasil. In: M. Petter (Org. 2015: 221-250), 2015.

PETTER, Margarida; VANHOVE, Martine. (Eds.). *Portugais et langues africaines:* études afro-brésiliennes. Paris: Karthala, 2011.

POMPA, Cristina. *Religião como tradução:* missionários, Tupi e Tapuia no Brasil colonial. Bauru: Edusc/ANPOCS, 2003.

PRADO JÚNIOR, Caio. *Formação do Brasil contemporâneo.* São Paulo: Brasiliense, 1999.

PROJETO A LÍNGUA FALADA no Semiárido Baiano. Disponível em: <www.uefs.br/nelp>. Acesso em: 5 ago. 2016.

PROJETO CE-DOHS: *Corpus* Eletrônico de Documentos Históricos do Sertão. Disponível em: <www.uefs.br/cedohs>. Acesso em: 5 ago. 2016.

PROJETO OS ÍNDIOS na História do Brasil: informações, estudos, imagens. Disponível em: </http://www.ifch.unicamp.br/ihb>. Acesso em: 8 set. 2016.

PROJETO THE VOYAGES Database, The Estimates Database, And The Images Database. Disponível em: <http://www.slavevoyages.org>. Acesso em: 8 set. 2016.

PROJETO VOZES DO SERTÃO em Dados: História, Povos e Formação do Português Brasileiro – Fase 1. Disponível em: <www.UEFS.br/nelp>. Acesso em: 5 ago. 2016.

PUNTONI, Pedro. *A guerra dos bárbaros*: povos indígenas e a colonização do sertão nordeste do Brasil, 1650-1720. São Paulo: Hucitec/Edusp, 2002.

QUEIROZ, Sonia. *Pé preto no barro branco*: a língua dos negros da Tabatinga. Belo Horizonte: Editora da UFMG, 1998.

QUEIXALÓS, F. (Ed.). *Des noms et des verbes en tupi-guarani*: état de la question. Muenchen: Lincom Europa, 2001.

QUIRINO, Tarcízio do Rêgo. *Os habitantes do Brasil no fim do século* XVI. Recife: Imprensa Universitária, 1966.

RABELLO, Domingos Antonio. Corografia, ou abreviada história geográfica do Império. *Revista do Instituto Geográfico e Histórico da Bahia,* n. 56, p. 5-235, 1929.

RABELLO, Elizabeth Darwiche. *As elites na sociedade paulista na segunda metade do século XVIII.* São Paulo: Safady, 1980.

RAIMUNDO, Jacques. *O elemento afro-negro na língua portuguesa.* Rio de Janeiro: Renascença, 1933.

RAMOS, Arthur. *As culturas negras no Novo Mundo.* Rio de Janeiro: Civilização Brasileira (Biblioteca de Divulgação Científica, v. XII), 1937.

RAMOS, Donald. *A Social History of Ouro Preto*: Stress of Dynamic Urbanization in Colonial Brazil, 1695-1726. Ph.D. Thesis. Florida: The University of Florida, 1972.

RAMOS, Donald. Marriage and the Family in Colonial Vila Rica. *The Hispanic American Historical Review,* Durham: Duke University Press, v. 55, n. 22, p. 200-225, 1975.

RAMOS, Donald. City and Country: The Family in Minas Gerais, 1804-1838. *Journal of Family History,* Greenwich, National Council on Family Relations, v. 3, n. 4, p. 361-375, 1978.

RAMOS, Donald. Vila Rica: Profile of a Colonial Brazilian Urban Center. *The Americas,* Washington, Academy of American Franciscan History, v. 35, n. 4, p. 495-526, abr. 1979.

RAMOS, Jânia M.; ALKMIM, Mônica A. (Orgs.). *Para a história do português brasileiro:* vol. V, Estudos sobre mudança linguística e história social. Belo Horizonte: Faculdade de Letras da UFMG, 2007.

REGNI, Vittorino. *Frei Martinho de Nantes:* apóstolo dos índios Cariris e fundador do Convento da Piedade (1683-1983). Salvador: Centro de Estudos Baianos, 1983.

REGNI, Vittorino. *Os capuchinhos na Bahia:* uma contribuição para história da igreja no Brasil, v. II. Tradução de Agatângelo de Crato (Frei). Salvador: Impressão Gráfica Editora, 1988.

REIS, João José. Presença negra: conflitos e encontros. In: R. Vainfas (Org. 2000: 79-99), 2000.

REIS, João José. *Rebelião escrava no Brasil:* a história do levante dos malês (1835). 2. ed. São Paulo: Brasiliense, 1987.

RIBEIRO, Arilda. Mulheres educadas na colônia. In: E. Lopes et al. (Org. 2000: 79-94), 2000.

RIBEIRO, Darcy. Culturas e línguas indígenas do Brasil. *Educação e Ciências Sociais*, v. 2, n. 6, p. 4-102, Rio de Janeiro, 1957.

RIBEIRO, Darcy. *O povo brasileiro*: a formação e o sentido do Brasil. São Paulo: Companhia das Letras, 1995.

RIBEIRO, Ernesto Carneiro *A redacção do projecto do codigo civil e a replica do Dr. Ruy Barbosa*. Salvador: Livraria Progresso, 1950 [1905].

RIBEIRO, Ilza. Quais as faces do português culto brasileiro? In: T. Alkmim (Org. 2002: 359-382), 2002.

RIBEIRO, João. *A língua nacional*. São Paulo: Companhia Editora Nacional, 1933.

RIBEIRO, Joaquim. *História do Brasil*. Rio de Janeiro: Edições de Ouro, 1967.

RIBEIRO, Maria Luísa Santos. *História da educação brasileira:* a organização escolar. 14. ed. Campinas: Autores Associados, 1995.

RIBEIRO DA SILVA, Francisco. A alfabetização no antigo regime: o caso do Porto e da sua região (1580-1650). *Revista da Faculdade de Letras*, Porto, s. 2, v. 3, p. 101-163, 1986.

ROBERTS, Ian; KATO, Mary A. (Orgs.). *Português brasileiro*: uma viagem diacrônica. Homenagem a Fernando Tarallo. Campinas: Editora da Unicamp, 1993.

RODRIGUES, Aryon. *As línguas gerais sul-americanas*. Disponível em: <http:www.unb.br/lablind/lingerais. htm>. Acesso em: 19 de dez. 2009 [1996].

RODRIGUES, Aryon. As outras línguas da colonização do Brasil. In: S. A. M. Cardoso; J. A. Mota; R. V. Mattos e Silva (Orgs. 2006: 143-161), 2006.

RODRIGUES, Aryon. *Línguas brasileiras*: para o conhecimento das línguas indígenas. São Paulo: Loyola, 1986.

RODRIGUES, A. Línguas indígenas: 500 anos de descobertas e perdas. *D.E.L.T.A.*, v. 9, n. 1, p. 83- 103. São Paulo. 1993a.

RODRIGUES, A. Línguas indígenas: 500 anos de descobertas e perdas. *Ciência Hoje*, n. 95, p. 20-26- 103. São Paulo. 1993b.

RODRIGUES, Aryon. Macro-Jê. In: DIXON, R.M.W.; AIKHENVALD, A. Y. (Orgs., 1999: 164-206), 1999.

RODRIGUES, Aryon. Tupi, tupinambá, línguas gerais e português do Brasil. In: V. Noll; W. Dietrich (Orgs. 2010: 27-47), 2010.

RODRIGUES, José Honório. *História viva*. São Paulo: Global Universitária, 1986.

RODRIGUES, Nina. *Os africanos no Brasil.* 3. ed. São Paulo: Editora Nacional, 1945. Revisão e prefácio de Homero Pires. Notas biobibliográficas de Fernando Sales. São Paulo: Nacional, 1977. 8. ed. Brasília: Editora Universidade de Brasília, 2004 [1933].

RODRIGUES, Teresa Ferreira (Coord.). *História da população portuguesa*: das longas permanências à conquista da modernidade. Porto: Cepese/Edições Afrontamento, 2008.

RODRÍGUEZ, Marie-Christine; BENASSAR, Bartolomé. Signatures et niveaux culturels des témoins et accusés dans les procès d'inquisition du ressort du Tribunal de Tolède (1525-1817) et du ressort du Tribunal de Cordoue (1595-1632). *Caravelle – Cahiers du monde hispanique et luso-brésilien*, Toulouse, n. 31, p. 19-46, 1978.

ROMANELLI, Otaíza de Oliveira. *História da educação no Brasil*: 1930/1973. 27. ed. Petrópolis: Vozes, 2002.

RONCARATI, Cláudia; ABRAÇADO, Jussara (Orgs.). *Português brasileiro*: contato linguístico, heterogeneidade e história. Rio de Janeiro: 7Letras, 2003.

ROSA, Maria Carlota. Descrições missionárias de língua geral nos séculos XVI-XVII: que descreveram? *Papia*, São Paulo, v. 2, n. 1, 85-98, 1992.

ROSA, Maria Carlota. *Uma língua africana no Brasil colônia de seiscentos:* o quimbundo ou língua de Angola na Arte de Pedro Dias, S. J. Rio de Janeiro: 7 Letras, 2013.

ROSSI, Nelson; ISENSEE, Dinah Maria; FERREIRA, Carlota. *Atlas prévio dos falares baianos*. Rio de Janeiro: INL, 1963.

SALZANO, Francisco M.; FREIRE-MAIA, Newton. *Populações brasileiras*: aspectos demográficos, genéticos e antropológicos. São Paulo: Editora Nacional/Edusp, 1967.

SAMARA, Eni de Mesquita. *O papel do agregado na região de Itu de 1780 a 1830*. Dissertação de Mestrado – Universidade de São Paulo, 1975.

SANTIAGO, Huda da Silva. *Um estudo do português popular brasileiro em cartas pessoais de "mãos cândidas" do sertão baiano*, 2 v. Dissertação de Mestrado. Feira de Santana: Universidade Estadual de Feira de Santana, 2012.

SANTIAGO, Huda da Silva. *A escrita de mãos inábeis:* uma proposta de caracterização. Tese de Doutorado. Salvador: Universidade Federal da Bahia, 2019.

SANTIAGO, Silviano (Coord.). *Intérpretes do Brasil*. Rio de Janeiro: Nova Aguilar, 2002.

SANTOS, Carlos Roberto Antunes dos. *Preços de escravos na província do Paraná, 1861-1887*: estudo sobre as escrituras de compra e venda de escravos. Dissertação de Mestrado. Curitiba: Universidade Federal do Paraná, 1974.

SANTOS, Marcio Roberto Alves dos. *Fronteiras do sertão baiano, 1640-1750*. Tese de Doutorado. São Paulo: Universidade de São Paulo, 2010.

SANTOS, Maria José Azevedo. Algumas considerações sobre a difusão da escrita no tempo das descobertas. *Estudos em homenagem ao Prof. Doutor José Marques*. Porto: Faculdade de Letras do Porto, p. 25-30, 2006.

SANTOS, Milton. *Zona do cacau*. São Paulo: Brasiliana, 1957.

SANTOS FILHO, Licurgo. *Uma comunidade rural do Brasil antigo*: aspectos da vida patriarcal no sertão da Bahia, nos séculos XVIII e XIX. São Paulo: Editora Nacional, 1956.

SARTORI, Ana. *Cartas de amor na Bahia do século XX*: normas linguísticas, práticas de letramento e tradições do discurso epistolar. Dissertação de Mestrado. Salvador: Universidade Federal da Bahia, 2010.

SARTORI, Ana. *Pela pena do Santo Ofício*: difusão social da escrita nas capitanias de Pernambuco, Itamaracá e Paraíba em finais quinhentos. Tese de Doutorado. Salvador: Universidade Federal da Bahia, 2016.

SCHERRE, Maria Marta Pereira; CARDOSO, Caroline Rodrigues; NARO, Anthony Julius. Inacusatividade, ordem e concordância verbal. *Caderno de Resumos do Congresso Internacional da Abralin*, 5. Belo Horizonte: Faculdade de Letras da UFMG, p. 777-778.

SCHMIDT-RIESE, Roland. Condições da mudança em nheengatu: pragmática e contatos linguísticos. In: J. R. Bessa Freire; M. C. Rosa (Orgs. 2003: 147-166), 2003.

SCHRADER-KNIFFKI, Martina. O nheengatu atual falado na Amazônia brasileira: espaço comunicativo, política linguística e perspectiva dos falantes. In: V. Noll; W. Dietrich (Orgs. 2010: 211-229), 2010.

SCHWARTZ, Stuart B. *Sugar Plantations in the Formation of Brazilian Society (Bahia, 1550-1835)*. Cambridge: Cambridge University Press, 1985.

SCHWARTZ, Stuart B. *Segredos internos*: engenhos e escravos na sociedade colonial,1550-1835. Tradução de Laura Teixeira Motta. São Paulo: Companhia das Letras, 1988.

SCOTT, Ana Silvia Volpi; BACELLAR, Carlos de Almeida Prado. Sobreviver na senzala: estudo da composição e continuidade das grandes escravarias paulistas, 1798-1818. In: Maria Luiza Marcílio et al. (Orgs. 1990: 213-217), 1990.

SEKI, Lucy. *Gramática kamayurá:* língua tupi-guarani do Alto Xingu. Campinas: Ed. da Unicamp, 2000.

SERRANO, Jônatas. *História do Brasil*. 2. ed. Rio de Janeiro: F. Briguiet, 1968.

SHARPE, Jim. A história vista de baixo. In: P. Burke (Org. 1992: 39-62), 1992.

SIEGEL, Jeff. *The emergence of pidgin and creole languages*. Oxford: Oxford University Press, 2008.

SILVA, Francisco Carlos Teixeira da. Conquista e colonização da América portuguesa: o Brasil colônia (1500-1750). In: M. Y. Linhares (Org. 1990: 33-94) 1990.

SILVA, F. B. R et al. *Zoneamento agroecológico do nordeste:* diagnóstico do quadro natural e agro-socioeconômico, 2 vols. Petrolina/Recife: Coordenadoria Regional da Embrapa, 1993.

SILVA, Sylvio Carlos Bandeira de Mello e. *Urbanização e metropolização no estado da Bahia:* evolução e dinâmica. Salvador: Centro Editorial e Didático da UFBA, 1989.

SILVA NETO, Serafim da. *Introdução ao estudo da língua portuguesa no Brasil*. 2. ed. Rio de Janeiro: INL, 1963; 3. ed. Rio de Janeiro: Presença, 1976; Rio de Janeiro: Presença, 1986 [1950].

SILVA NETO, Serafim da. *Língua, cultura e civilização*. Rio de Janeiro: Acadêmica, 1960.

SILVA NETO, Serafim da. *História da língua portuguesa*. 5. ed. Rio de Janeiro: Presença, 1988 [1957].

SILVEIRA, Luís (Ed.). *Obra nova de língua geral de Mina de Antônio da Costa Peixoto*. Lisboa: Agência Geral das Colônias, 1945.

SIQUEIRA, Sônia. *A inquisição portuguesa e a sociedade colonial*. São Paulo: Ática, 1978.

SLENES, Robert W. *The Demography and Economics of Brazilian Slavery: 1850-1888*. PhD Thesis. Stanford University, 1976.

SLENES, Robert W. Escravidão e família: padrões de casamento e estabilidade familiar numa comunidade escrava (Campinas, século XIX). In: *Anais do 4o. Encontro Nacional de Estudos Populacionais*. São Paulo: ABEP, v. 4, p. 2.119-2.134, 1984.

SOARES, Magda. Letramento: como definir, como avaliar, como medir. In: M. Soares (Org. 2006), 2006a.

SOARES, Magda. *Letramento*: um tema em três gêneros. 2. ed. Belo Horizonte: Autêntica, 2006b.

SOARES, Marilia Facó; LEITE, Yonne. Vowel Shift in the Tupi-Guarani Linguistic Family: A Typological Approach. In: M. R. Key (Ed. 1991: 36-53), 1991.

SOARES, Rodrigo Pereira Mota. *A difusão social da escrita nas ilhas do Açores no século* XVI. Dissertação de Mestrado. Salvador: Universidade Federal da Bahia, 2019.

SOUZA, Hirão Fernandes Cunha. *O português Kiriri*: aspectos fônicos e lexicais na fala de uma comunidade do sertão baiano. Dissertação de Mestrado. Salvador: Universidade Federal da Bahia, 2011.

SOUSA, Ione Celeste Jesus de; CRUZ, Antônio Roberto Seixas da (Orgs.). *Escolas normais da Bahia*: olhares e abordagens. Feira de Santana: UEFS Editora, 2012.

SOUZA, Laura de Mello e (Org.); NOVAIS, Fernando A. (Coord.). *História da vida privada no Brasil*, v.1, Cotidiano e vida privada na América portuguesa. São Paulo: Companhia das Letras, 1997.

SOUZA, Paulo Chagas de. La syllabe en portugais du Brésil et en langues africaines. In: M. Petter ; M. Vanhove (Eds. 2011 : 123-149), 2011.

SPIX, Johann Baptist von; MARTIUS, Carl Friedrich Philipp von. *Através da Bahia*. Bahia: Imprensa Oficial, 1916.

SPIX, Johann Baptist von; MARTIUS, Carl Friedrich Philipp von. *Viagem pelo Brasil*. v. 3. Rio de Janeiro: Imprensa Nacional, 1938.

STREET, Brian V. Os novos estudos sobre o letramento: histórico e perspectivas. In: M. Marinho; G.T. Carvalho (Orgs. 2010), 2010.

STWEARD, Julian (Org.). *Handbook of south american Indians*. Washington: Government Printing Office, 1948.

SZMRECSÁNYI, Tamás (Org. 2002). *História econômica do período colonial*. 2. ed. São Paulo: Hucitec, 2002.

TARALLO, Fernando. A fênix finalmente renascida. *Boletim da Abralin*, n. 6, p. 95-103, 1994.

TARALLO, Fernando. Sobre a alegada origem crioula do português brasileiro: mudanças sintáticas aleatórias. In: I. Roberts; M. A. Kato (Orgs. 1993: 35-68), 1993.

TAVARES, Luis Henrique Dias. *História da Bahia*. Salvador: EDUFBA/Unesp, 2008 [2001].

TAVARES, Luís Henrique Dias. *História da sedição intentada na Bahia em 1798*: "A Conspiração dos Alfaiates". São Paulo: Pioneira; Brasília: INL, 1975.

TAYLOR, Gerald. Apontamentos sobre o nheengatu falado no rio Negro, Brasil. *Amerindia*, n. 10, p. 5-23, 1985.

TEYSSIER, Paul. *História da língua portuguesa*. tradução de Celso Cunha. Lisboa: Sá da Costa, 1981; 3. ed., São Paulo: Martins Fontes, 2007 [1980].

THIELEMANN, Werner (Ed.). *Século das luzes*: Portugal e Espanha, o Brasil e a região do rio da Prata. Frankfurt: TFM, 2006. (Biblioteca Luso-Brasileira, 24).

TRINDADE, Maria Beatriz; CAEIRO, Domingo. *Portugal-Brasil*: migrações e migrantes, 1850-1930. Lisboa: INAPA, 2000.

UCHÔA, Carlos Eduardo Falcão (Sel. e introdução). *Dispersos de J. Mattoso Câmara Jr*. Rio de Janeiro: Fundação Getúlio Vargas, 1972.

VAINFAS, Ronaldo (Org.). *Brasil: 500 anos de povoamento*. Rio de Janeiro: IBGE, 2000.

VECHIA, A.; LORENZ, K.M. (Orgs.). Programa de ensino da escola secundária brasileira: 1850-1951. Curitiba: Ed. do Autor, 1998

VEIGA, José Eli da. *Cidades imaginárias*: o Brasil é menos urbano do que se calcula. 2. ed. Campinas: Autores Associados, 2003.

VENÂNCIO, Renato Pinto. *Infância sem destino*: o abandono de crianças no Rio de Janeiro do século XVIII. Dissertação de Mestrado. São Paulo: Universidade de São Paulo, 1988.

VENÂNCIO, Renato Pinto. Presença portuguesa: de colonizadores a imigrantes. In: Ronaldo Vainfas (Org. 2000: 61-78), 2000.

VERÍSSIMO, José. Briga de Gramáticos. *Obras completas de Rui Barbosa, 1902 Anexos à réplica*. Rio de Janeiro, Ministério da Educação e Cultura, 1969, v. XXIX, t. IV.

VIEIRA, Márcia Damaso *O problema da configuracionalidade na língua asurini:* uma consequência da projeção dos argumentos do predicado verbal. Tese de Doutorado. Campinas: Universidade Estadual de Campinas,1993.

VILHENA, Luis dos Santos. *A Bahia no século XVIII*. Salvador: Editora Itapuã, 1969.

VILLALTA, Luiz Carlos. O que se fala e o que se lê: língua, instrução e leitura. In: L. de Mello Souza (Org. 1997: 331-386), 1997.

VILLELA, Heloísa. *Construtores de uma pedagogia "à brasileira"*: Felisberto de Carvalho e Francisco Alves, um encontro gerador. *I Seminário brasileiro sobre o livro e história editorial*. Realizado de 8 a 11 de novembro de 2004. Rio de Janeiro: Casa de Rui Barbosa/UFF-PPGCOM/UFF-LIHED. Disponível em: <http://www.livroehistoriaeditorial.pro.br/pdf/heloisavillela.pdf>. Acesso em: 26 set. 2019.

VITRAL, Lorenzo. Língua geral *versus* língua portuguesa: a influência do "processo civilizatório". In: R. V. Mattos e Silva (Org. 2001: 303-315), 2001.

VOGT, Carlos; FRY, Peter. *Cafundó*: a África no Brasil. São Paulo: Companhia das Letras, 1996.

VOGT, Carlos; FRY, Peter; GNERRE, Maurizio. Cafundó: uma comunidade negra no Brasil que fala até hoje uma língua de origem africana. *Revista Estudos Linguísticos*, Bauru, n. 2, p. 11-19, 1978.

VOGT, Carlos; FRY, Peter; GNERRE, Maurizio. Mafambura e Caxapura: na encruzilhada da identidade. *Dados: Revista de Ciências Sociais,* Rio de Janeiro, v. 24, n. 3, p. 373-89, 1981.

WEHLING, Arno; WEHLING, Maria José. *Formação do Brasil Colonial*. Rio de Janeiro: Nova Fronteira, 1994.

WEINREICH, Uriel; LABOV, William; HERZOG, Marvin. *Fundamentos empíricos para uma teoria da mudança linguística*. Tradução de Marcos Bagno. São Paulo: Parábola, 2006 [1968].

WEISS, Helga; DOBSON, Rose. *Phonemic statement of Kayabi* (policopiado), 1975.

WINFORD, Donald. *An introduction to contact linguistics*. Oxford: Blackwell, 2003.

ZILLES, Ana M. S.; FARACO, Carlos Alberto (Orgs.). *Pedagogia da variação linguística:* língua, diversidade e ensino. São Paulo: Parábola, 2015.

ZIMMERMAN, K. (Org.). *Lenguas criollas de base lexical española y portuguesa*. Frankfurt am Main: Vervuert; Madrid: Iberoamericana 66, 1999.

ZWARTJES, Otto; ALTMAN, Cristina (Eds.). *Selected Papers from the Second International Conference on Missionary Linguistics*. Amsterdam / Philadelphia: John Benjamin, 2005.

DOCUMENTOS MANUSCRITOS

APEB (**Arquivo Público da Bahia**). **Seção Colonial e Provincial**
Série Instrução Pública
Maço 3996, 3997, 3971
Série Polícia
Recenseamento. Doc. 6176.1
Série Administração
Recenseamento. Doc. 1602. Cx. 529
Atos do Governo da Província
1ª Seção
Maços: 963 (1835-1848); 966. (1849-1852); 967 (1853-1855); 968. 1ª Seção (1856-1857); 970 (1858-1859); 971 (1860); 972 (1861); 973 (1862); 974 (1863); 975 (1864), 976 (1865); 980 (1866); 982 (1867); 985; 990 (1869); 992 (1880); 995 (1871); 1000 (1873); 1003 (1873); 1004 (1874); 1007 (1875); 1010 (1876); 1016 (1878); 1017 (1879); 1022 (1880); 1024 (1881); 1026 (1882); 1030 (1884); 1034 (1885); 1036 (1886); 1042 (1888).
2ª Seção
Maços: 1014 (1878); 1032 (1885); 1040 (1887); 1043 (1888); 1048 (1889).
3ª Seção
Maço 997 (1871); 1003 (1873); 1029 (1883); 1031 (1884); 1039 (1887); 1041 (1888).
4ª Seção
Maço 986 (1868); 988 (1869); 1011 (1877); 1023 (1881); 1035 (1883-1886).

FONTES

ARQUIVO DO ESTADO DO RIO DE JANEIRO.

ARQUIVO GERAL DA CIDADE DO RIO DE JANEIRO.

AUTOS DA DEVASSA DA INCONFIDÊNCIA MINEIRA. v. 3. 2. ed. Brasília: Câmara dos Deputados; Belo Horizonte: Imprensa Oficial de Minas Gerais, 1981.

CARTA DO GOVERNADOR da Capitania do Rio de Janeiro ao Rei, dando as informações determinadas pela provisão de 18 de junho de 1725, relativa aos negros que mais conviriam às Minas, de 5 de julho de 1726. In: *Documentos Interessantes,* v. 50, Biblioteca Nacional. p. 60-61, 1929.

CARTA RÉGIA estabelecendo novas providências sobre a venda e remessa de escravos Africanos para as Minas, datada aos 27 de fevereiro de 1711. In: *Documentos interessantes,* n. 49, Arquivo do Estado de São Paulo, 1929.

CENSO demográfico 2000. *Características da população e dos domicílios.* Rio de Janeiro: IBGE, 2001.

COLEÇÃO DAS LEIS E RESOLUÇÕES DA ASSEMBLEIA LEGISLATIVA E REGULAMENTOS DO GOVERNO DA PROVÍNCIA DA BAHIA. Bahia. Tipografia Constitucional de França Guerra (ao Aljube n° 1), volume X, 1865.

COLEÇÃO DAS LEIS E RESOLUÇÕES DA ASSEMBLEIA LEGISLATIVA E REGULAMENTOS DO GOVERNO DA PROVÍNCIA DA BAHIA. Bahia. Tipografia Constitucional de França Guerra (ao Aljube n° 1), volume XI, 1866.

COLEÇÃO DAS LEIS E RESOLUÇÕES DA ASSEMBLEIA LEGISLATIVA E REGULAMENTOS DO GOVERNO DA PROVÍNCIA DA BAHIA. Bahia. Tipografia Constitucional de França guerra (ao Aljube n° 1), volume XII, 1866.

COLEÇÃO DAS LEIS E RESOLUÇÕES DA ASSEMBLEIA LEGISLATIVA E REGULAMENTOS DO GOVERNO DA PROVÍNCIA DA BAHIA. Sancionadas e publicadas no ano de 1857. Contendo os n° 609 a 674. Bahia. Tipografia Constitucional de França Guerra (ao Aljube n° 1), volume X, 1865.

COLEÇÃO DAS LEIS E RESOLUÇÕES DA PROVÍNCIA DA BAHIA. Promulgadas no ano de 1862, contendo os n° 881 a 894. Bahia. Tipografia de Antonio Olavo da França Guerra (rua do Tira-Chapéu n° 3), parte I, 1862.

COLEÇÃO DE LEIS E RESOLUÇÕES DA ASSEMBLEIA LEGISLATIVA DA BAHIA. Sancionadas e publicadas nos anos de 1835 a 1838. Bahia. Tipografia de Antonio Olavo França Guerra (Rua do Tira Chapéu n. 3), 1862.

COLEÇÃO DE LEIS E RESOLUÇÕES DA ASSEMBLEIA LEGISLATIVA DA BAHIA. Sancionadas e publicadas nos anos de 1839 a 1840. Bahia. Tipografia de Antonio Olavo França Guerra (Rua do Tira Chapéu n. 3), volume II, 1862.

COLEÇÃO DE LEIS E RESOLUÇÕES DA ASSEMBLEIA LEGISLATIVA DA BAHIA. Sancionadas e publicadas nos anos de 1840 a 1841. Bahia. Tipografia de Antonio Olavo França Guerra (Rua do Tira Chapéu n. 3), 1862.

COLEÇÃO DE LEIS E RESOLUÇÕES DA ASSEMBLEIA LEGISLATIVA DA BAHIA. Sancionadas e publicadas nos anos de 1848 a 1849. Bahia. Tipografia de Antonio Olavo França Guerra (Rua do Tira Chapéu n. 3), volume V, 1863.

COLEÇÃO DE LEIS E RESOLUÇÕES DA ASSEMBLEIA LEGISLATIVA DA BAHIA. Sancionadas e publicadas nos anos de 1850 a 1852. Bahia. Tipografia de Antonio Olavo França Guerra (Ao Aljube n. 1), volume VI, 1865.

COLEÇÃO DE LEIS E RESOLUÇÕES DA ASSEMBLEIA LEGISLATIVA DA BAHIA. Sancionadas e publicadas nos anos de 1853 a 1854. Bahia. Tipografia de Antonio Olavo França Guerra (Ao Aljube n. 1), volume VII, 1865.

COLEÇÃO DE LEIS E RESOLUÇÕES DA ASSEMBLEIA LEGISLATIVA DA BAHIA. Sancionadas e publicadas nos anos de 1855. Contendo os números de 515 a 583. Bahia. Tipografia de Antonio Olavo França Guerra (Ao Aljube n. 1), volume VII, 1865

COLEÇÃO DOS REGULAMENTOS, INSTRUÇÕES E ATOS EXPEDIDOS PELA PRESIDÊNCIA DA PROVÍNCIA DA BAHIA. E bem assim dos contratos com ela celebrados no ano de 1861. Bahia. Tipografia de Antonio Olavo da França Guerra (rua do Tira-Chapéu n° 3), parte II, 1861.

COLEÇÃO DOS REGULAMENTOS, INSTRUÇÕES E ATOS EXPEDIDOS PELA PRESIDÊNCIA DA PROVÍNCIA DA BAHIA. No ano de 1861. Bahia. Tipografia Constitucional (ao Aljube n° 1), volume XV, 1869.

COLEÇÃO DOS REGULAMENTOS, INSTRUÇÕES E ATOS EXPEDIDOS PELA PRESIDÊNCIA DA PROVÍNCIA DA BAHIA. E bem assim dos contratos com ela celebrados no ano de 1861 – Bahia. Tipografia de Antonio Olavo da França Guerra (Rua do Tira-Chapéu n° 3), parte II, 1861.

DIRECTORIA GERAL DE ESTATÍSTICA. SEXO, RAÇA E ESTADO CIVIL, NACIONALIDADE, FILIAÇÃO, CULTO E ANALPHABETISMO DA POPULAÇÃO recenseada em 31/12/1890. Rio de janeiro: Officina da Estatística, 1898.

DIRECTORIA GERAL DE ESTATÍSTICA. *SINOPSE DO RECENSEAMENTO* de 31/12/1900, 1905.

DIRECTORIO, que se deve observar nas povoações dos índios do Pará, e Maranhão em quanto Sua Magestade não mandar o contrário. In: *O diretório dos índios:* um projeto de "civilização" no Brasil do século XVIII. Brasília: UNB, 1997. Anexo.

Referências bibliográficas

ENSINO PÚBLICO PRIMARIO E JARDINS DE INFÂNCIA. Prefeitura do Distrito Federal. Directoria de Estatística e Archivo. Rio de Janeiro, Oficinas Gráficas do Jornal do Brasil, 1932.

ESTATÍSTICA DA INSTRUÇÃO. *Primeira parte*. Estatística escolar. Vol 1. Brazil: Typographia de Estatística, 1916.

IBGE. *Brasil: 500 anos de povoamento*. Rio de Janeiro: IBGE, 2000.

IBGE. *Sinopse do Censo Demográfico 2010*. Rio de Janeiro, 2011

LEIS E RESOLUÇÕES DA ASSEMBLEIA LEGISLATIVA DA BAHIA. Bahia. Tipografia do Correio da Bahia, 1873.

LEIS E RESOLUÇÕES DA ASSEMBLEIA LEGISLATIVA DA BAHIA. Sancionadas e publicadas no ano de 1871 sob n° 1.133 a 1.170. Bahia. Tipografia Constitucional (ao Aljube), 187.1

LEIS E RESOLUÇÕES DA ASSEMBLEIA LEGISLATIVA PROVINCIAL DA BAHIA. De n° 1.949 a 2.140 do ano de 1880. Bahia. Tipografia do Diário da Bahia (largo do Teatro,101), 1881.

LEIS E RESOLUÇÕES DA ASSEMBLEIA LEGISLATIVA PROVINCIAL DA BAHIA. De n° 2.584 a 2.644 do ano de 1888, seguidas de um Apêndice contendo o Regulamento para a cobrança da taxa das heranças e legados e sua quota. Bahia. Tipografia da Gazeta da Bahia, 1888.

LEIS E RESOLUÇÕES DA ASSEMBLEIA PROVINCIAL DA BAHIA. Do ano de 1881 começa com a resol. n° 2.141 de 2/5/1881, e termina com a Resolução n° 2.286 de 9 de dezembro, 1881.

LEIS E RESOLUÇÕES DA PROVÍNCIA DA BAHIA. (1875). De n° 1.448 a 1.588 votadas no ano 1875. Bahia. Imprensa Econômica (Rua dos Algibebes, n° 22), 1875.

LEIS E RESOLUÇÕES DA PROVÍNCIA DA BAHIA. De n° 1.448 a 1.588 votadas no ano de 1875. Bahia. Imprensa Econômica (rua dos Algibebes, n° 22), 1875.

LEIS E RESOLUÇÕES DA PROVÍNCIA DA BAHIA. De n° 1589 a 1713 votadas no ano de 1876. Bahia. Oficina litotipográfica de J.G. Tourinho (Rua de Santa Bárbara n° 85), 1877.

LEIS E RESOLUÇÕES DA PROVÍNCIA DA BAHIA. De n° 1801 a 1856 votadas no ano de 1878. Bahia. Oficina litotipográfica de J.G. Tourinho (Rua de Santa Bárbara n° 83), 1879.

LEIS E RESOLUÇÕES DA PROVÍNCIA DA BAHIA. De n° 2.364 a 2.437 votadas no ano de 1883. Bahia. Tipografia do Diário da Bahia (Praça Castro Alves, 101), 1883.

LEIS E RESOLUÇÕES DA PROVÍNCIA DA BAHIA. De n° 2.615 a 2.754 votadas no ano de 1889. Bahia. Tipografia e Encadernação do Diário da Bahia. (Praça Castro Alves, 101), 1889.

O GLOBO. *Retratos do Rio*. Edição de 24/03/2001.

LARGO DA CARIOCA. *1608 a 1999. Um passeio no tempo*. Rio de Janeiro/Fundação Pereira Passos.

RECENSEAMENTO DO BRASIL DE 1872. *Município Neutro*. Vol. 5. IBGE.

RECENSEAMENTO DO ESTADO DO RIO DE JANEIRO feito em 30/08/1892. Rio de Janeiro: Companhia Typographica do Brasil, 1893.

REGIMENTO do Conselho Geral do Santo Ofício da Inquisição destes reinos e senhorios de Portugal de 1552. ANTT, Cota: Tribunal do Santo Ofício, Conselho Geral, liv. 480. Acesso em: 24 abr. 2015.

RELATÓRIO DE 1873. *Directoria geral de Estatística*. Rio, Typographia Franco-Americana, 1974.

OS AUTORES

Dinah Callou é professora emérita da Universidade Federal do Rio de Janeiro (UFRJ) (2010), com atuação no Programa de Pós-Graduação em Letras Vernáculas, e pesquisador 1A do CNPq. Graduada em Letras pela Universidade Federal da Bahia (UFBA) (1959), mestre em Língua Portuguesa pela Universidade de Brasília (UnB) (1965), doutora em Letras Vernáculas pela (UFRJ) (1980) e com pós-doutorado em Linguística pela Universidade da Califórnia/Santa Bárbara, 1994-1995). É aposentada como professor titular pela UFRJ, onde atua desde 1966. Iniciou suas atividades docentes e de pesquisa na UFBA (1960-1962) e depois na UnB (1963-1965). Desenvolve trabalhos na área de Fonética/Fonologia e Sintaxe, com ênfase em Sociolinguística e Linguística Histórica, com produção nos temas: variação e mudança, com ênfase em Fonética-Fonologia, português brasileiro, fala culta carioca, sócio-história.

Tânia Lobo é professora associada de Língua Portuguesa do Instituto de Letras da Universidade Federal da Bahia, com atuação no Programa de Pós-Graduação em Língua e Cultura da mesma universidade, dedicando-se, principalmente, a investigar a história social do português brasileiro e a história social da cultura escrita no Brasil. Graduou-se em Letras pela Universidade Federal da Bahia (UFBA) em 1986, é mestre em Linguística Portuguesa Histórica pela Universidade de Lisboa em 1993 e doutora em Filologia e Língua Portuguesa pela Universidade de São Paulo (USP) em 2001. Coordena o Programa para a História da Língua Portuguesa (PROHPOR) e também a equipe baiana do projeto nacional Para a História do Português Brasileiro (PHPB). De agosto de 2010 a agosto de 2012, foi coordenadora da Comissão de Pesquisa em História do Português Brasileiro da Alfal. Presidiu a comissão organizadora do Rosae – I Congresso Internacional de Linguística Histórica. É organizadora e coordenadora de diversas obras na área.

Afranio Gonçalves Barbosa é professor associado da Faculdade de Letras Universidade Federal do Rio de Janeiro (UFRJ). Graduado em Português/Literaturas pela UFRJ em 1987, mestre em Letras Vernáculas/Língua Portuguesa pela UFRJ em 1993 e doutor em Letras Vernáculas/Língua Portuguesa pela mesma universidade em 1999. Com bolsa sanduíche na Universidade de Lisboa e pós-doutoramento na Universidade do Estado do Rio de Janeiro (UERJ). Área de especialidade: História da Língua Portuguesa e Filologia da Língua Portuguesa.

Ana Sartori Gandra é professora de Língua Portuguesa do Departamento de Letras Vernáculas da Universidade Federal da Bahia. Graduada em Letras Vernáculas pela Universidade Federal da Bahia em 2003. Mestre em Linguística Histórica em 2010 e doutora na mesma área em 2016, ambos pela Universidade Federal da Bahia. É membro do Programa para a História da Língua Portuguesa (PROHPOR), vinculada ao Projeto História da Cultura Escrita no Brasil (HISCULTE), dedicando-se, atualmente, à pesquisar a difusão social da escrita e da língua portuguesa no Brasil.

André Moreno é professor de Língua Portuguesa da Universidade do Estado da Bahia (UFBA). Vinculado ao Programa para a História da Língua Portuguesa (PROHPOR), da UFBA, coordenado pela professora doutora Tânia Lobo, desenvolve pesquisas sobre o campo da História da Cultura Escrita. Licenciado e bacharel em Letras Vernáculas pela UFBA. Tornou-se mestre e doutor em Língua e Cultura pela mesma instituição, desenvolvendo pesquisas sobre a difusão social da escrita nos movimentos sediciosos de finais do período colonial do Brasil, com base nos Autos de Devassa da Inconfidência Mineira (1789), da Revolta dos Letrados (1794) e da Conspiração dos Alfaiates (1798). Dentre suas várias temáticas de investigação, está a reconstituição histórica da difusão social da escrita no Brasil, principalmente em relação aos períodos colonial e imperial. Dedica-se, também, à reconstituição da história social da escrita na região da Chapada Diamantina, coordenando o Projeto Escritas Diamantinas: Programa de Estudos em História, Sociedade e Cultura Escrita na região da Chapada Diamantina-BA (UFBA).

Carolina Serra é professora associada da Universidade Federal do Rio de Janeiro (UFRJ), com doutorado em Língua Portuguesa pela UFRJ (2009) e estágio de doutorado no Laboratório de Fonética da Universidade de Lisboa (2007-2008, LabFon/FLUL). É membro permanente do Programa de Pós-Graduação em Letras Vernáculas (Nota 6, avaliação Capes), com diversas orientações de mestrado e doutorado concluídas e em andamento. É integrante de vários projetos de cooperação nacional e internacional (Projeto Atlas Linguístico do Brasil; Projeto 19 da ALFAL – Fonologia: Teoria e Análise; InAPoP – Interactive Atlas of the Prosody of Portuguese) e atua na área de Língua Portuguesa, com ênfase em Fonética-Fonologia-Prosódia, Variação e Mudança Linguística, Fonética Acústica, Fonologia Autossegmental e Fonologia Prosódica.

Dante Lucchesi é professor titular de Língua Portuguesa da Universidade Federal Fluminense, pesquisador 1C e membro Comitê Assessor de Letras e Linguística do CNPq. Graduou-se em Letras Vernáculas pela Universidade Federal da Bahia, em 1986; concluiu o mestrado em Linguística Portuguesa Histórica pela Universidade de Lisboa em 1993 e doutorou-se em Linguística pela Universidade Federal do Rio de Janeiro, em 2000. Coordena o Projeto Vertentes do Português Popular do estado da Bahia (www.vertentes.ufba.br), que focaliza a realidade sociolinguística do Brasil e sua formação sócio-histórica. É autor dos livros *Língua e sociedade partidas* (Contexto, 2015), pelo qual recebeu o Prêmio Jabuti em 2016, entre outros livros. Atua nas áreas de Sociolinguística, história da língua portuguesa, contato entre línguas e história da Linguística.

Emilio Pagotto é professor da Universidade Estadual de Campinas (Unicamp) desde 2012. Exerceu atividades de ensino e pesquisa na Universidade Federal do Espírito Santo (UFES, 1989-1991), Universidade Federal de Santa Catarina (UFSC, 1994-2008) e na Universidade de São Paulo (USP, 2008-2011). Licenciado em Letras/Português pela UFES (1986), mestre em Linguística (1992) e doutor em Linguística (2001) pela Unicamp. Desenvolve pesquisa na área de história social do português brasileiro, em especial as questões relativas à história da norma, e na área da variação e mudança linguística, com destaque para pesquisas envolvendo inovações fonéticas nas cidades brasileiras. Atua como professor de graduação e pós-graduação, tendo orientado e coorientado teses e dissertações nas áreas mencionadas.

Huda da Silva Santiago é professora assistente da área de Linguística da Universidade Estadual de Feira de Santana. Graduada em Letras Vernáculas pela mesma Universidade em 2002, concluiu o mestrado em Estudos Linguísticos também pela Universidade Estadual de Feira de Santana em 2012 e o doutorado em Língua e Cultura pela Universidade Federal da Bahia em 2019. Dedica-se, especialmente, à investigação da formação sócio-histórica do português brasileiro, à constituição de *corpora* e à história social da cultura escrita do sertão baiano. É integrante da equipe do Projeto *Corpus* Eletrônico de Documentos Históricos do Sertão (CE-DOHS) da Universidade Estadual de Feira de Santana, do Programa para a História da Língua Portuguesa (PROHPOR) da Universidade Federal da Bahia e da equipe baiana do projeto Para a História do Português Brasileiro (PHPB).

Iraci del Nero da Costa é economista pela Faculdade de Economia e Administração da Universidade de São Paulo, aposentou-se por essa instituição como professor livre-docente. Devotou sua carreira acadêmica ao desenvolvimento de estudos na área da História Demográfica e Econômica do Brasil e nesses campos situam-se seu mestrado, seu doutorado e sua tese de livre-docência. Seus trabalhos cobrem, ainda, alguns aspectos da Economia Agrícola, da Política Fiscal e do terreno teórico afeto à compreensão da formação econômica do Brasil sob a ótica do pensamento marxista. Sua atividade docente, tanto na graduação como na pós-graduação, sempre esteve vinculada às disciplinas de História Econômica Geral, Formação Econômica e Social do Brasil, Demografia Histórica e História Demográfica do Brasil. Tem diversos livros de sua autoria e em coautoria publicados em suas áreas de interesse.

Juanito Avelar é professor associado do Departamento de Estudos Românicos e Clássicos da Universidade de Estocolmo. Foi professor de Departamento de Linguística da Universidade de Campinas (Unicamp) entre 2007 e 2018. É bacharel em Letras pela Universidade Federal do Rio de Janeiro (UFRJ), mestre e doutor em Linguística pela Unicamp, com pós-doutorado na Universidade de São Paulo (USP) e na Universidade de Estocolmo. Desenvolve estudos formais e histórico-diacrônicos sobre o português brasileiro, em torno de construções possessivas e existenciais, constituintes locativos e posição de sujeito.

Margarida Petter é professora livre-docente do Departamento de Linguística da Universidade de São Paulo, onde atua como membro permanente no Programa de Pós-Graduação de Semiótica e Linguística. Fez mestrado na Universidade de Abidjan, na Costa do Marfim, e doutorou-se na Universidade de São Paulo. Coordenou o projeto de cooperação internacional A Participação das Línguas Africanas na Constituição do Português Brasileiro, iniciado em 2005 e com final em 2008, de que resultou a publicação de duas obras de referência sobre o tema do contato do português com línguas africanas no Brasil. Suas áreas de pesquisa são: línguas africanas e contato de línguas (português e línguas africanas no Brasil). De maio de 2013 a abril de 2017, foi diretora do Centro de Estudos Africanos da Faculdade de Filosofia, Letras e Ciências Humanas da Universidade de São Paulo.

Mariana Fagundes de Oliveira Lacerda é professora titular da Universidade Estadual de Feira de Santana (UEFS), da subárea de Linguística Histórica, e membro permanente do Programa de Pós-Graduação em Estudos Linguísticos (PPGEL) e do Mestrado Profissional em Letras (PROFLETRAS), coordena o Núcleo de Estudos de Língua Portuguesa (Nelp). Possui graduação em Letras Vernáculas (2002) pela Universidade Federal da Bahia (UFBA), mestrado (2005) e doutorado (2009) em Linguística pela mesma instituição, com estágio de doutoramento no Centro Linguístico da Universidade de Lisboa, financiado pela Capes.) e é cocoordenadora do projeto CE-DOHS – *Corpus* Eletrônico de documentos Históricos do Sertão (Fapesb). Integra, ainda, a equipe de pesquisadores do Projeto Nacional para a História do Português Brasileiro (PHPB), cocoordenando a Plataforma de *Corpora* Bahia e a equipe do Programa para a História da Língua Portuguesa (PROHPOR-UFBA), em que é cocoordenadora do Banco Informatizado de Textos (BIT).

Norma Lucia Fernandes de Almeida é professora titular de Linguística da Universidade Estadual de Feira de Santana e também atua no Programa de Pós-Graduação em Estudos Linguísticos da mesma Universidade, dedicando-se, principalmente, a investigar a formação sócio-histórica do português brasileiro, com ênfase no português do sertão baiano. Graduada em Letras pela Universidade Estadual de Feira de Santana em 1992, concluiu o mestrado em Letras e Linguística pela Universidade Federal da Bahia em 1997 e o doutorado em Linguística pela Universidade Estadual de Campinas em 2005. Tem diversas publicações na área de pesquisa e vem orientando dissertações de mestrado, e iniciou a orientação de teses de doutorado em 2019. Integra também a equipe de pesquisadores do Projeto Nacional para a História do Português Brasileiro (PHPB).

Wagner Argolo é professor assistente de Língua Portuguesa do Departamento de Letras e Artes da Universidade Estadual de Santa Cruz (UESC). Doutor em Língua e Cultura pela Universidade Federal da Bahia (UFBA, 2015), tendo realizado estágio de doutorado em Lisboa-Portugal (2013.2-2014.1), no Instituto Universitário de Lisboa (ISCTE-IUL), com bolsa Capes-PDSE; também é mestre em Letras e Linguística (UFBA, 2011), com bolsa Capes, e licenciado em Letras Vernáculas com Inglês (UFBA, 2008). Pesquisa a história linguística do sul da Bahia (antigas capitanias de Ilhéus e de Porto Seguro); os processos de formação das línguas gerais na América portuguesa (Estado do Brasil e Estado do Maranhão e Grão-Pará), no período colonial; o desenvolvimento histórico do português brasileiro; e a formação do português europeu no noroeste da península ibérica, com ênfase para as mudanças fonológicas ocorridas no latim vulgar. Área de pesquisa: Linguística Histórica. Linhas de atuação: história social-linguística do português brasileiro, das línguas gerais brasileiras e do português europeu; Linguística Românica; história do Brasil; Crioulística; Linguística Aplicada.

Yonne Leite foi professora adjunta IV da Universidade Federal do Rio de Janeiro (UFRJ), com atuação no Programa de Antropologia Social (Museu Nacional) e de Letras Vernáculas-Língua Portuguesa. Falecida em 2014. Bolsista 1A do CNPq. Foi professora titular da Universidade Gama Filho (UGF) e coordenadora do Programa Institucional de Bolsa de Iniciação Cientifica da UGF. Graduada em Letras Neolatinas pela UFRJ (1957), com doutorado em Linguística pela University of Texas at Austin. Recebeu a medalha Oskar Nobling: Honra ao Mérito Linguístico e Filológico (1976) e a Comenda da Ordem Nacional do Mérito Científico (2002). Foi presidente da Associação Brasileira de Linguística (1979-1981) e da Associação Brasileira da Antropologia (1998-2000). Teve como área principal de atuação as línguas indígenas brasileiras. Participou do projeto Gramática do Português Falado de âmbito nacional, coordenado por Ataliba de Castilho, e fez parte de outros grupos de Pesquisa do CNPq certificados pela UFRJ.

Zenaide de Oliveira Novais Carneiro é professora plena da Universidade Estadual de Feira de Santana, onde coordena o projeto CE-DOHS – *Corpus* Eletrônico de Documentos Históricos do Sertão (Fapesb) e atua como Membro Permanente no Programa de Pós-Graduação em Estudos Linguísticos (PPGEL) e no Mestrado Profissional em Letras (PROFLETRAS). É membro colaborador do Programa de Pós-Graduação em Língua e Cultura da Universidade Federal da Bahia (PPGLinC), atuando como cocoordenadora do Banco Informatizado de Textos do Programa para a História da Língua Portuguesa (BIT-PROHPOR/UFBA). Integra também a equipe de pesquisadores do Projeto Nacional para a História do Português Brasileiro (PHPB), na qualidade de cocoordenadora da Plataforma de *Corpora* Bahia. Possui graduação em Letras com Inglês pela Universidade Estadual de Feira de Santana (1988), mestrado em Letras e Linguística (1996) pela Universidade Federal da Bahia, doutorado em Linguística (2005) e pós-doutorado em Linguística de *Corpus* (2010) pela Universidade Estadual de Campinas.

GRÁFICA PAYM
Tel. [11] 4392-3344
paym@graficapaym.com.br